全国船舶工业职业教育教学指导委员会特色教材

U0869101

机械制图

（项目化教材）

主　编　瞿　芳

副主编　康双琦

参　编　蔡　平　韦　伟　蔡建余

主　审　朱红雨　贾习忠

哈尔滨工程大学出版社

Harbin Engineering University Press

内容简介

本书针对高职高专教育教学特点，强化应用性和实用性，突出制图技能训练和专业素质培养。全书按照项目化教学要求设计体例结构，以能够熟练识读和测绘单级圆柱齿轮减速箱的一整套工程图样为主线，将现代技术手段背景下的机械制图理论知识灵活贯穿于完成任务的工作过程中。

全书共设七个项目，分别为认识机械图样、绘制基本体三视图、绘制零件三视图、熟悉零件视图表达、识读和测绘零件图、识读和测绘装配图、生成工程图样。每个项目包含若干个任务，每个任务由任务分析、任务实施、任务拓展三部分组成。配套资源有教学课件、每个项目的同步练习及答案、七套模拟试卷及答案、全书图样涉及的立体图。

本书按50~90学时编写，适用于高职高专、成人教育院校机械类或机电类专业，也可用作相关工程技术人员的参考用书。

图书在版编目(CIP)数据

机械制图/瞿芳主编. —哈尔滨 ：哈尔滨工程大学出版社，2022.6
项目化教材
ISBN 978-7-5661-3539-1

Ⅰ.①机… Ⅱ.①瞿… Ⅲ.①机械制图-高等职业教育-教材 Ⅳ.①TH126

中国版本图书馆CIP数据核字(2022)第092087号

机械制图(项目化教材)
JIXIE ZHITU(XIANGMUHUA JIAOCAI)

选题策划 史大伟 薛 力
责任编辑 雷 霞
封面设计 李海波

出版发行 哈尔滨工程大学出版社
社　　址 哈尔滨市南岗区南通大街145号
邮政编码 150001
发行电话 0451-82519328
传　　真 0451-82519699
经　　销 新华书店
印　　刷 哈尔滨市石桥印务有限公司
开　　本 787 mm×1 092 mm 1/16
印　　张 19.5
字　　数 486千字
版　　次 2022年6月第1版
印　　次 2022年6月第1次印刷
定　　价 50.00元
http://www.hrbeupress.com
E-mail:heupress@hrbeu.edu.cn

前　言

本书遵照教育部《关于职业院校专业人才培养方案制订及实施工作的指导意见》要求，在对高等职业教育机械类和相关专业的人才培养模式及教学内容体系改革进行调研和论证的基础上，汲取高职教育在探索培养技术应用型专门人才方面的成功经验和教学成果，依据“高职高专机械制图课程教学基本要求”和最新《技术制图》与《机械制图》国家标准，结合高职院校项目化教学改革编写而成。本书力求体现高职教育的应用特色和能力本位，突出应用型技术人才的专业素质和创新能力的培养，定位于现代技术背景下应用型技术人才必须具备的机械制图技能。

本书的编写具有如下特点：

(1)按项目化教学要求设计框架结构，以行动导向、能力导向组织内容，将现代技术手段背景下的机械制图理论知识融入完成项目、完成任务的工作过程中。

(2)以能够熟练识读、绘制一级圆柱齿轮减速箱的各种工程图样为主线，强化读图，由浅入深，先简后繁，螺旋上升，反复训练，让学生“做中学，学中做”，从而达到课程教学目标。

(3)适应现代信息技术发展和企业实际制图现状的要求，设置了应用 Solidworks 软件创建三维模型并自动生成工程图样的内容。

(4)以应用为目的，以培养读图能力为本位，对传统机械制图中的“截交线”“相贯线”“画法几何”等内容做了删减。

(5)采用最新的与机械制图相关的国家标准和行业标准，保证教材的先进性。

(6)配套提供全书所有图样的立体图，解决机械制图教学过程中一直存在的学生想象不出物体空间结构形状的问题。

(7)配套资源基本能满足教师和学生的需求。

全书由江苏海事职业技术学院瞿芳教授任主编，康双琦任副主编。参加编写的有：瞿芳编写了项目 2、项目 4、项目 5、项目 6，康双琦编写了项目 7，蔡平编写了项目 3，韦伟编写了项目 1，南京科技职业技术学院的蔡建余参与了项目 2 的编写。康双琦绘制了书中大部分二维图。

全书由南京科技职业技术学院朱红雨教授和南京晨光集团贾习忠高级工程师主审。在本书编写过程中，朱红雨和贾习忠对书稿进行了认真、细致的审查，提出了许多宝贵意见和修改建议，在此表示衷心感谢。江苏海事职业技术学院和南京交通职业技术学院对本书的编写提供了许多帮助，在此一并表示感谢。

由于编者水平有限，书中难免有不妥之处，欢迎广大读者特别是任课教师提出批评意见和建议，并及时反馈给我们(邮箱：njqfang 789@ 163. com)，以便本书修订改正。

编　者

2022 年 3 月

本书配套教学资源

目　　录

项目1　认识机械图样

【项目功能】

通过认识零件图和装配图，熟悉国家标准中关于制图的基本规定，掌握平面图形的绘制方法，具体包括：

1. 了解机械工程图样的概念和作用；
2. 熟记机械图样的图纸幅面、比例、字体、图线、尺寸标注，并能应用；
3. 了解基准的概念、种类，并能初步选择；
4. 能分析图样中图形的结构、尺寸和线段；
5. 了解绘图的工具及其正确使用方法；
6. 能绘制样板零件的图形并标注尺寸；
7. 了解锥度和斜度的定义并能识读标注。

任务1.1　熟悉制图国家标准

想一想　如图1-1所示的机械图样，包含了哪些信息？图纸、图框有什么样的要求？所绘图形与实物大小有什么关系？字体、线型有什么样的要求？如何进行尺寸标注？

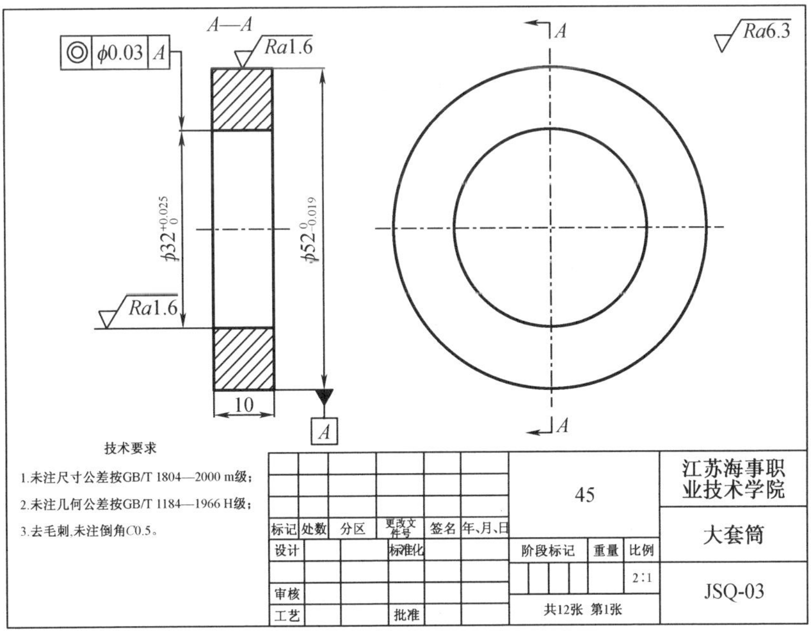

图1-1　机械图样

1.1.1 任务分析

1.1.1.1 机械图样的概念

在工程技术中,为了正确地表示工程对象的形状、大小、材料和相对位置等内容,通常将物体按一定的投影方法和技术规定表达在图纸上,称之为工程图样,简称为图样。按照不同的工程对象,图样可分为机械工程图样、建筑工程图样、电子工程图样、化工工程图样等,其中机械工程图样应用最广泛。

机械图样是采用正投影法的基本原理,按照国家标准《技术制图》和《机械制图》中的有关规定,以及相应的技术要求所绘制的图样,从而实现了平面图形与立体图形间的转换。如图1-2所示为输出轴端盖的零件图及立体图,如图1-3所示为定位器的装配图和立体图。

常见的机械工程图样有零件图和装配图两种。

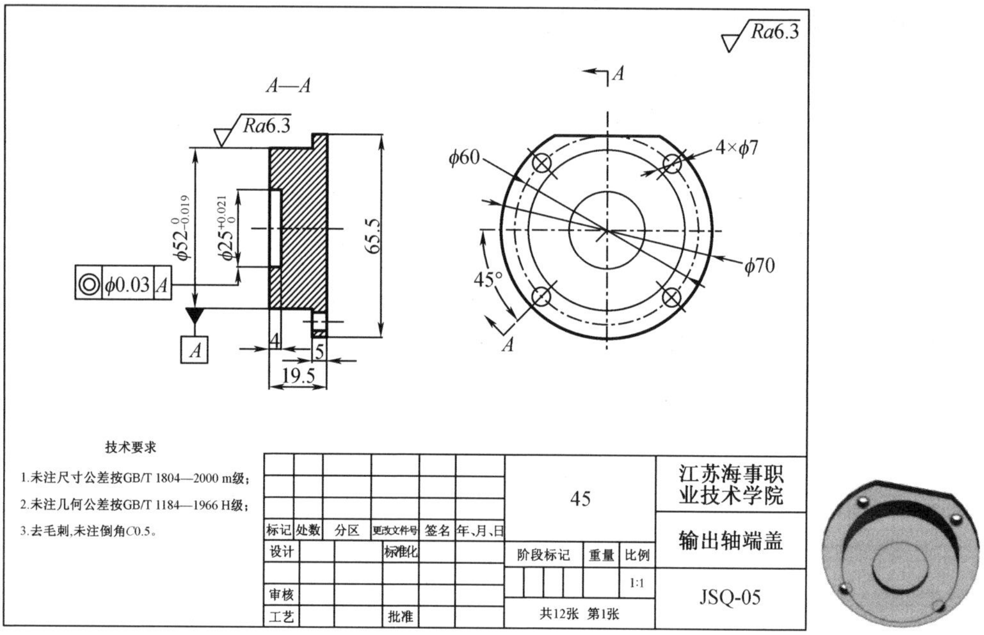

图1-2 输出轴端盖的零件图和立体图

1.1.1.2 机械图样的作用

零件图是表示零件结构形状、大小、技术要求及其他说明的图样。零件是组成机构和机器不可分拆的单个制件,它是机械制造过程中的基本单元。

装配图是表达整个机器、部件或组件的工作原理、装配关系、主要零件结构形状,以及组成零件的名称、数量等内容的图样。机械图样的作用如下:

(1)是设计者表达产品的理论分析、设计构思和要求的途径。

(2)是产品制造、检验,设备改进、维修、安装等的主要依据。

(3)是信息、技术交流的工具,被喻为“工程界的语言”。

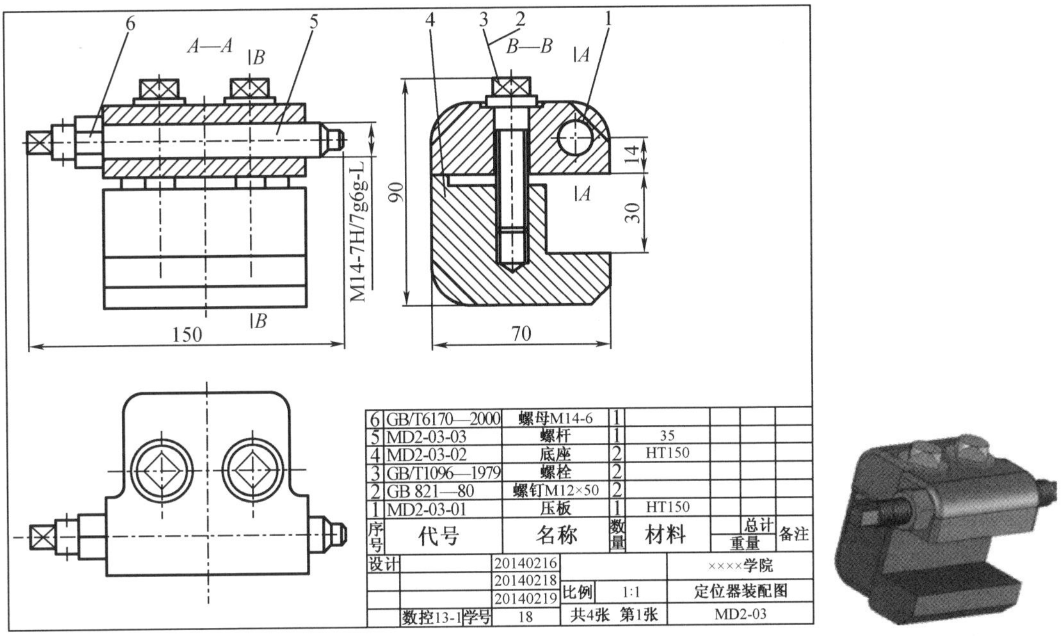

图 1-3 定位器的装配图和立体图

1.1.2 任务实施

1.1.2.1 图纸幅面和格式(GB/T 14689—2008)

机械图样由图幅、图框、标题栏、图形、尺寸、比例、文字等组成,并已标准化。国家标准编号由国家标准代号、标准顺序号和批准年号构成,如图 1-4 所示。

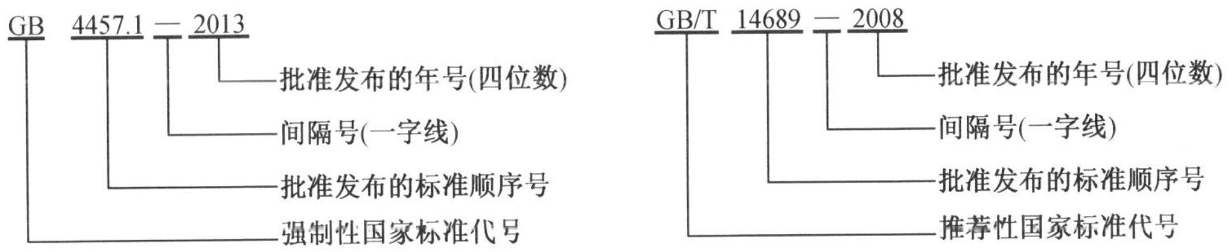

图 1-4 国家标准编号的含义

1. 图纸幅面

为了使图纸幅面统一,便于装订、保管以及符合缩微复制原件的要求,绘制工程图样时,应优先采用基本幅面。基本幅面共有五种,其尺寸关系如图 1-5 所示。必要时,图纸幅面的尺寸可按基本幅面的短边成整数倍增长后得出。图纸幅面见表 1-1。

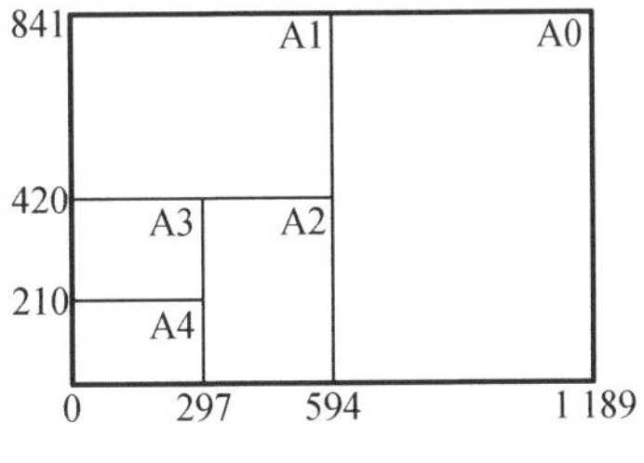

图 1-5 图纸幅面尺寸关系

表 1－1　图纸幅面

单位:mm

<table>
<tr><th rowspan="2">图纸代号</th><th rowspan="2">幅面尺寸(B×L)</th><th colspan="3">留边宽度</th></tr>
<tr><th>a</th><th>c</th><th>e</th></tr>
<tr><td>A0</td><td>841×1 189</td><td rowspan="5">25</td><td rowspan="3">10</td><td rowspan="2">20</td></tr>
<tr><td>A1</td><td>594×841</td></tr>
<tr><td>A2</td><td>420×594</td><td rowspan="3">10</td></tr>
<tr><td>A3</td><td>297×420</td><td rowspan="2">5</td></tr>
<tr><td>A4</td><td>210×297</td></tr>
</table>

小贴士　国家标准规定,机械图样中的尺寸以毫米为单位时,不需标注单位符号或名称。如采用其他单位,则必须注明相应的单位符号。本书的文字叙述和图例中的尺寸,未标出单位的,均为毫米。

2. 图框格式

每张图纸都需要用粗实线画出图框线。需要装订的图样,按图 1－6 绘出图框格式,边框有 a(装订边)和 c 两种尺寸。不需要装订的图样,按图 1－7 绘出图框格式,边框只有 e 尺寸。a、c、e 尺寸按表 1－1 的规定。装订时,一般采用 A4 幅面竖装或 A3 幅面横装。

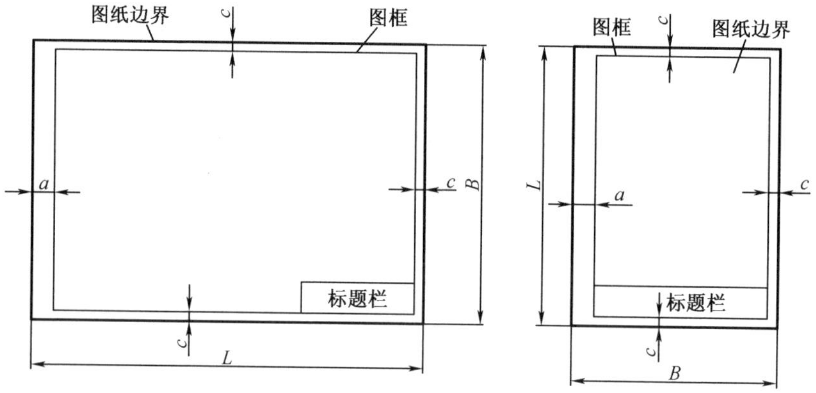

图 1－6　留有装订边的图框格式

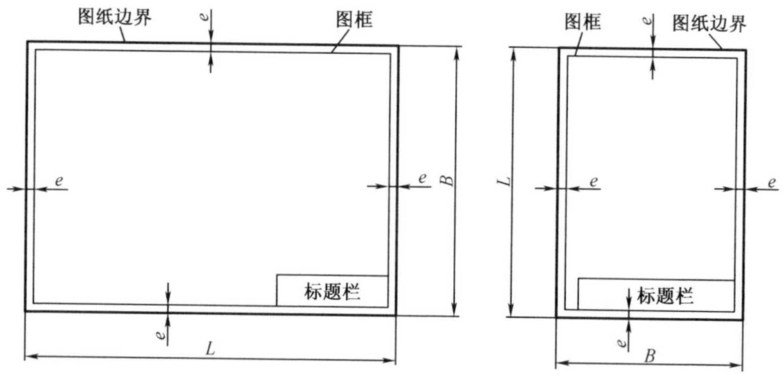

图 1－7　不留装订边的图框格式

为了复制或缩微摄影的方便，各种幅面的图纸都应采用对中符号。对中符号是从周边中点处画入图框内约 5 mm 的一段粗实线，如图 1－8 所示。为了利用现有的图纸，可不按标题栏的文字方向绘图和读图，这时应在图纸的下边对中符号处画出一个方向符号，如图 1－8 所示。为便于修改图样，图幅可分区。图幅分区的数目根据图样复杂程度而定，但应为偶数。分区线为细实线，每一分区长为 25～75 mm。图幅分区及编号顺序如图 1－9 所示。

1.1.2.2　标题栏（GB/T 10609.1—2008）

标题栏一般应绘制在图纸右下角，并绘在图框内，如图 1－8、图 1－9 所示。标题栏格式有标准型（GB/T 10609.1—2008）和学生用的简化式，如图 1－10 所示。

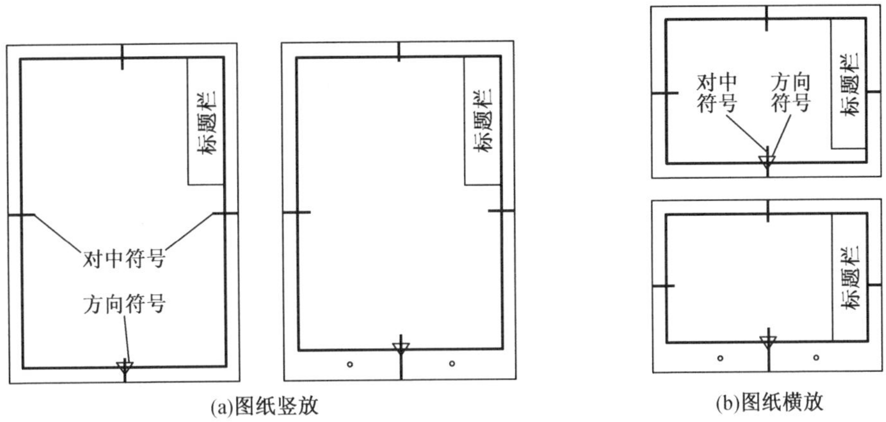

图 1－8　图幅的对中符号和方向符号

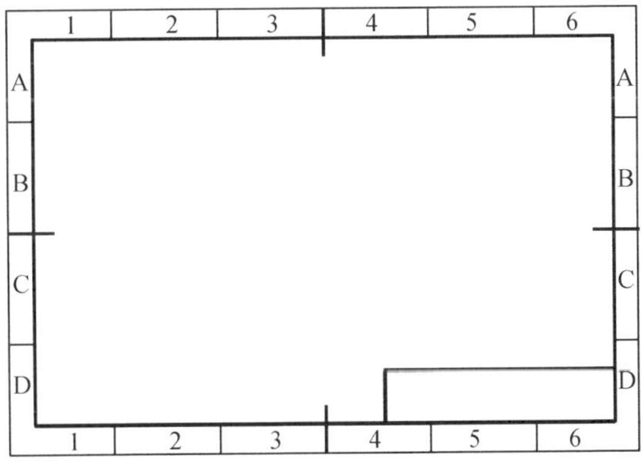

图 1－9　图幅的分区

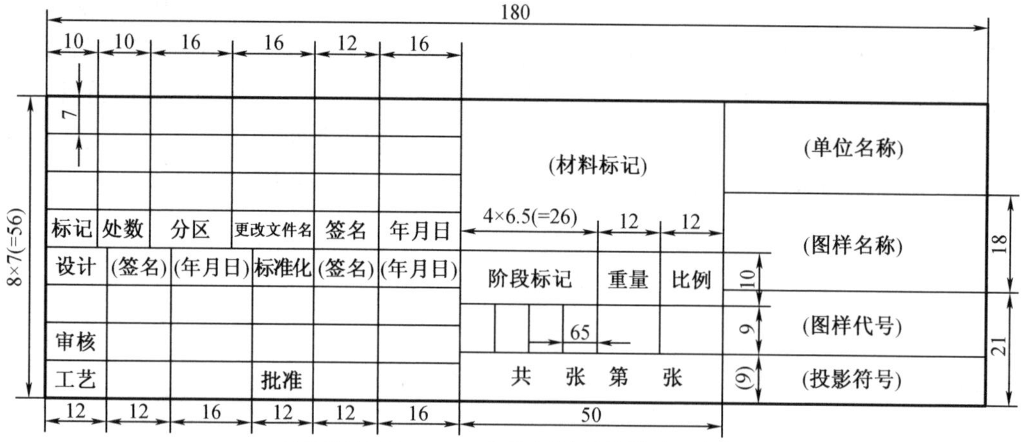

(a)GB/T 10609.1—2008中规定的标题栏格式和内容

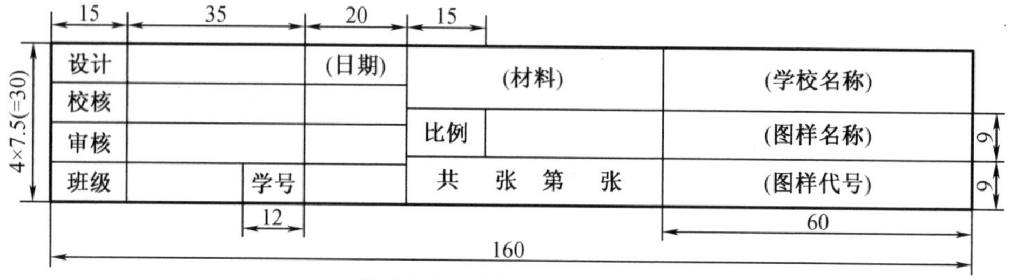

(b)学生用标题栏格式和内容

图 1－10　标题栏格式

1.1.2.3　比例(GB/T 14690—1993)

图样的比例是指图中图形与其实物相应要素的线性尺寸之比。

比值为 1 的比例,即 1:1,叫原值比例。根据实物大小和复杂程度,比例可放大或缩小,比值大于 1 的比例叫放大比例,比值小于 1 的比例叫缩小比例。为了从图样上直接反映出实物的大小,绘图时应尽量选用原值比例。表 1－2 所示为优先选用的比例。

表 1－2　优先选用的比例

原值比例	1:1		
放大比例	5:1	2:1	
	$5\times10^n:1$	$2\times10^n:1$	$1\times10^n:1$
缩小比例	1:2	1:5	1:10
	$1:2\times10^n$	$1:5\times10^n$	$1:1\times10^n$

注:表中的 n 为正整数。

比例一般应标注在标题栏的比例栏内,必要时,也可标注在视图名称的上方或右侧。

小贴士　不论采用何种比例,图样中标注的尺寸数值必须是物体的实际尺寸,与绘图的准确程度、比例无关,如图 1－11 所示。

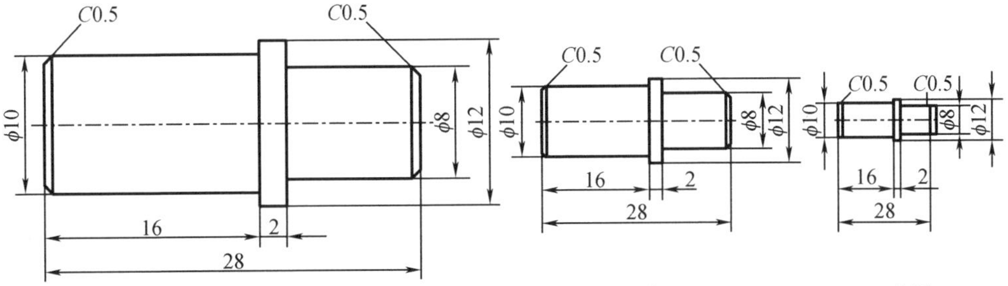

(a)2:1作图　　(b)1:1作图　　(c)1:2作图

图1－11　不同比例绘制的挡料销的图形

1.1.2.4　字体(GB/T 14691—1993)

国标对机械图样中的字体规定如下：

(1)在图样中书写的汉字、数字和字母，要尽量做到：字体工整，笔画清楚，间隔均匀，排列整齐。

(2)字体的号数，即字体的高度分为1.8 mm，2.5 mm，3.5 mm，5 mm，7 mm，10 mm，14 mm，20 mm八种，汉字的高度不应小于3.5 mm。字体的宽度约等于字体高度的2/3。

(3)汉字应写成长仿宋体，并采用国家正式公布推行的简化字。长仿宋体的书写要领：横平竖直，注意起落，结构匀称，填满方格。

(4)字母和数字分A型和B型。A型字体的笔画宽度约为字高的1/14，B型字体的笔画宽度约为字高的1/10。字母和数字可写成斜体或正体。斜体字字头向右倾斜，与水平线成75°角。在同一张图样上，只允许选用一种形式的字体。

汉字、数字和字母的示例见表1－3。

表1－3　字体示例

字体		示例
长仿宋体汉字	5号	学好工程制图，培养和发展空间想象能力
	3.5号	计算机绘图是工程技术人员必须具备的绘图技能
拉丁字母	大写斜体	*ABCDEFGHIJKLMNOPQRSTUVWXYZ*
	小写斜体	*abcdefghijklmnopqrstuvwxyz*
阿拉伯数字	斜体	*0123456789*
	正体	0123456789
罗马数字	斜体	*Ⅰ Ⅱ Ⅲ Ⅳ Ⅴ Ⅵ Ⅶ Ⅷ Ⅸ Ⅹ*
	正体	Ⅰ Ⅱ Ⅲ Ⅳ Ⅴ Ⅵ Ⅶ Ⅷ Ⅸ Ⅹ

1.1.2.5 图线(GB/T 17450—1998、GB/T 4457.4—2002)

国家标准《机械制图 图样画法 图线》(GB/T 4457.4—2002)规定了在机械图样中常用的九种图线,其形式、名称、宽度以及应用示例如表1-4和图1-12所示。

表1-4 线型及应用

图线名称	线型	线宽	一般应用
细实线		$d/2$	过渡线、尺寸线、尺寸界线、指引线和基准线、剖面线等
波浪线		$d/2$	断裂处边界线、视图与剖视图的分界线
双折线	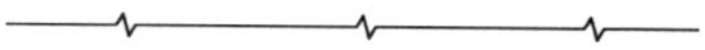	$d/2$	断裂处边界线、视图与剖视图的分界线
粗实线	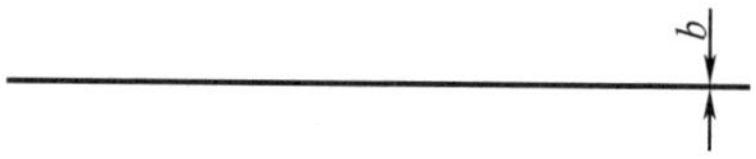	d	可见棱边线、可见轮廓线、相贯线、螺纹牙顶线和终止线
细虚线		$d/2$	不可见棱边线、不可见轮廓线
粗虚线		d	允许表面处理的表示线
细点画线	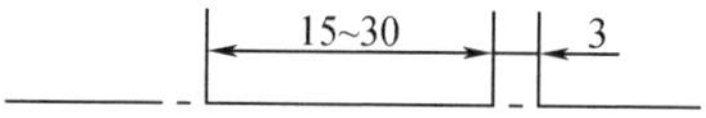	$d/2$	轴线、对称中心线、分度圆线、孔系分布的中心线、剖切线
粗点画线	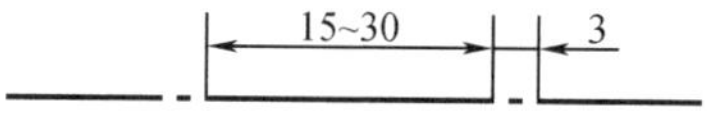	d	限定范围表示线
细双点画线	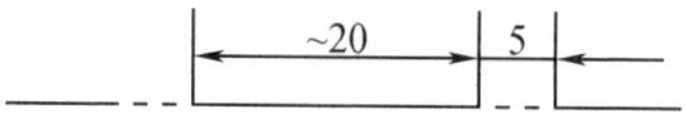	$d/2$	相邻辅助零件的轮廓线、可动零件的极限位置的轮廓线

在机械图样中采用粗细两种线宽,它们之间的比例为2:1,如粗实线、粗虚线、粗点画线的线宽为0.7 mm时,细实线、波浪线、双折线、细虚线、细点画线、细双点画线的线宽为0.35 mm。0.7 mm和0.35 mm是优先采用的图线组别。

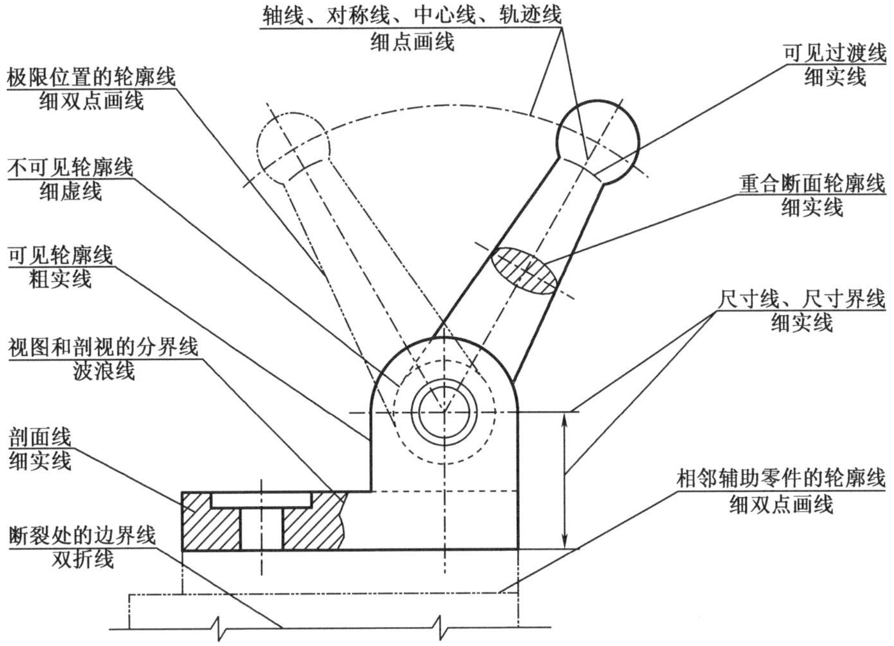

图1－12　图线的应用示例

小贴士　①在同一图样中，同一类型的图线宽度应一致。虚线、点画线及双点画线的线段长度和间隔应力求相等。

②当有两种或更多种的图线重合时，通常应按照图线所表达对象的重要程度，优先选择绘制顺序：可见轮廓线→不可见轮廓线→尺寸线→各种用途的细实线→轴线和对称线（中心线）→假想线。

③点画线和双点画线中的点是极短的一横，不要画成小圆点，且短画与长画应一起绘制，首末两端应是长画，不应是短画；图线相交时，相交处都应是长画，而不应该是短画或间隔。

④画圆的中心线时，细点画线的两端应超出轮廓线 2 ~ 5 mm；当圆的直径较小（小于 12 mm）时，允许用细实线代替细点画线。

⑤当虚线处于粗实线的延长线上时，粗实线应画到分界点，而虚线应留有空隙。当虚线圆弧与虚线直线相切时，虚线圆弧的线段应画到切点，而虚线直线应留有空隙。

图1－13所示为图线相交的画法。图1－14所示为图线画法的正误对比。

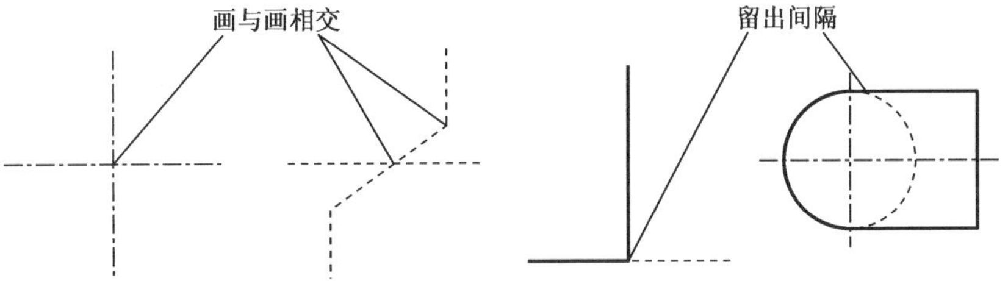

图1－13　图线相交的画法

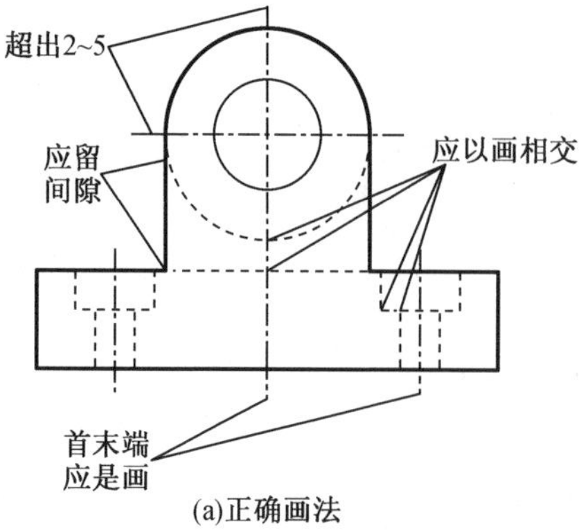

图 1-14　图线画法的正误对比

1.1.2.6　尺寸标注(GB/T 4458.4—2003)

图样中的尺寸是加工制造零件的主要依据。尺寸标注错误、不完整或不合理,将给生产带来困难,甚至产生废品。现介绍国家标准中关于尺寸注法中的基本要求。

1. 基本规则

①机件的真实大小应以图样上所注的尺寸数值为依据,与图形的大小及绘图的准确度无关。

②图样中(包括技术要求和其他说明)的尺寸,以毫米为单位时,不需标注“mm”或“毫米”。如采用其他单位,则必须注明相应的单位符号。

③图样中所标注的尺寸,为该图样所示零件的最后完工尺寸,否则应另加说明。

④机件的每一尺寸一般只标注一次,并应标注在反映该结构最清晰的图形上。

2. 尺寸组成

一个完整的尺寸标注,一般由尺寸界线、尺寸线、尺寸数字和尺寸线终端的箭头或斜线组成,如图 1-15 所示。

(1)尺寸界线　尺寸界线表示尺寸的度量范围,用细实线绘制。尺寸界线由图形的轮廓线、轴线或中心线处引出,也可利用这些线作为尺寸界线。尺寸界线一般应与尺寸线垂直,必要时才允许倾斜,如图 1-16 所示。尺寸界线应超过尺寸线 2~3 mm。

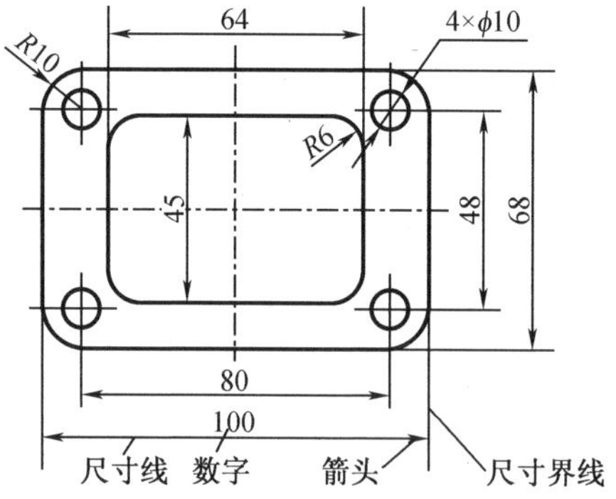

图 1-15　尺寸组成及标注示例

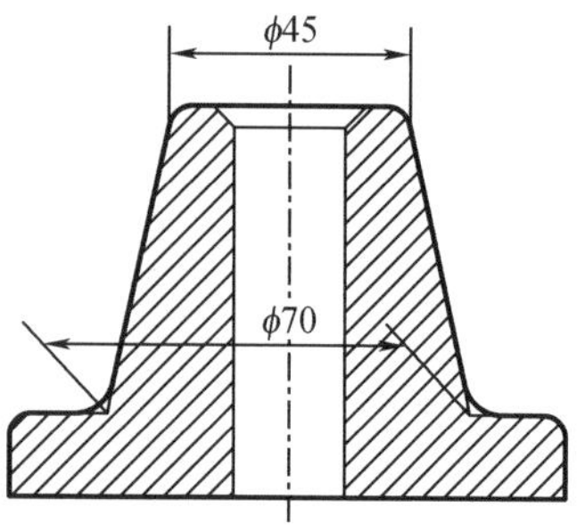

图 1-16　倾斜的尺寸界线

(2)尺寸线　尺寸线表示尺寸的度量方向，必须用细实线单独绘出，而不能用图中的任何图线来代替，也不得画在其他图线的延长线上。

线性尺寸的尺寸线应与所标注的线段平行；尺寸线与尺寸线之间、尺寸线与尺寸界线之间应尽量避免相交。因此，标注尺寸时应将小尺寸放在里面，大尺寸放在外面，如图1－15所示。尺寸线与轮廓线相距5～10 mm。

尺寸线的终端箭头画法如图1－17所示。

(3)尺寸数字　尺寸数字表示机件的实际大小，一般用3.5号标准字体书写。线性尺寸的尺寸数字一般应填写在尺寸线的上方或中断处；线性尺寸数字的水平书写方向字头朝上，垂直书写方向字头朝左，倾斜方向要有向上的趋势，并尽量避免在30°范围内标注尺寸；当无法避免时，可采用引出线的形式标注。如图1－18所示。

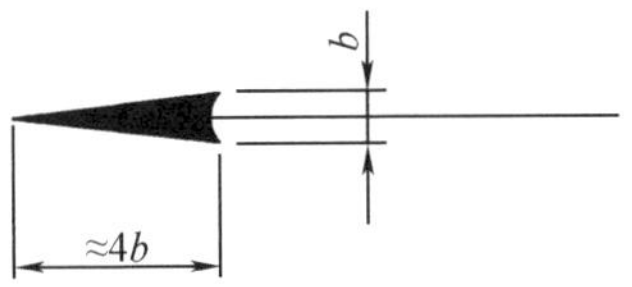

图1－17　尺寸终端的箭头画法

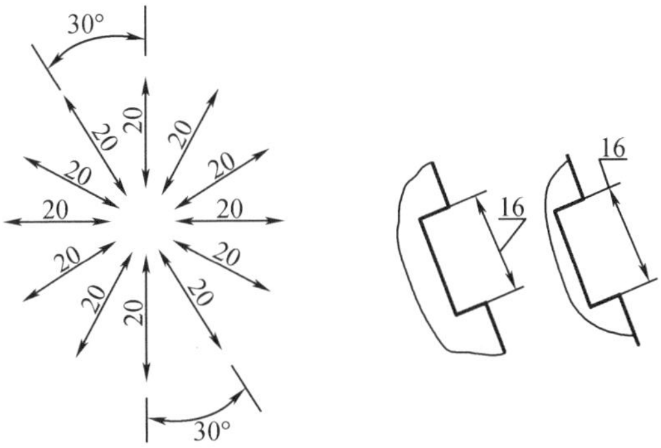

图1－18　线性尺寸数字的书写方法

尺寸数字不允许被任何图线所通过，当不可避免时，必须把图线断开，如图1－19所示。

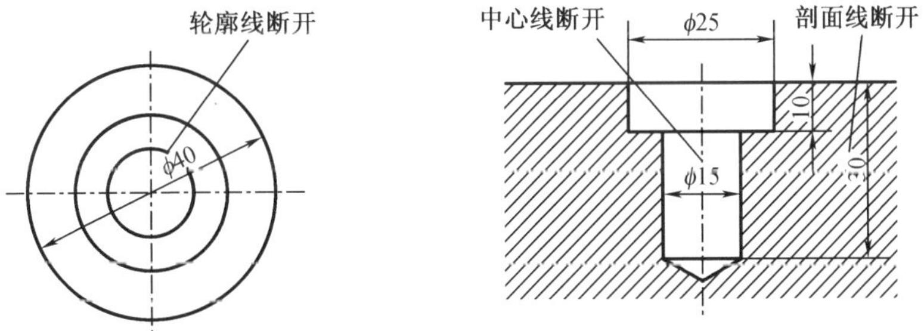

图1－19　任何图线不能通过尺寸数字

3. 常见尺寸的注法

(1)圆、圆弧及球面尺寸　如图1－20所示，标注直径尺寸时，应在尺寸数字前加注直径符号“ϕ”；标注半径尺寸时，应在尺寸数字前加注半径符号“R”，半径尺寸必须标注在投影为圆弧的图形上，且尺寸线必须通过圆心；标注球面的直径或半径时，应在直径符号或半径符号前加注“S”；当没有足够位置画箭头和写数字时，可将其中之一布置在外面，也可将箭头和数字都布置在外面。

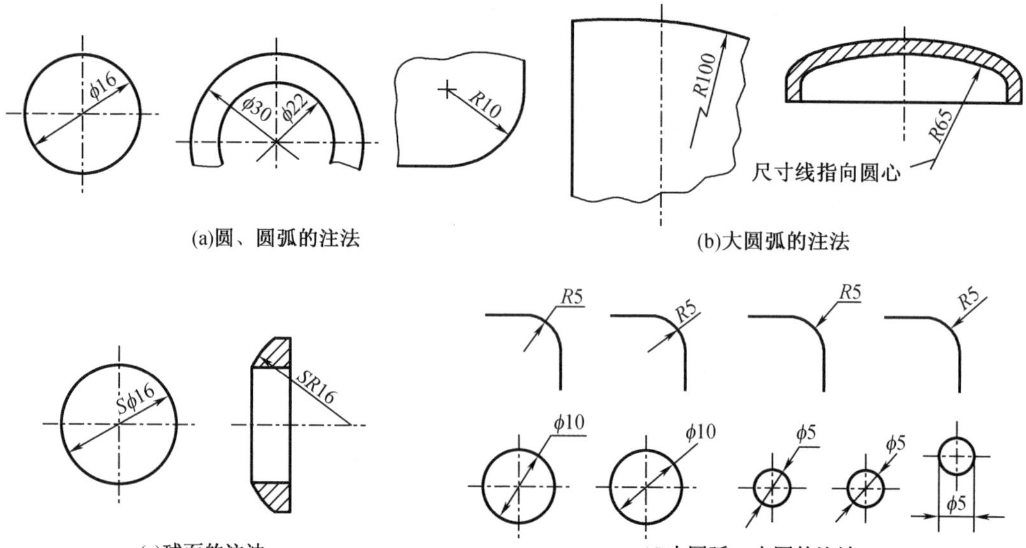

(a)圆、圆弧的注法　(b)大圆弧的注法

(c)球面的注法　(d)小圆弧、小圆的注法

图 1－20　圆、圆弧及球面尺寸的注法

小贴士　当圆弧长度超过 1/2 圆周时，标注直径；当圆弧长度小于或等于 1/2 圆周时，标注半径。

(2)角度尺寸　标注角度尺寸的尺寸界线，应沿径向引出。尺寸线是以角度顶点为圆心的圆弧。角度的数字一律写成水平方向，角度尺寸一般注在尺寸线的中断处，必要时可以写在尺寸线的上方或外面，也可引出标注，如图 1－21 所示。

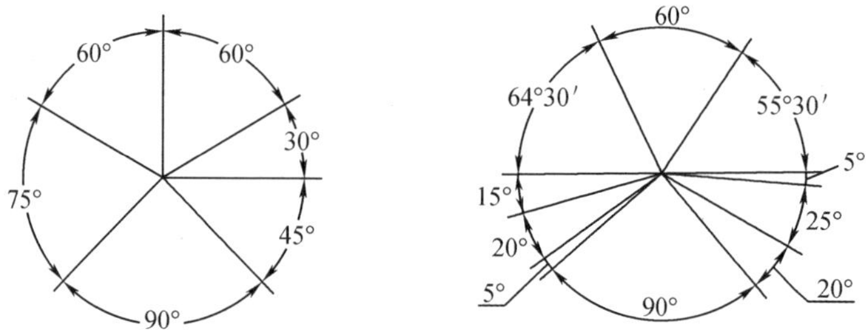

图 1－21　角度尺寸的标注

(3)窄小位置的尺寸　标注一连串的小尺寸时，可用小圆点或斜线代替中间的箭头，如图 1－22 所示。

(4)对称图形的尺寸　对于对称图形，应把尺寸标注为对称分布；当对称图形只画出一半或略大于一半时，尺寸线应略超过对称线或断裂处的边界线，此时仅在尺寸线的一端画出箭头，如图 1－23 所示。

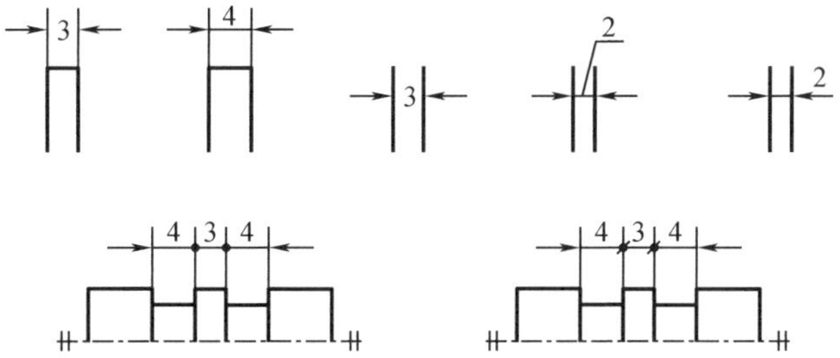

图 1－22 窄小位置的尺寸标注

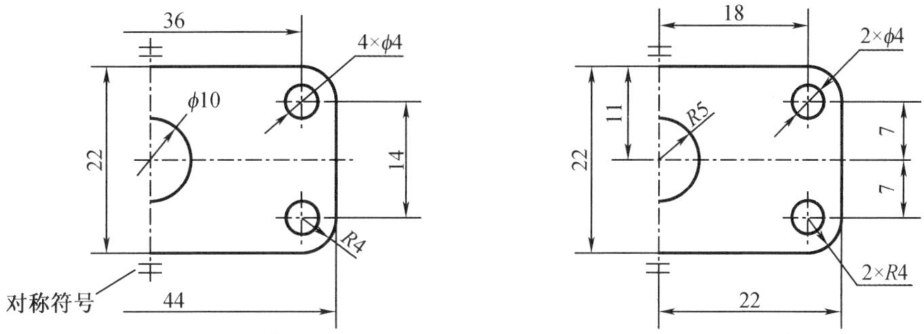

(a)正确注法 (b)错误注法

图 1－23 对称图形的尺寸标注

4. 尺寸的简化注法

(1)常用的符号和缩写词 标注尺寸时，应尽可能使用符号和缩写词。常用的符号和缩写词见表 1－5。

表 1－5 常用的符号和缩写词

名 称	符号和缩写词	名 称	符号和缩写词	名 称	符号和缩写词
直径	ϕ	厚度	t	沉孔或锪平	⌴
半径	R	正方形	□	埋头孔	⌵
球直径	$S\phi$	45°倒角	C	均布	EQS
球半径	SR	深度	↧		—

(2)简化注法

①标注尺寸时，可使用单边箭头，也可采用带箭头的指引线，还可采用不带箭头的指引线，如图 1－24 所示。

②一组同心圆弧、圆心位于一条直线上的多个不同心圆弧、一组同心圆，它们的半径或直径尺寸可用共用的尺寸线和箭头依次表示，如图 1－25 所示。

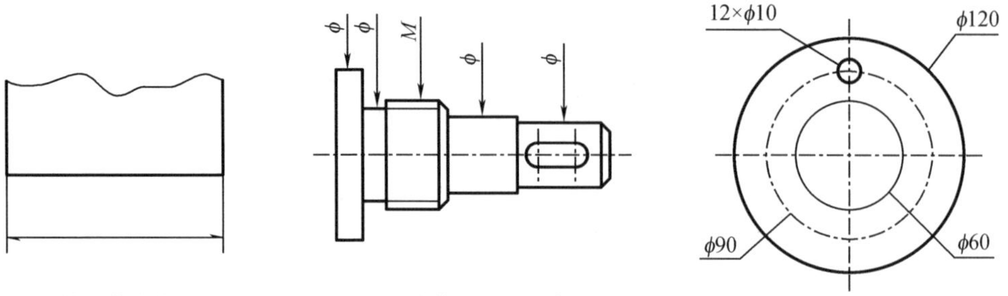

(a)使用单边箭头　(b)带箭头的指引线　(c)不带箭头的指引线

图1－24　尺寸的简化注法(一)

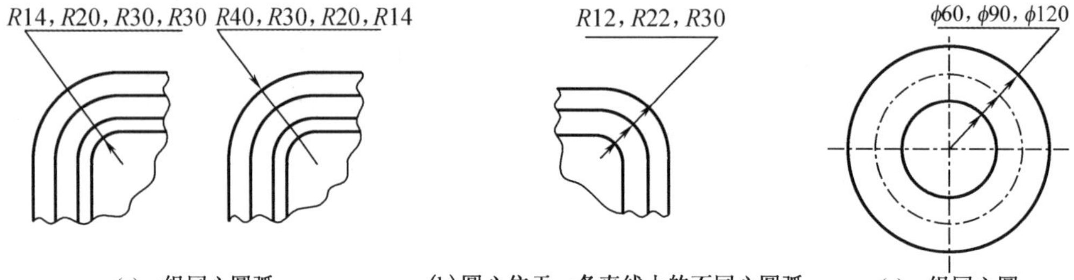

(a)一组同心圆弧　(b)圆心位于一条直线上的不同心圆弧　(c)一组同心圆

图1－25　尺寸的简化注法(二)

③在同一图形中,对于尺寸相同的孔、槽等要素,可仅在一个要素上注出其尺寸和数量,并用缩写词“EQS”表示“均匀分布”,如图1－26(a)所示。当组成要素的定位和分布情况在图形中已明确时,可不标注其角度,并省略“EQS”,如图1－26(b)所示。

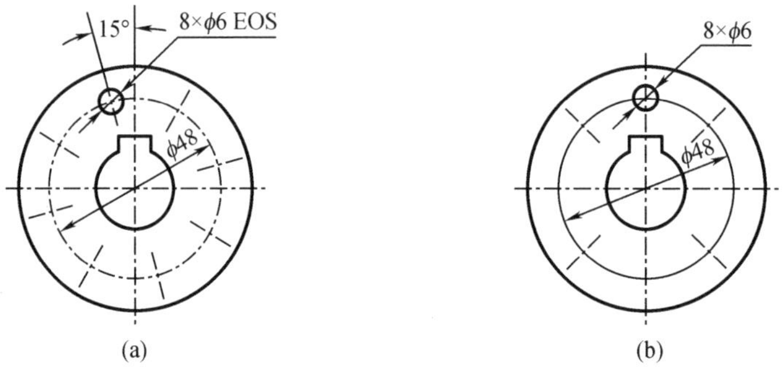

(a)　(b)

图1－26　尺寸的简化注法(三)

小贴士　不要将尺寸注成封闭的尺寸链,去除不重要的尺寸C,如图1－27(a)所示。

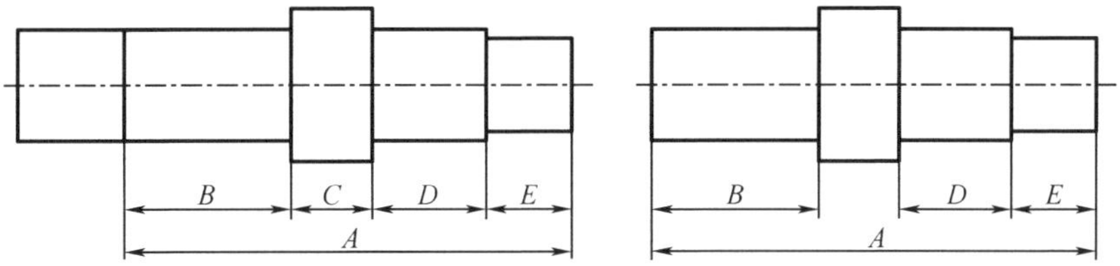

图1－27 尺寸链不能封闭

1.1.3 任务拓展

1.1.3.1 基准的概念

基准即尺寸基准，是标注尺寸的起点。根据零件的结构特点和在部件中所起的作用，零件上的点、线、面均可作为尺寸基准。零件的长、宽、高三个方向各有至少一个尺寸基准（即主要基准），除此还可能在同一方向有辅助基准。辅助基准必须有一个尺寸与主要基准相联系。常用的尺寸基准有零件的底面、端面、对称面、主要轴线、中心线等。

如图1－28所示，(a)图中零件的底面为高度方向尺寸基准，零件的底板的上表面为高度方向尺寸的辅助基准，长度方向的尺寸基准为左右对称平面，宽度方向的尺寸基准可能是零件的前端面或后端面（需要根据其他图形再确定）；(b)图中零件的轴线是径向尺寸基准（即高度方向尺寸基准为轴线所在的水平面，宽度方向尺寸基准为轴线所在的正平面），右侧小端面为长度方向的尺寸基准。

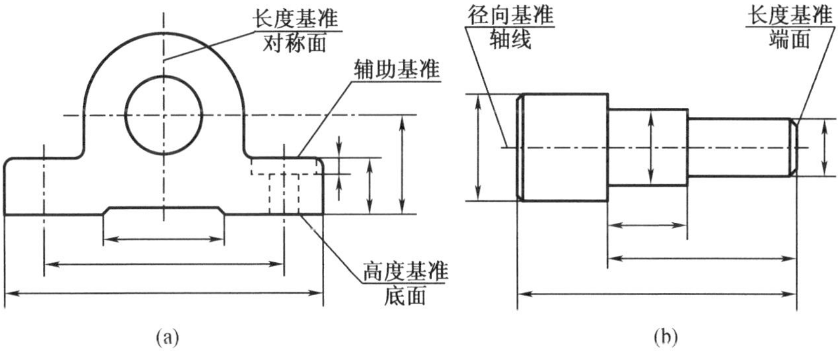

图1－28 基准的概念

1.1.3.2 基准的种类

尺寸基准一般有设计基准和工艺基准两种。

(1)设计基准　在设计中，为满足零件在机器或部件中对其结构、性能的特定要求而选定的一些基准，称为设计基准。图1－28 (a)(b)中选择的基准为设计基准。

(2)工艺基准　在加工制造过程中，为便于零件的加工、测量和装配而选定的一些基准，称为工艺基准。图1－29(a)中$35^{+0.2}_{0}$尺寸是以工艺基准为起点标注的尺寸，这样便于测量,如图 1-29(b)可用游标卡尺直接测量。图 1-29(c)是以设计基准为起点标注尺寸 $19^{+0.2}_{0}$,故不易测量。

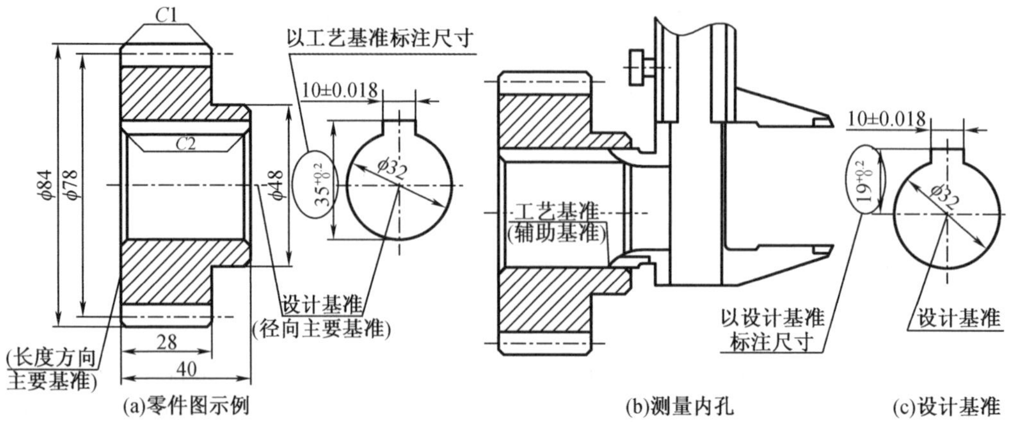

图 1-29 设计基准与工艺基准概念

1.1.3.3 基准的选择

要合理标注尺寸,必须恰当选择基准。为了减小误差,保证设计要求,应尽可能使工艺基准和设计基准重合。当两基准不能重合时,以设计基准为主,兼顾工艺基准。

(1)相互结合的零件,应以其结合面为标注尺寸的基准。如图 1-30(a)中的 *A* 面是套筒与支座的结合面,也是套筒在该部件中的轴向定位面,所以套筒零件图上以该面作为长度方向的主要基准。同理,图 1-30(a)中的 *B* 面是定位轴在部件中与套筒的结合面,使轴向定位,因此其零件图上以该面作为长度方向的主要基准,如图 1-30(b)所示。

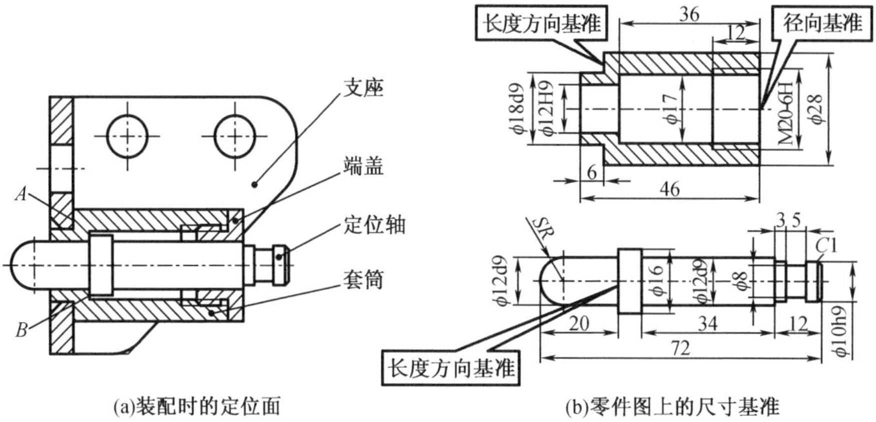

图 1-30 以接合面作为尺寸基准

(2)以零件主要装配孔的轴线为尺寸基准。如图 1-31 所示,阀体零件有两条互相垂直的装配干线,为了保证装配质量和使用要求,与阀杆配合的孔轴线作为长度方向的基准;与环形密封圈配合的孔轴线作为高度方向的基准。

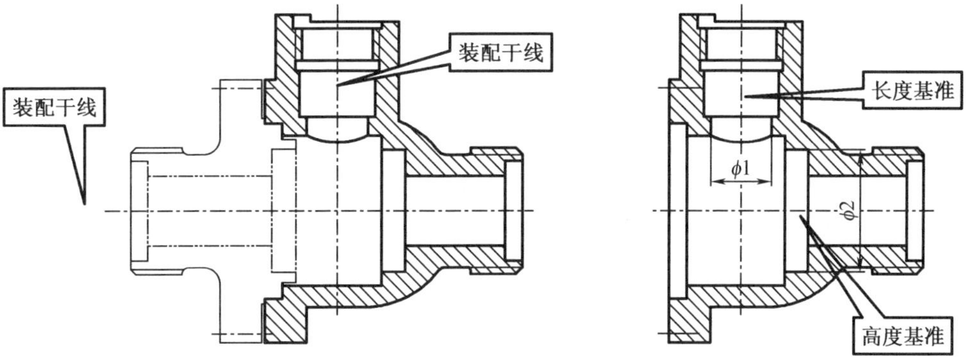

图 1-31 以主要装配干线为尺寸基准

(3)要求对称的要素,应以对称中心面(线)为尺寸基准标注尺寸,如图 1-32 所示。

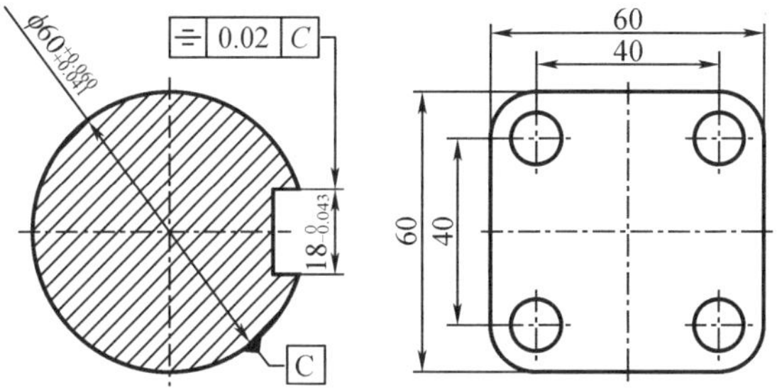

(a)对称度要求高　(b)一般对称

图 1-32 以对称结构作为尺寸基准

(4)以安装底面作为尺寸基准,如图 1-33 所示底平面是高度方向的主要基准。

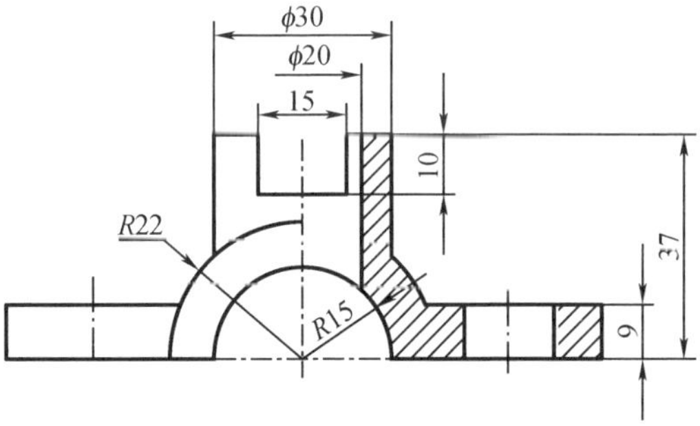

图 1-33 以安装地面作为尺寸基准

(5)以加工面作为尺寸基准,如图 1-34 所示,法兰盘大端面作为长度方向的尺寸基准。

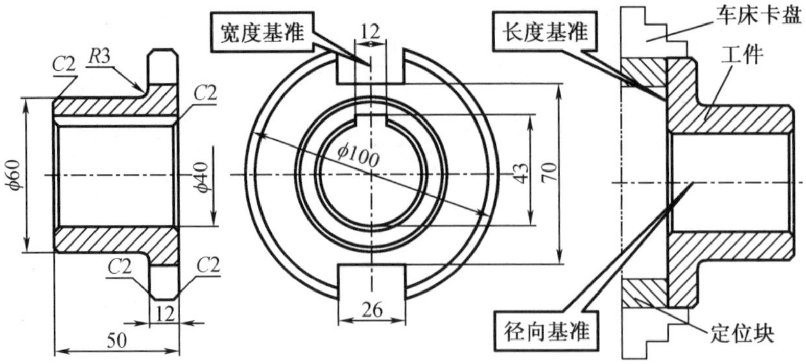

图 1－34　以加工面作为尺寸基准

(6)以点作为尺寸基准,如球阀中的球芯零件是以球心作为长、宽、高方向的尺寸基准。

任务 1.2　抄画样板零件图样

想一想　如何绘制样板平面图形?如何绘制圆弧连接正多边形?如何正确地运用制图国家标准?如何正确地使用绘图工具及仪器?如何最终完成平面图形的绘制和尺寸标注?

1.2.1　任务分析

1.2.1.1　分析样板图形的结构

如图 1－35 所示,样板零件的图形上下对称,左端为扇形,右端为圆弧。右端 $R20$ 与 $R60$ 圆弧相内切。中间圆弧 $R20$ 与扇形直边和 $R60$ 圆弧相外切。中间为正六边形。

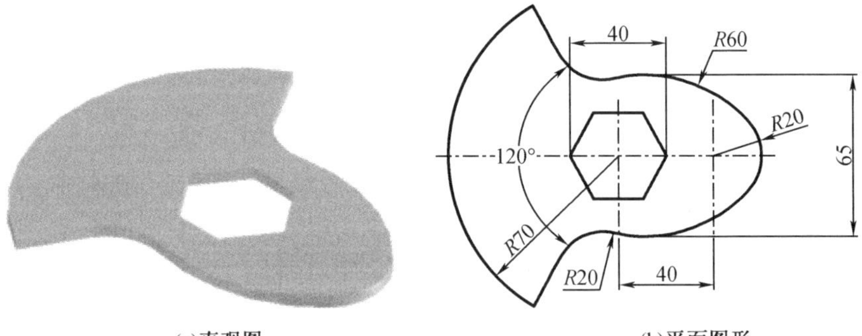

(a)直观图　　(b)平面图形

图 1－35　样板

1.2.1.2　分析样板图形的尺寸

1. 分析尺寸种类

平面图形中标注的尺寸,按其作用可分为定形尺寸和定位尺寸两类。

(1)定形尺寸　定形尺寸是指确定平面图形各组成部分的形状大小的尺寸,如圆的直径、圆弧的半径、线段长度、角度等。如图1－35中的R70、2个R20、R60、40、120°等就是定形尺寸。

(2)定位尺寸　定位尺寸是指确定平面图形各组成部分之间相对位置的尺寸。在平面图形中每个几何要素有两个定位尺寸,即长度方向和高度方向的定位尺寸。如图1－35中的40,确定了R20圆心相对R70圆心长度的位置,也确定了R20与正六边形中心在长度方向的位置,是定位尺寸。尺寸65间接确定了R60圆心高度方向的位置,有定位作用;同时,还确定了样板右侧上下形状的大小,也有定形作用。

小贴士　有些尺寸既可以是定形尺寸,也可以是定位尺寸,如图1－35中的65。

(3)总体尺寸　总体尺寸是确定零件长、宽、高三个方向的总的尺寸,如图1－36(a)中的尺寸30,20,24。当端部为圆弧结构时,不标注总体尺寸,标注中心距,如图1－36(b)中的尺寸24,18,16,此时总体尺寸需间接计算得到。图1－36(c)是错误的标注。

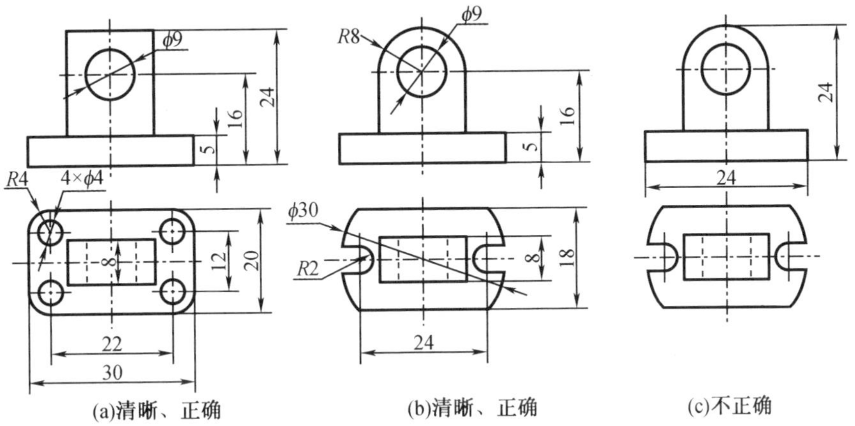

图1－36　尺寸标注的清晰性示例

2. 分析尺寸基准

标注定位尺寸时,必然涉及尺寸基准。尺寸基准就是标注定位尺寸的出发点。平面图形中,应该有水平和铅垂两个方向的尺寸基准。通常以图形的对称线、大直径圆的中心线、较长的底线或边线作为尺寸基准。如图1－35所示的样板,高度方向尺寸基准为对称线,即水平线;长度方向尺寸基准为正六边形左右对称中心线,即铅垂线。

1.2.1.3　分析样板图形的线段

平面图形的线段(直线或圆弧),根据其尺寸的完整程度,可分为三类:

(1)已知线段　定形、定位尺寸完整,能直接画出的线段,称为已知线段,如图1－35中的正六边形、R70的扇形、右端R20的圆弧等。

(2)中间线段　有定形尺寸,有一个定位尺寸,必须依赖附加的几何条件才能画出来的线段,称为中间线段,如图1－35中R60的圆弧,必须根据65、与右端的R20圆弧相内切的几何条件才能画出。

(3)连接线段　只有定形尺寸,没有定位尺寸的线段,称为连接线段,如图1－35中与左端扇形相连接的R20圆弧。没有圆心的定位尺寸,只能根据与R60圆弧外切、与扇形直线外切的条件,求出圆心和切点才能画出。

1.2.2 任务实施

1.2.2.1 绘图工具介绍

1. 图板、丁字尺、三角板

图板是画图用的垫板,表面光整,棱边平直。左右两侧为工作边。

丁字尺由尺头和尺身组成,尺身上有刻度的一边为工作边,用于绘制水平线。使用时,将尺头内侧紧靠图板的左侧导边上下移动,沿尺身上边可画出一系列水平线,如图 1 – 37 所示。

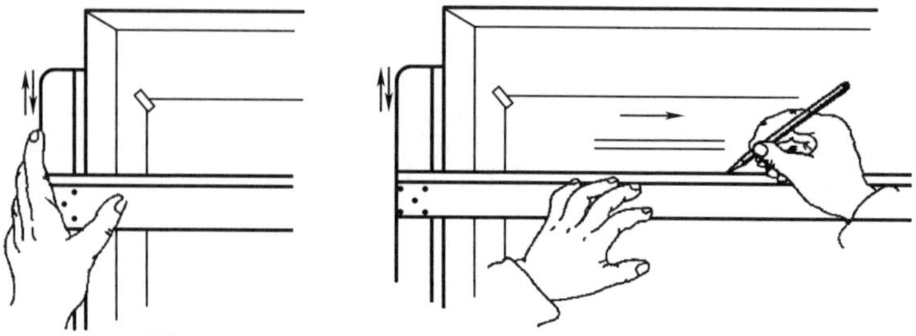

(a) (b)

图 1 – 37 画水平线

由 45°和 30°、60°的两块三角板组成一副三角板。将三角板和丁字尺配合使用,可画垂直线和与水平线成特殊角度的倾斜线,也可作已知线段的平行线,如图 1 – 38、图 1 – 39 所示。

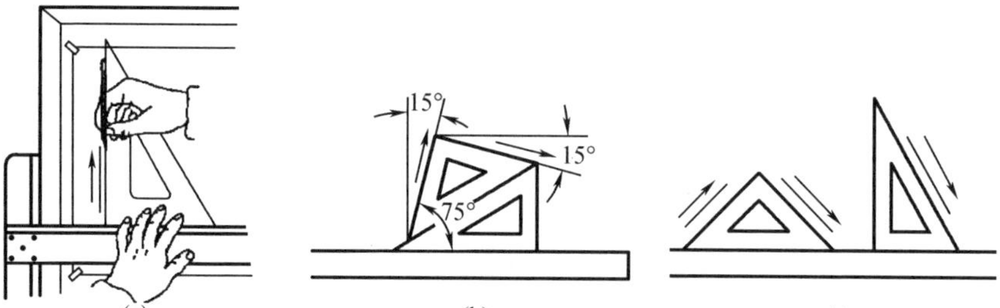

(a) (b) (c)

图 1 – 38 画垂直线和倾斜线

2. 圆规和分规

圆规是画圆及圆弧的工具。使用前应先调整针脚,使针尖稍长于铅芯,如图 1 – 40(a)所示。画图时,借左手食指把针尖放在圆心位置,如图 1 – 40(b)所示,转动时让圆规向转动方向稍微倾斜,如图 1 – 40(c)所示。分规是量取尺寸和等分线段的工具。分规两针尖的调整及使用方法如图 1 – 41 所示。

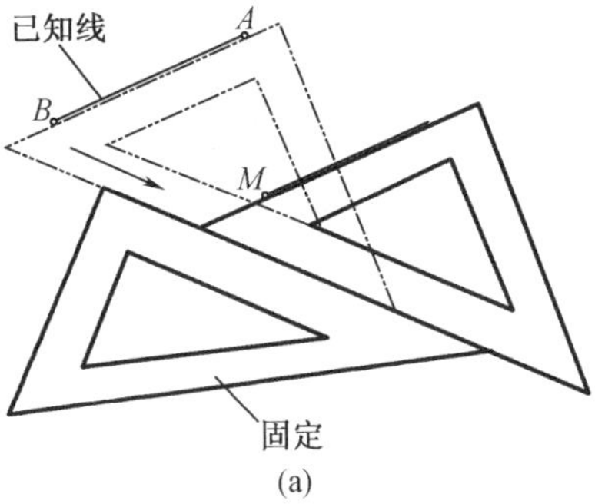

图 1-39 画已知线段的平行线和垂直线

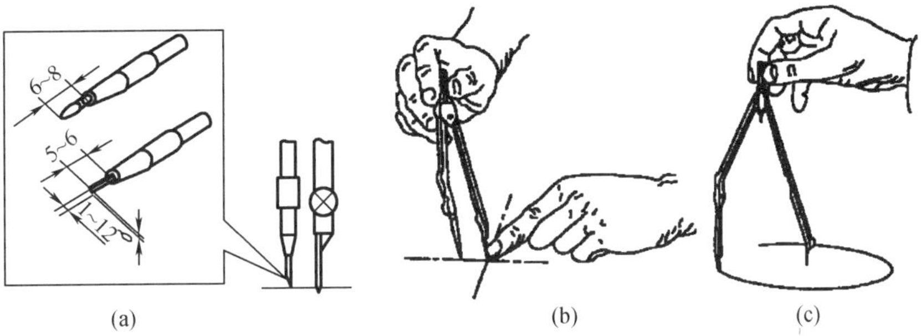

图 1-40 圆规的用法

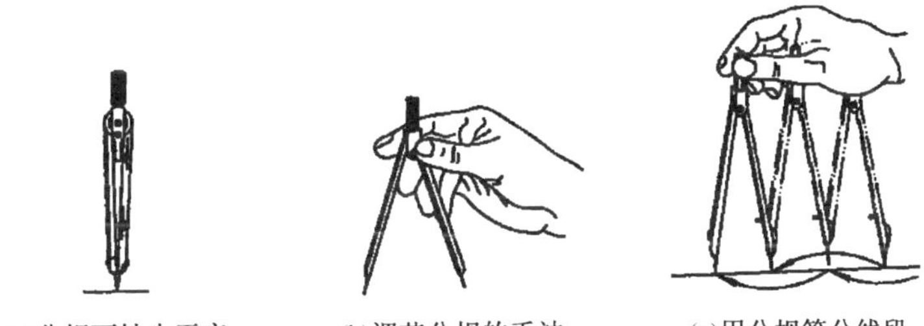

图 1-41 分规的用法

3. 铅笔

铅笔代号 H、B、HB 表示铅芯的软硬程度。B 前的数字越大，表示铅芯越软，绘出的图线颜色越深；H 前面的数字越大，表示铅芯越硬；HB 表示软硬适中。画粗实线常用 2B 或 B 的铅笔；画细实线、细虚线、细点画线和写字时常用 H 或 HB 的铅笔；画底稿时常用 2H 的铅笔。铅笔应从没有标号的一端开始使用，以便保留软硬的标号。铅笔的削法如图 1-42 所示。

4. 其他用品

绘图时，还要用到曲线板、擦图片、橡皮、小刀等工具。

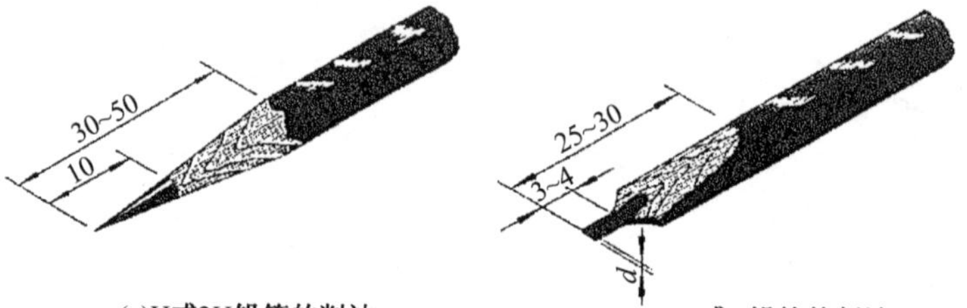

(a)H或2H铅笔的削法　　(b)2B或B铅笔的削法

图 1-42　铅笔的削法

1.2.2.2　选择图幅与比例

根据零件结构的形状大小与复杂程度,选择合适的比例、图幅。本例因形状简单、大小适中,故选用原值比例、A4 图幅。

1.2.2.3　绘制样板图形

平面图形的画图步骤如图 1-43 所示,具体如下:

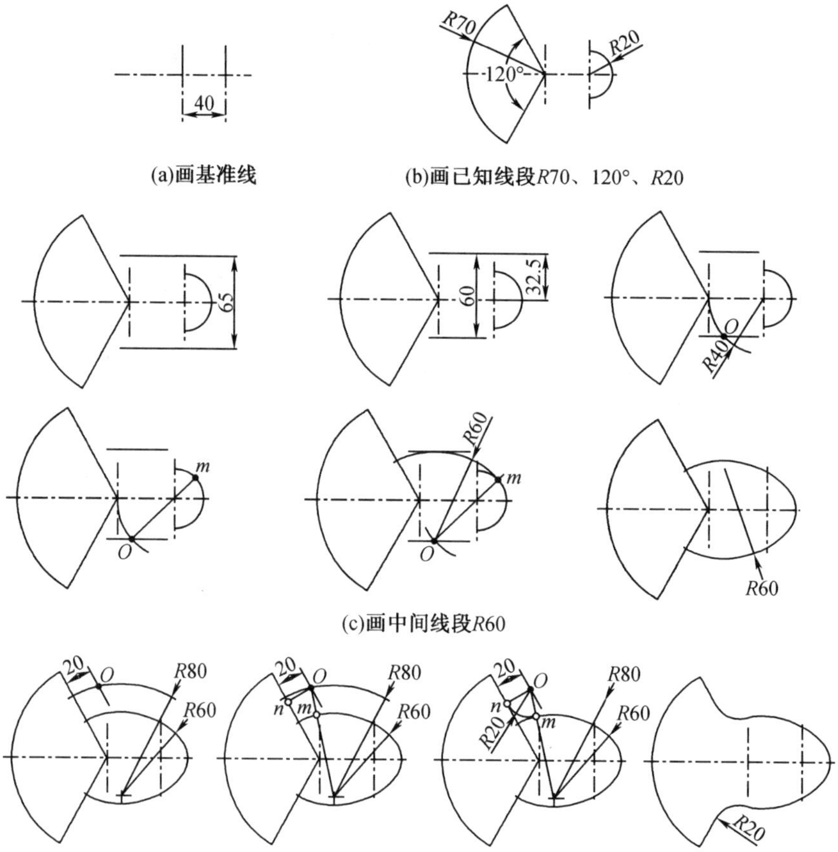

(a)画基准线　　(b)画已知线段 $R70$、120°、$R20$

(c)画中间线段 $R60$

(d)画连接线段 $R20$

图 1-43　平面图形的画图步骤

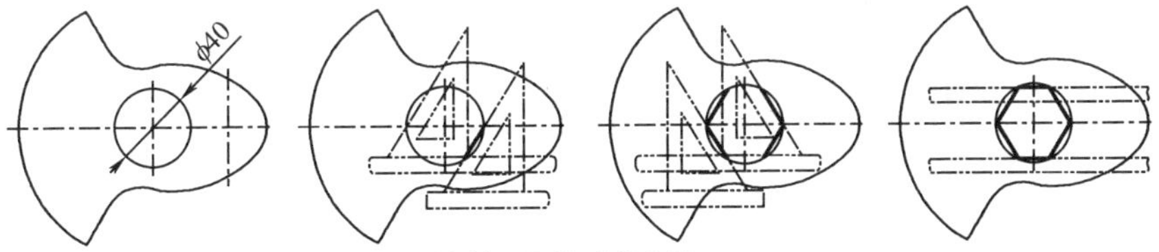

(e)绘制正六边形的方法(一)

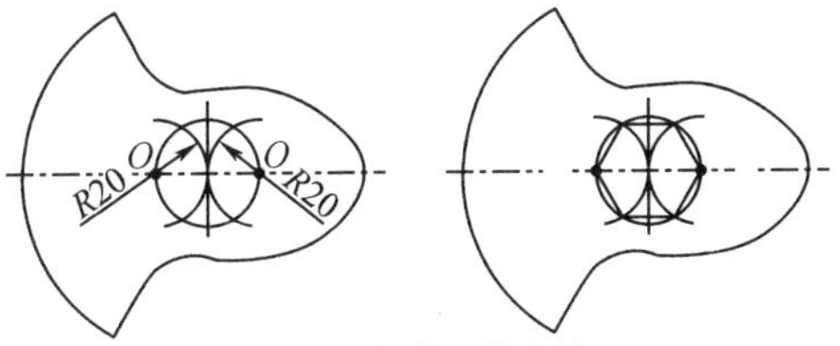

(f)绘制正六边形的方法(二)

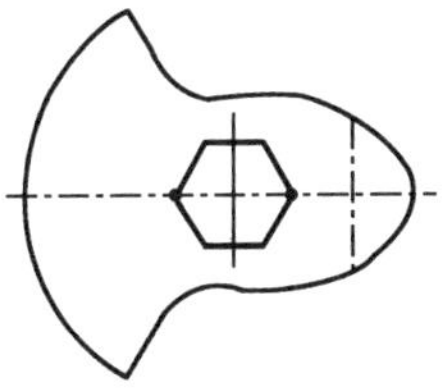

(g)整理线型,加深粗实线

图 1－43(续)

(1)准备工作　分析图形,确定线段的性质;选定图幅、比例,固定图纸,画出图框、对中符号和标题栏。

(2)画底稿　一般用 2H 或 3H 的铅笔准确、轻轻地绘制底稿,遵循先主体后局部的原则。画底稿的步骤是:合理、匀称地布图,画出基准线、轴线、对称中心线;画已知线段;画中间线段;画连接线段。

(3)加深描粗　加深描粗的原则如下:

①先粗后细。先加深全部粗实线,再加深全部细实线、细点画线及细虚线等。

②先曲后直。在加深同一种线(特别是粗实线)时,应先画圆弧或圆,后画直线。

③先水平,后垂斜。先用丁字尺自上而下画水平线,再用三角板自左向右画垂线,最后画倾斜的直线。

④一次画出尺寸界线、尺寸线。

⑤画箭头,填写尺寸数字、标题栏等。

小贴士　加深描粗前,要全面检查底稿,修正错误,擦去错线、多余的线和辅助线;应尽量使同类型图线粗细、浓淡一致,连接光滑,字体工整,图面整洁。

1.2.2.4　标注尺寸

标注平面图形尺寸时,首先应对组成图形的各线段进行分析,弄清哪些是已知线段,哪些是中间线段和连接线段,然后选择尺寸基准。最后,根据各图线的不同要求,注出平面图形的全部定形尺寸和必要的定位尺寸,做到尺寸不重复、不遗漏。样板图形的尺寸标注如图 1－35 所示。

1.2.3　任务拓展

1.2.3.1　锥度的含义

锥度是指正圆锥底直径与圆锥高之比。如果是圆台,则为上下底圆直径差与圆台高之比。如图 1－44(a)所示,锥度 $= D/L = (D-d)/l = 2\tan\alpha$。在图样中标注锥度时,通常用

1:n 的形式,并在前面加“▷”或“◁”表示,符号的尖端指向应与锥度方向一致,如图 1-44(c)所示。锥度符号及其标注如图 1-44(b)所示。

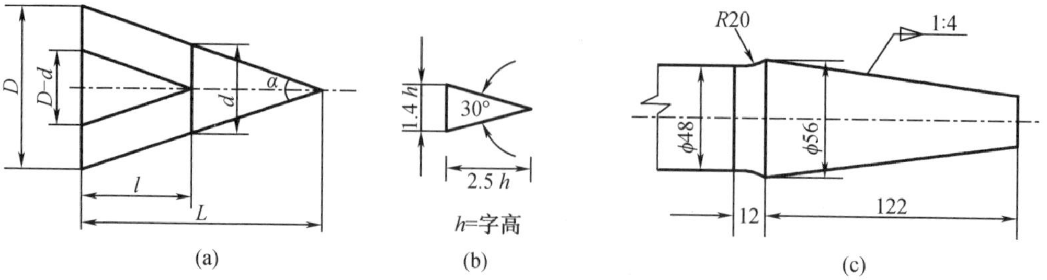

图 1-44 锥度符号及其标注

锥度的作图方法如图 1-45 所示。

①作锥度为 1:4 的圆锥 abc,如图 1-45(a)所示;

②过 A 点作直线平行于直线 ac,过 B 点作直线平行于直线 bc,加深,即得 1:4 的锥度,如图1-45(b)所示。

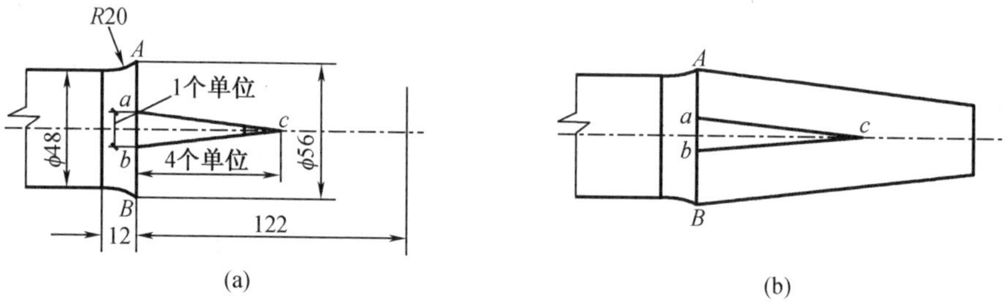

图 1-45 锥度的作法

1.2.3.2 斜度的含义

斜度是指一直线对另一直线,或一平面对另一平面的倾斜程度。其大小用它们之间的正切值表示,如图 1-46(a)所示,即斜度 $\tan\alpha = H/L$。在图样中,通常用 1:n 的形式标注,并在前面加注符号“∠”或“⦣”,符号的斜线方向与斜度方向一致,如图 1-46(b)所示。斜度符号的画法如图 1-46(c)所示。

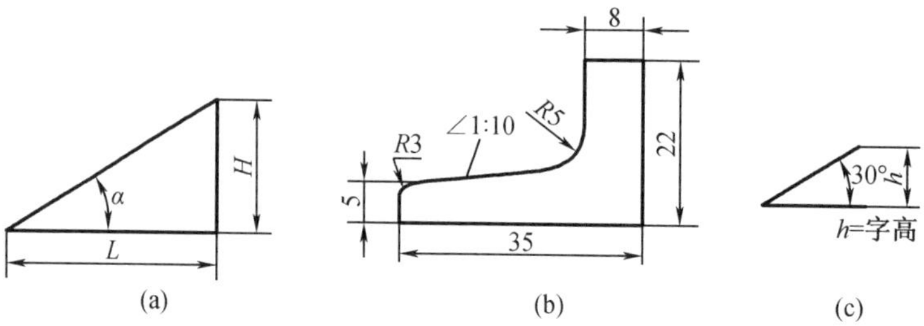

图 1-46 斜度及其符号

斜度可以直接画出，也可以根据“互相平行的直线斜度相同”的原理进行作图，如图 1 - 47 所示。

①按已知尺寸及 1:10 的斜度完成图 1 - 47(a)；

②作 *AM* 为 1:10 的斜度，过 *K* 点作直线平行于 *AM*，如图 1 - 47(b)所示；

③加深并标注(圆弧按连接圆弧画)，如图 1 - 47(c)所示。

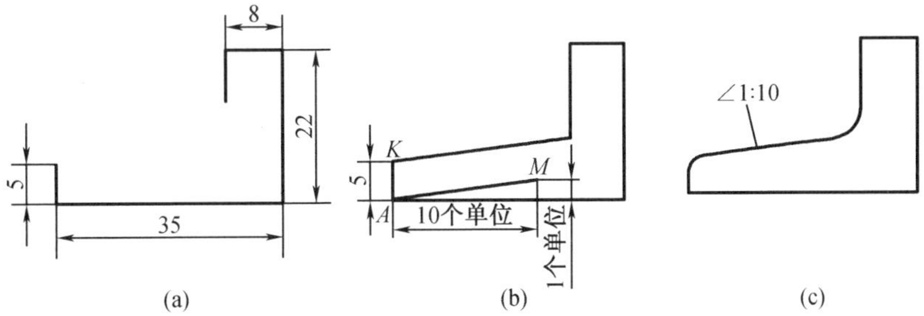

图 1 - 47 斜度的作法与标注

同步练习

1 - 1 标注图 1 - 48 中的尺寸，尺寸的数值从图中量取，取整数。

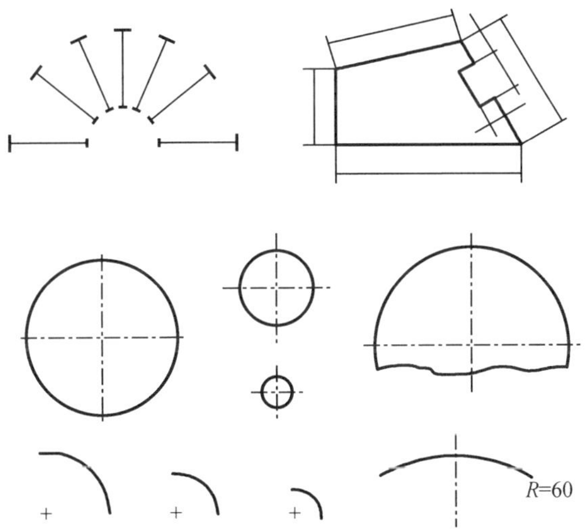

图 1 - 48 标注尺寸练习(一)

1 - 2 分析图 1 - 49(a)中尺寸标注的错误，并正确地标注在图 1 - 49(b)中。

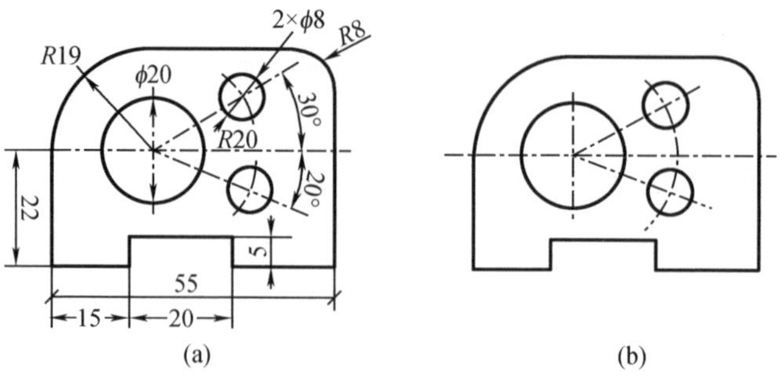

图 1-49　尺寸标注练习(二)

1-3　分析图 1-50 中平面图形的线段和尺寸,并选择合适的比例抄画在恰当的图幅内。

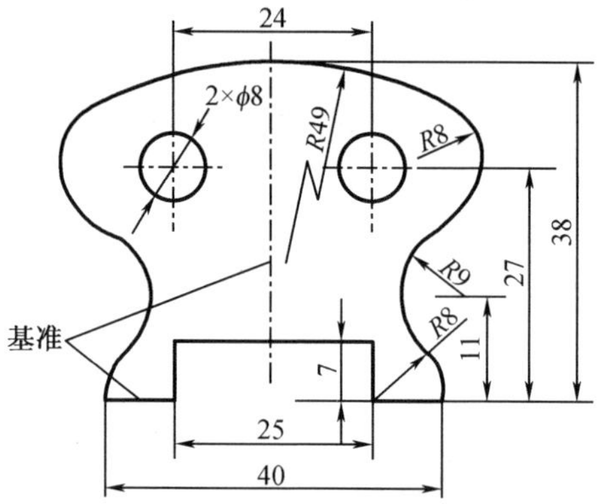

图 1-50　绘制平面图形练习

1-4　在图 1-51 中,按样图绘制斜度和锥度。

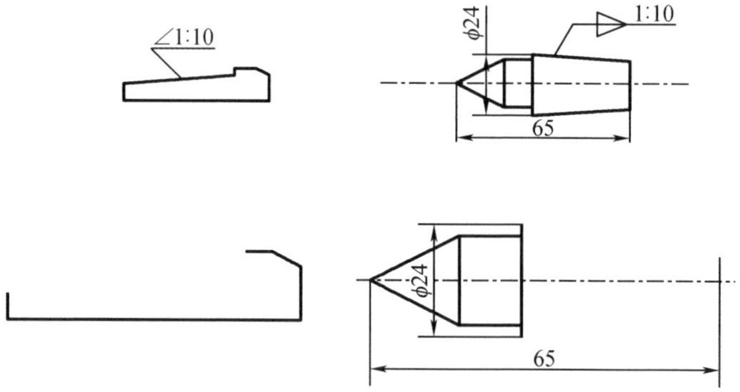

图 1-51　绘制斜度和锥度

项目2　绘制基本体三视图

【项目功能】

通过绘制基本体的三视图，掌握正投影法和投影特性，掌握三视图的作图方法和步骤，具体包括：

1. 掌握正投影法的基本原理和正投影的基本性质；
2. 掌握三视图的形成及“三等”规律；
3. 掌握三视图与物体的方位关系；
4. 掌握三视图的作图方法和步骤；
5. 能运用正投影法绘制棱柱体、棱锥体、圆柱、圆球等基本形体的三视图；
6. 牢记棱柱体、棱锥体、圆柱、圆球等简单形体的三视图特征。

任务2.1　绘制五棱柱三视图

想一想　如图2－1所示的基本形体，如何把它们表达成符合国家标准的平面图形呢？形体大小如何表示？本任务以绘制五棱柱（图2－2）三视图并标注尺寸为例，对上述问题进行解读。

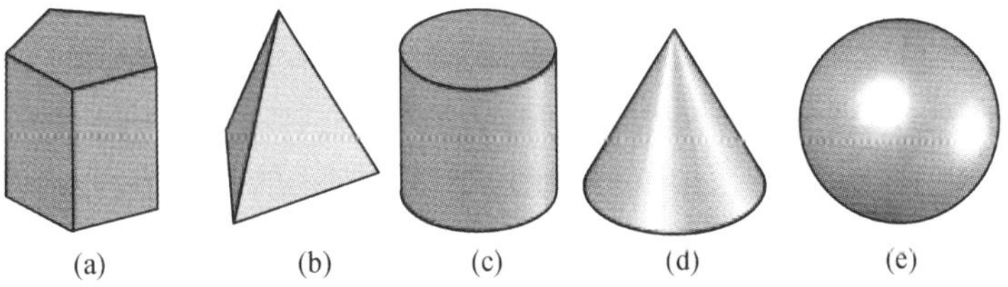

图2－1　基本形体

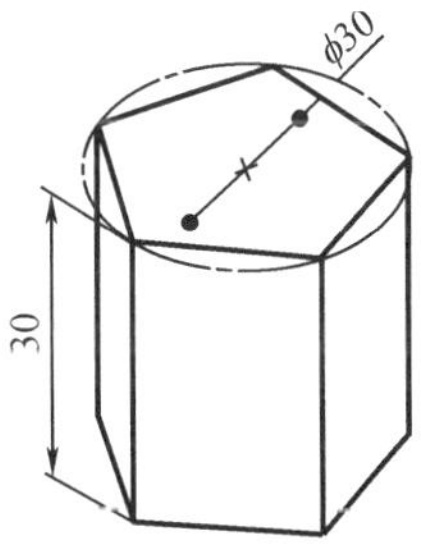

图2－2　五棱柱

2.1.1　任务分析

2.1.1.1　正投影法及其投影特性

1. 投影法

（1）投影法的概念　在灯光或日光的照射下，物体在地面或墙壁上就会出现影子。人们把这种光线通过物体，向选定的面投射，并在该面上得到图形的方法称为投影法。

（2）投影法的分类　常用的投影法有中心投影法和平行投影法，如图2－3所示。

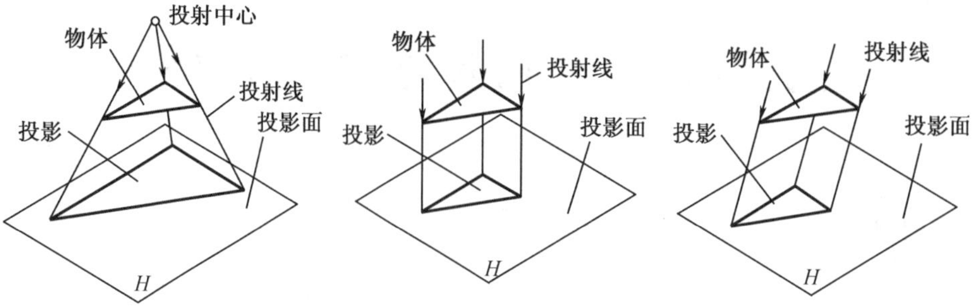

(a)中心投影法　(b)正投影法　(c)斜投影法

图 2-3　投影法分类

①中心投影法　投射线汇交于一点的投影法称为中心投影法，如图 2-3(a)所示。采用中心投影法得到的投影，其大小受投影中心、物体、投影面三者之间的距离的影响，所以度量性较差。但图的立体感较好，常用于建筑、机械产品的效果图。

②平行投影法　若将投射中心移到无穷远处，则所有投射线就互相平行。用相互平行的投射线，在投影面上作出物体投影的方法，称为平行投影法。平行投影法中，投射线与投影面相垂直，称为正投影法，如图 2-3(b)所示；投射线与投影面相倾斜，称为斜投影法，如图 2-3(c)所示。

由正投影法获得的投影能准确反映物体的形状和大小，度量性好，因而机械图样常采用正投影法绘制(轴测图除外)。

小贴士　机械图样采用正投影法得到平面图形。

2. 正投影的基本性质

(1)真实性　空间平面图形(直线段)与投影面平行时，投影反映真实形状(实长)，如图2-4(a)所示。这种性质称为真实性。

(2)积聚性　空间平面图形(直线段)与投影面垂直时，投影积聚成一直线(一点)，如图2-4(b)所示。这种性质称为积聚性。

(3)类似性　空间平面图形(直线段)与投影面倾斜时，投影为缩小的类似形(缩短的线段)，如图 2-4(c)所示。这种性质称为类似性。

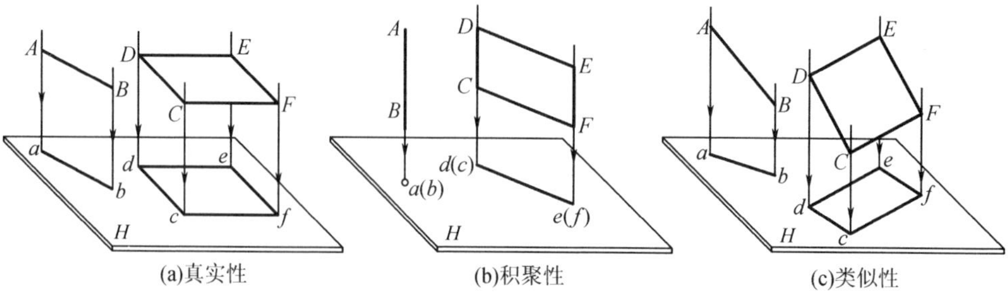

(a)真实性　(b)积聚性　(c)类似性

图 2-4　正投影特性

2.1.1.2 三视图的形成

用正投影法得出的物体在投影面上的投影称为视图。绘制视图时,可把人的视线假想成相互平行且垂直于投影面的一组投射线,并规定:可见的轮廓线用粗实线绘制,不可见的轮廓线用细虚线绘制。

小贴士 绘制视图时,可见的棱边线和可见的轮廓线用粗实线绘制,不可见的棱边线和不可见的轮廓线用细虚线绘制。

如图 2-5 所示,一个视图不能确定物体的形状和空间位置。

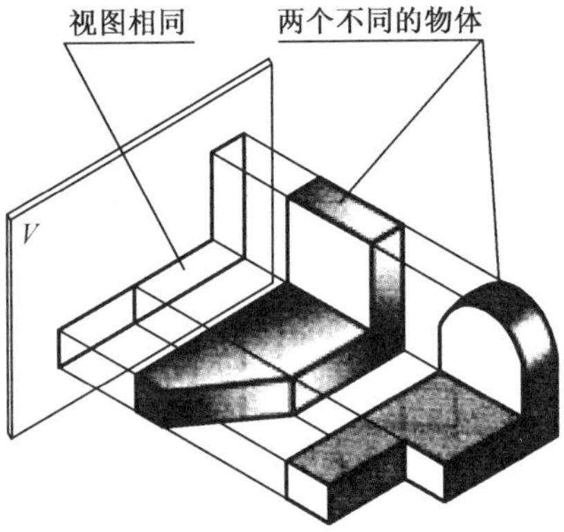

(a)一个视图不能确定物体的形状

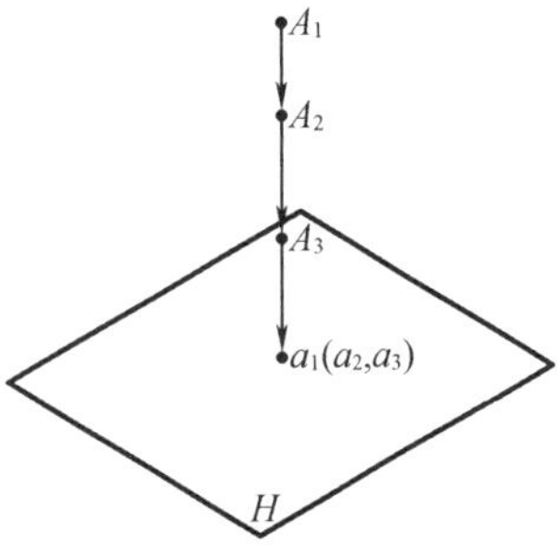

(b)一个视图不能确定物体的空间位置

图 2-5 一个视图不能确定物体的形状和空间位置

1. 建立三投影面体系

三投影面体系由正投影面(简称 V 面)、侧投影面(简称 W 面)、水平投影面(简称 H 面)组成,它们互相垂直,如图 2-6 所示。

三投影面之间的交线 OX、OY、OZ 称为投影轴,它们互相垂直。它们的交点称为原点,用 O 表示。

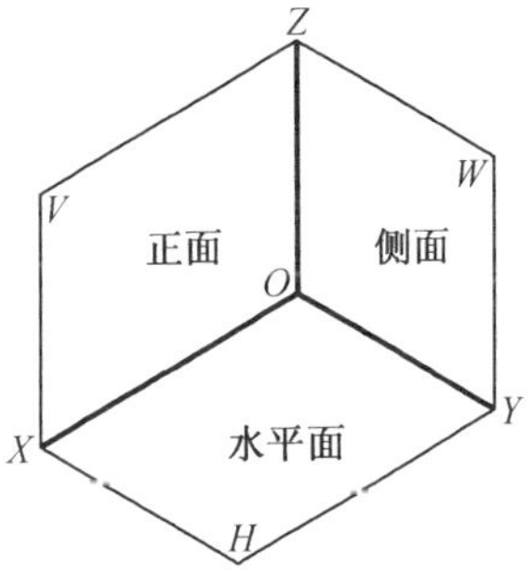

图 2-6 三投影面体系

三投影轴与物体的关系:

OX 轴(简称 X 轴),是 V 面和 H 面的交线,代表长度方向(左右方向);

OY 轴(简称 Y 轴),是 H 面和 W 面的交线,代表宽度方向(前后方向);

OZ 轴(简称 Z 轴),是 V 面和 W 面的交线,代表高度方向(上下方向)。

2. 三视图的形成

如图 2-7 所示,把物体放在三投影面体系中,按正投影法向各投影面投射,分别得到正投影、水平投影和侧投影,即为三个视图:

主视图:由前向后投射在 V 面所得的视图;

俯视图:由上向下投射在 H 面所得的视图;

左视图:由左向右投射在 W 面所得的视图。

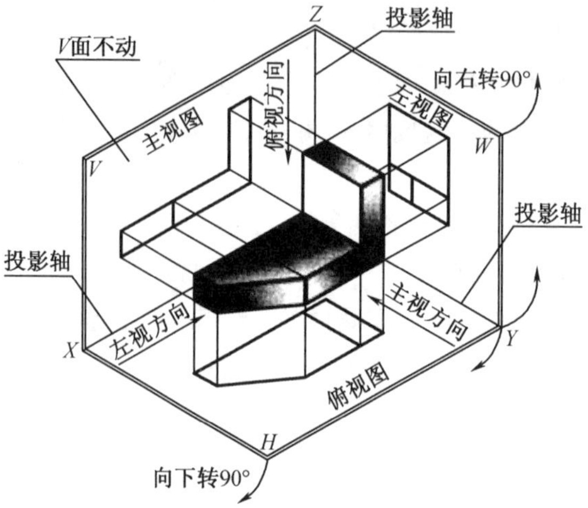

图 2-7　三视图的形成

为把三个视图画在同一张图纸上,必须将相互垂直的三个投影面展开在一个平面上。规定:V 面保持不动,将 H 面绕 OX 轴向下旋转 90°,将 W 面绕 OZ 轴向右旋转 90°,如图 2-7 所示。展开后的三视图如图 2-8 所示。实际绘图时,去掉投影面边框和投影轴,如图 2-9 所示。

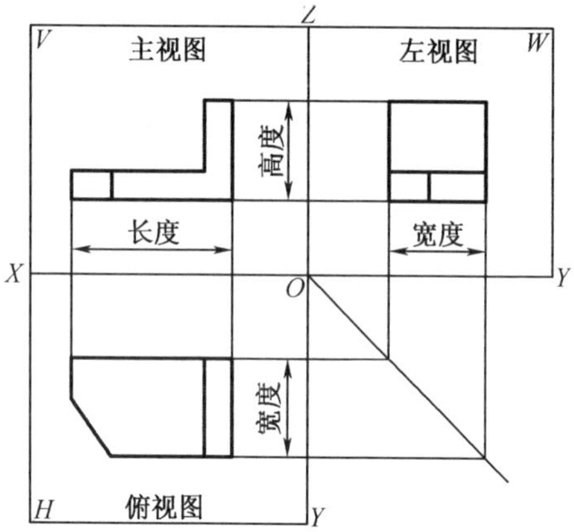

图 2-8　投影面的展开

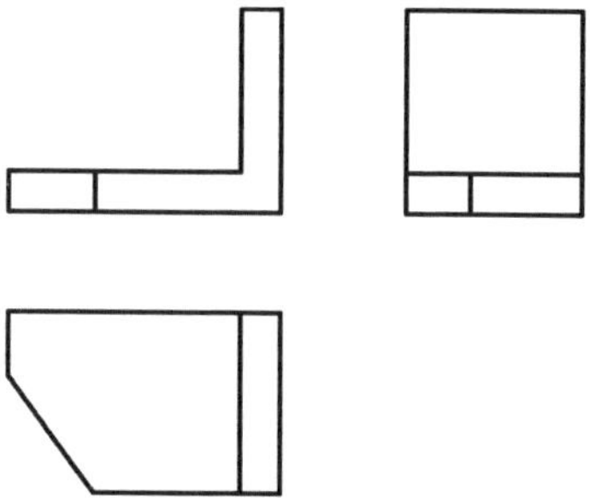

图 2-9　三视图

小贴士　三视图之间的相对位置是固定的,即:主视图定位后,俯视图在主视图的下方,左视图在主视图的右方,各视图的名称不需标注。

2.1.1.3　三视图的投影规律

1. 投影对应关系

如图 2-8 所示,每个视图只能反映物体两个方向的尺度,即:

主视图:反映物体的长度(X 轴)和高度(Z 轴);

俯视图:反映物体的长度(X 轴)和宽度(Y 轴);

左视图：反映物体的宽度（Y 轴）和高度（Z 轴）。

2. 三个视图之间的投影规律

一个物体的长度、高度和宽度是唯一的。如图 2-10 所示，以主视图为基准，三视图的投影规律（简称"三等"规律）如下：

长对正：主视图和俯视图长度相等且对正；

高平齐：主视图和左视图高度相等且平齐；

宽相等：俯视图和左视图宽度相等且对应。

小贴士 三视图之间的三等规律，不仅反映在物体的整体上，也反映在物体的任意一个局部结构上。

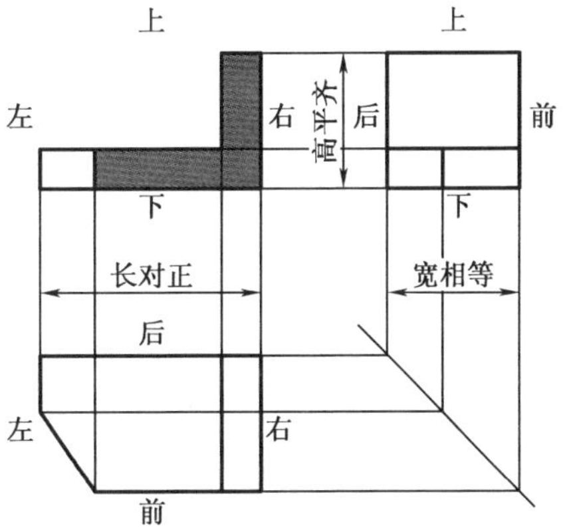

图 2-10 三视图的"三等规律"

3. 三视图与物体的方位关系

物体有上、下、左、右、前、后六个方位，如图 2-10 所示，每个视图只能反映物体的四个方位，即：

主视图：反映物体的上、下和左、右；

俯视图：反映物体的左、右和前、后；

左视图：反映物体的上、下和前、后。

小贴士 俯视图、左视图远离主视图的一边，表示物体的前面；靠近主视图的一边，表示物体的后面。

2.1.1.4 分析五棱柱的形体和投影

1. 分析五棱柱的形体

如图 2-11 所示，正五棱柱由顶面、底面和五个侧面组成。其顶面和底面为正五边形，侧面均为矩形，侧面的交线（棱线）互相平行。

2. 分析五棱柱的投影

如图 2-12 所示，为了作图方便，选择正五棱柱的顶面与底面平行于水平面，并使后面与正投影面平行，五个侧面与水平面垂直。其投影特征如下：

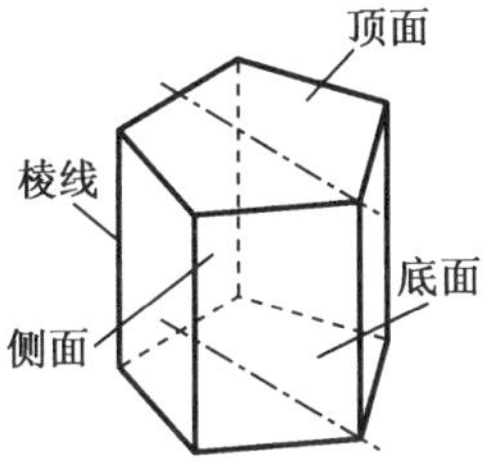

图 2-11 五棱柱形体分析

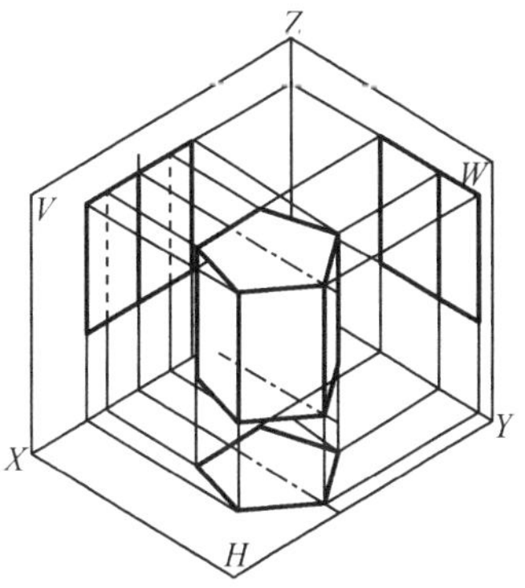

图 2-12 五棱柱投影分析

①顶面与底面的三面投影　正五棱柱顶面和底面的水平投影重合并反映真实性,为正五边形,其正面和侧面的投影分别积聚成一条水平线。

②五个侧面的三面投影　水平投影积聚为五边形的五条边;正面投影为五个矩形,其中后面的投影反映实形,但因被前面挡住,故棱线为虚线,左右侧面的投影具有类似性,前侧的两个棱面挡住后侧的两个棱面;后面在侧面上的投影积聚为一条铅垂线,因左右对称,故左侧的两个矩形与右侧的两个矩形分别重合,且具有类似性。

2.1.2　任务实施

2.1.2.1　绘制五棱柱三视图底稿

(1)画基准线和反映实形的投影,如图 2－13(a)所示。

(2)画五棱柱主视图和左视图的投影,如图 2－13(b)所示。

2.1.2.2　检查、整理图线

不可见轮廓线画成虚线,检查无误后,擦去多余线,按线型描深图线,完成三视图绘制,如图 2－13(c)所示。

小贴士　俯视图中的五边形为五棱柱的特征视图;画五棱柱三视图时,先画五边形所在的俯视图,再按“长对正”“宽相等”画主视图和左视图。

2.1.2.3　标注尺寸

如图 2－13(c)所示,标注五棱柱高度尺寸和外接圆直径尺寸。

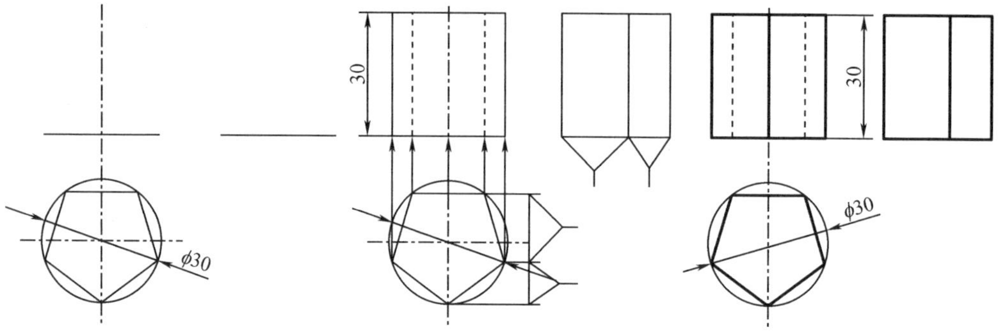

(a)画基准线和正五边形　(b)画其他两个投影　(c)整理图线、标注尺寸

图 2－13　五棱柱三视图的作图步骤

2.1.3　任务拓展

2.1.3.1　特殊位置直线的投影

直线相对于投影面的位置有三种:投影面垂直线、投影面平行线、一般位置直线。前两者又称为特殊位置直线。下面介绍特殊位置直线的投影特性。

(1)投影面垂直线　垂直于一个投影面的直线称为投影面垂直线,其投影特性如表 2－1 所示。

表 2-1 投影面垂直线的投影特性

名称	铅垂线	正垂线	侧垂线
轴测图	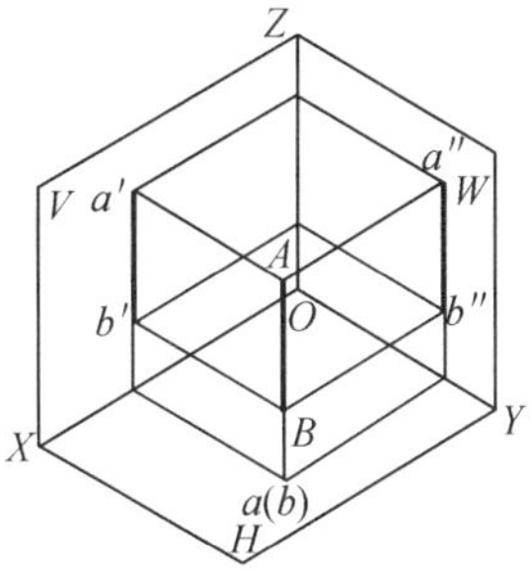	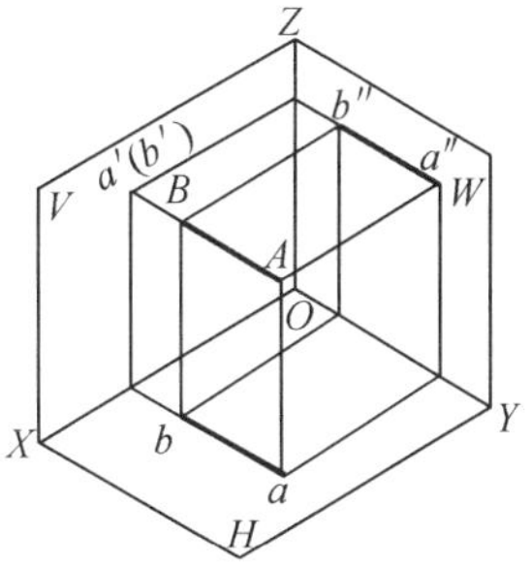	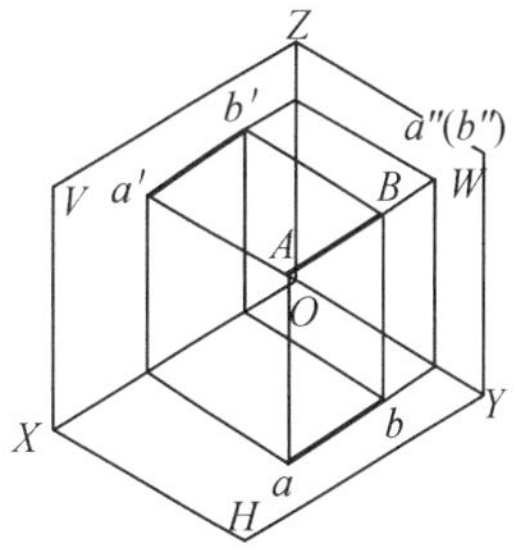
投影图	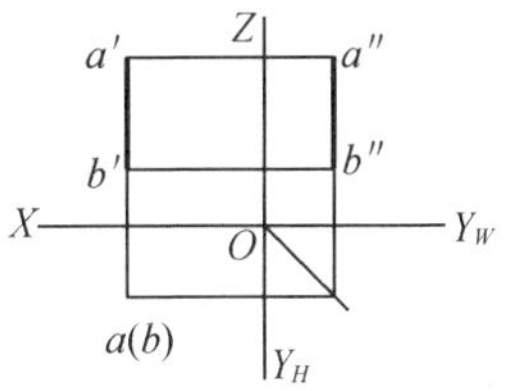	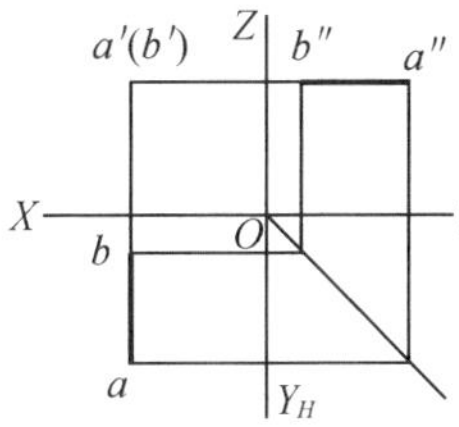	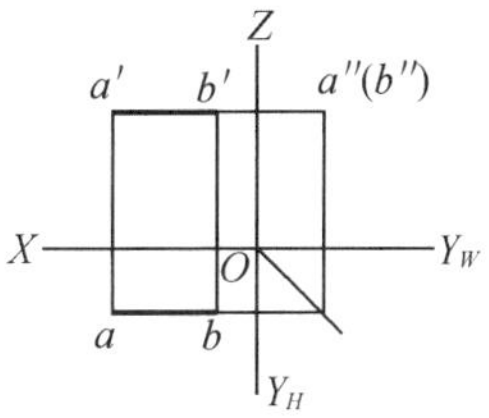
投影特性	①水平投影 a(b) 成一点,具有积聚性; ②其他两个投影为垂直于相应轴的直线,并反映实形	①正面投影 a′(b′) 成一点,具有积聚性; ②其他两个投影为垂直于相应轴的直线,并反映实形	①侧面投影 a″(b″) 成一点,具有积聚性; ②其他两个投影为垂直于相应轴的直线,并反映实形

(2)投影面平行线　平行于一个投影面并且倾斜于另外两个投影面的直线称为投影面平行线,其投影特性如表 2-2 所示。

表 2-2 投影面平行线的投影特性

名称	水平线	正平线	侧平线
轴测图	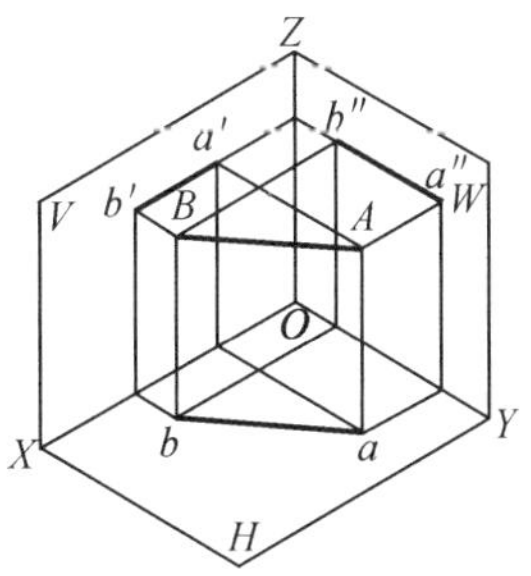	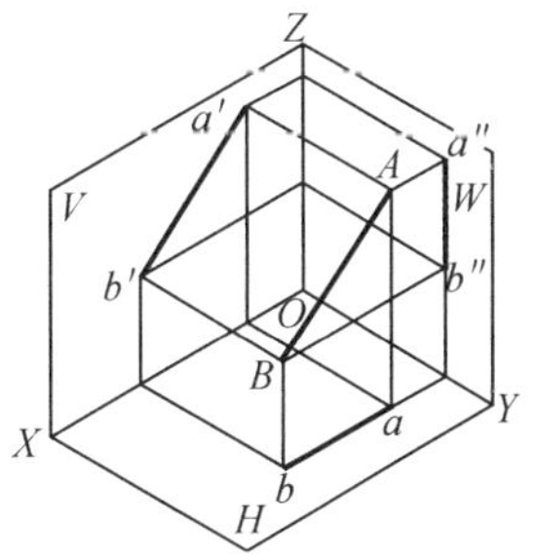	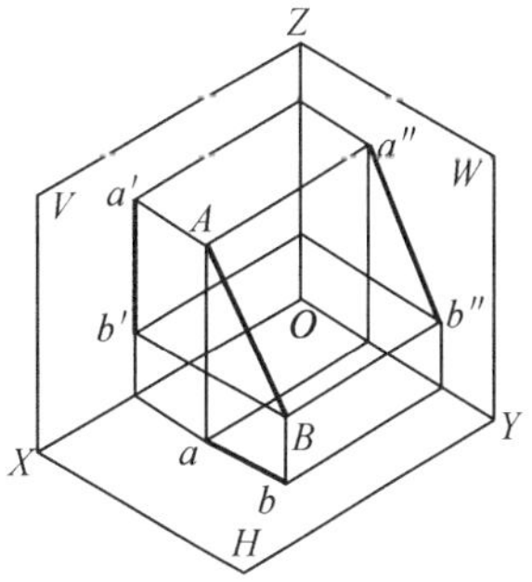

表 2－2(续)

名称	水平线	正平线	侧平线
投影图	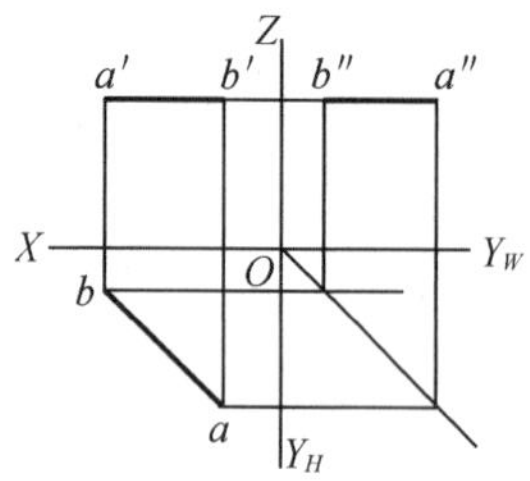	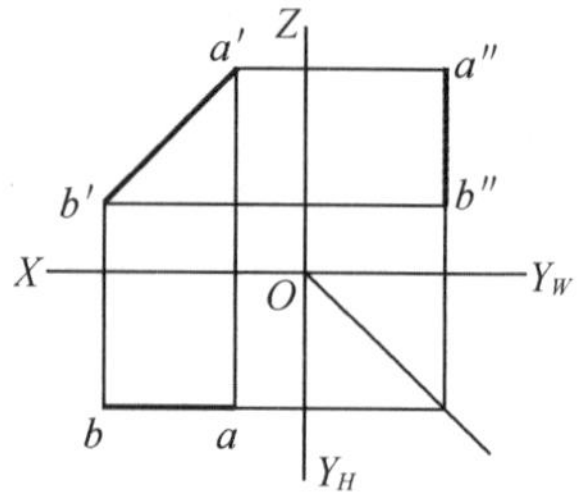	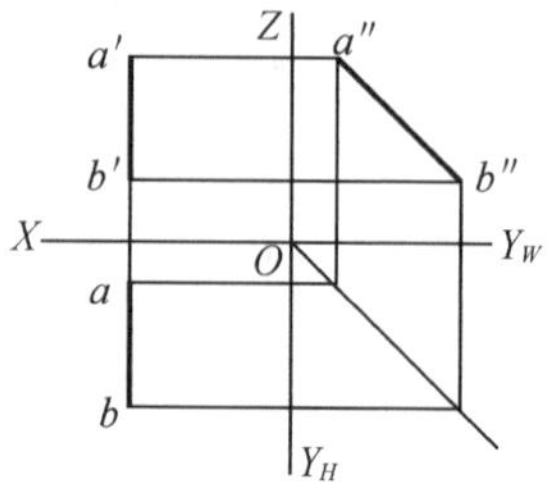
投影特性	①水平投影 *ab* 反映实形；②其他两个投影为平行于相应轴的直线，都不反映实形	①正面投影 *a′b′* 反映实形；②其他两个投影为平行于相应轴的直线，都不反映实形	①侧面投影 *a″b″* 反映实形；②其他两个投影为平行于相应轴的直线，都不反映实形

一般位置直线是指与三个投影面都倾斜的空间直线，它的三面投影都反映类似形，为缩短了的直线段。

2.1.3.2 特殊位置平面的投影

平面相对于投影面的位置有三种：投影面垂直面、投影面平行面、一般位置平面。前两者又称为特殊位置的平面。下面介绍特殊位置平面的投影特性。

(1)投影面垂直面　垂直于一个投影面并且倾斜于其他两个投影面的平面称为投影面垂直面，其投影特性如表 2－3 所示。

(2)投影面平行面　平行于一个投影面而垂直于其他两个投影面的平面称为投影面平行面，其投影特性如表 2－4 所示。

(3)一般位置平面　与三个投影面都倾斜的平面称为一般位置平面。它的三面投影都反映类似形，为缩小了的与空间位置平面具有相同边数的多边形。

表 2－3　投影面垂直面的投影特性

名称	铅垂面	正垂面	侧垂面
轴测图	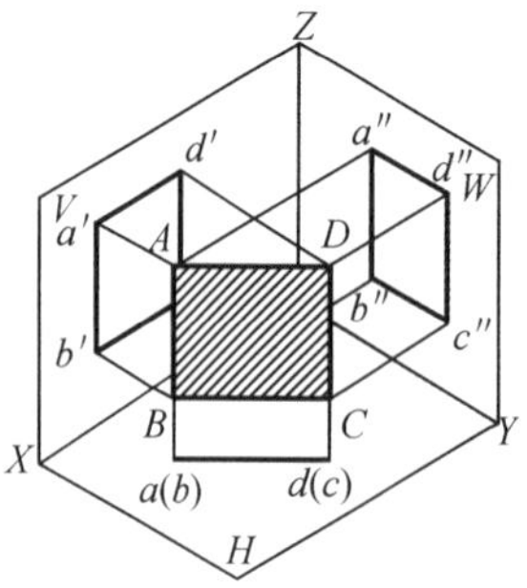	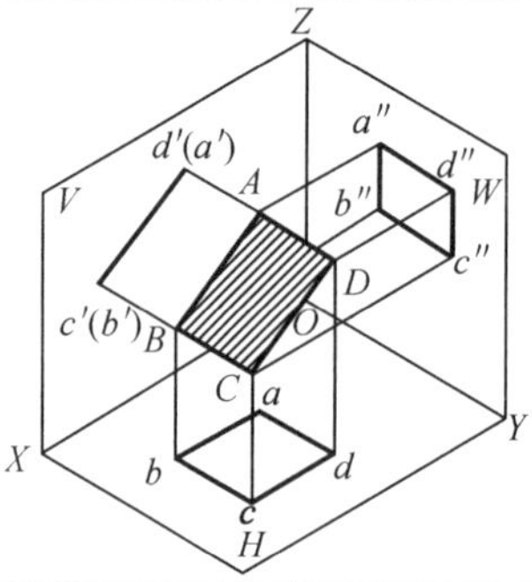	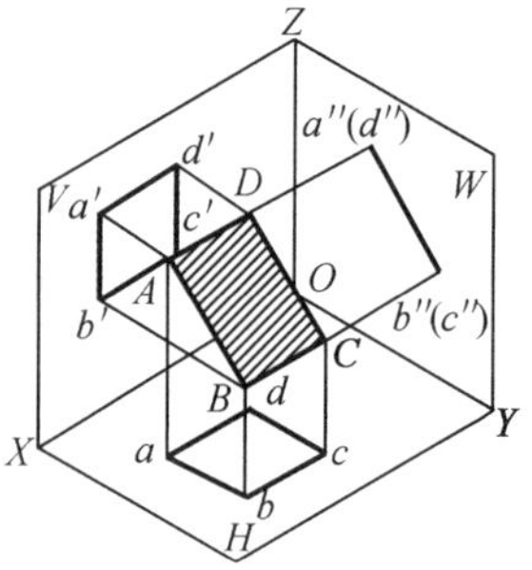

表 2－3(续)

名称	铅垂面	正垂面	侧垂面
投影图	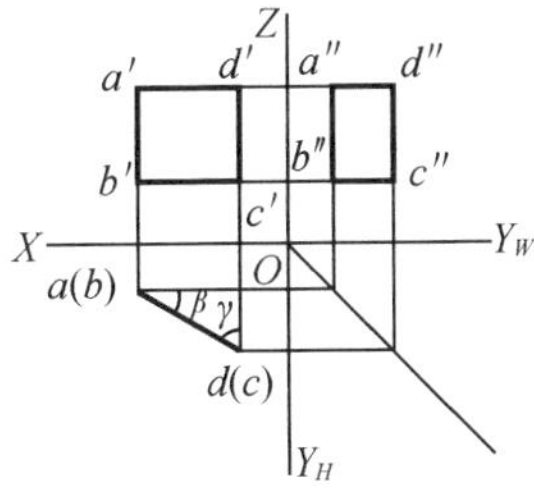	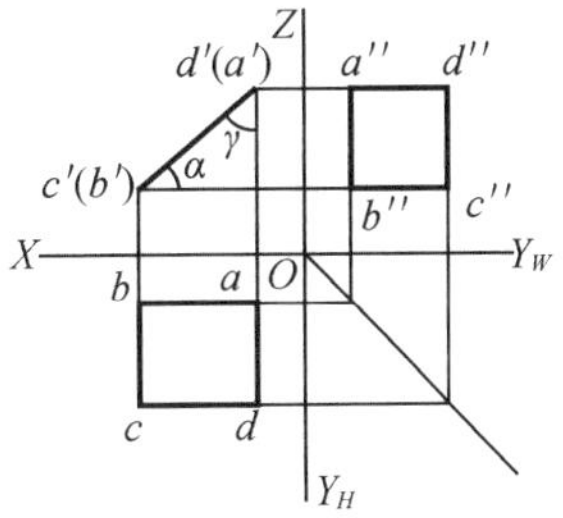	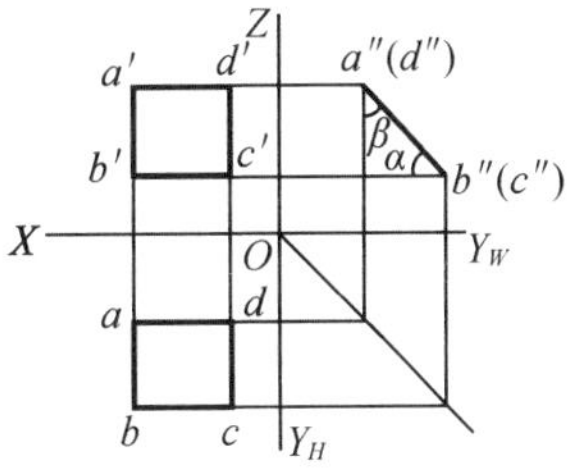
投影特性	①水平投影积聚成一条直线，且反映其与正面的夹角 β、与侧面的夹角 γ；②其他两个投影反映类似形	①正面投影积聚成一条直线，且反映其与水平面的夹角 α、与侧面的夹角 γ；②其他两个投影反映类似形	①侧面投影积聚成一条直线，且反映其与正面的夹角 β、与水平面的夹角 α；②其他两个投影反映类似形

表 2－4　投影面平行面的投影特性

名称	水平面	正平面	侧平面
轴测图	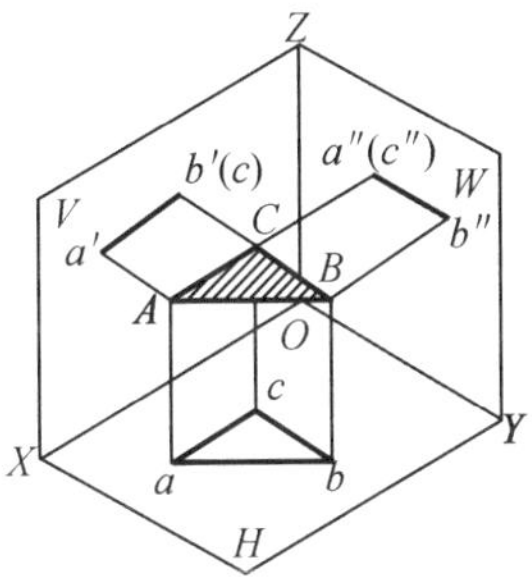	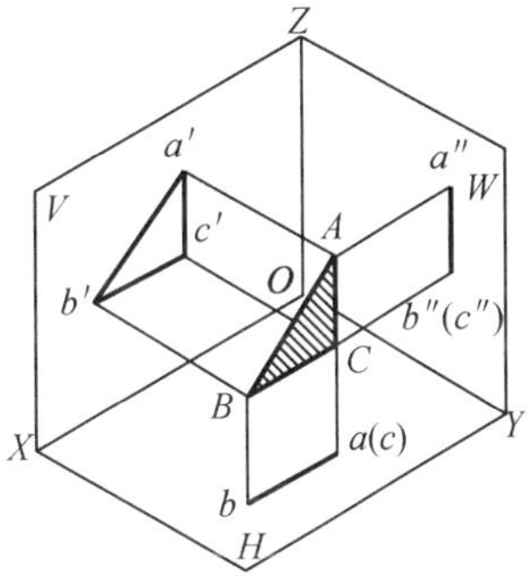	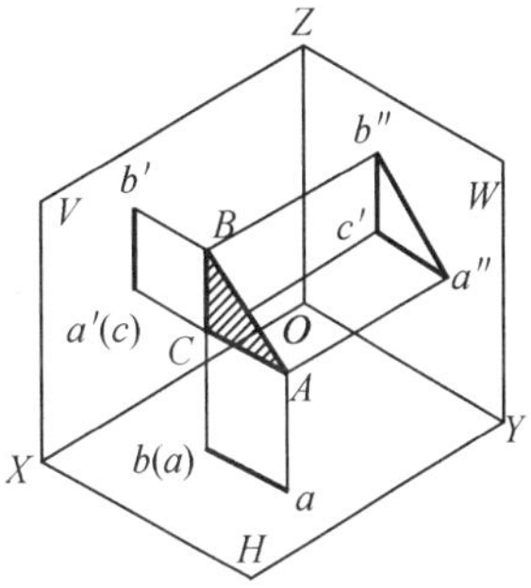
投影图	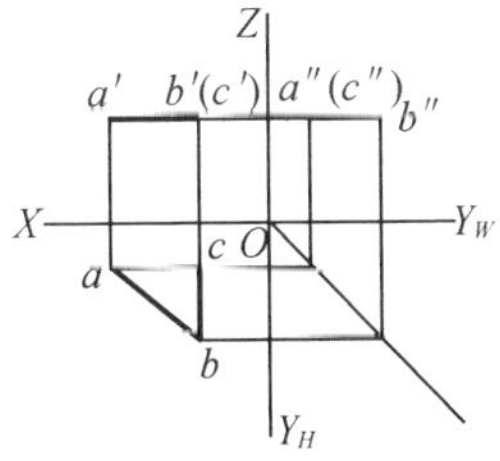	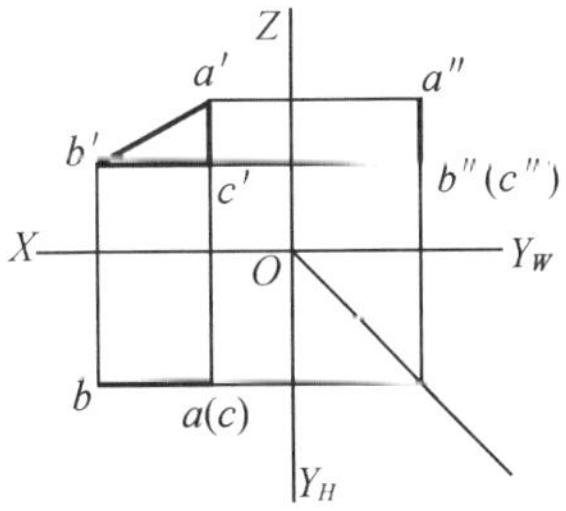	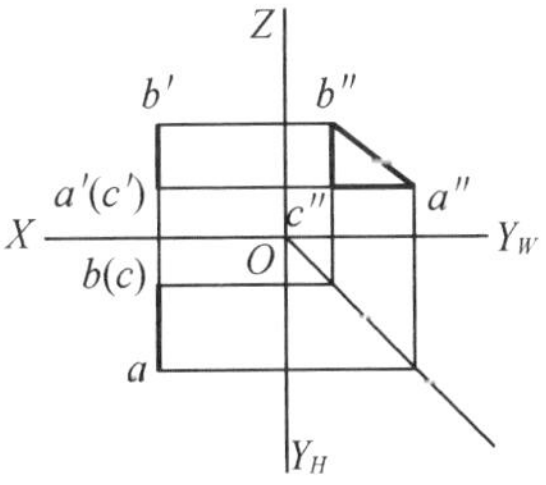
投影特性	①水平投影反映实形；②其他两个投影积聚成直线，分别平行于相应轴线	①正面投影反映实形；②其他两个投影积聚成直线，分别平行于相应轴线	①侧面投影反映实形；②其他两个投影积聚成直线，分别平行于相应轴线

练一练　绘制下列棱柱体的三视图，并标注尺寸，注意绘图步骤和特征视图。想一想，是否放置位置不同，同一物体的三视图也不同？

①长、宽、高分别为 100 mm、60 mm、40 mm 的长方体；

②边长为 50 mm、高为 3 mm 的正六棱柱。

任务 2.2　绘制三棱锥三视图

想一想　如图 2－14 所示,正三棱锥的底面为正三角形,三角形的外接圆直径 30 mm,锥高 30 mm,如何绘制该正三棱锥的三视图?如何标注尺寸?

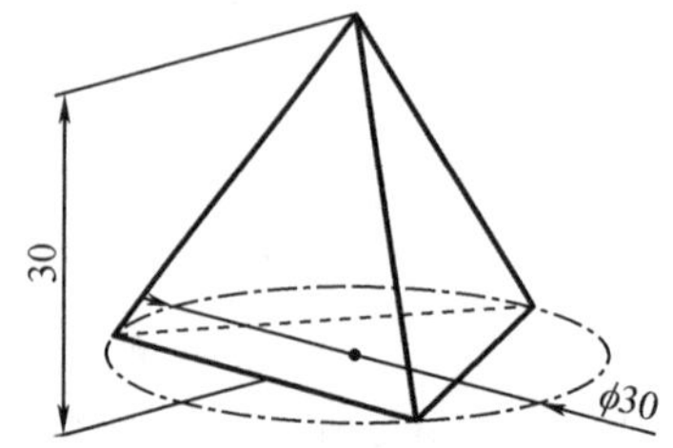

图 2－14　正三棱锥

2.2.1　任务分析

分析三棱锥形体:如图 2－15 所示的正三棱锥,它由 1 个底面和 3 个侧面组成。底面为正三角形,3 个侧面为等腰三角形,棱线汇交于一点。

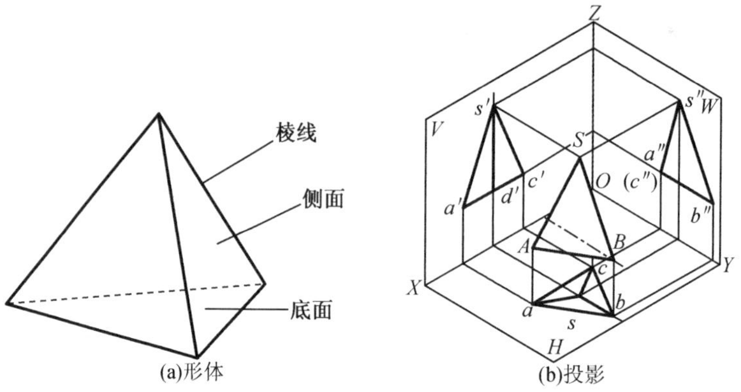

图 2－15　三棱锥的形体与投影

想一想　绘制该正三棱锥的三视图,应该先绘制哪个视图?

2.2.2　任务实施

2.2.2.1　绘制三棱锥三视图底稿

(1)画基准线和反映实形的投影,如图 2－16(a)所示。

(2)画三棱锥主视图和左视图的投影,如图 2－16(b)所示。

2.2.2.2 检查、整理图线

不可见轮廓线画成虚线,检查无误后,擦去多余线,按线型描深图线,完成三视图绘制,如图2-16(c)所示。

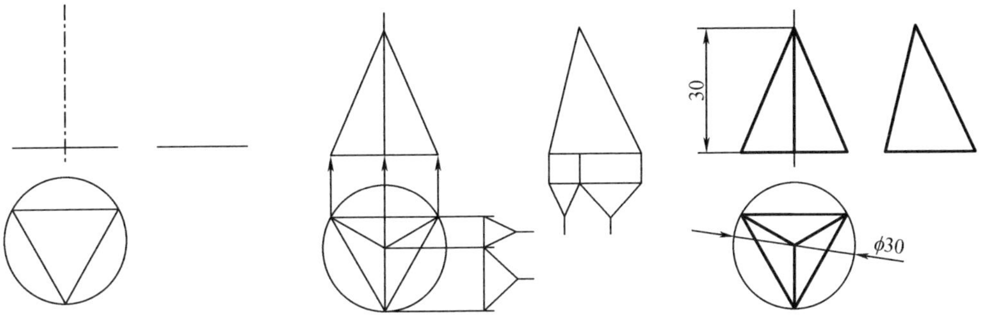

(a)画基准线和正三边形　(b)画其他两个投影　(c)整理图线、标注尺寸

图2-16 三棱锥三视图的作图步骤

2.2.2.3 标注尺寸

如图2-16(c)所示,标注三棱锥高度尺寸和外接圆直径尺寸。

2.2.3 任务拓展

2.2.3.1 点的投影

点的投影仍然是点。点的三面投影符合"长对正、高平齐、宽相等"投影规律。空间的点用大写英文字母 A、B、C……表示,点的水平投影用对应小写字母 a、b、c……表示,点的正投影用对应小写字母 a'、b'、c'……表示,点的侧投影用对应小写字母 a''、b''、c''……表示。如点 A 的三面投影分别表示为 a、a'、a''。

空间的某点,如果在某直线上,那这个点的三面投影分别在该直线的同面投影上;空间的某点,如果在某平面上,那这个点的三面投影分别在该平面的同面投影上。

点的投影不可见时需加括号表示。点所在的平面不可见,点的投影就不可见。

2.2.3.2 棱柱表面取点

如图2-17(a)所示,已知正六棱柱表面上点 M 的水平投影 m、点 N 的正面投影 n',求点 M、N 的其他两面投影。

【求解思路】 利用棱柱投影的积聚性进行求解。如图2-17(b)所示,步骤如下:

(1)分析各点所在的平面:由于 M 点的水平投影 m 可见,说明 M 点在正六棱柱的顶面;由于 N 点的正面投影(n')不可见,说明 N 点在正六棱柱右后的铅垂面上。

(2)图解 M 点:利用 M 点所在正六棱柱顶面的积聚性正投影,根据"三等"投影规律,过 m 作垂直 OX 轴的投影线交顶面于 m',再根据 m、m'求出 m''。

(3) 图解 N 点:利用 N 点所在铅垂面的积聚性水平投影,过 n'作垂直 OX 轴的投影线交右后铅垂面的水平投影于 n,再根据 n、n'求出 n''。由于 N 点所在的右后铅垂面在左视图中不可见,因此 n''不可见,用括号表示。

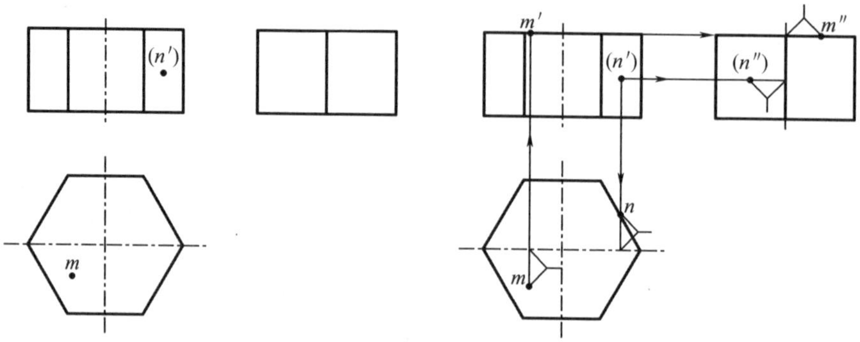

(a)已知投影　　(b)作图方法

图 2-17　棱柱表面点的投影的作图方法

2.2.3.3　棱锥表面取点

已知正三棱锥表面上点 M 的正面投影 m',点 N 的正面投影 n',如图 2-18(a)所示,求点 M、N 的其他两面投影。

【解题思路】 组成棱锥表面的有特殊位置平面和一般位置平面两类。在特殊位置平面上点的投影(N 点),可利用积聚性直接求出;在一般位置平面上点的投影(M 点),可采用辅助线的方法求解。

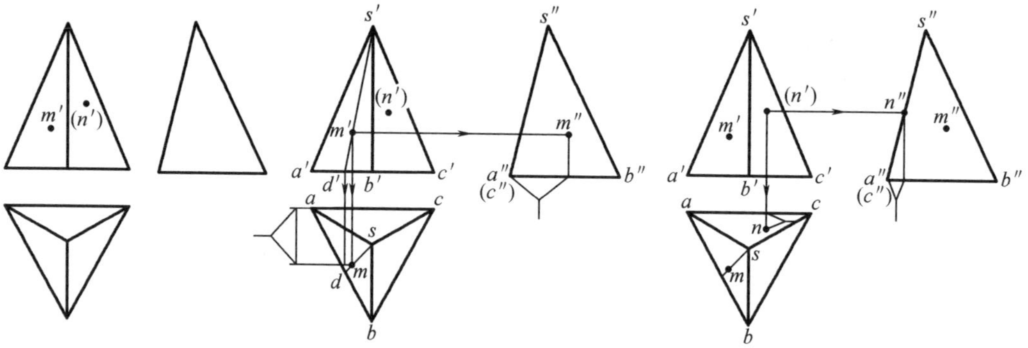

(a)已知投影　　(b)M点投影求作方法　　(c)N点投影求作方法

图 2-18　棱锥表面点的投影的作图方法

作图步骤如下:

(1)分析各点所在的平面:由于 M 点的正面投影 m'可见,可判断 M 点在正三棱锥的左前棱面 SAB 上;由于 N 点的正面投影 n'不可见,说明 N 点在正三棱锥的后侧面(侧垂面)SAC 上。

(2)图解 M 点:求 M 点投影作辅助线的方法有两种,一是过顶点连接 M 点至底边,二是过 M 点作 AB 的平行线。

下面用第一种方法图解 M 点的三面投影。过 M 点作辅助线 SD。连接 $s'm'$并延长交

$a'b'$于d'，过d'作X轴的垂线交ab于d，连接sd，过m'作X轴的垂线交sd于m，再根据m、m'求出m''，如图2－18(b)所示。

(3)图解N点：由于点N在侧垂面SAC上，因此利用侧垂面的积聚性先求出N点的侧面投影n''，即作$n'n''\perp OZ$轴交$s''a''c''$于n''，由n'、n''求出n，如图2－18(c)所示。

任务2.3 徒手绘制圆柱体三视图

想一想 如图2－19(a)所示的圆柱体，由圆柱面、上顶面和下底面围成，直径30 mm，高度30 mm。如何绘制该圆柱体的三视图？如何标注尺寸？本任务解读上述问题，并讨论徒手绘图基本方法。

2.3.1 任务分析

2.3.1.1 分析圆柱体的形体

圆柱面由一条直线绕着与它平行的轴线旋转而成，如图2－19(b)所示。这条运动的直线称为母线，母线在回转面上的任一位置称为素线，在极限位置的素线称为转向轮廓线。该圆柱体上有四条转向轮廓线，分别称为最前素线、最后素线、最左素线、最右素线，如图2－19(c)所示。圆柱的最前、最后素线将圆柱体分为左右两部分，圆柱的最左、最右素线将圆柱体分为前后两部分。

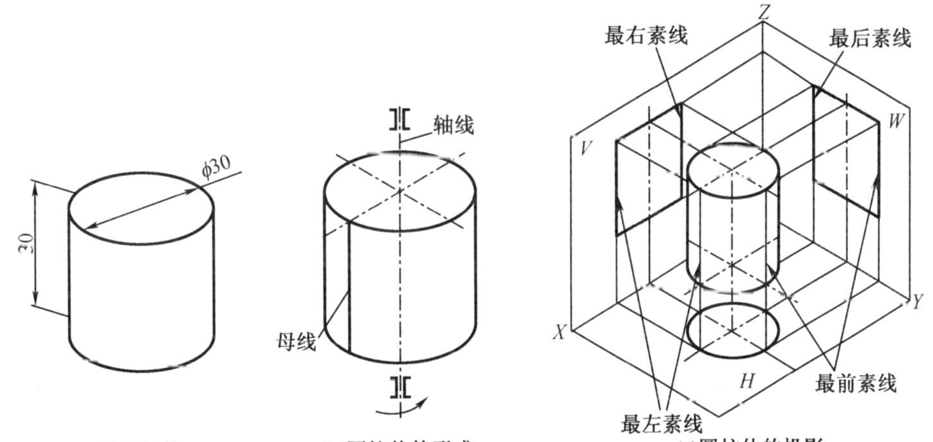

(a)圆柱体 (b)圆柱体的形成 (c)圆柱体的投影

图2－19 圆柱体

2.3.1.2 分析圆柱体的投影

如图2－19所示，圆柱的轴线垂直于H面，因此其俯视图是一个圆（圆柱面积聚为圆周，上底面、下底面反映实形为圆周且重合），圆柱的主视图和左视图为大小相同的矩形。主视图中的矩形，上边为圆柱体上顶面的积聚性投影，下边为圆柱体下底面的积聚性投影，左边为圆柱体的最左素线，右边为圆柱体的最右素线。左视图中的矩形，上边为圆柱体上顶面的积聚性投影,下边为圆柱体下底面的积聚性投影,两条垂直边分别为圆柱体的最前、最后素线。

在主视图中,前半圆柱面可见,后半圆柱面不可见;在左视图中,左半圆柱面可见,右半圆柱面不可见。投影为圆的视图是圆柱体的特征视图。

想一想 (1)在三个视图中,圆柱体上的四条转向轮廓线的投影分别在哪里?

(2)当圆柱体的轴线水平放置时,它的三视图是怎样的?

2.3.2 任务实施

2.3.2.1 徒手绘制圆柱体三视图底稿

(1)画基准线,再画俯视图的投影,如图 2-20(a)所示。

(2)画圆柱体的主视图和左视图的投影,如图 2-20(b)所示。

2.3.2.2 检查、整理图线

如图 2-20(c)所示,检查、整理图线,完成三视图。

2.3.2.3 标注尺寸

如图 2-20(c)所示,标注高度和直径尺寸,且直径尺寸尽量标注在非圆视图中。

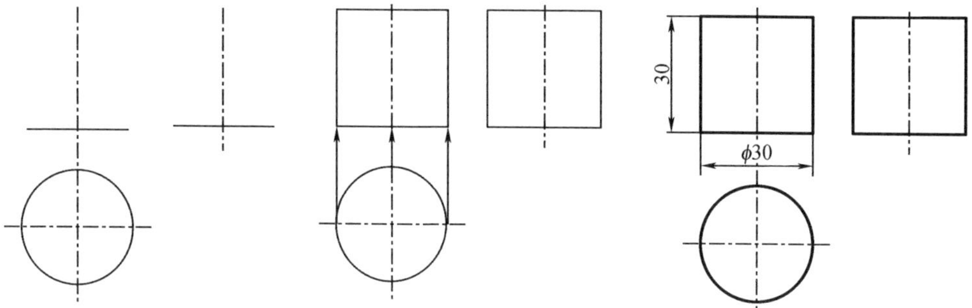

(a)画基准线和俯视图的投影 (b)画其他两个投影 (c)整理图线、标注尺寸

图 2-20 圆柱体的三视图作图步骤

2.3.3 任务拓展

2.3.3.1 徒手绘制草图

不使用绘图工具,徒手画出的图样叫作草图。它是用目测的方法估计图形和实物的比例,按一定画法徒手(或部分使用绘图工具)绘制的图。草图是工程技术人员交流、记录、构思、创作的有力工具,绘制草图是工程技术人员必须掌握的一项基本技能。

与尺规图一样,徒手绘图也应基本做到:图形正确、比例匀称、线形分明、图面整洁、字体工整。练习徒手绘图时,可先在方格纸上进行。一般选用 HB 或 B 铅笔画草图,铅芯磨成圆锥形。画可见轮廓线时,铅芯应磨得较钝;画细点画线和尺寸线时,铅芯应磨得较尖。画图的基本方法如下。

1. 直线的画法

徒手画直线时，握笔的手要放松，用手腕抵着纸面，沿着画线的方向移动；眼睛不仅要盯着笔尖，还要瞄准线段的终点。绘制水平线时，从左向右运笔；画垂直线时，自上而下运笔；对于较长的直线，可用数段连续的短线相接而成。

2. 圆的画法

画小圆时，应先定圆心，画出相互垂直的两条中心线，再按半径目测在中心线上定出四个点，然后过四点分两半画出；画较大的圆时，可增加两条斜线，在斜线上再根据半径目测定出四个点，然后分段画出，如图 2－21 所示。

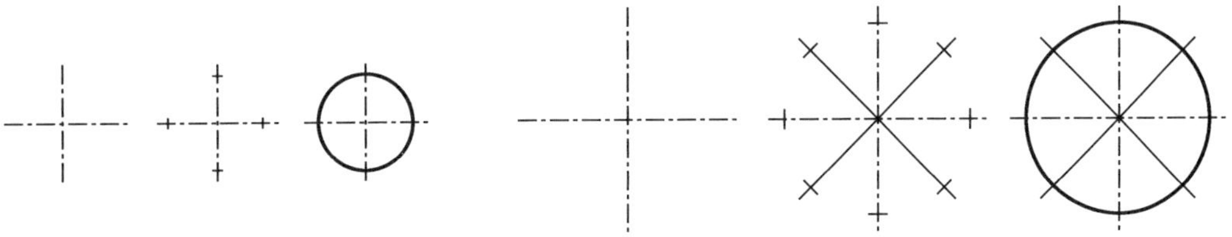

(a)小圆的画法　　(b)大圆的画法

图 2－21　徒手画圆的方法

3. 斜线的画法

画 30°、45°、60°等特殊角度的斜线时，可用等边三角形斜边的比例关系，在斜线上定点，然后连线而成，如图 2－22 所示。

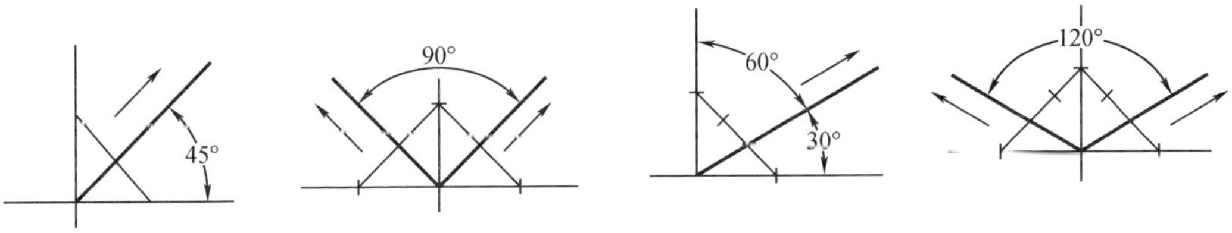

图 2－22　徒手画斜线的方法

4. 椭圆的画法

画椭圆时，先根据长短轴定出四个端点，过四个端点分别作长短轴的平行线，构成 ·矩形，再作出与矩形相切的椭圆。也可以先作出椭圆的外接菱形，然后作出椭圆，如图 2－23 所示。

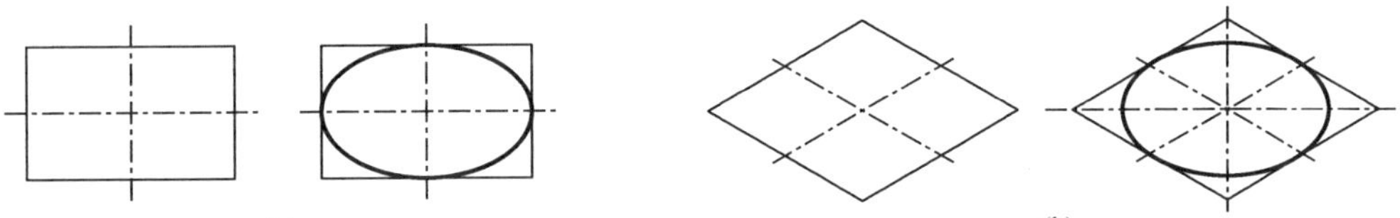

(a)　　(b)

图 2－23　徒手画椭圆的方法

2.3.3.2 圆柱体表面取点

已知圆柱体表面上点 A、B、C 的一个投影,如图 2－24(a)所示,求点的其他两个投影。

【图解思路】 利用圆柱体投影的积聚性进行求解。如图 2－24(b)所示,步骤如下。

(1)求 a 和 a''。由 a'可知 A 点在圆柱面上,且 a'可见,因此点 A 在前半圆柱面上。过 a' 作 $aa' \perp OX$ 轴交圆周于 a,根据“三等”关系由 a、a'求出 a''。如图 2－24(b)所示。

(2)求 b 和 b'。由 b''可知 B 点在圆柱体的最后素线上,因此可以直接求出 b;过 b''作 $b''b' \perp OZ$ 轴,求出 b'。如图 2－24(c)所示。

(3)求 c'和 c''。由于 C 点的水平投影不在圆周上,说明 C 点在圆柱的上顶面或下底面上;因水平投影 c 点可见,因此点 C 在圆柱的上顶面上。过 c 作 $cc' \perp OX$ 轴交圆柱上顶面的积聚性投影于 c',由 c、c'求出 c''。如图 2－24(c)所示。

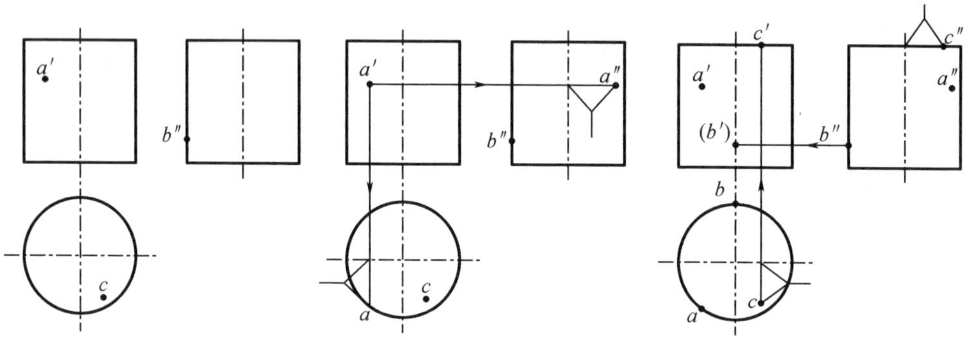

(a)　　(b)A点投影的求作方法　　(c)B、C点投影的求作方法

图 2－24　圆柱体表面取点的作图方法和步骤

任务 2.4　绘制圆锥体三视图

想一想　如图 2－25(a)所示的圆锥体,直径 30 mm,高度 30 mm。如何绘制该圆锥体的三视图？如何标注尺寸？

2.4.1　任务分析

2.4.1.1　分析圆锥体的形体

如图 2－25(b)所示,圆锥体由圆锥面和圆形底面围成,圆锥面由一条直线绕与它相交的轴线旋转而成,该直线称为母线,圆锥面上通过锥顶到底面的任意一条直线称为素线,圆锥面上与轴线垂直的曲线圆称为纬圆。

2.4.1.2　分析圆锥体的投影

如图 2－25(c)所示,圆锥体的轴线垂直于 H 面时,其俯视图为一圆。圆锥面的投影均在该圆内,主视图和左视图是大小相等的等腰三角形。主视图中的三角形,底边为圆锥底面的积聚性投影,两条腰边分别为圆锥体的最左、最右素线。左视图中的三角形,底边为圆锥底面的积聚性投影，两条腰边分别为圆锥体的最前、最后素线。

圆锥体的最左、最右、最前、最后四条素线（即四条转向轮廓线）是圆锥体投影时，可见部分与不可见部分的分界线。

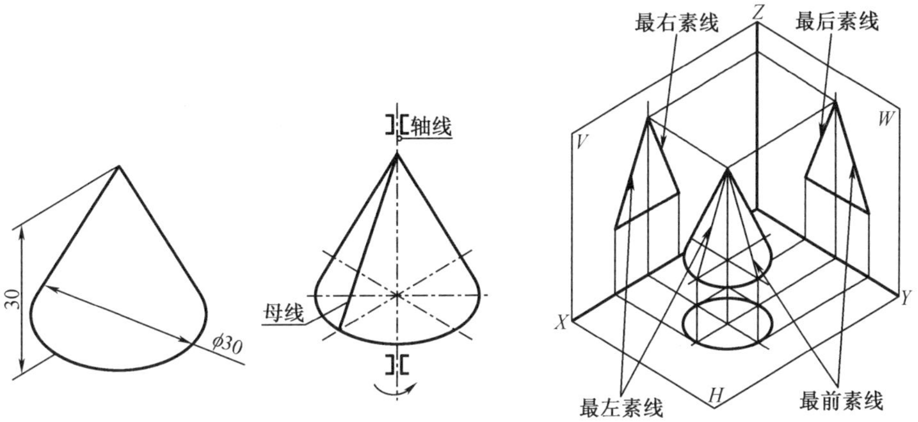

(a)圆锥体　(b)圆锥体的形成　(c)圆锥体的投影

图2－25　圆锥体的投影

2.4.2　任务实施

2.4.2.1　绘制圆锥体三视图底稿

（1）画基准线和俯视图的投影，如图2－26（a）所示。

（2）画主视图和左视图的投影，如图2－26（b）所示。

2.4.2.2　检查、整理图线

如图2－26（c）所示，检查、整理图线，完成三视图绘制。

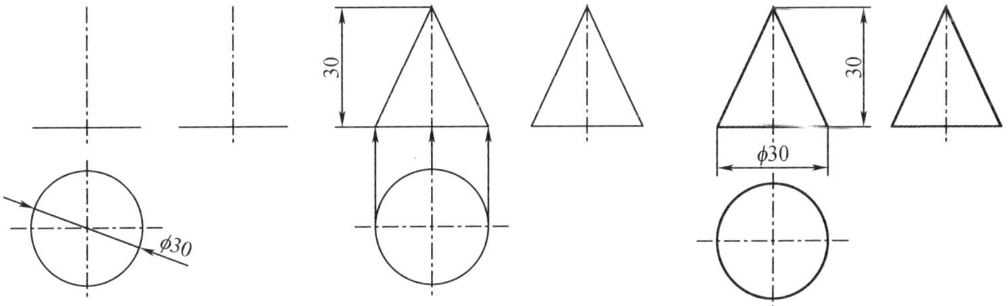

(a)画基准线和俯视图的投影　(b)画主、左视图　(c)整理图线、标注尺寸

图2－26　圆锥体三视图的绘图步骤

2.4.2.3　标注尺寸

如图2－26（c）所示，标注高度和底圆直径尺寸，且直径尺寸尽量标注在非圆视图中。

2.4.3 任务拓展

2.4.3.1 素线法表面取点

已知圆锥体表面上 M 点的一个投影，如图 2－27(a)所示，求点 M 的其他两面投影。

【图解思路】 圆锥体上圆锥表面的三个投影都没有积聚性，底面的投影在主、左视图中具有积聚性。因此，在圆锥体表面上取点时，不能直接求锥面上点的投影，必须通过作辅助线(素线或纬圆)先求出辅助线的投影，再利用点在线上的投影关系求出圆锥表面上点的投影。如图 2－27(a)可知：M 点在圆锥面的右前部分，在俯视图中的投影在圆周内且可见，在左视图中的投影不可见。

素线法求 M 点其他两面投影的图解如图 2－27(b)所示，步骤如下：

(1)过锥顶 S 点和 M 点作素线 SD，图解 SD 的三面投影 sd、$s'd'$、$s''d''$。

(2)求 SD 上 M 点的投影：按“三等”关系，图解 sd、$s''d''$上点 m、m''的投影。

2.4.3.2 纬圆法表面取点

纬圆法求 M 点其他两面投影的图解如图 2－27(c)所示，步骤如下：

(1)过 M 点作圆锥体表面的纬圆，作该纬圆的三面投影。在锥面上过 M 点作一垂直于圆锥轴线的圆(水平面位置的纬圆)，该圆在主、左视图中的投影具有积聚性，在俯视图中的水平投影反映实形。M 点的三面投影必在该纬圆的同面投影上。

过 m'点作一水平线，交圆锥转向轮廓线于 a'点，取轴线至 a'点的距离为半径 R，在俯视图中画纬圆的实形投影，利用“高平齐”求出纬圆在左视图中的投影。

(2)求 M 点的投影：过 m'作 $m'm \perp OX$ 轴线，并与纬圆的水平投影交于 m 点；然后，利用“宽相等”量取，找到 m''点。

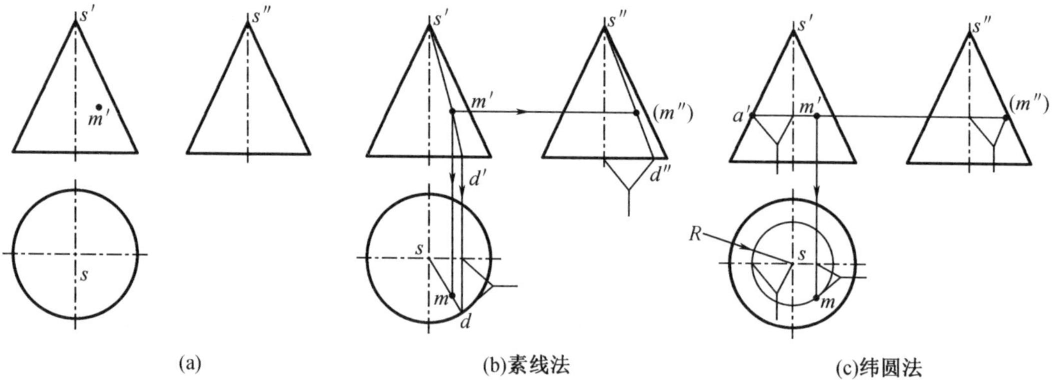

图 2－27 圆锥体表面取点作图步骤

任务2.5 绘制圆球三视图

想一想 如图2－28(a)所示的圆球,直径30 mm,如何绘制三视图?如何标注尺寸?

2.5.1 任务分析

2.5.1.1 分析圆球的形体

圆球是由球面围成的。球可看作由一条半圆母线绕轴线旋转而成,如图2－28(b)所示。将圆球放在三面投影体系中,无论如何放置,其三视图均为直径相等的圆,并且是圆球表面上平行于相应投影面的三个不同位置的最大轮廓圆。

2.5.1.2 分析圆球的投影

圆球三视图如图2－28(c)所示,主视图的轮廓圆A是圆球前、后两个半球面可见与不可见的分界线;俯视图的轮廓圆B是圆球上、下两个半球面可见与不可见的分界线;左视图的轮廓圆C是圆球左、右两个半球面可见与不可见的分界线。

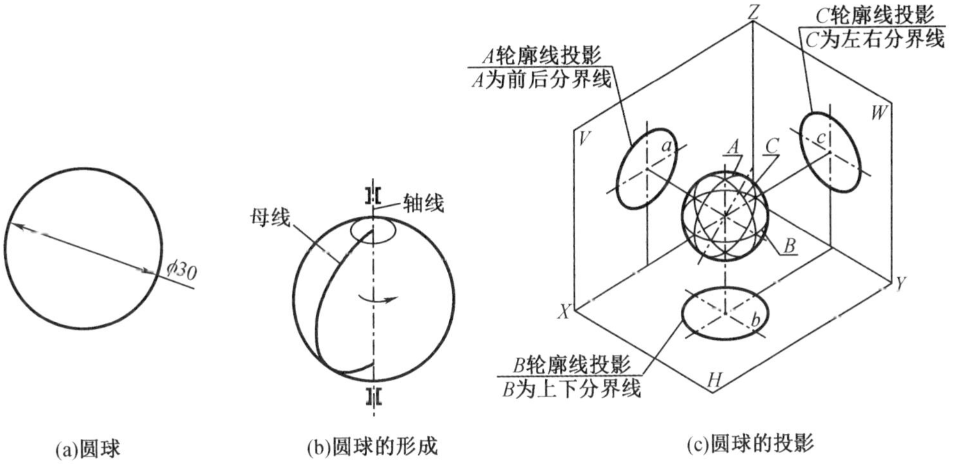

图2－28 圆球的形成及投影

2.5.2 任务实施

2.5.2.1 绘制圆球三视图底稿

圆球的绘图步骤如图2－29所示,首先画基准线,然后画三个圆。

2.5.2.2 检查、整理图线

如图2－29所示,检查、加深图线,完成三视图绘制。

2.5.2.3 标注尺寸

如图2－29所示,在尺寸数字前面加注“$S\phi$”表示球的直径。若小于或等于半个球体,则在尺寸数字前面加注“*SR*”表示球的半径,如图 2-30 所示。

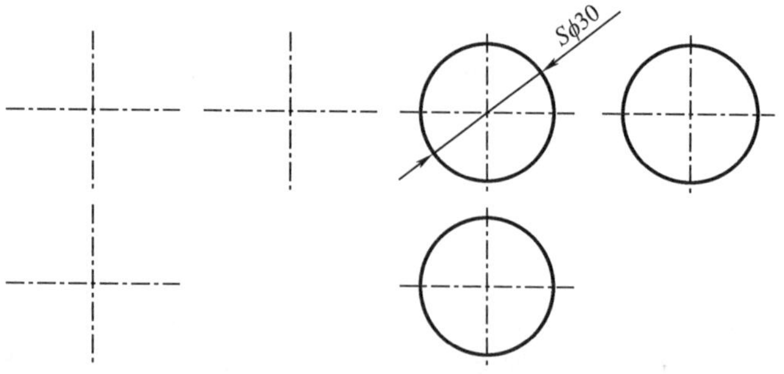

图 2-29　圆球的作图步骤与尺寸标注

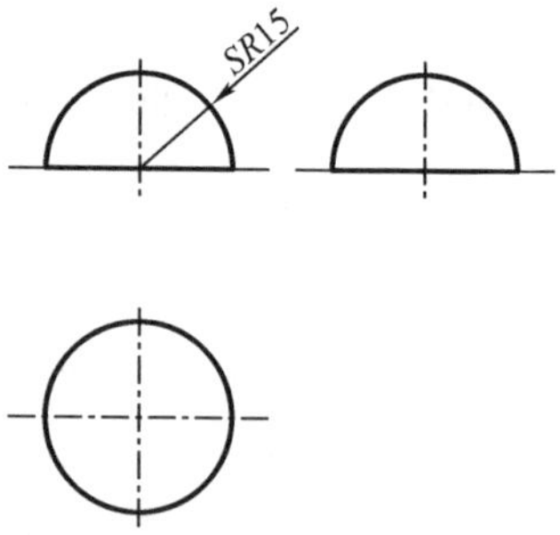

图 2-30　半球的三视图及尺寸标注

想一想　1/4 圆球、1/8 圆球的三视图是怎样的?如何标注尺寸?

2.5.3　任务拓展

其他基本体的三视图及尺寸标注如图 2-31 所示。

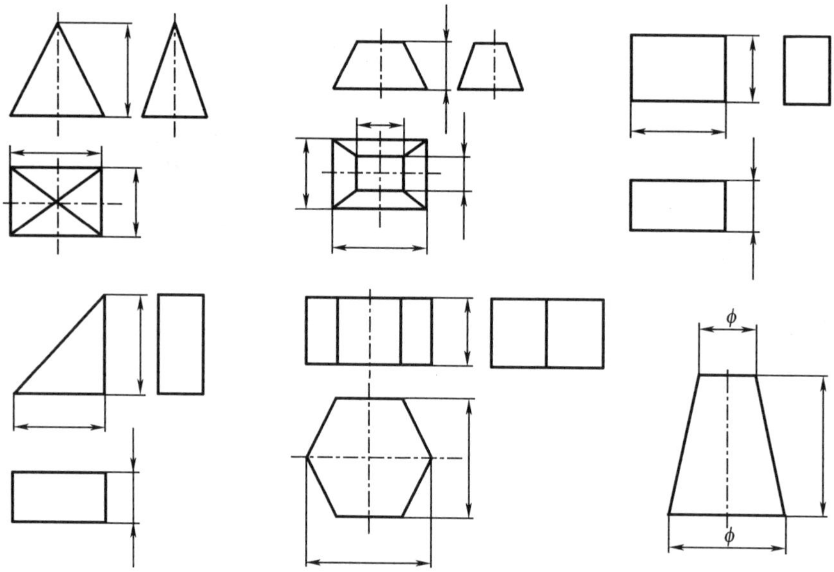

图 2-31　其他基本体的三视图及尺寸标注

同步练习

2-1　观察图 2-32 中物体的三视图,在轴测图中找出对应的物体,填写对应的序号。

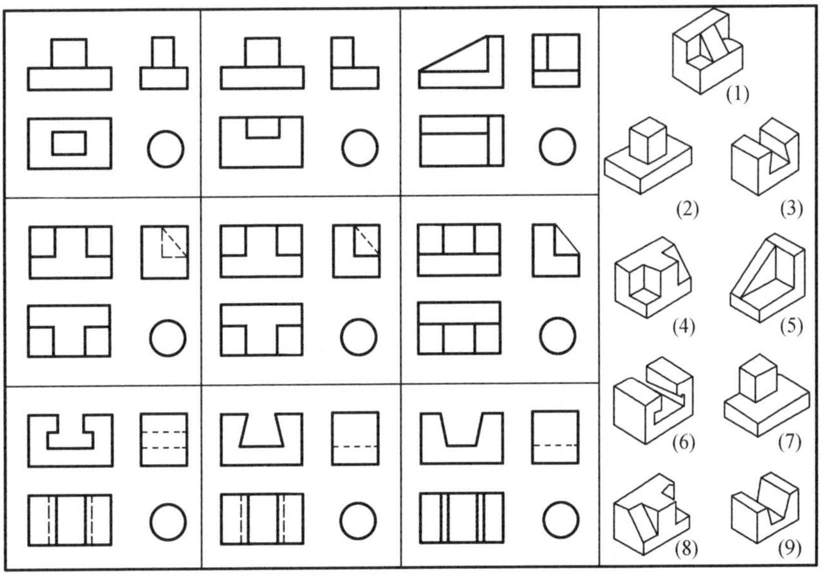

图 2-32 练习 2-1 图

2-2 如图 2-33 所示,对照轴测图,补画三视图中的漏线,标出 *A*、*B*、*C*、*D* 四点的三面投影。

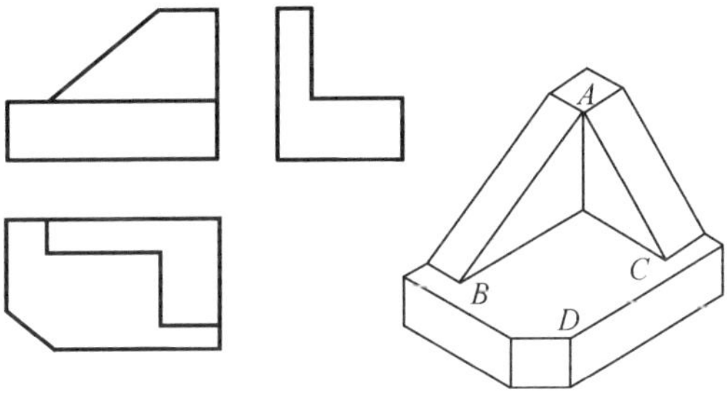

图 2-33 练习 2-2 图

2-3 补画如图 2-34 所示的三视图中的漏线。

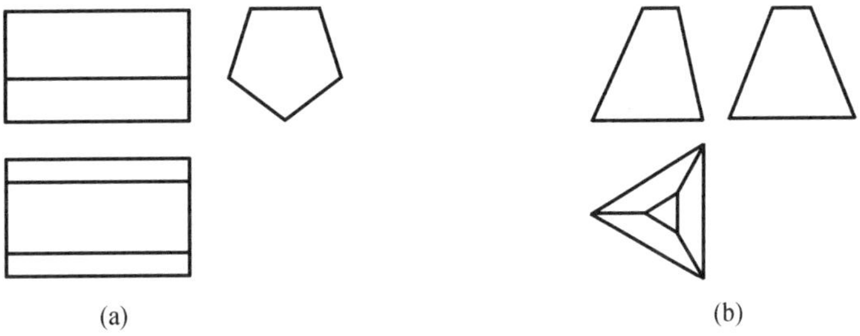

图 2-34 练习 2-3 图

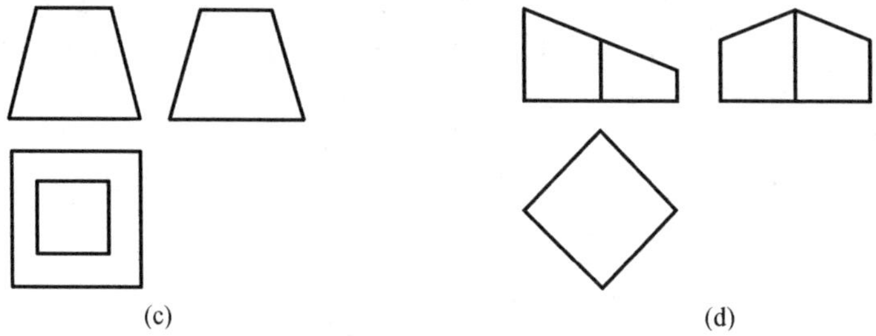

图 2－34(续)

2－4　如图 2－35 所示,在三视图中标出指定平面的其他两个投影,并在轴测图上用相应的大写字母标出各平面的位置。

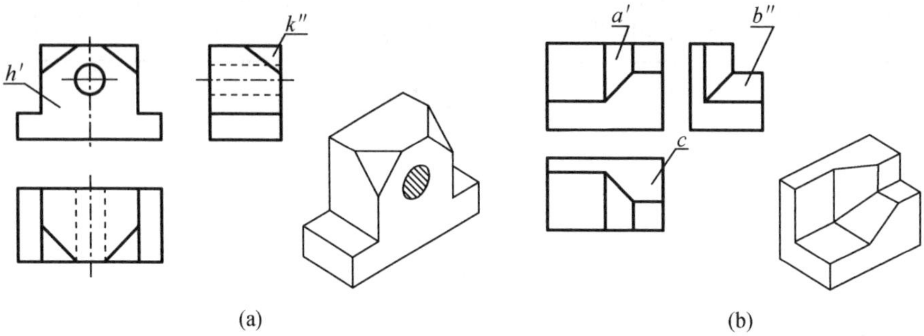

图 2－35　练习 2－4 图

2－5　如图 2－36 所示,已知几何体表面上点的一个投影,求作其他两面投影。

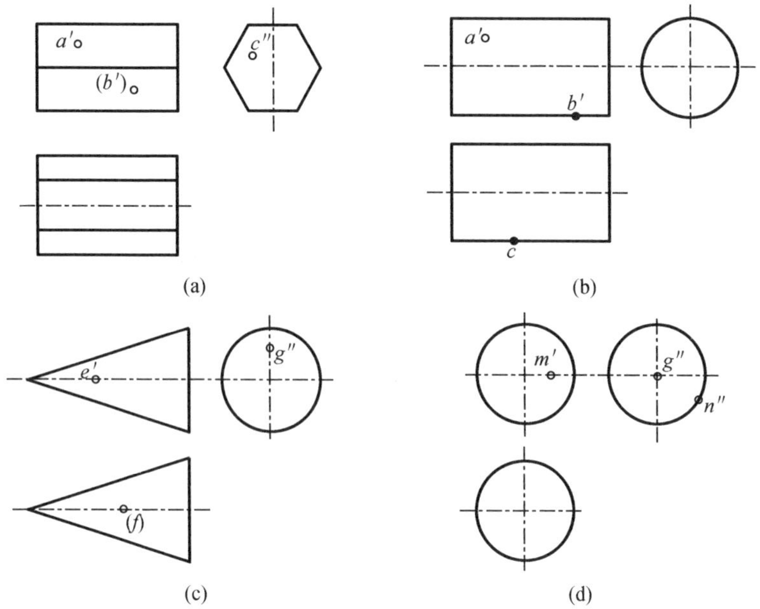

图 2－36　练习 2－5 图

2－6 如图2－37所示，想象三视图表达的物体形状，补画视图中缺漏的对称线、中心线或轴线。

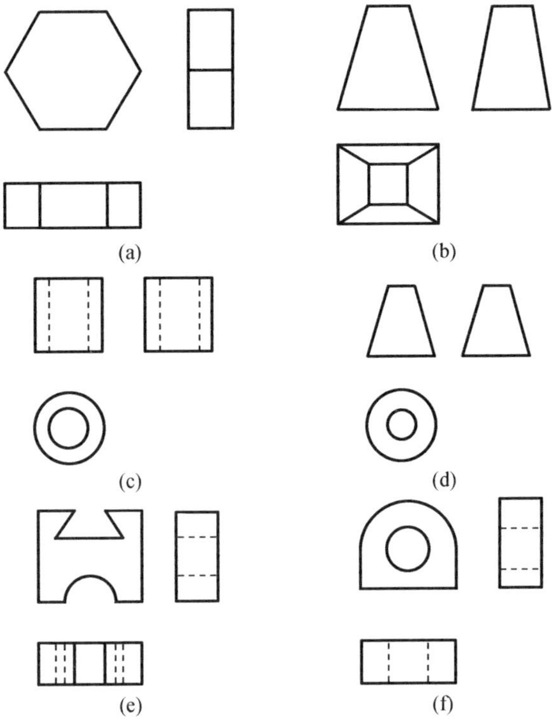

图2－37 练习2－6图

项目3　绘制零件三视图

【项目功能】

通过绘制减速箱的端盖、齿轮轴、箱座等零件的三视图，熟悉形体分析法，掌握绘制零件三视图的方法、步骤以及尺寸标注，能够识读和绘制零件的三视图，具体包括：

1. 理解形体分析法，熟悉组合体的组合形式，了解截交线和相贯线的概念和画法；
2. 掌握绘制零件三视图的方法和步骤；
3. 能识读和标注零件的尺寸；
4. 培养空间想象零件形状的能力；
5. 掌握识读零件三视图的方法，能根据视图想象出零件的空间形状。

任务3.1　认识组合体

想一想　如图3－1所示的组合体是由哪些基本形体组成的？其组合形式是什么？

图3－1　组合体

3.1.1　任务分析

3.1.1.1　组合体的概念

任何复杂的零件，从形体的角度来看，都可认为是由若干基本形体（如圆柱、棱锥、球体等）按一定的方式组合而成的。由两个或两个以上的基本形体组成的物体，称为组合体。

组合体按照结构特征可分为叠加体、切割体、综合体三种，如图3－2所示。

3.1.1.2　形体分析法

通过分析，将物体分解成若干个基本形体，并搞清它们之间相对位置和组合形式的方法，称为形体分析法。

如图3－1所示的轴承座，可看成是由两个尺寸不同的四棱柱和一个半圆柱叠加起来后,再切去一个较大圆柱体和两个小圆柱体而成的组合体。如图3-3所示。

(a)叠加体　(b)切割体　(c)综合体

图3-2　组合体的组合类型

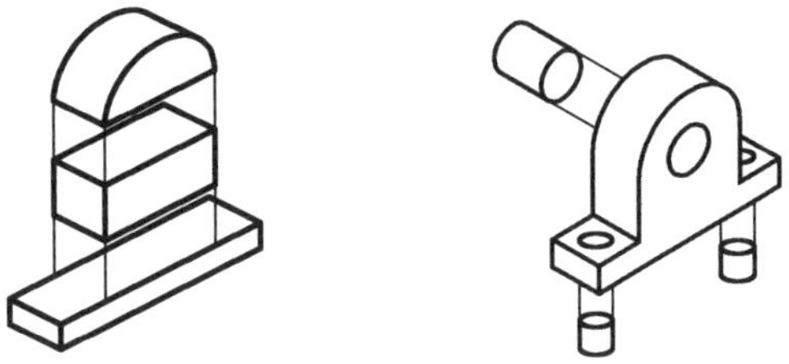

(a)　(b)

图3-3　轴承座的形体分析

由此可知,画组合体的三视图时,可采用“先分后合”的方法,即先在头脑中想象将组合体分解成若干个基本形体,然后按其相对位置逐个画出各基本形体的投影,综合起来,即得到整个组合体的视图。这样,就可把一个复杂的问题分解成几个简单的问题加以解决。

小贴士　画三视图时,首先应对零件进行形体分析,要搞清楚零件的前后、左右、上下六个表面的形状,并根据结构特点,想一想,它大致可以分成哪几个部分?它们之间的相对位置关系如何?它是什么组合类型?等等,为后续画图做准备。

3.1.1.3　常见的简单形体

常见的简单形体如图3-4所示,由于其结构简单,在形体分析时可直接把它们作为构成组合体的简单体,不必再分解。

3.1.2　任务实施

根据组成组合体的基本形体之间的相互位置、连接关系的不同,组合体的绘制可分为以下几种情况。

3.1.2.1　两体表面平行的画法

平行面有平齐与不平齐之分。如图3-5所示,组成组合体的基本形体的前表面平齐,连接处不应画线;如图3-6所示,组成组合体的基本形体的前表面不平齐,连接处应画线。

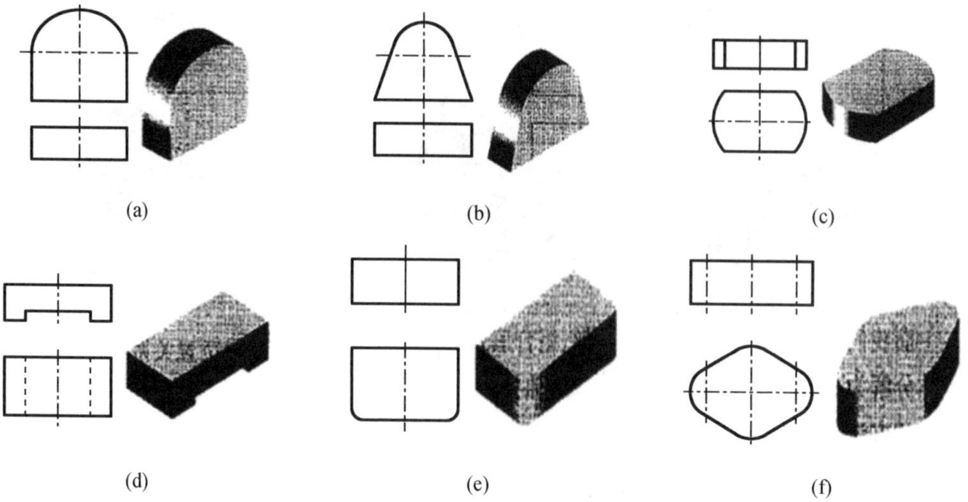

图 3－4　常见的简单形体

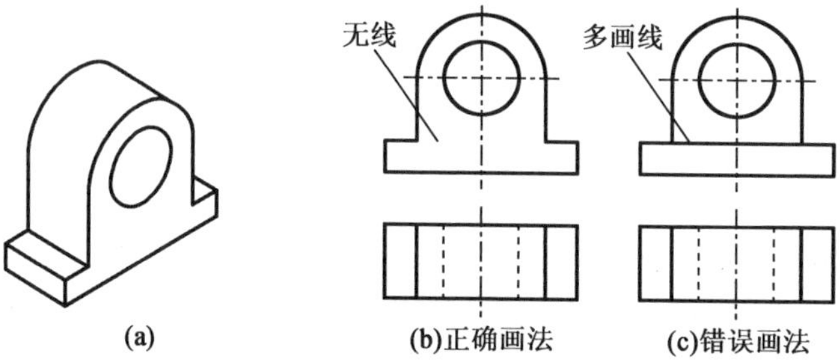

图 3－5　表面平齐的画法

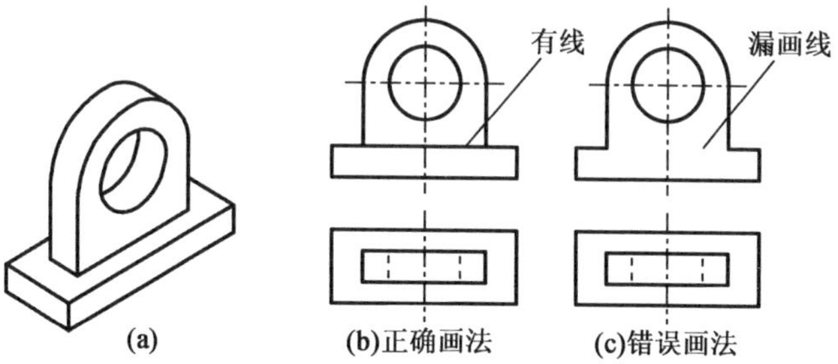

图 3－6　表面不平齐的画法

3.1.2.2　两体表面相交的画法

两表面相交,在相交处就会产生交线,应画出交线的投影。图 3－7(a)中的组合体由耳板与圆筒组成,但耳板前后两平面平行,与右边大圆柱面相交。在水平投影中,表现为直线和圆弧相交。在其正面投影和侧面投影中,应画出交线,如图 3－7(b)所示。

3.1.2.3　两体表面相切的画法

图 3－8(a)中的组合体由耳板与圆筒组成,耳板前后两侧面与左右两大小圆柱面光滑连接,即相切连接。在水平投影中,表现为直线和圆弧相切。在其正面投影和侧面投影中,

相切处不画线,耳板上表面的投影只画至切点处,如图 3 - 8(b)所示。

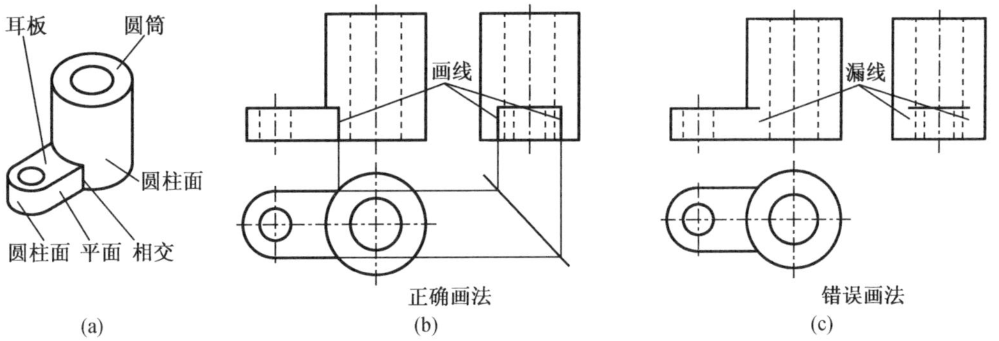

图 3 - 7　两体表面相交的画法

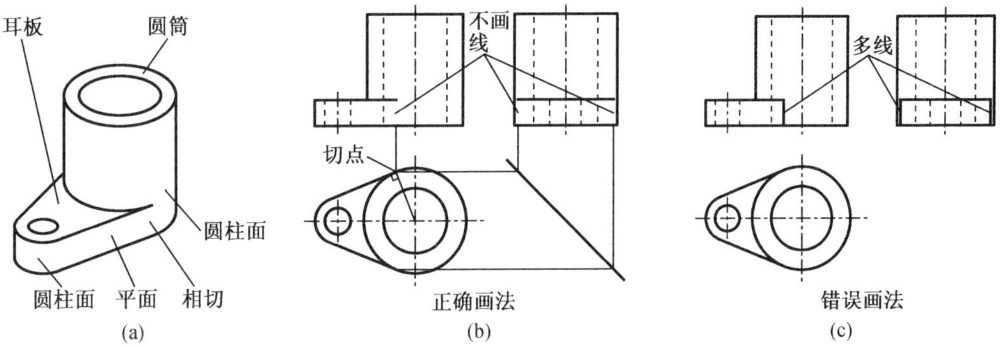

图 3 - 8　两体表面相切的画法

3.1.2.4　切割体的画法

对于不完整的形体,采用"切割"概念对它进行分析。如图 3 - 9(a)所示的物体,可以看成是由长方体经切割而形成。画图时,可先画出完整长方体的三视图,然后逐个画出被切部分的投影。如图 3 - 9(b)所示。

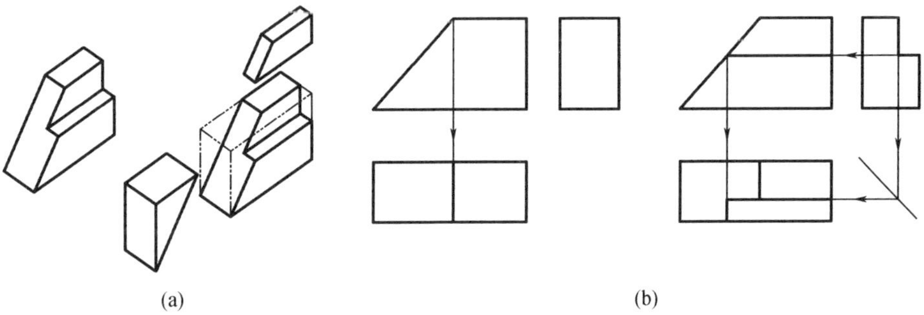

图 3 - 9　切割体的画法

3.1.2.5 综合体的画法

例3-1 绘制如图3-10(a)所示组合体的三视图。

【思路分析】 根据形体分析法,该组合体既有叠加又有切割,属于综合体。

【作图步骤】 画图时,一般可先画叠加各形体的投影,再画被切割各形体的投影。如图3-10(b)~(f)所示,按照先画底板,再叠加四棱柱,然后切掉两个U形柱、半圆柱和一个小圆柱的顺序画出。

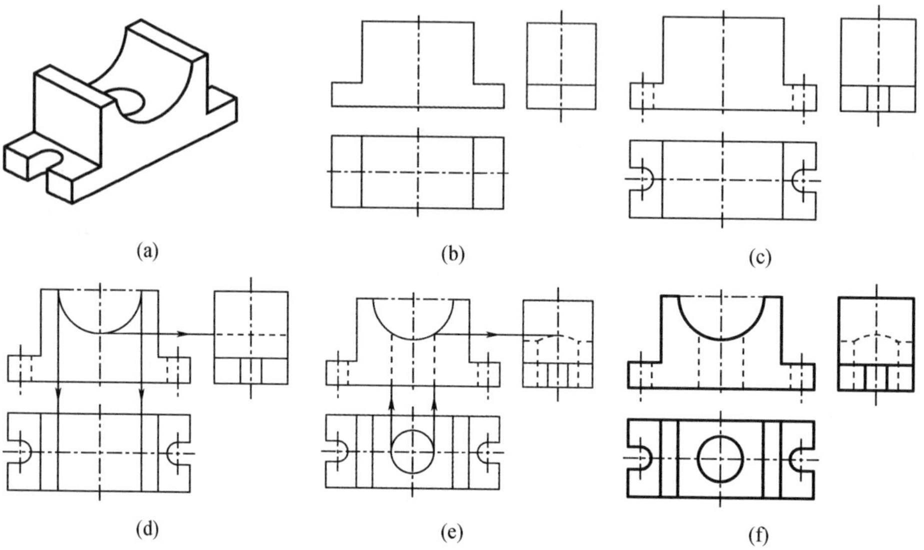

图3-10 综合体的画法

3.1.3 任务拓展

3.1.3.1 组合体截交线的概念

当立体被平面截断成两部分时,其中任何一部分均称为截断体,用来截切立体的平面称为截平面,截平面与立体表面的交线称为截交线,如图3-11(a)所示。截交线具有以下三个基本性质。

(1)共有性。截交线是截平面与立体表面共有的,截交线上的点都是它们的共有点。

(2)封闭性。截交线一定是闭合的平面图形。

(3)截交线的形状取决于立体表面的形状和截平面与立体的相对位置。

例3-2 求作如图3-11(a)所示正六棱锥截交线的投影。

【思路分析】 正六棱锥被正垂面P截切,截交线是六边形。六个顶点分别是截平面与六条侧棱的交点。

由此可见,截交线是一个平面多边形;多边形的每一条边是截平面与平面立体各棱面的交线;多边形的各个顶点就是截平面与平面立体棱线的交点。求作截交线,就是求截平面与各被截棱线交点的投影。

【作图步骤】 用截平面的积聚性投影，先找出截交线各顶点的正面投影 a'、b'、c'、d'（B、C 各为前后对称的两个点）；再依据直线上点的投影特性，求出各顶点的水平面投影 a、b、c、d 及侧面投影 a''、b''、c''、d''，如图 3－11(b)所示。

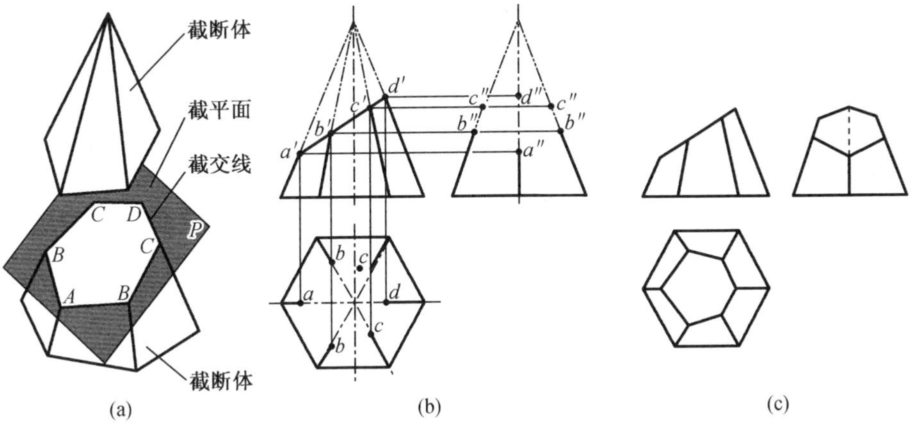

图 3－11 正六棱锥截交线的画法

依次连接各顶点的同面投影，即为截交线的投影，如图 3－11(c)所示。

平面截切圆柱时，截平面与圆柱轴线的相对位置不同所得的三种截交线如表 3－1 所示。

表 3－1 圆柱表面的三种截交线

截平面位置	与轴线平行	与轴线垂直	与轴线倾斜
截交线形状	矩形	圆	椭圆
轴测图		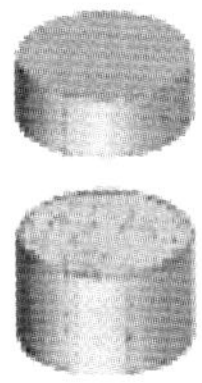	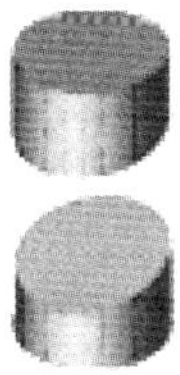
投影图	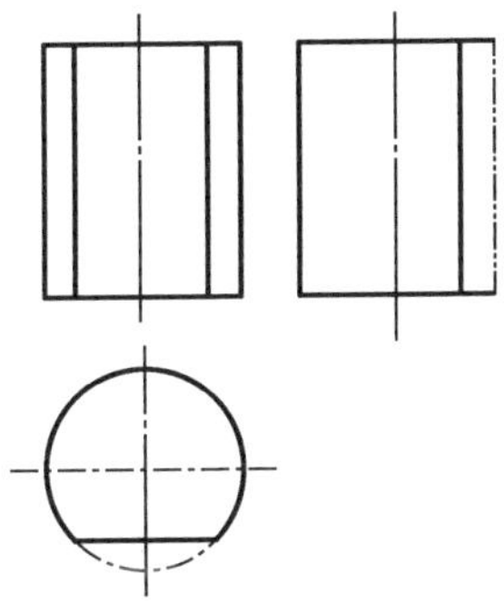	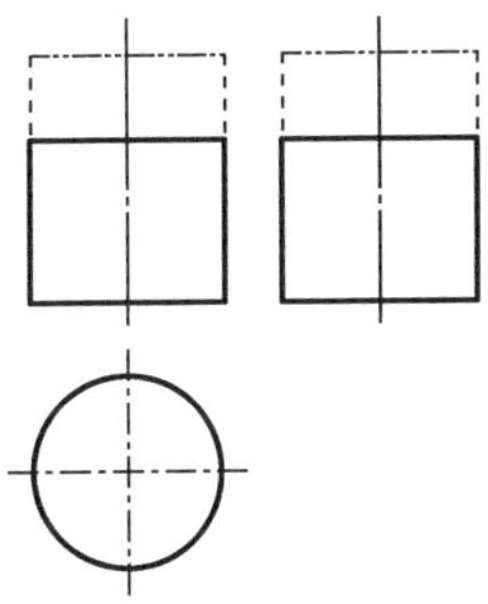	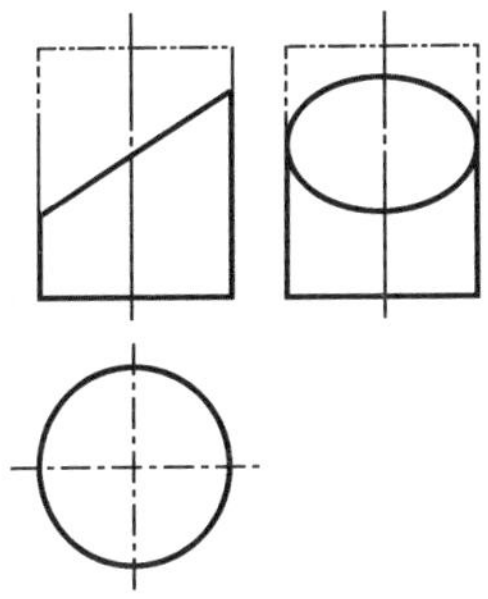

3.1.3.2 组合体相贯线的概念

两回转体相交,其交线称为相贯线。相贯线的形状取决于两回转体各自的形状、大小和相对位置,一般情况下为闭合的空间曲线,如图 3－12 所示。相贯线具有如下性质。

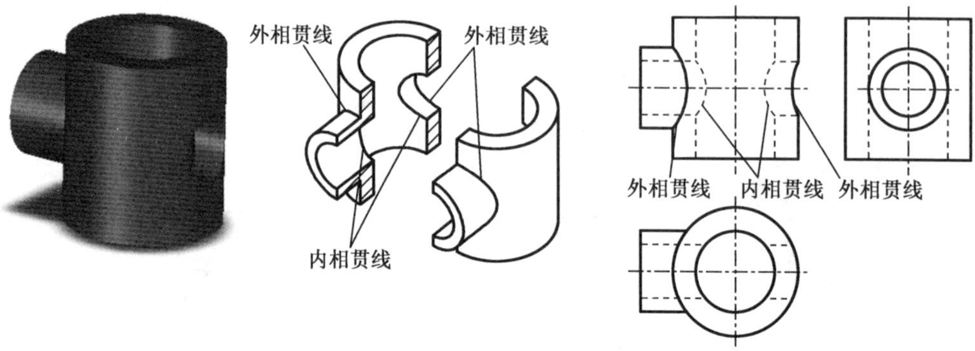

(a) (b) (c)

图 3－12 相贯线的画法

(1)共有性。相贯线是两立体表面上的共有线,也是两立体表面的分界线,所以相贯线上的所有点都是立体表面上的共有点。

(2)封闭性。一般情况下,相贯线是闭合的空间曲线或折线,在特殊情况下是平面曲线和直线。

例 3－3 如图 3－13(a)所示,圆柱与圆柱异径正交,补画相贯线的投影。

【思路分析】 两圆柱异径正交(轴线垂直相交),其相贯线是闭合的一条空间曲线。小圆柱的轴线垂直于水平面,相贯线的水平投影与小圆柱面的积聚性投影圆重合,即相贯线的水平投影为圆;大圆柱面的轴线垂直于侧投影面,相贯线的侧投影与大圆柱面的积聚性投影圆重合,即相贯线的侧投影为一段圆弧。因此,求作相贯线的三面投影时,只需画出相贯线的正面投影,如图 3－13(b)所示。

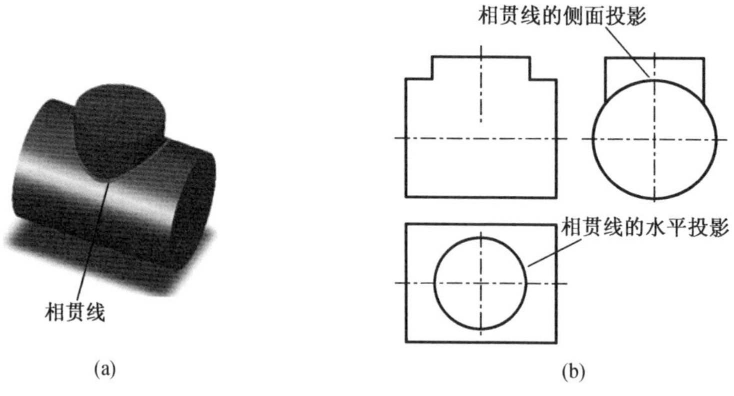

(a) (b)

图 3－13 两圆柱异径正交时的相贯线

【作图步骤】 如图 3－14 所示：

(1)求特殊点。Ⅰ、Ⅱ、Ⅲ、Ⅳ为相贯线上最左(最高)、最右(最高)、最前(最低)、最后(最低)的点。按“三等”投影规律,可由 1、2 对应求出 1″、(2″)及 1′、2′;由 3、4 和 3″、4″可求出 3′、(4′)。

(2)求一般点。一般点决定曲线的形状趋势。任取对称点的水平面投影 5、6、7、8,然后求出其侧面投影 5″、(6″)及 8″、(7″),最后按“三等”投影规律,求出正面投影 5′、(8′)及 6′、(7′)。

(3)按顺序光滑连接 1′→5′→3′→6′→2′,即得相贯线的正面投影,如图 3－14(a)所示。

图 3－14(b)所示为两圆柱垂直正交时相贯线的简化画法。

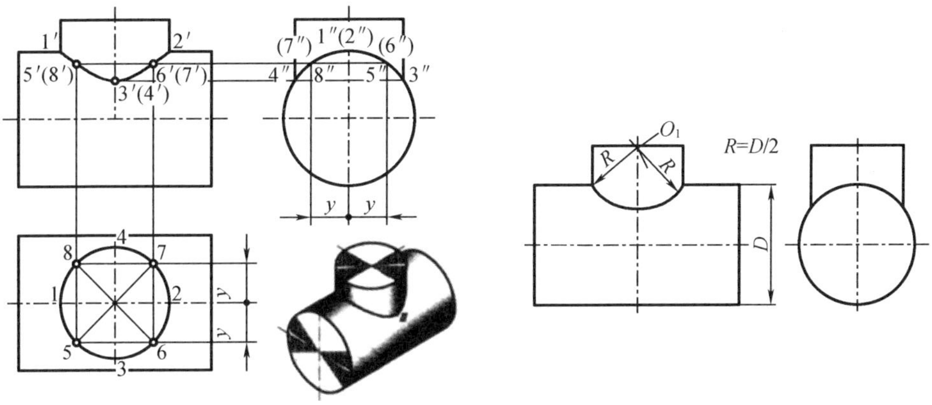

(a) (b)

图 3－14 两圆柱正交的相贯线画法

两圆柱的相对位置不变,而两圆柱的直径发生变化时,相贯线的形状和位置也将随之变化。当两圆柱的直径不相等时,相贯线在正面投影中总朝向大圆柱的轴线弯曲;当两圆柱的直径相等时,相贯线则变成两个平面曲线(椭圆),其正面投影为两条相交的直线。如图 3－15 所示。

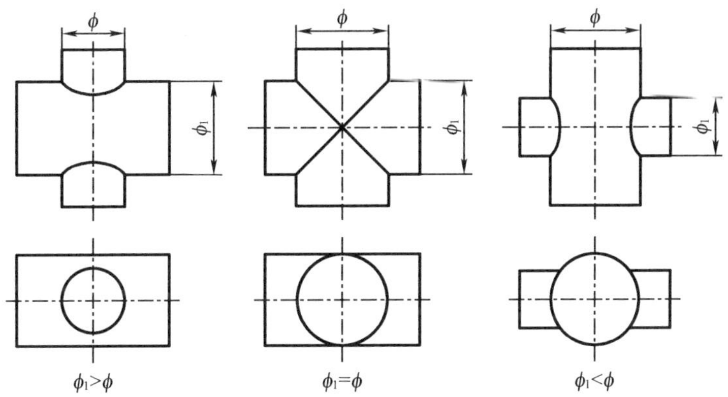

(a) (b) (c)

图 3－15 两圆柱正交时相贯线的变化

任务3.2 绘制开槽六棱柱三视图

想一想 如图3－16所示的开槽六棱柱,如何绘制三视图?

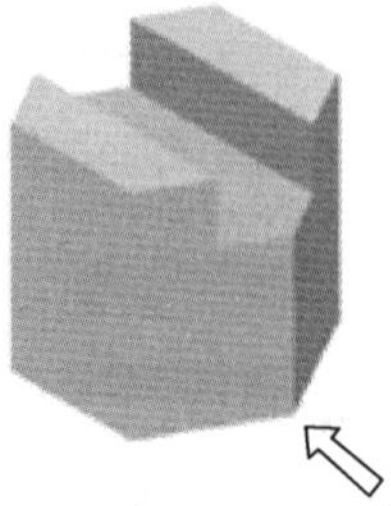

图3－16 开槽六棱柱

3.2.1 任务分析

3.2.1.1 视图选择原则

1. 主视图的选择

主视图是表达组合体的一组视图中最主要的视图。通常要求主视图能较多地反映物体的形体特征,即反映各组成部分的形状特点和相互位置关系。主视图的选择包括选择组合体的放置位置和选择主视图的投影方向。

如图3－17(a)所示的支架,分别从*A*、*B*、*C*三个方向看去,可以得到三组不同的视图,如图3－17(b)(c)(d)所示。经比较可以看出,*B*方向的三视图比较好,因为*B*方向投影得到的主视图能较多地反映支架各部分的形状特点和相互位置关系。

2. 视图数量的确定

为减少画图工作量和节约图纸空间,在能够完整、清楚表达零件形状结构的前提下,视图的数量越少越好。图3－17所示支架的主视图按*B*箭头方向确定后,还要画出俯视图,表达底板的形状和两孔的中心位置;画出左视图,表达肋板的形状。因此,要完整表达出该支架的形状,必须画出主、俯、左三个视图。

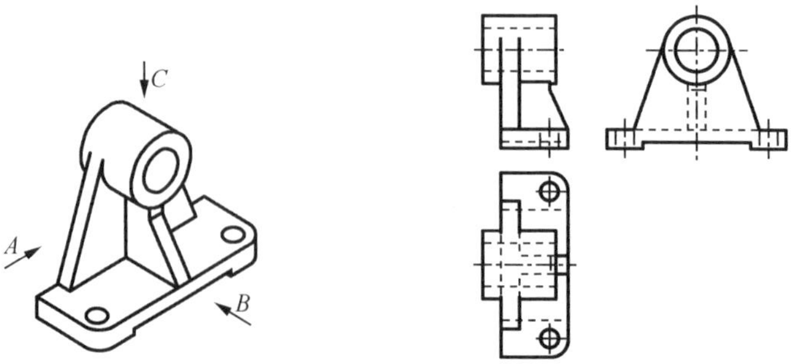

(a)支架　　(b)*A*方向为主视方向

图3－17 不同主视图的比较

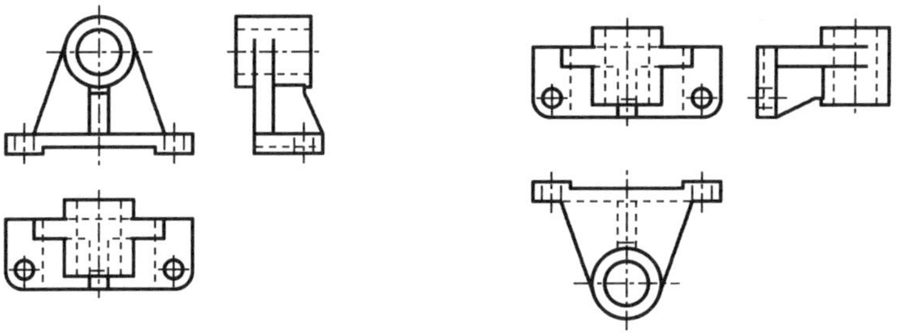

(c)*B*方向为主视方向　　(d)*C*方向为主视方向

图 3－17(续)

有的零件可用一个视图(主视图)表达,如后文中图 3－32 所示的输出轴;有的零件可用两个视图表达(主视图和左视图或者主视图和俯视图),如后文中图 3－26 所示的端盖。

3.2.1.2　分析开槽六棱柱的形体

如图 3－16 箭头所示方向为主视图投影方向。开槽六棱柱左右、前后对称,上方的矩形通槽由两个侧平面和一个水平面切割而成,左右对称分布。

3.2.1.3　分析开槽六棱柱的投影

槽底是水平面,其正面投影和侧面投影均积聚成直线,水平投影反映实形。槽的两侧壁正面投影和水平投影均积聚成直线,侧面投影反映实形。可利用积聚性求出通槽的水平投影和侧面投影。

3.2.2　任务实施

3.2.2.1　绘制开槽六棱柱三视图底稿

(1)绘制三视图中的基准线,使其符合基本投影规律,如图 3－18(a)所示。

(2)绘制完整的六棱柱的投影,如图 3－18(b)(c)所示。

(3)绘制开槽部分的投影,如图 3－19 所示。

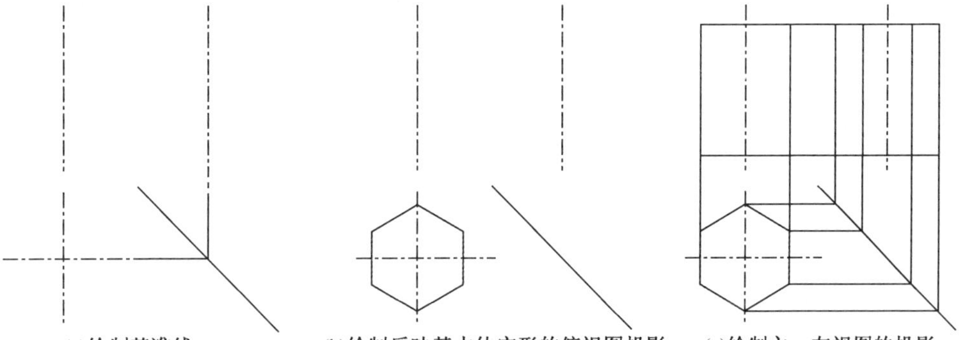

(a)绘制基准线　(b)绘制反映基本体实形的俯视图投影　(c)绘制主、左视图的投影

图 3－18　绘制完整的六棱柱三视图

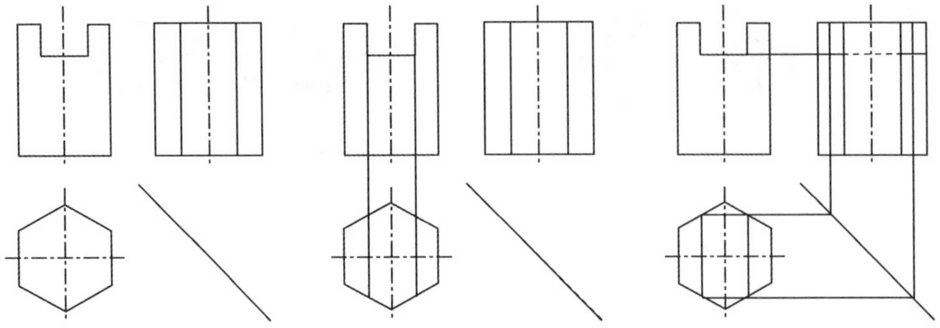

图 3－19　绘制六棱柱开槽部分的投影

3.2.2.2　检查、整理图线

擦去作图线，校核切割后的图形轮廓，描深图线，完成全图，如图 3－20 所示。

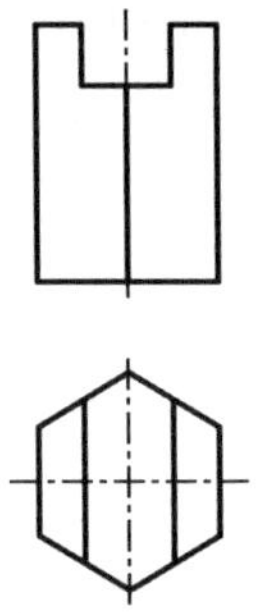

图 3－20　开槽六棱柱三视图

小贴士　绘制零件三视图的方法和步骤：首先，进行形体分析，确定零件由哪几部分组成、组合类型是什么、组成部分之间的相对位置关系等；其次，选择视图，确定主视图的位置和投影方向，确定其他视图的数量；第三，选比例，定图幅，画基线布置视图；第四，绘制视图定稿；最后，检查、修正、加深图线。

3.2.3　知识拓展

3.2.3.1　绘制燕尾块三视图

1. 分析燕尾块形体和投影

(1)结构特征　如图 3－21 所示的燕尾块，选择图示放置位置，选择箭头所示方向为主视图投影方向。燕尾块前后对称，左右、上下不对称，左侧被正垂面斜切，上方的前后分别被侧垂面和水平面截切出 L 形的通槽。总体是由长方体切割而成，如图 3－22 所示。

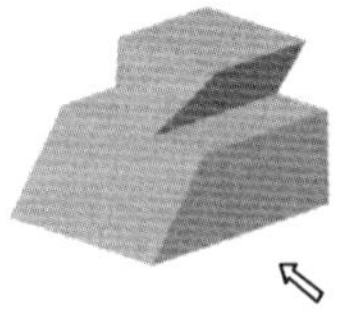

图 3－21　燕尾块

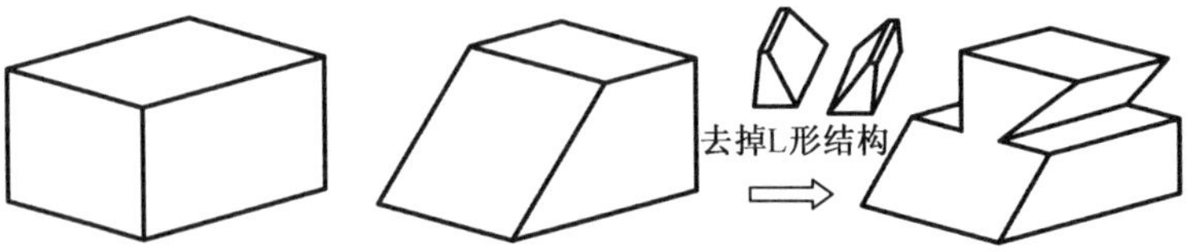

图 3－22　燕尾块的形成

(2)投影特点　由图 3－23 所示，左侧被正垂面切割，截交线的正面投影积聚为一斜线，侧面和水平投影为类似形多边形。上方前部由一个侧垂面和一个水平面组成，水平面的水平投影反映实形，正投影和侧投影都积聚为一直线；侧垂面的侧投影积聚为一直线。水平投影和正投影具有类似性。

2. 绘制燕尾块的三视图

(1)绘制完整的长方体三视图,如图 3 - 23(b)所示。

(2)绘制长方体左侧斜切的截交线的三面投影,如图 3 - 23(c)所示。先画正投影。

(3)绘制长方体上方切割的截交线的投影,如图 3 - 23(d)所示。先画左视图。在上方前部的两个截切平面上选取转折点,分别找到水平位置截切面的三面投影、侧垂位置截切面的三面投影,按转折点的连接顺序依次连接同面投影,即得。

(4)检查,加深粗实线,如图 3 - 23(e)所示。

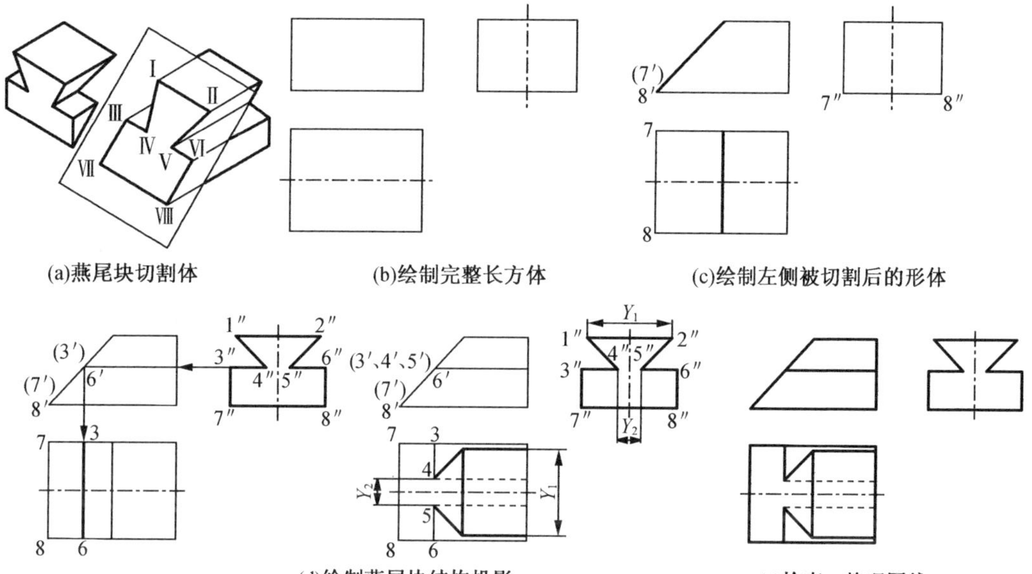

(a)燕尾块切割体　(b)绘制完整长方体　(c)绘制左侧被切割后的形体

(d)绘制燕尾块结构投影　(e)检查、整理图线

图 3 - 23　燕尾块三视图作图步骤

3.2.3.2　绘制四棱锥切割体三视图

1. 分析四棱锥切割体的形体和投影

(1)结构特征　如图 3 - 24 所示的四棱锥切割体为四棱锥被正垂面斜截,上表面为四边形,上表面的四个顶点分别是截平面与四条棱线的交点。选择图示位置和箭头方向为主视图投影方向,四棱锥切割体前后对称,上下、左右不对称。

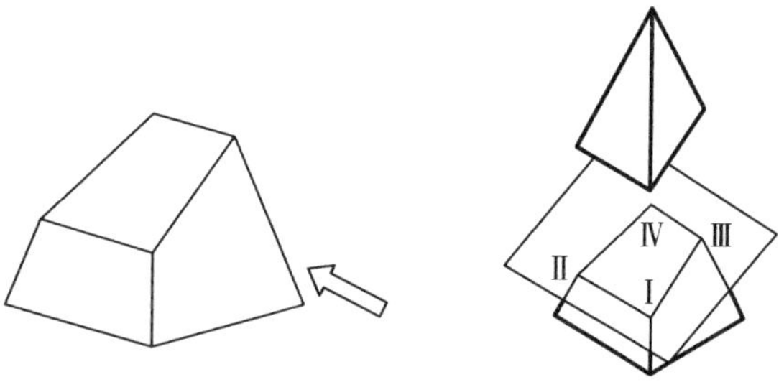

图 3 - 24　四棱锥切割体

(2)投影特点　如图3－24所示,求四棱锥切割体的投影,实质上就是在四棱锥投影的基础上求截交线(截平面与各条棱的交点)的投影。截交线的正投影具有积聚性,截交线的转折点在四条棱线上。

2.绘制四棱锥切割体三视图

(1)画四棱锥的三视图,如图3－25(a)所示。

(2)求作截交线的三面投影,如图3－25(b)所示。取截交线的四个转折点,利用积聚性找到四点的正投影,按"长对正"交四条棱线得到水平投影,按"高平齐"交棱线得到侧投影,依次连接即得截交线的三面投影。

(3)检查,擦去多余的图线,加深图线。四棱锥切割体的三视图如图3－25(c)所示。

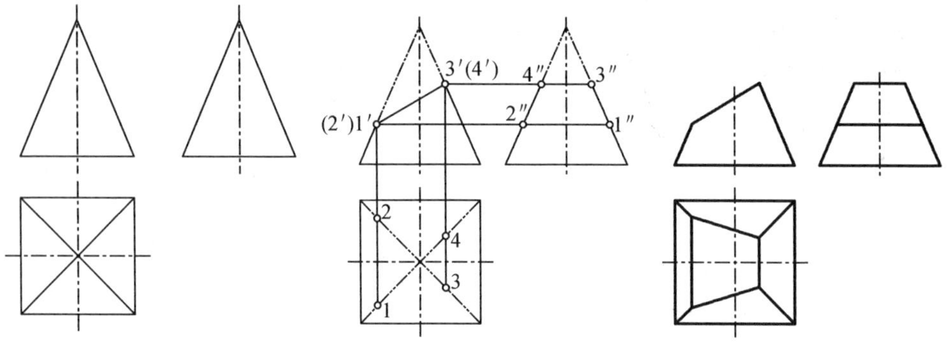

(a)绘制完整四棱锥　(b)绘制截交线　(c)检查、整理图线

图3－25　四棱锥切割体的作图步骤

任务3.3　绘制端盖三视图

想一想　如图3－26所示的端盖,如何绘制三视图?

3.3.1　任务分析

3.3.1.1　分析端盖的形体

根据形体分析法,图3－26所示的端盖属于叠加体。它主要由一个圆筒和一个同轴的不完整扁圆柱叠加而成,并且在不完整扁圆柱上均匀分布了四个圆柱形通孔。

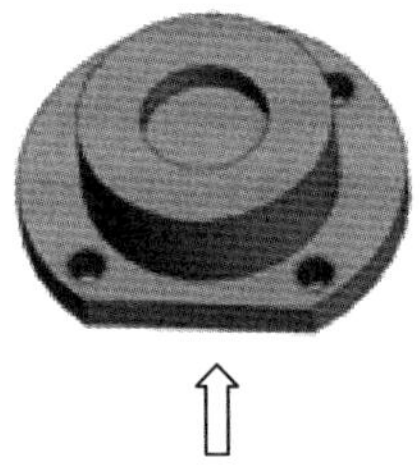

图3－26　端盖

3.3.1.2　分析端盖的投影

选取图3－26中箭头方向为主视图投影方向。在主视图中,圆筒的投影为一个大矩形中包含一个不可见的小矩形(用虚线表示),不完整扁圆柱的投影为一个大矩形中包含两个小矩形。由于主视图左右对称,四个圆柱通孔表现为两个矩形(用虚线表示)。在俯视图中,圆筒的投影积聚成两个同心圆,不完整扁圆柱的投影也具有积聚性,为一不完整圆,四个圆柱

通孔的投影积聚成四个圆。左视图的投影与主视图类似，所不同的是，底部的扁圆柱被正平面截切后的侧表面积聚成一条直线。

3.3.2 任务实施

3.3.2.1 布图

布图，即合理布置三视图的画图位置。画出对称线、中心线或基准线等基线，就确定了三视图的画图位置。布图时，应将视图均匀地布置在幅面上，视图间的空档应能保证注全所需的尺寸。

3.3.2.2 绘制端盖三视图底稿

端盖的画图步骤如图3－27所示。画图的先后顺序，一般应从形状特征明显的视图下手。先画主要部分，后画次要部分；先画可见部分，后画不可见部分；先画圆或圆弧，后画直线。

画图时，零件的每一组成部分，最好是三个视图配合着画。不要先完成一个视图再完成另一个视图。这样，不仅可以提高绘图速度，还能避免多线、漏线。

小贴士 零件的每一组成部分，先画形状特征视图，再画其他视图；三个视图要结合着画。

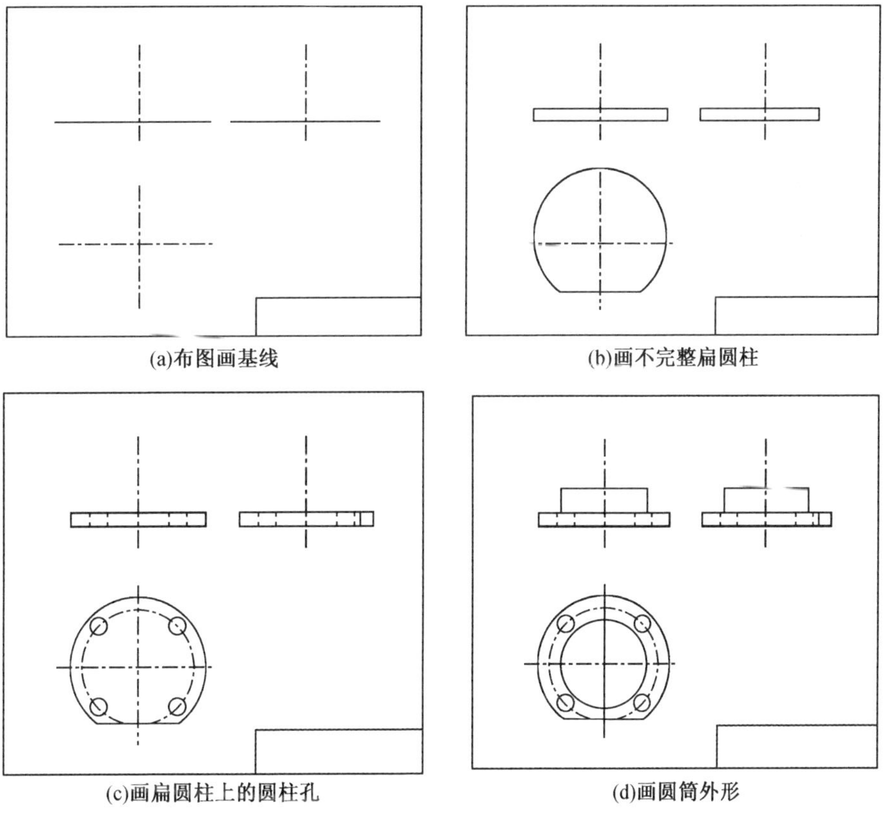

(a)布图画基线　(b)画不完整扁圆柱　(c)画扁圆柱上的圆柱孔　(d)画圆筒外形

图3－27　端盖的画图步骤

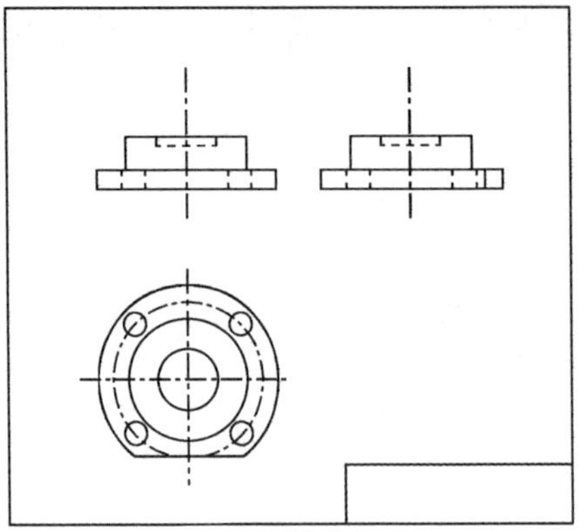

(e)画圆筒内部

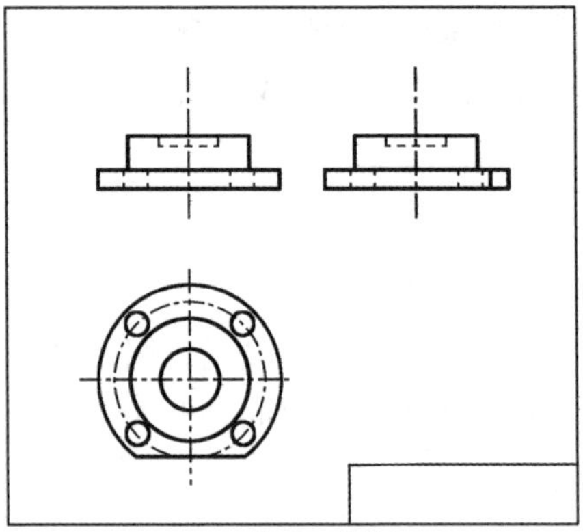

(f)检查、描深

图 3－27(续)

3.3.2.3　检查、整理图线

底稿完成后,应按下列要求认真检查:在三视图中依次核对各组成部分投影的对应关系正确与否;分析清楚相邻两形体衔接处的画法有无错误,是否多线、漏线;再以实物或轴测图与三视图对照,确认无误后,描深图线,完成全图,如图 3－27(f)所示。

3.3.3　任务拓展

3.3.3.1　绘制槽型模柄三视图

1. 分析槽型模柄的形体和投影

(1)结构特征　如图 3－28(a)所示,槽型模柄属于曲面立体,选择图示位置和箭头方向为主视图投影方向。槽型模柄由 2 个分别为 ϕ25、ϕ55 的圆柱同轴叠加并切割而成。其左右、前后对称,大圆柱的前后被 2 个间距为 40 的正平面截切,截断面上对称分布了 2 个 ϕ6 的通孔,2 个 ϕ6 的通孔的轴线距离为 25,轴线距离底面为 8。其底部开有宽 15、高 16 的矩形通槽,左右贯穿。槽型模柄主要结构如图 3－28(b)所示。

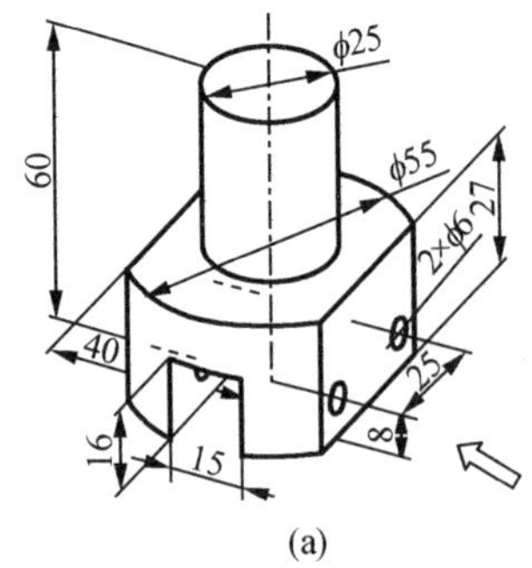

(a)

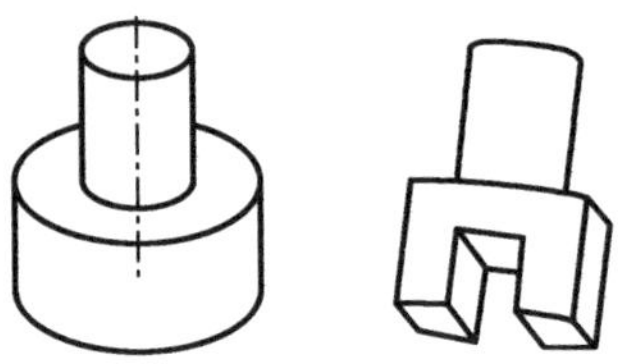

(b)

图 3－28　槽型模柄及其结构

(2)投影特点　两圆柱截切前在俯视图中反映实形为2个同心圆,在主、左视图中为矩形。大圆柱前后截断面上的矩形截交线,在主视图中反映实形,在俯、左视图中分别积聚成一直线。2个$\phi 6$的通孔为圆柱,在主视图中投影为2个$\phi 6$的圆,在俯、左视图中投影为矩形;因不可见,矩形用细虚线表达。底部的矩形通槽,在左视图中投影为“Π”形,在主、俯视图中投影为矩形。

2. 绘制槽型模柄三视图

作图步骤如图3-29所示。

(1)作两个圆柱的三视图,如图3-29(a)所示。

(2)作大圆柱被两个正平面截切后的投影,如图3-29(b)所示。根据尺寸40、前后对称,先画俯视图中的投影,再画主、俯视图中的相关投影。

(3)绘制大圆柱底部通槽的投影,如图3-29(c)所示。根据尺寸15,16以及前后对称,先绘制通槽在左视图中的投影,再按宽相等、前后对称绘制通槽在俯视图中的投影,最后绘制主视图中的相关投影。

(4)绘制圆柱通孔的投影,如图3-29(d)所示。先画主视图,再画俯、左视图。

(5)检查、整理图线。对照图3-28立体图,检查,擦去多余图线,加深图线,得槽型模柄三视图如图3-29(e)所示。

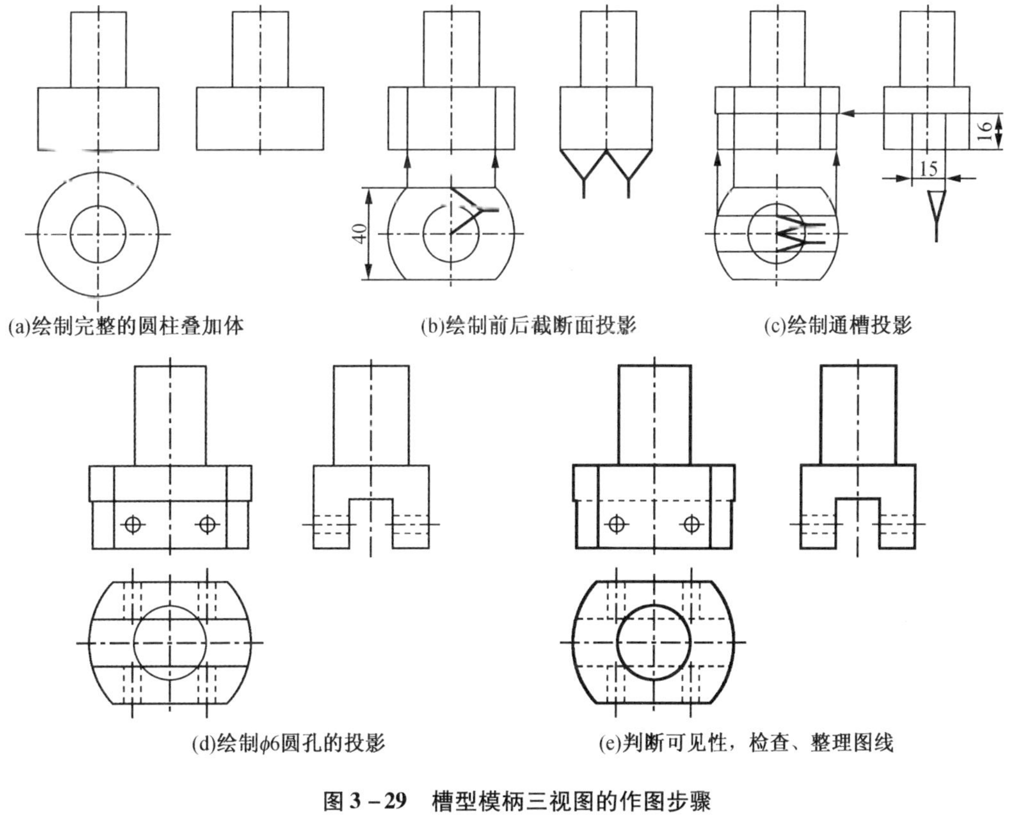

(a)绘制完整的圆柱叠加体　(b)绘制前后截断面投影　(c)绘制通槽投影

(d)绘制$\phi 6$圆孔的投影　(e)判断可见性，检查、整理图线

图3-29　槽型模柄三视图的作图步骤

3.3.3.2 绘制顶尖三视图

1. 分析顶尖的形体和投影

(1)结构特征　如图 3－30(a)所示的顶尖,由同轴线的圆柱体和圆锥体叠加后再切割而成。如图 3－30(b)所示,按该位置放置顶尖,按箭头所示方向投影,得到主视图。顶尖的结构为前后对称,上下、左右不对称。圆锥和圆柱叠加后于左侧被一水平面 P 和一正垂面 Q 截切。经 P 面截切后,圆柱的截断面呈矩形;经 Q 面截切后成斜面,截交线呈椭圆形;圆锥经 P 面截切后截断面呈曲线。

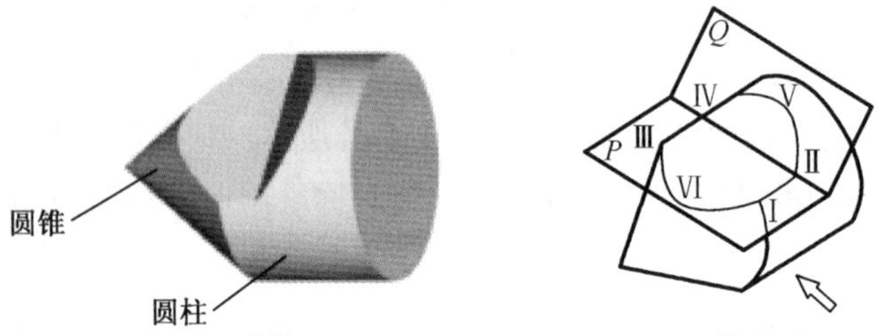

(a)顶尖　(b)截平面 P、Q

图 3－30　顶尖及其截切

(2)投影特点　未截切前,叠加的圆柱、圆锥在左视图中的投影为圆,其他两面投影为三角形和矩形。正垂面 Q 与轴线倾斜、水平面 P 与轴线平行。因此,圆柱与 Q 面的截交线(椭圆形)的投影,在主视图上积聚成一条直线,在左视图上积聚在圆柱的投影圆上,在俯视图上为椭圆;圆柱与 P 面的截交线(矩形)的投影,在主视图上积聚成一条直线,在左视图上积聚成一条直线,在俯视图上为矩形。圆锥与 P 面的截交线(曲线)的投影,在左视图中积聚成一条直线,在主视图中积聚成一条直线,在俯视图中为实形曲线。

2. 绘制顶尖的三视图

顶尖三视图的作图步骤如图 3－31 所示。

(1)绘制完整的圆锥和圆柱叠加体三视图,如图 3－31(a)所示。

(2)绘制圆柱上斜面投影,如图 3－31(b)(c)所示。采用取点法,利用圆柱的积聚性求解斜面的水平投影(椭圆)。俯视图投影由主、左视图投影按"三等"投影规律获得。

(3)图解圆柱水平截断面投影,如图 3－31(d)所示。俯视图投影由主、左视图投影获得。

(4)绘制圆锥水平截断面投影。①找特殊点Ⅰ、Ⅲ、Ⅵ的投影,如图 3－31(e)所示,按照"三等"关系直接求得。②采用辅助平面法图解一般位置点Ⅸ、Ⅹ的投影,如图 3－31(f)所示,在主视图上,过 9′、10′点作轴线的垂直线,交圆锥轮廓线于 m';量取 R,在左视图上画圆弧,与水平截切面 P 投影交于 9″、10″点;根据 9′、10′点和 9″、10″点求出 9、10 点。

(5)检查、整理图线,如图 3－31(g)所示。

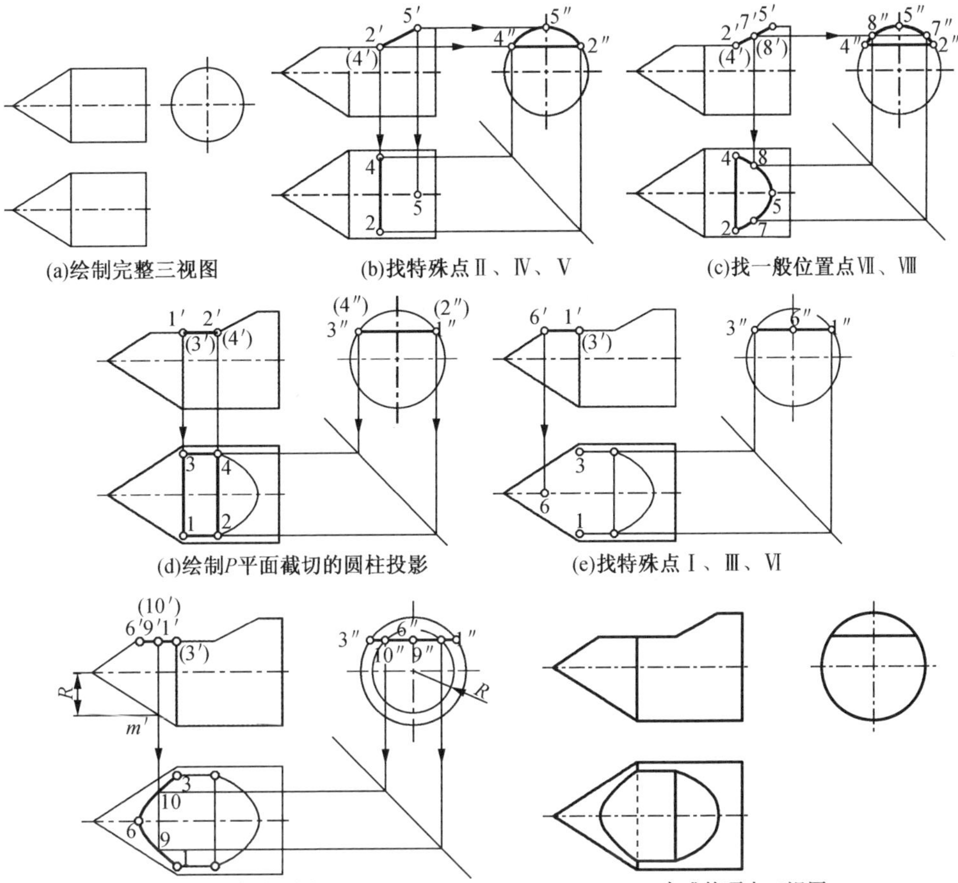

(a)绘制完整三视图　(b)找特殊点Ⅱ、Ⅳ、Ⅴ　(c)找一般位置点Ⅶ、Ⅷ

(d)绘制P平面截切的圆柱投影　(e)找特殊点Ⅰ、Ⅲ、Ⅵ

(f)求一般位置点Ⅸ、Ⅹ　(g)完成的顶尖三视图

图3－31　顶尖三视图的作图步骤

任务3.4　绘制输出轴视图

想一想　如图3－32所示的输出轴,如何用视图表达形状并标注尺寸?

3.4.1　任务分析

3.4.1.1　分析输出轴的形体

根据形体分析法,如图3－32所示的输出轴属于叠加体,是由多个大小不一的同轴圆柱体叠加而成的,另外在两个圆柱体上截切了两个键槽。

3.4.1.2　分析输出轴的投影

如图3－32所示,输出轴的轴线水平放置,选取图中所示箭头方向为主视图投影方向。由于输出轴为同轴圆柱叠加而成,左视图投影具有积聚性,为大小不一的同心圆,主视图与俯视图投影形状基本相同,为大小不一的矩形框。主视图中,各圆柱体投影均为矩形,两键槽的投影反映真实性和积聚性(为圆角矩形)。

由于两个视图就能把输出轴的结构表达清楚,因此俯视图可省略不画。

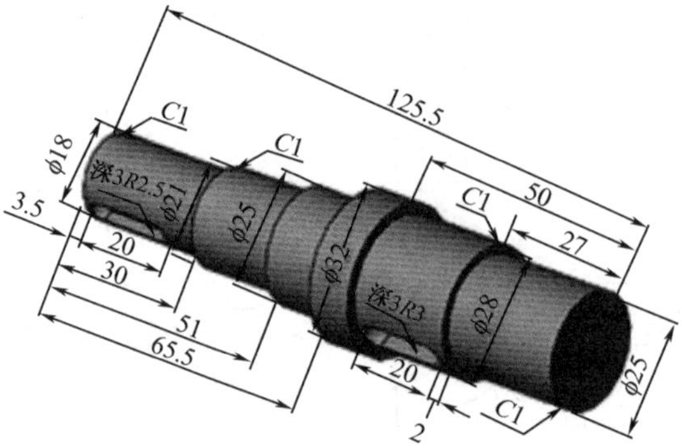

图 3－32　输出轴

3.4.1.3　分析零件的尺寸标注

1. 零件尺寸标注要求

零件的真实大小和组成零件的基本形体之间的相对位置,要靠尺寸来确定。零件尺寸标注的基本要求是正确、完整、清晰。

“正确”是指所标注尺寸必须符合国家标准有关尺寸注法的规定,注写的尺寸数字要准确。“完整”是指所标注尺寸必须确定零件的各组成基本形体的大小和相对位置,无遗漏,无重复。“清晰”是指尺寸标注在适当位置,便于读图。

2. 零件尺寸种类

在零件的视图上,一般需标注下列几类尺寸:

(1)定形尺寸　确定零件各组成部分的长、宽、高三个方向的尺寸,如图 3－32 所示的 ϕ25、27、R3 等。

(2)定位尺寸　确定零件各组成部分相对位置的尺寸,如图 3－32 所示的尺寸 3.5 和 2。

(3)总体尺寸　确定零件外形的总长、总宽、总高尺寸,如图 3－32 所示的尺寸 125.5。

3. 零件尺寸标注的方法和步骤

(1)按形体分析法,将零件分解为若干个组成部分。

(2)选择零件三个方向的尺寸基准。

(3)逐个标注出各组成部分的定形尺寸。

(4)标注确定各组成部分相对位置的定位尺寸。

(5)标注总体尺寸。

(6)依次检查校对定形尺寸、定位尺寸、总体尺寸的正确性、完整性和清晰性。

小贴士　标注尺寸的注意事项:

①尺寸尽可能标注在表达形体特征最明显的视图上。

②同一基本形体的尺寸应尽量集中标注。

③直径尺寸尽量注在投影为非圆的视图上。

④尺寸尽量不在细虚线上标注。

⑤尺寸应尽量注在视图外部,避免尺寸线、尺寸界线与轮廓线相交。

⑥同轴回转体的每个直径,最好与长度一起标注在同一个视图上。

⑦上述各点不能完全兼顾时,在保证尺寸正确、完整、清晰的条件下,合理布置。

3.4.2 任务实施

3.4.2.1 绘制输出轴三视图底稿

根据形体分析和投影分析,输出轴主视图是轴对称图形,首先画出对称中心线,然后依次画出各个轴段,最后画键槽。如图 3-33(a)(b)(c)所示。

3.4.2.2 检查、整理图线

检查、整理无误后,描深,如图 3-33(d)所示。

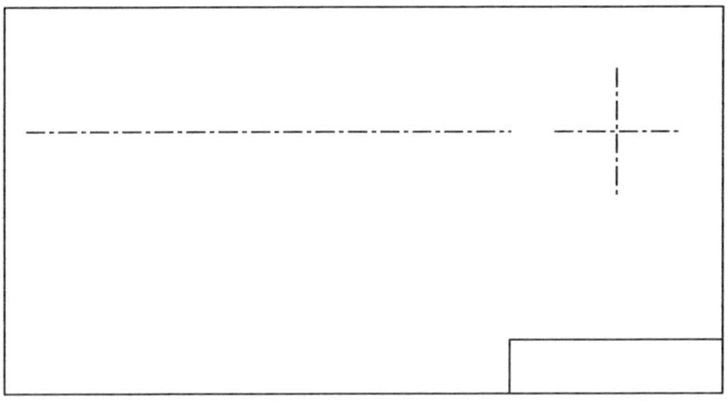

(a)画中心线、轴线,布图

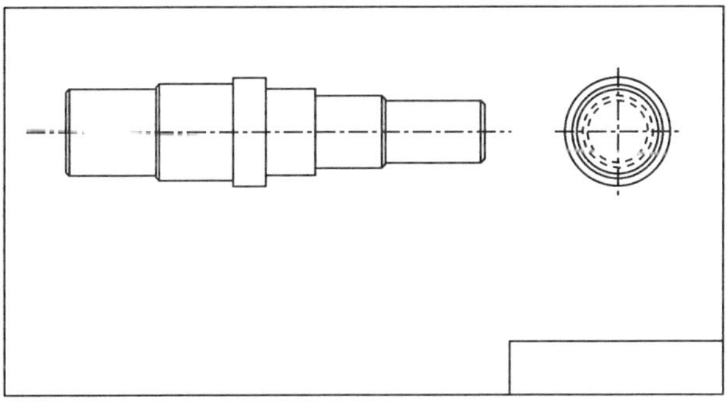

(b)画轴在主、左视图中的投影

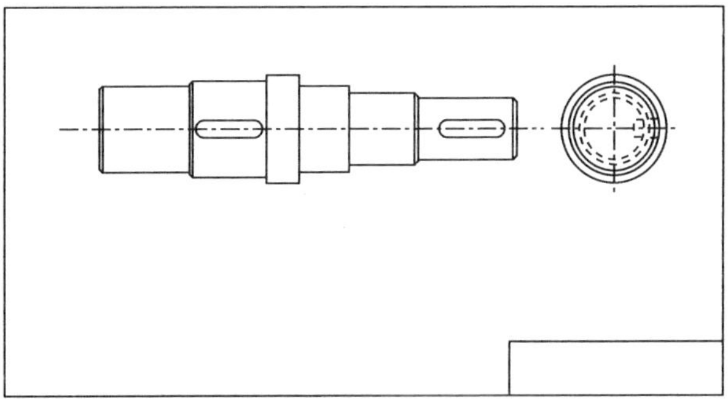

(c)画键槽在主、左视图中的投影

图 3-33 输出轴的画图步骤

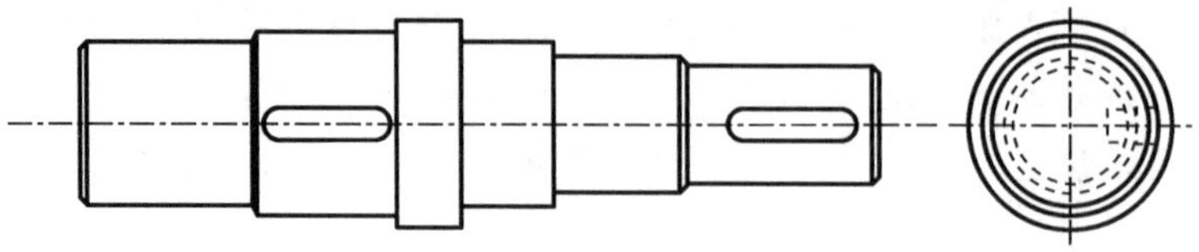

(d)检查、描深

图 3－33(续)

3.4.2.3 标注尺寸

按照输出轴的形状特征,标注输出轴的尺寸,如图 3－34 所示。输出轴的尺寸基准,选择轴线所在的水平面、正平面和输出轴的右端面。

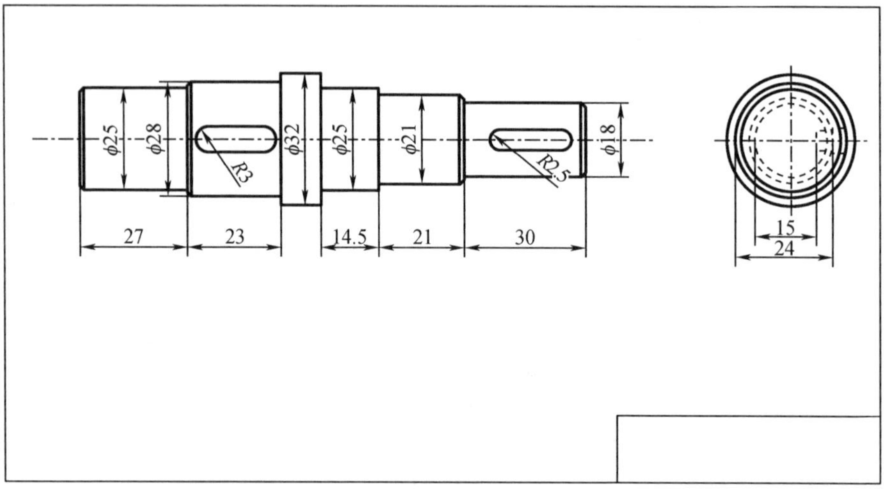

(a)标注定形尺寸

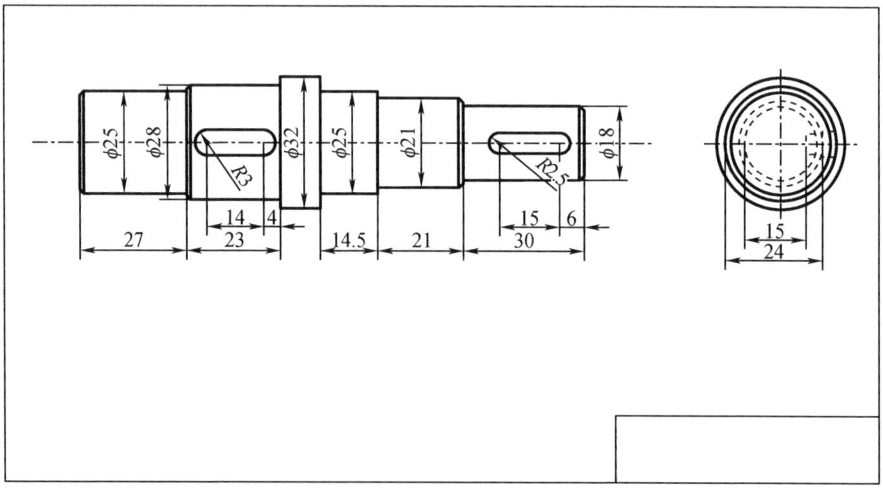

(b)标注定位尺寸

图 3－34　输出轴的尺寸标注

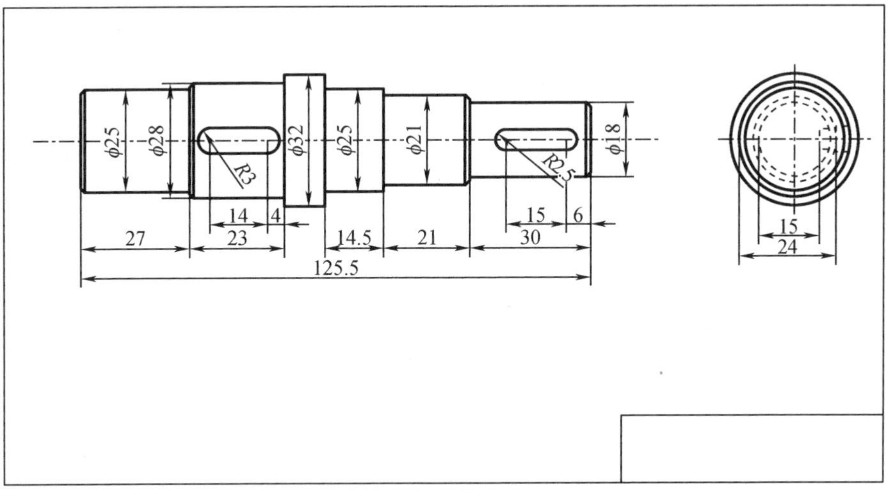

(c)标注总体尺寸

图3－34(续)

3.4.3 任务拓展

3.4.3.1 零件尺寸基准的选择

零件有长、宽、高三个方向的尺寸，每个方向至少有一个尺寸基准。通常以零件的底面、端面、对称面、回转体轴线所在平面等作为尺寸基准。标注三个方向的定位尺寸，以确定组成零件的基本形体在该方向的相对位置。

3.4.3.2 零件常见结构的尺寸标注

底板、端面和法兰盘等常见图形的尺寸注法如图3－35所示。

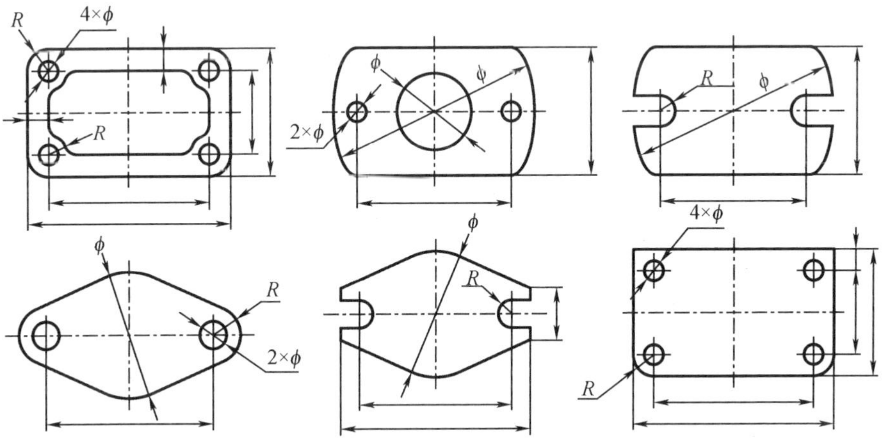

图3－35 常见结构的尺寸注法

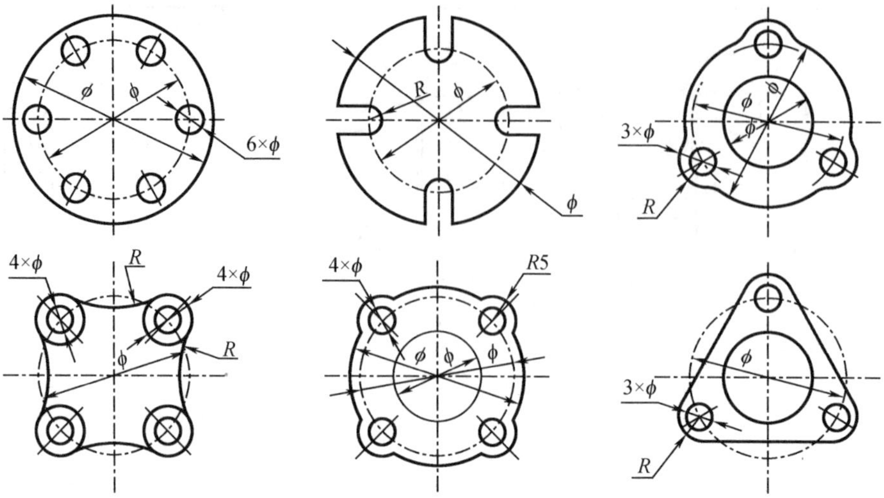

图 3-35(续)

零件上常见孔的尺寸注法如表 3-2 所示。

表 3-2　零件上常见孔的尺寸注法

零件结构类型		标注方式	说明
螺孔	通孔	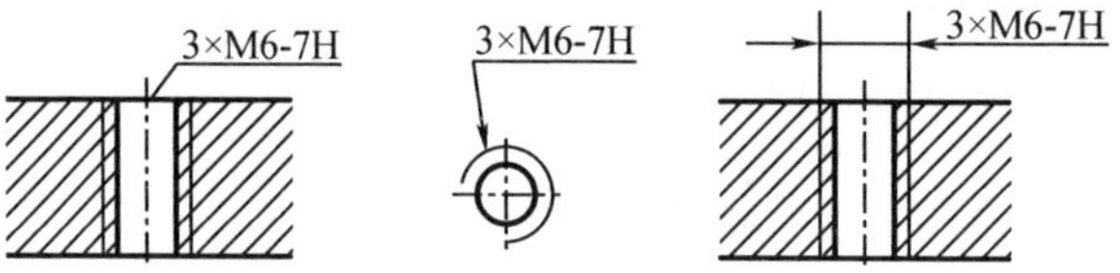	表示三个公称直径为 6,螺纹中径、顶径公差带为 7H,均匀分布的孔,可以旁注,也可以直接注出
	不通孔	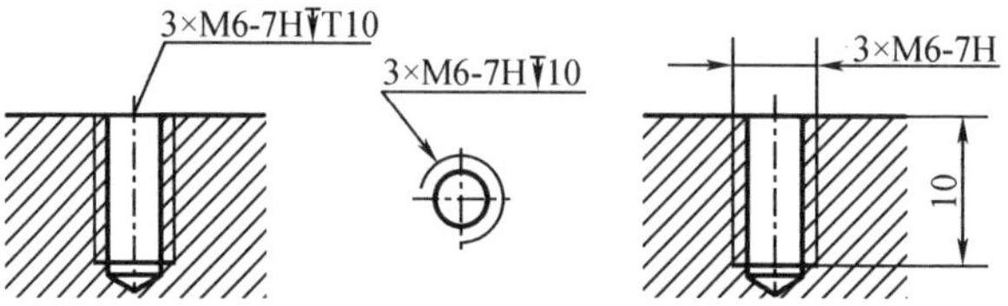	螺孔深度为 10,可与螺孔直径连注,也可分开标注
	不通孔	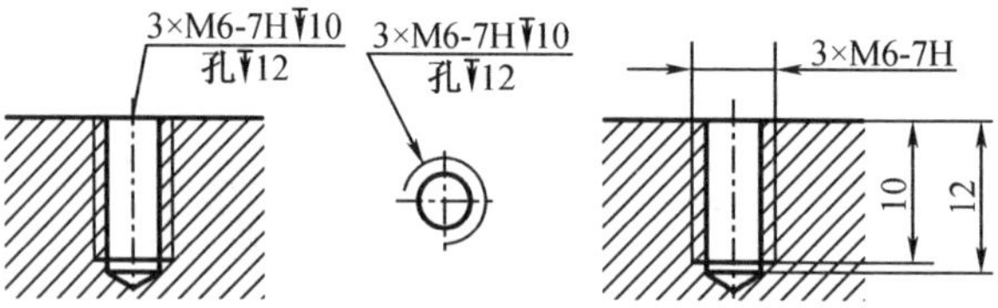	需要注出孔的深度时,应明确标注孔深尺寸。孔深为 12
光孔	一般孔	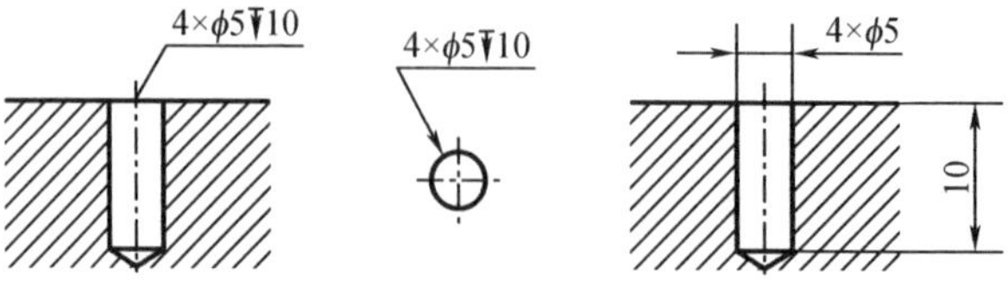	表示四个直径为 $\phi5$ 孔深为 10 的光孔。孔深与孔径可连注,也可以分开标注

任务3.5 绘制支座三视图

想一想 如何选择如图3－36(a)所示的支座的视图,如何绘制？如何标注尺寸？

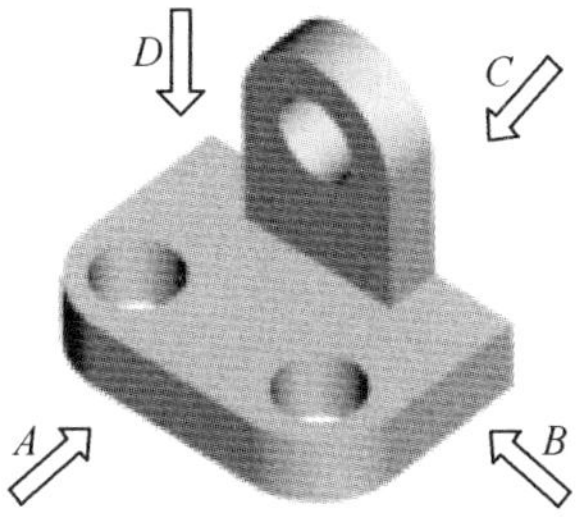

(a)支座

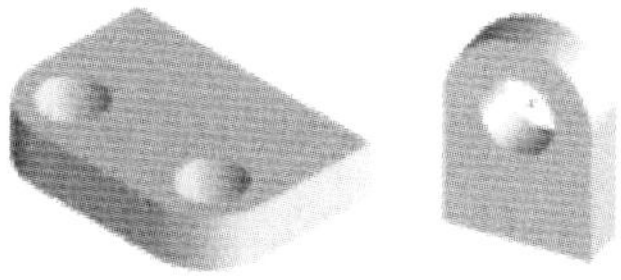
(b)支座底板和立板

图3－36 支座及其结构分析

3.5.1 任务分析

3.5.1.1 分析支座的形体

利用形体分析法分析支座的结构形状,如图3－36(b)所示,支座由底板和立板组成,底板上有2个圆角,2个直角,2个圆柱通孔;立板由半圆柱和长方体组成,其上有1个圆柱通孔。立板与底板后面平齐,其余三面不平齐。以*A*向作为主视图的投影方向,支座左右对称,上下、前后不对称。

3.5.1.2 选择支座的视图

选择视图首先选择主视图,主视图应较多地反映物体的形体特征。通常将物体自然放正(或按工作位置放置),选择投射方向时应考虑以下几点。

(1)最能反映零件的形状特征及各形体之间的相互位置;

(2)尽可能多地反映零件上主要形体的实形;

(3)尽量减少虚线的绘制。

如图3－36(a)所示,将支座放正,比较箭头所示的4个投射方向,各主视图如图3－37所示。*D*向不能反映支架的主要形状特征,*C*向虚线太多,故不选用。*A*向与*B*向的投影,从不同角度反映了支架的形状特征,但*A*向更能清晰地反映支座的整体结构及相对位置,因此,选择*A*向投影作为主视图。其他视图也随之确定。

3.5.2 任务实施

3.5.2.1 选比例,定图幅,绘制标题栏

视图确定后,便要根据零件的大小和复杂程度,选定作图比例和图幅,绘制标题栏。

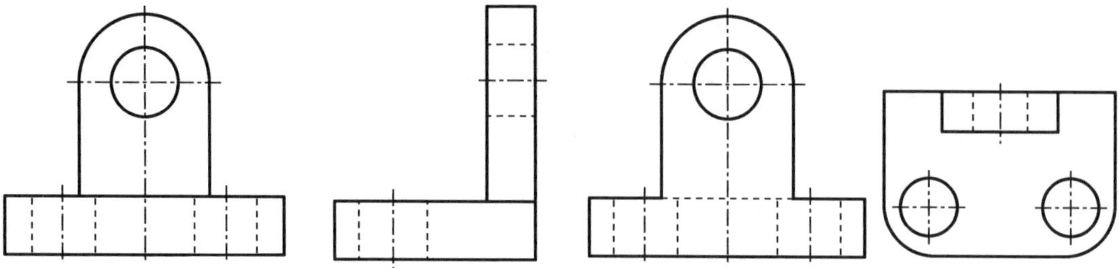

(a)A向投影　(b)B向投影　(c)C向投影　(d)D向投影

图 3－37　主视图的选择

3.5.2.2　合理布置视图

布置视图时,应将视图均匀地布置在幅面上,视图间应预留标注尺寸所需的空间。

3.5.2.3　绘制支座三视图底稿

支座三视图的画图步骤如图 3－38 所示。为快速正确地画出零件三视图,画底稿时应注意以下两点。

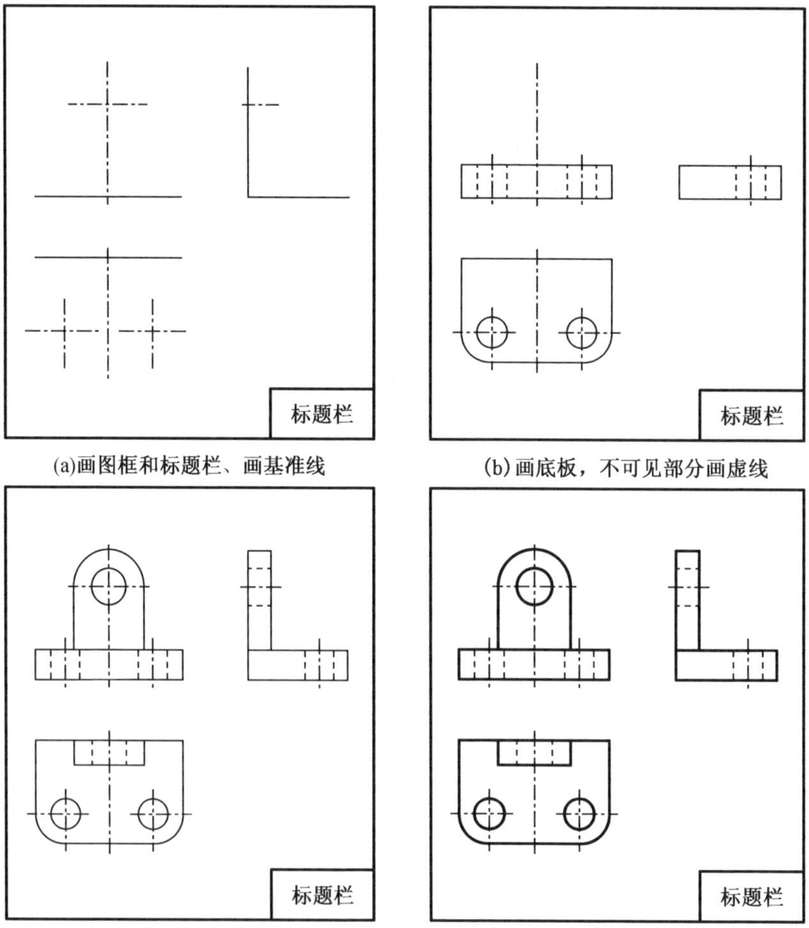

(a)画图框和标题栏、画基准线　(b)画底板，不可见部分画虚线

(c)画立板：先画主视图大圆弧，再画其他投影　(d)检查、整理图线

图 3－38　支座的画图步骤

(1)画图的先后顺序:一般应从形状特征明显的视图入手。先画主要部分,后画次要部分;先画可见部分,后画不可见部分;先画圆或圆弧,后画直线。

(2)画图时,按形体分析法,逐个绘制各组成形体。每个形体的三个视图一起画,这样可避免多线、漏线。

3.5.2.4 检查、整理图线

底稿完成后,应按下列要求认真检查:在三视图中依次核对各组成部分的投影对应关系正确与否;分析相邻两形体衔接处的画法有无错误,是否多线、漏线;再以实物(或轴测图)与三视图对照,确定无误后,描深图线,完成视图绘制。

3.5.2.5 标注支座尺寸

(1)确定尺寸基准 因支座左右对称、后面平齐,故对称面是长度方向的基准,底平面是高度方向的基准,后面是宽度方向的基准,如图3-39(a)所示。标注尺寸时,重要尺寸从基准标注,或相对于基准对称标注。

(2)标注支座各形体的定形、定位尺寸

①标注底板的定形、定位尺寸,如图3-39(b)所示。底板定形尺寸有长50、宽34、高10及$R10$;底板上2个$\phi10$孔的定形尺寸为$2\times\phi10$,其长度方向的定位尺寸是30,宽度方向的定位尺寸是24。

②标注立板的定形、定位尺寸,如图3-39(c)所示。立板定形尺寸的长由$R12$决定,高30、宽8,因立板的对称面与底板重合,$R12$圆心就在对称面上,且后面与底板平齐,故立板在长度和宽度方向无须定位尺寸(或者说定位尺寸为0),其高度方向的定位尺寸为30;立板上圆孔的定形尺寸为$\phi12$,定位尺寸同$R12$。

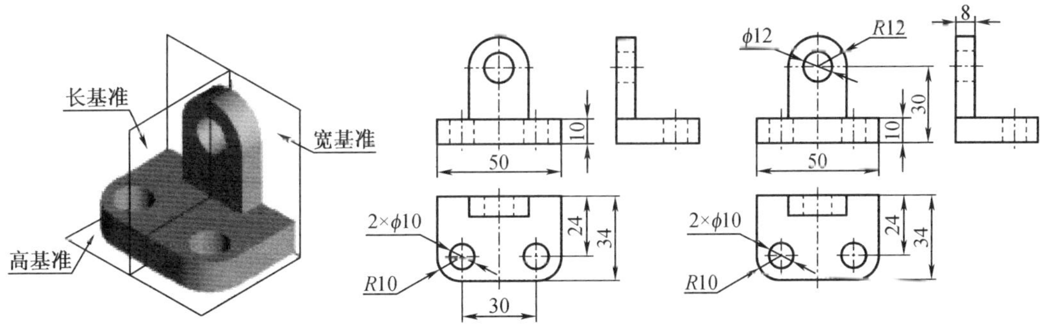

(a)确定基准 (b)标注底板尺寸 (c)标注立板尺寸

图3-39 支座的尺寸标注

(3)标注支座总体尺寸 所谓总体尺寸是指零件长、宽、高三个方向上的最大尺寸。但是,当端部是圆弧时,不能标注总体尺寸,应标注中心距或中心高尺寸。如支座的总高为“30+$R12$”,而不能标注42;支座的总长为50、总宽为34。

3.5.3 任务拓展

3.5.3.1 带切口形体尺寸的标注

对带切口的形体,除标注基本形体的尺寸外,还要标注确定截平面位置的尺寸,不能标注截断面的定形尺寸,如图 3-40 所示。

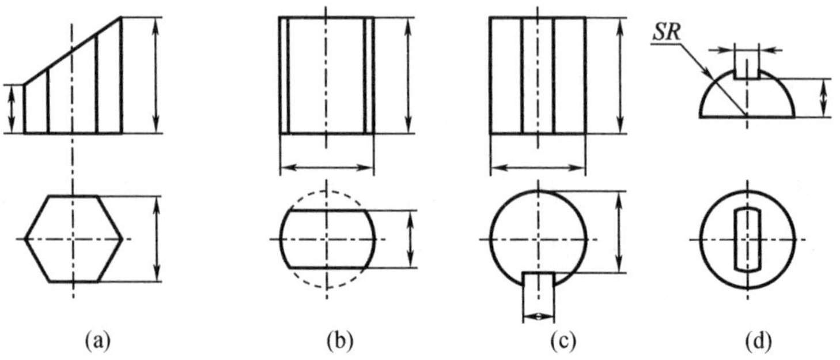

图 3-40 带切口形体的尺寸标注

3.5.3.2 尺寸标注在视图外部

尺寸应尽量标注在视图外部,相邻视图的相关尺寸应尽量标注在两视图之间,避免尺寸线、尺寸界线与轮廓线相交;尺寸尽量不要标注在虚线上。如图 3-41(a)的标注清晰,而图 3-41(b)的标注欠清晰。

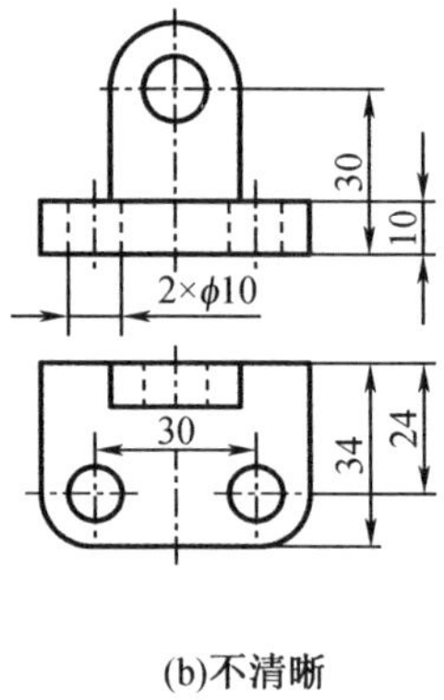

图 3-41 尺寸尽量标注在视图外面

3.5.3.3 圆弧结构尺寸的标注

通常,小于或等于半个圆周的圆弧,其尺寸标注半径 R 并且必须标注在反映实形的视图上;当结构上有 n 个相同大小的圆孔时,标注"$n\times\phi$",如图 3-42(a)中 $2\times\phi10$,不能标注"$n\times R$"。圆弧的正确标注如图 3-42(a)所示,图 3-42(b)为错误标注。

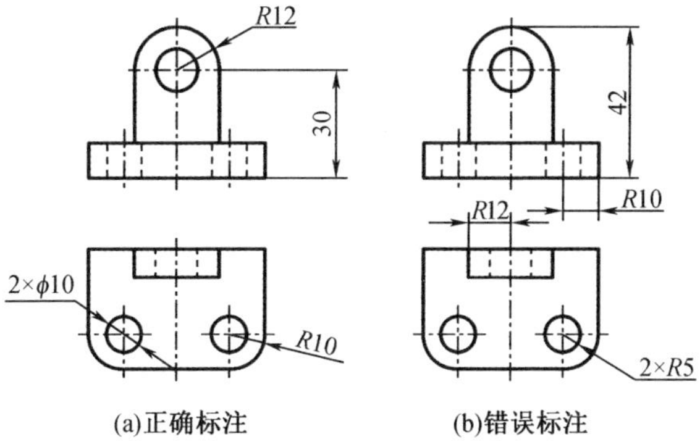

图 3－42 圆弧的尺寸标注

3.5.3.4 回转体直径尺寸的标注

同轴的圆柱、圆锥的径向尺寸一般标注在非圆视图上，如图 3－43 所示。

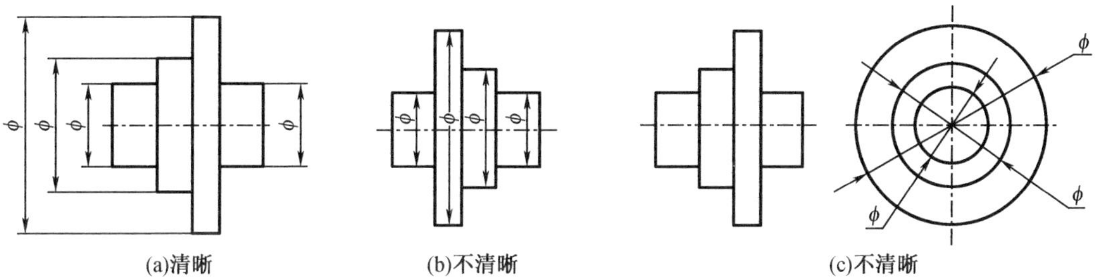

图 3－43 回转体直径的标注

3.5.3.5 槽型结构尺寸的标注

对于燕尾槽、U 形槽等结构，定形与定位尺寸尽量标注在反映位置特征明显的视图上，如图 3－44 中的 h 尺寸标注。形体的定位尺寸也尽量集中注在位置特征明显的视图上，如图 3－44 中孔和立板的定位尺寸。

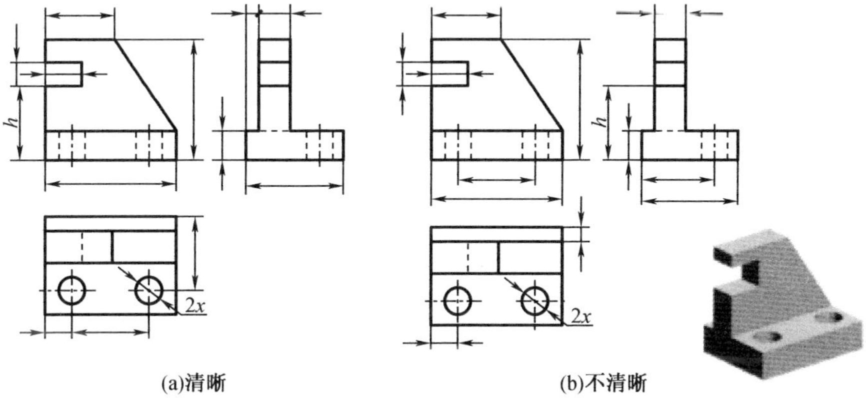

图 3－44 槽型结构的尺寸标注

任务3.6　绘制箱座(主要结构)三视图

想一想　如图3－45所示的箱座零件,形状结构比较复杂,如何绘制三视图并标注尺寸?

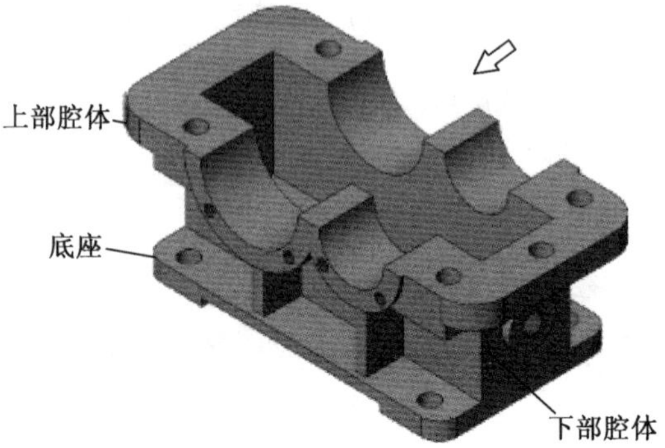

图3－45　箱座

3.6.1　任务分析

3.6.1.1　分析箱座的形体

如图3－45所示,根据形体分析法,箱座属于综合体。从总体看,它由底座、下部腔体和上部腔体三个部分按照由下至上的顺序叠加而成。从每部分结构看,它们又是由基本形体经切割而成。按图示箭头方向投影得到主视图,底座与下部腔体叠加,左右两面平齐,前后两面居中对称,下部腔体与上部腔体的左右两面平齐,前后两面居中对称。箱座为前后对称结构。

底座由长方体切割而成,在底部有扁槽,四角为圆角,开有四个定位圆柱通孔;下部腔体为一薄壁四棱柱,左端面中部有观察孔,右端面靠底部有注油孔;上部腔体为阶梯结构,垂直方向的内腔与下部腔体大小形状相同,水平方向开有两个大小不一的半圆柱形轴承座孔,上表面的四个圆柱孔用以连接箱盖;上下腔体与底座用肋板加固。

3.6.1.2　分析箱座的投影

选取图3－45所示箭头方向为主视方向。箱座的总体结构分析如下:主视图中,底座投影为矩形框,开槽部位为一扁平矩形;下部腔体也为矩形框,内部空腔不可见,为虚线矩形框;上部腔体也为两矩形框,由于两表面平齐,中间无线条;轴承座的两个半圆柱投影具有积聚性,成两个半圆。

俯视图中,底座投影为圆角矩形框,四角有圆孔,开槽部位不可见,为虚线矩形框;下部腔体为内外各一个矩形框;上部腔体为一个圆角矩形框,四角有圆孔;轴承座在上部腔体的前、后投影各有两个矩形框。

左视图中,底座投影为一矩形框,开槽部位不可见,为虚线矩形框;下部腔体为两个矩形框(内虚、外实),上部腔体为上下两矩形框,由于底座与下部腔体的表面平齐,中间无线条,下部腔体与上部腔体的下部表面平齐,中间无线条;轴承座的投影为两个矩形框。

3.6.1.3 分析箱座的尺寸

(1)尺寸基准的确定 根据箱座结构特点,长度方向的尺寸基准为左右对称平面(主视图中底座左右的对称中心线);宽度方向的尺寸基准为前后对称平面(俯、左视图底座的对称中心线);高度方向的尺寸基准为底座下表面。

(2)各类尺寸的确定 根据形体分析法,箱座由底座、下部腔体和上部腔体三个部分组合而成。每个部分都包含定形尺寸、定位尺寸等。例如底座,其长、宽、高、圆角半径、孔径等为定形尺寸;孔的中心距为定位尺寸。

3.6.2 任务实施

3.6.2.1 绘制箱座三视图底稿

根据上述分析,逐个画出底座、下部腔体、上部腔体、轴承支座和肋板的三视图。画图步骤如图 3-46(a)~(f)所示。

3.6.2.2 检查、整理图线

底稿完成后,认真检查,核对各组成部分的投影关系,相邻形体衔接处的画法有无错误,确认无误后描深图线,完成全图,如图 3-46(g)所示。

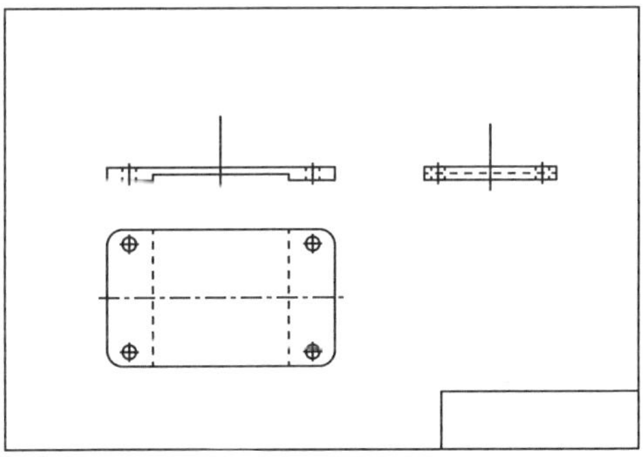

(a)画底座

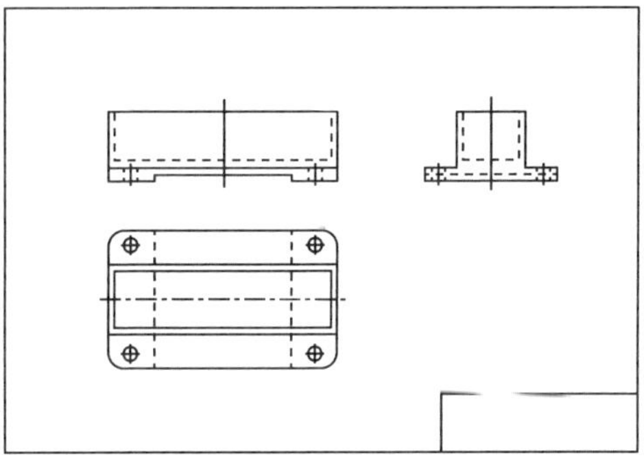

(b)画下部腔体

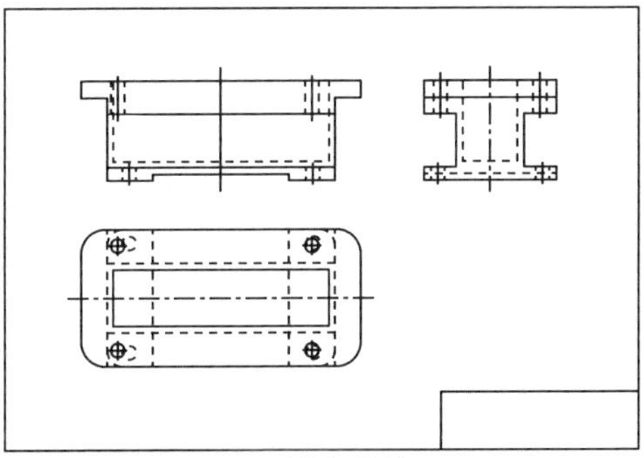

(c)画上部腔体

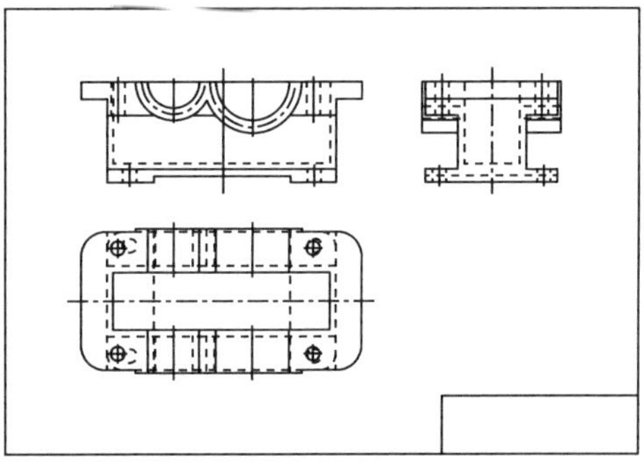

(d)画轴承支座

图 3-46 箱座的画图步骤

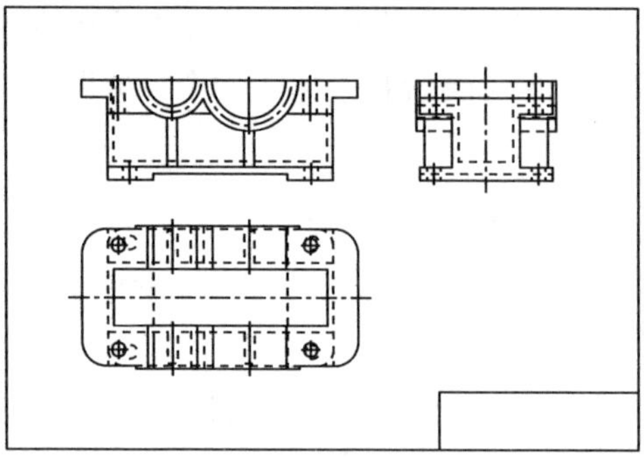

(e)画肋板

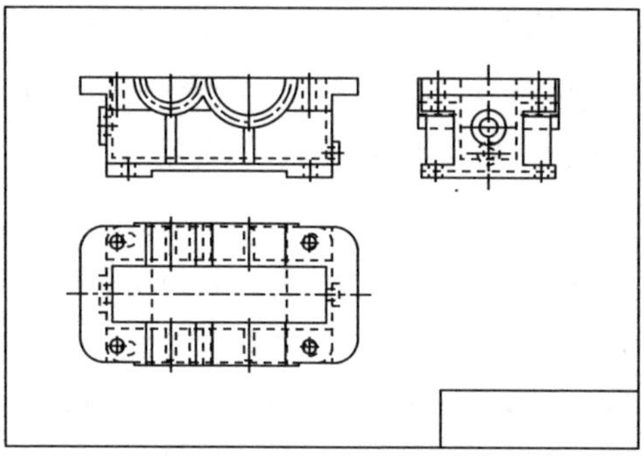

(f)画观察孔、放油孔

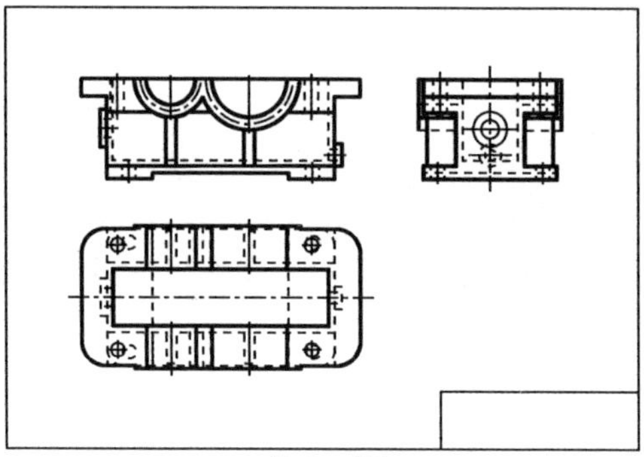

(g)检查、描深

图 3－46(续)

3.6.2.3　标注尺寸

根据尺寸分析，逐个标注底座、下部腔体、上部腔体、轴承支座、肋板、观察孔、放油孔等结构的定形尺寸和定位尺寸，如图 3－47(a)～(e)所示，在此基础上，经过整理和综合，去除重复尺寸，得到最终的尺寸标注，如图 3－47(f)所示。

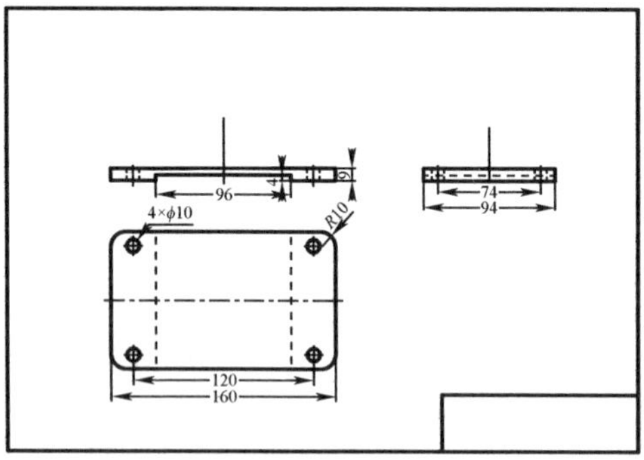

(a)标注底座尺寸

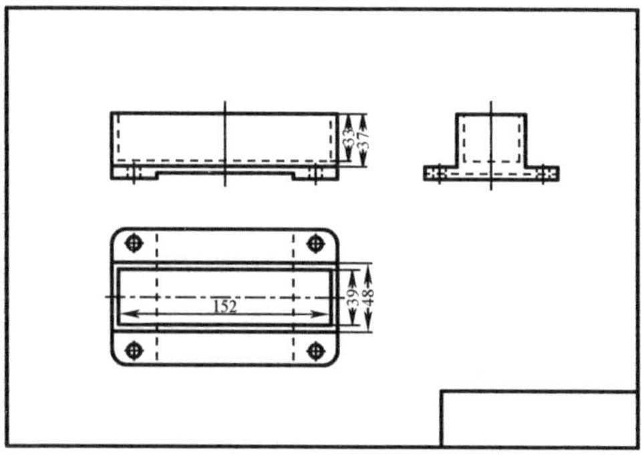

(b)标注下部腔体尺寸

图 3－47　箱座的尺寸标注

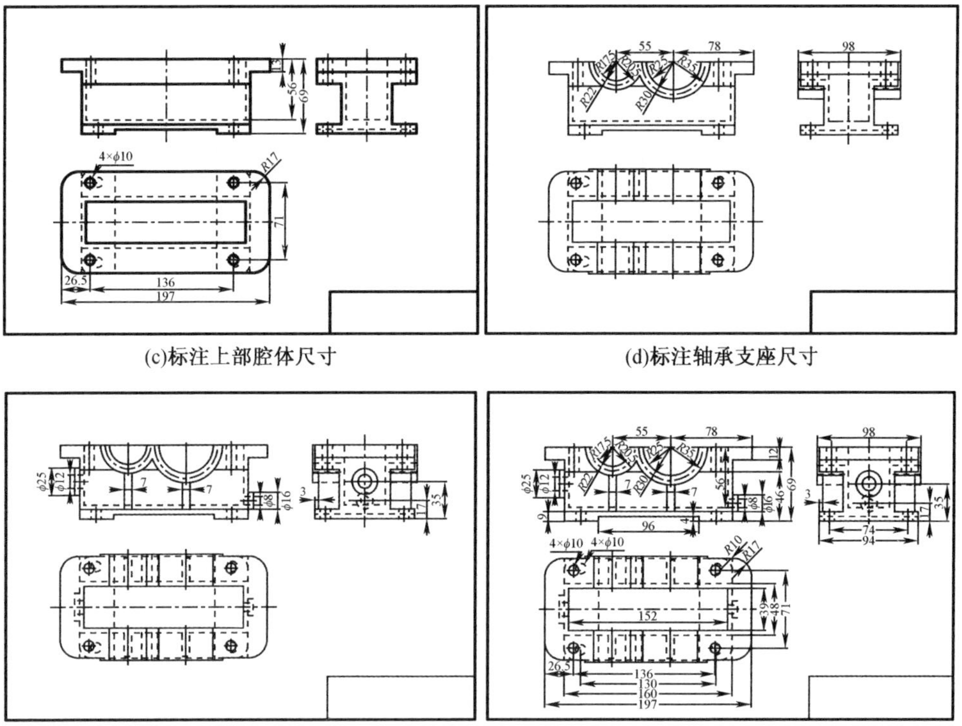

(c)标注上部腔体尺寸　(d)标注轴承支座尺寸

(e)标注肋板、观察孔和放油孔尺寸　(f)综合整理尺寸

图 3－47(续)

3.6.3 任务拓展

3.6.3.1 轴测图的概念

1. 轴测图的定义和作用

轴测图是将零件连同其直角坐标系,沿不平行于任一坐标平面的方向,用平行投影法将其投射在单一投影面上所得到的图形,又称为轴测投影图。轴测图的形成如图 3－48 所示。

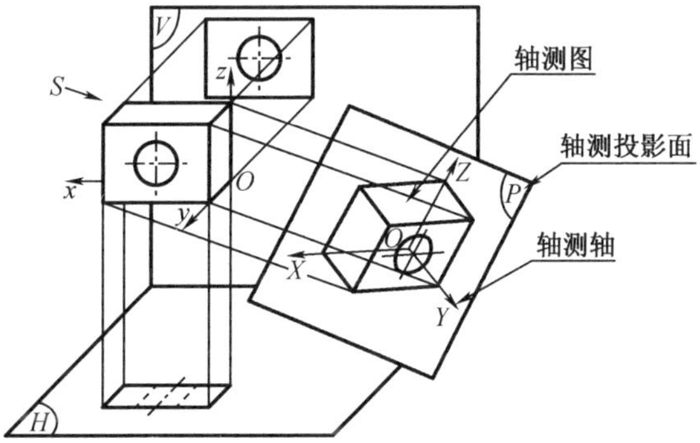

图 3－48　轴测图的形成

机械图样中,主要通过视图和尺寸来表达物体的形状和大小。由于视图是按正投影法绘制的,每个视图只能反映二维空间的大小,缺乏立体感。轴测图是用平行投影法绘制得到的单面投影图,能反映出物体长、宽、高三个方向的形状,具有立体感。但轴测图的度量性差,作图复杂,因此在机械图样中只能用作辅助图样,如图 3-49 所示。

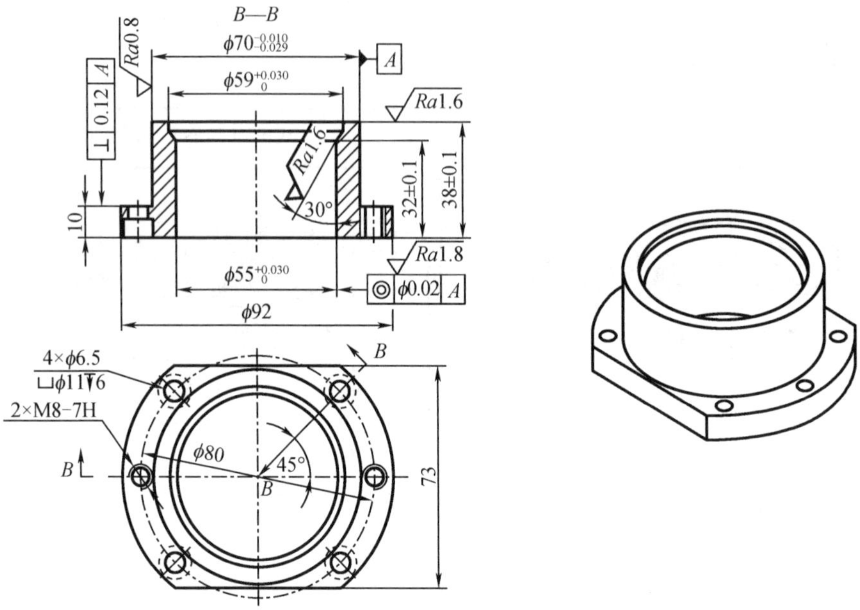

(a)凹模视图　　　　(b)凹模轴测图

图 3-49　凹模的视图与轴测图比较

2. 轴测图的分类

直角坐标轴在轴测投影面上的投影,称为轴测轴,如图 3-50 中的 X_1、Y_1、Z_1 轴。轴测投影中,任意两根坐标轴在轴测投影面上的投影之间的夹角 α,称为轴间角,如图 3-50 中的 $\angle X_1O_1Y_1$、$\angle Y_1O_1Z_1$、$\angle X_1O_1Z_1$。

直角坐标轴的轴测投影的单位长度,与相应直角坐标轴上的单位长度的比值,称为轴向伸缩系数。X、Y、Z 轴的轴向伸缩系数分别用 p_1、q_1、r_1 表示,即:$p_1=O_1X_1/OX$,$q_1=O_1Y_1/OY$,$r_1=O_1Z_1/OZ$。

按轴间角和轴向伸缩系数的不同,轴测图分为不同种类。常见的轴测图有正等轴测图(简称正等测)和斜二等轴测图(简称斜二测)。

(1)正等测的轴间角和轴向伸缩系数　如图 3-51 所示,正等测的三个轴间角相同,均为 120°;三个轴向伸缩系数均相等,即 $p_1=q_1=r_1\approx0.82$。画正等测时,为了作图方便,一般采用简化伸缩系数,即 $p=q=r=1$。

(2)斜二测的轴间角和轴向伸缩系数　斜二测的 X 轴、Z 轴的轴向伸缩系数相等,即 $p_1=r_1=1$,轴间角 $\angle X_1O_1Z_1=90°$。Y 轴的轴向伸缩系数 $q_1=0.5$,轴间角 $\angle X_1O_1Y_1=\angle Y_1O_1Z_1=135°$,如图 3-52(a)所示。轴测轴也可演化为图 3-52(b)所示的四种。

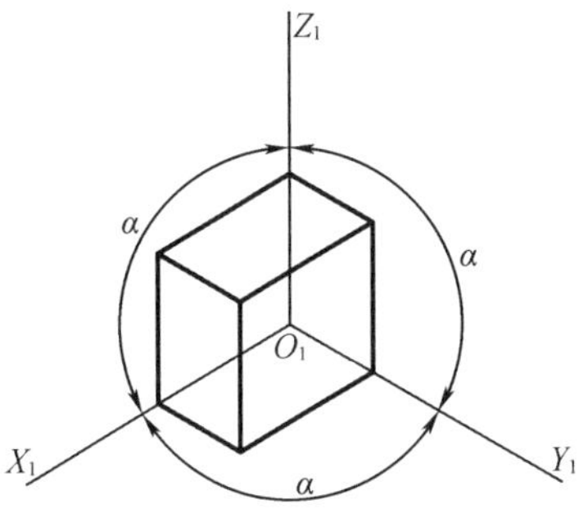

图 3－50 轴测轴和轴间角

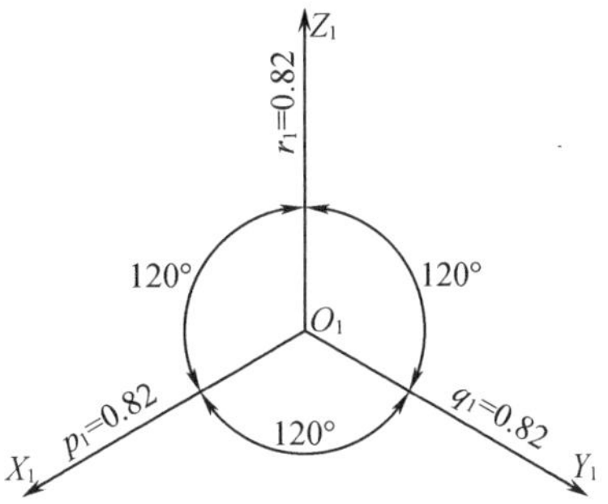

图 3－51 正等测的轴间角和轴向伸缩系数

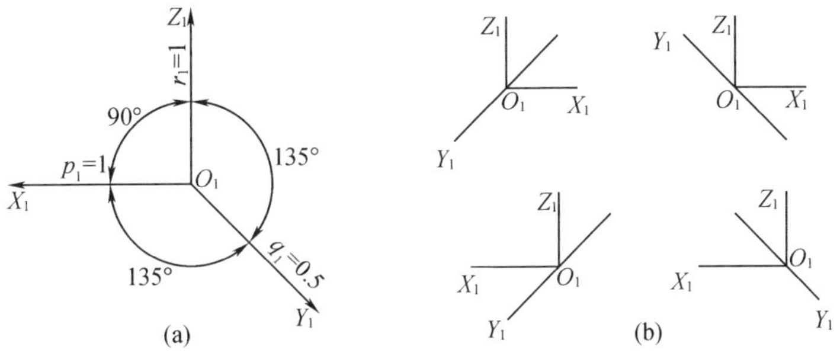

图 3－52 斜二测的轴间角和轴向伸缩系数

3. 轴测图的投影特性

(1)零件上与坐标轴平行的线段，在轴测图中平行于相应的轴测轴。

(2)零件上相互平行的线段，在轴测图中仍相互平行。

3.6.3.2 绘制 V 形块正等轴测图

绘制如图 3－53 所示的 V 形块的正等轴测图，方法和步骤如下。

1. 分析形体，确定坐标原点

如图 3－54(a)所示，V 形块为长方体的切割体，左右对称，V 形槽在上面部分，将坐标原点设在顶面与后面交线的中点。

2. 画轴测图底稿

(1)画正等测坐标轴　如图 3－54(b)所示，Z_1 铅垂，$\angle Y_1O_1Z_1=\angle X_1O_1Z_1=120°$，画出 X_1、Y_1、Z_1 三个轴测轴。

(2)画长方体轴测图　按照给定的尺寸 c、f、h 画出长方体的正等测，如图 3－54(b)所示，长度方向尺寸平行于 X_1 轴，宽度方向尺寸平行于 Y_1 轴，高度方向尺寸平行于 Z_1 轴；三个方向均等长截取(轴向伸缩系数均为 1)。

(3)画出 V 形槽部分　按照给定尺寸 d、e、a、b，并根据轴测图的投影特性画 V 形槽部分的轴测投影，如图 3－54(c)所示。

3. 判断线段的可见性，整理、加深图线，完成 V 形块正等轴测图

完成的 V 形块正等轴测图如图 3－54(d)所示。

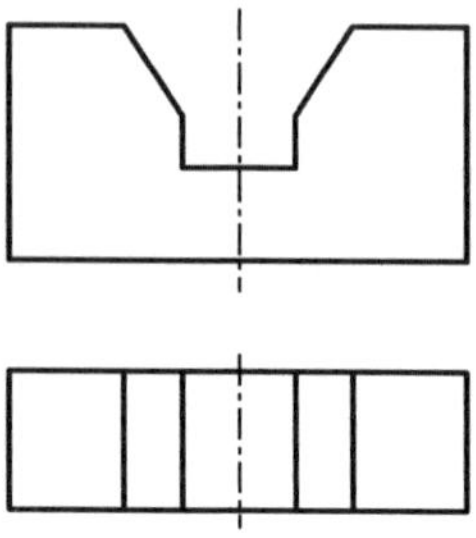

图 3-53　V 形块视图

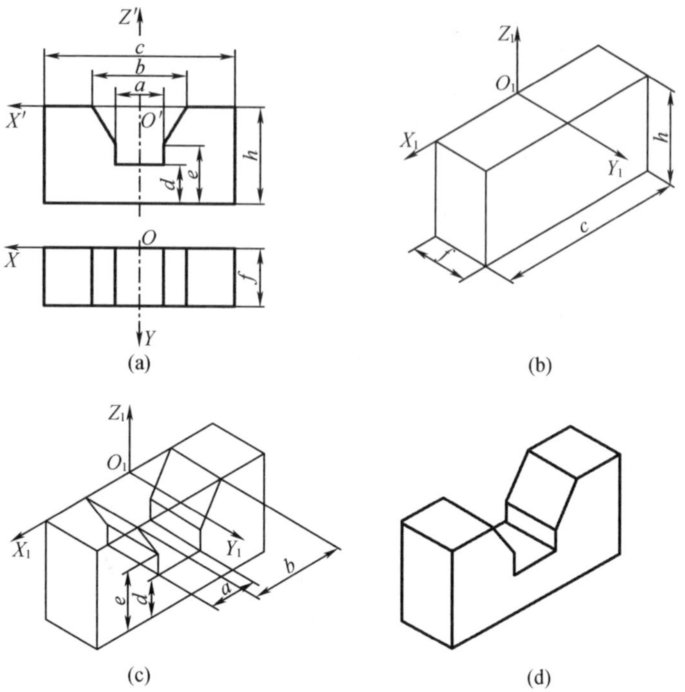

图 3-54　绘制 V 形块正等轴测图

3.6.3.3　绘制阶梯轴正等轴测图

如图 3-55 所示阶梯轴视图，绘制阶梯轴正等轴测图，作图步骤如下。

1. 分析形体，确定坐标原点

平行于各坐标面的圆，其正等轴测图一般是椭圆。平行于各坐标面的圆的正等轴测图如图 3-56 所示。

通常采用四心法绘制椭圆，绘图方法如图 3-57、图 3-58 所示。

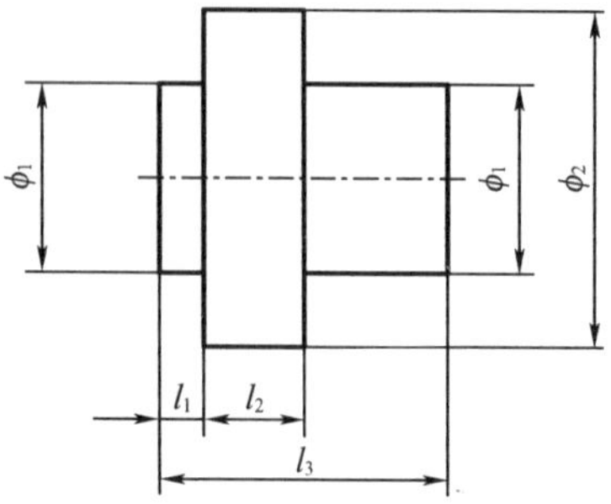

图 3-55　阶梯轴视图

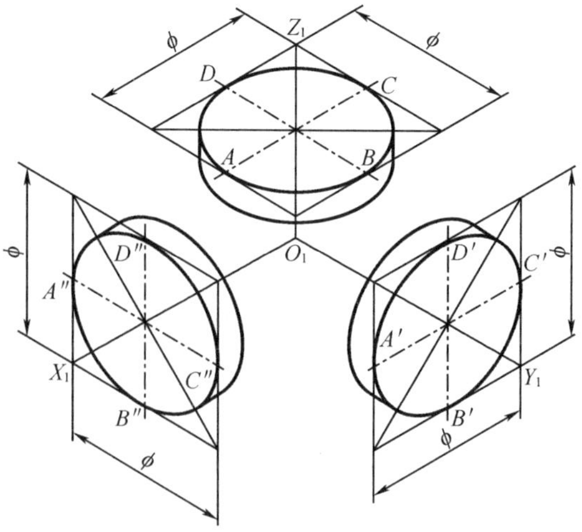

图 3-56　平行于各坐标面的圆的正等轴测图

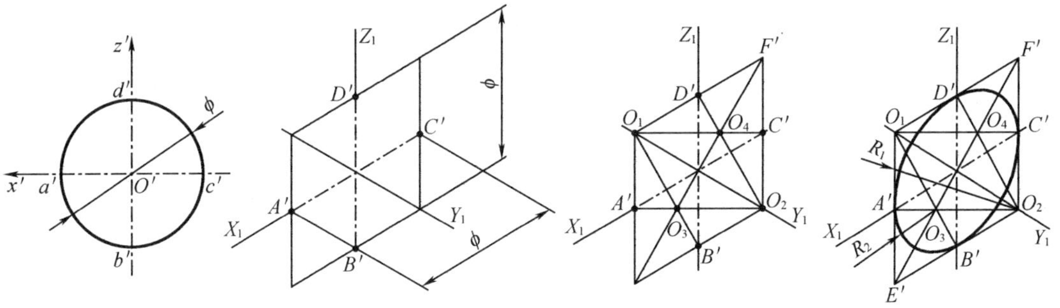

(a)主视图上圆的投影　　(b)画菱形　　(c)确定圆弧的圆心　　(d)画四段圆弧

图 3－57　平行于 *XOZ* 坐标面的圆的正等轴测图画法

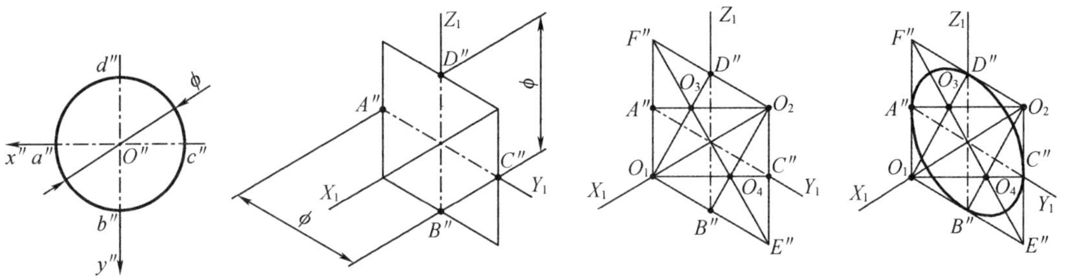

(a)左视图上圆的投影　　(b)画菱形　　(c)确定圆弧的圆心　　(d)画四段圆弧

图 3－58　平行于 *XOY* 坐标面的圆的正等轴测图画法

如图 3－59(a)所示，阶梯轴由三个直径不同的同轴线的圆柱体组成，左、右端面圆的直径相同(ϕ_1)，中间圆柱直径 ϕ_2、长 l_2。原点设在左端圆的圆心上。

2. 绘制阶梯轴正等轴测图底稿

(1)画正等测坐标轴　如图 3－59(b)所示。

(2)画 ϕ_1 圆柱的正等轴测图　采用四心椭圆法绘制左端面椭圆，再由椭圆平移构成。阶梯轴在左视图上反映圆的实形，因此，椭圆在 *YOZ* 面上，长轴在 *OY* 轴上，如图 3－59(b)所示。用移心法将圆心沿 *OX* 轴方向分别平移 l_1、l_3 的距离，分别画出两个 ϕ_1 圆柱的右侧面椭圆，如图 3－59(c)所示。

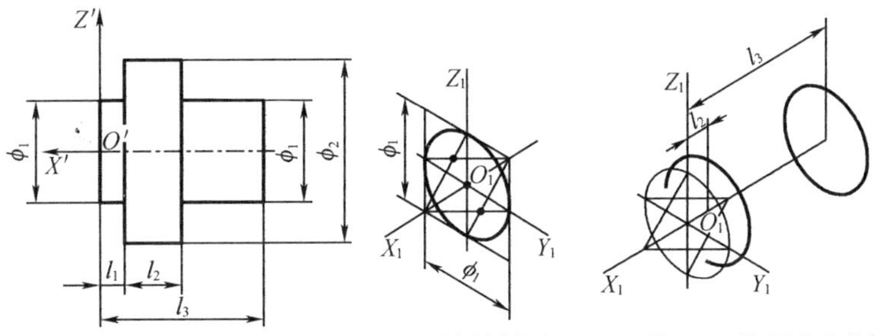

(a)阶梯轴视图　　(b)画左端椭圆　　(c)移心、画相同大小的椭圆

图 3－59　阶梯轴正等轴测图画法

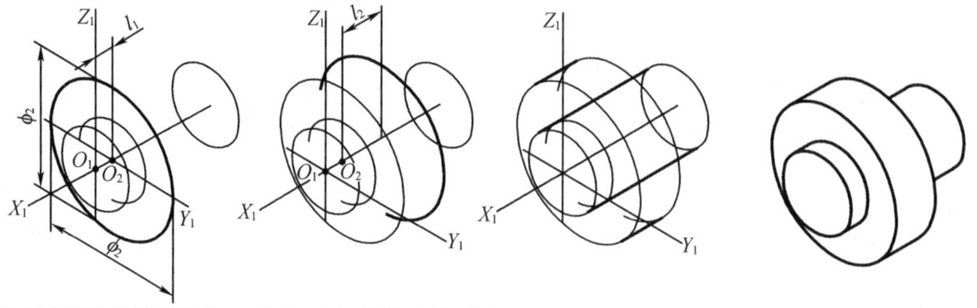

(d)画大圆柱左端面椭圆 (e)移心、画大圆柱右端面椭圆 (f)画公切线 (g)虚线不画，整理图线

图 3-59(续)

(3)画 ϕ_2 圆柱的正等轴测图 采用移心法沿 OX 轴方向移动 l_1 距离找到 ϕ_2 圆柱左侧面圆心,用四心法画椭圆,椭圆在 YOZ 面上,长轴在 OY 轴上,如图 3-59(d)所示。用移心法沿 OX 轴移动 l_2 距离,找到 ϕ_2 圆柱右侧面的圆心,再用四心法绘制 YOZ 面上的椭圆,如图 3-59(e)所示。画 ϕ_2 的两个椭圆的公切线,如图 3-59(f)所示。

3. 检查、整理、加深图线,完成阶梯轴正等测

完成的阶梯轴正等轴测图如图 3-59(g)所示。

3.6.3.4 绘制支座斜二等轴测图

支座的视图如图 3-60 所示,绘制其斜二等轴测图的方法和步骤如图 3-61 所示。

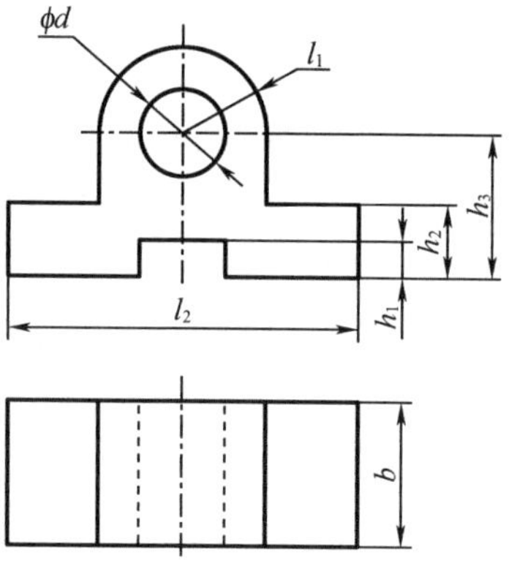

图 3-60 支座视图

1. 分析形体,确定坐标原点

支座左右对称,由底板和立板组成,立板与底板前后平齐。支座的前、后端面平行且与 V 面平行,在 V 面反映实形,采用斜二测作图比较方便。

选择前端面作为 $X_1O_1Z_1$ 坐标面,坐标原点过圆心,Y_1 轴向后,如图 3-61(a)所示。

2. 绘制支座斜二等轴测图底稿

(1)画出轴测轴 如图 3-61(b)所示。

(2)绘制前端面的斜二测 前端面的斜二测是主视图的重复图形,如图 3-61(b)所示。

(3)绘制后端面的斜二测 采用移心法,将坐标原点移至后端面大圆与轴线的交点上(在 Y_1 轴上向后量取 $b\times0.5$ 长度,定出后端面的圆心),画出后端面上的两个圆;过底板前面的各顶点,作 Y_1 轴的平行线并量取 $b\times0.5$ 长度, 如图 3-61(c)所示。

(4)画出底板后面的轴测图 作平行线分别与 X_1、Z_1 轴平行、与 Y_1 轴相交;作前、后端面两个大圆的公切线 AB,如图 3-61(d)所示。

3. 判断可见性,虚线不画,整理、加深图线,完成支座的斜二测

完成的支座斜二等轴测图如图 3-61(e)所示。

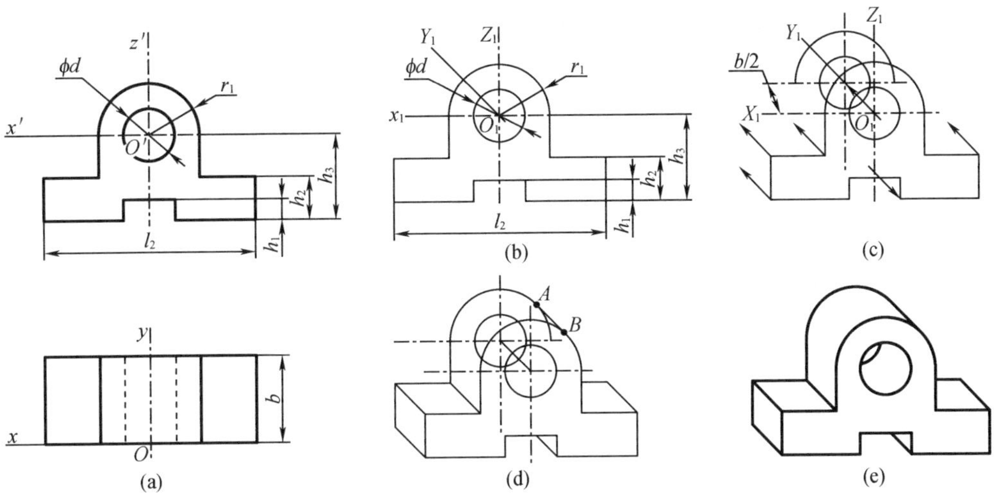

图3-61　支座斜二等轴测图画法

小贴士　画斜二等轴测图时，为了减少不必要的作图线，从最前面画起，分层绘制。

任务3.7　识读夹铁三视图

想一想　如图3-62所示的夹铁的三视图，如何读懂？即这个三视图表达的夹铁的空间形状和结构是什么样的？

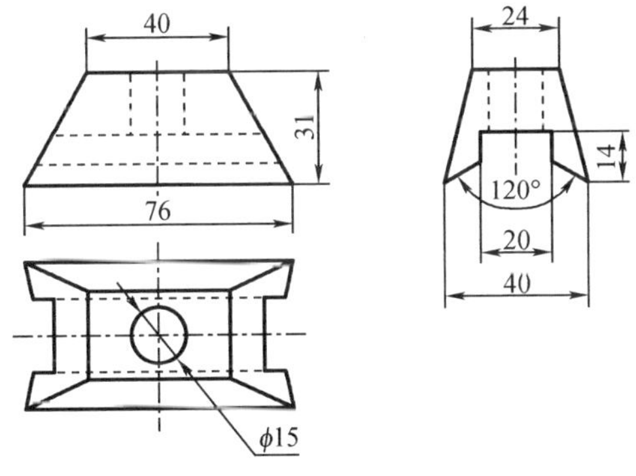

图3-62　夹铁三视图

3.7.1　任务分析

画图和读图是学习本课程的两个重要环节。画图是运用正投影法把空间物体表示在平面图形上，即由物体到图形的过程；而读图是根据平面图形想象出空间物体的结构和形状，即由图形到物体的过程。

3.7.1.1 读图的基本要领

1. 必须将几个视图联系起来看

当一个视图或两个视图相同时,其表达内容可能是不同的物体,如图 3－63 所示。

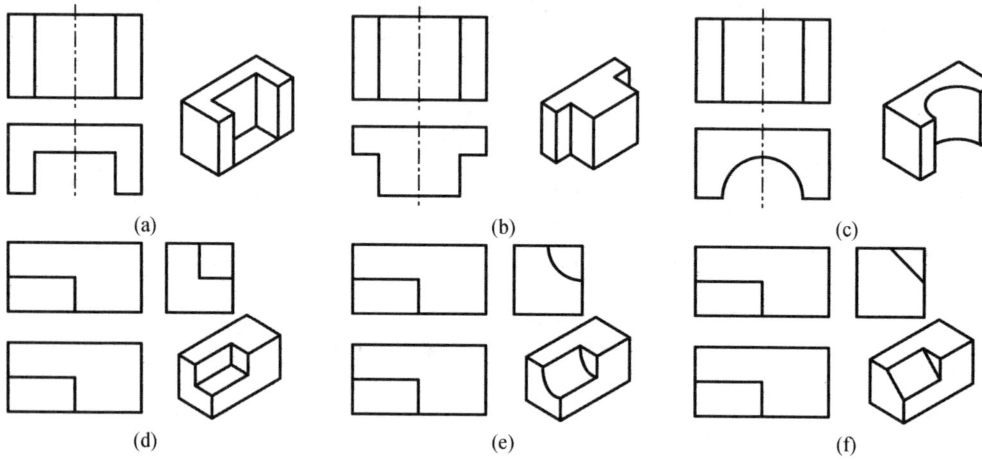

图 3－63 将几个视图联系起来看

2. 注意抓特征视图

(1)形状特征视图 如图 3－64(a)所示,如果只看俯视图和左视图,无法确定物体的结构形状,若将主视图和俯视图,或将主视图和左视图结合起来看,即使不看另一个视图,也能想象出它的结构形状,因此,在该三视图中主视图是形状特征视图。同理,图 3－64(b)中的俯视图、图 3－64(c)中的左视图是形状特征视图。

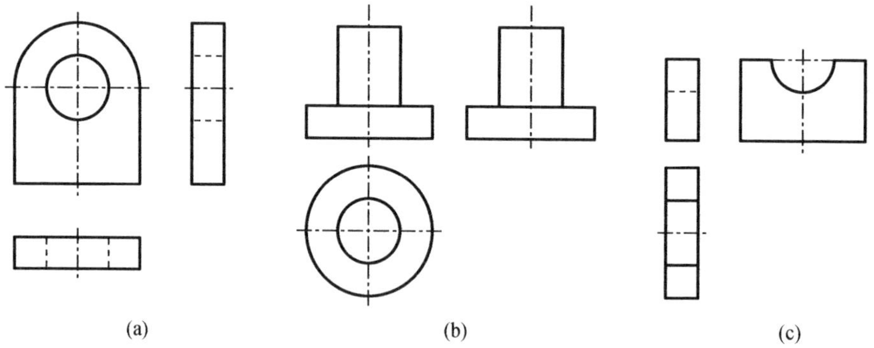

图 3－64 形状特征视图

(2)位置特征视图 如图 3－65(a)所示,如果只看主视图和俯视图,无法确定两个形体哪个凸出、哪个凹进,如图 3－65(b)所示。但如果将主视图和左视图结合起来看,则形体的确切形状就比较容易确定,因此,左视图是反映该物体各组成部分相对位置的特征视图。

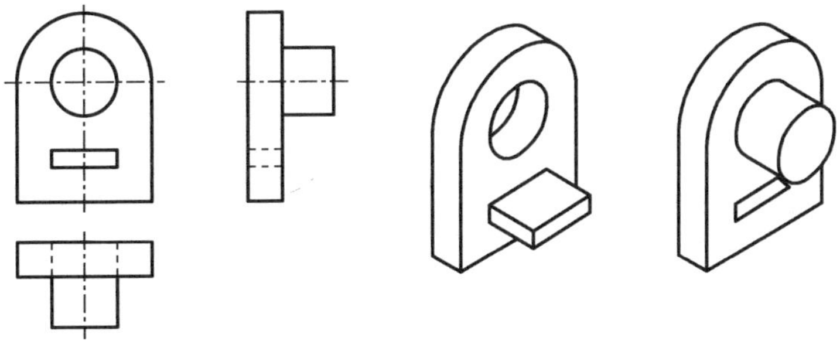
(a) (b)

图 3 - 65 位置特征视图

3. 读懂视图中图线、线框的含义

视图是由一个个封闭线框组合而成的,而线框又是由图线构成的,因此,弄清楚图线和线框的含义是十分必要的。

(1)视图中图线的含义 图 3 - 66(a)(b)所示的视图中,图线所表达的含义不同。

(2)视图中线框的含义 视图中的封闭线框一般情况下表示一个面的投影,线框套线框通常是两个凹凸面或是槽,如图 3 - 63 所示。两个线框相邻,表示两个面高低不平或相交,如图 3 - 66(c)(d)所示。

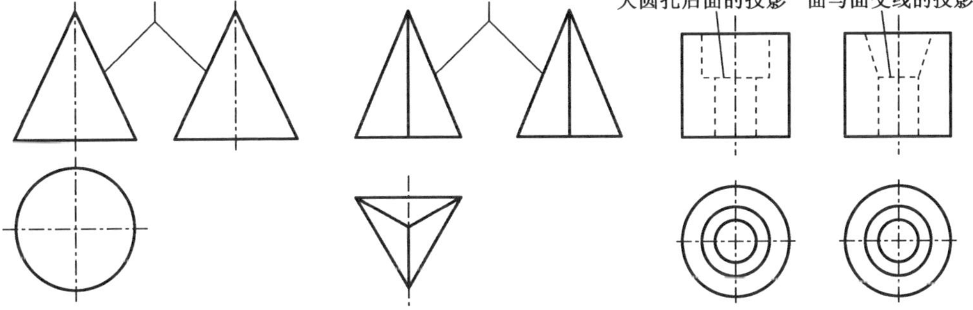

(a) (b) (c) (d)

图 3 - 66 视图中线框的含义

3.7.1.2 读图的基本方法

1. 形体分析法

形体分析法既是画图、标注尺寸的基本方法,也是读图的主要方法。形体分析法一般用于图解较复杂的组合体零件。下面以识读支架三视图为例,介绍形体分析法。

(1)看整体、分线框 支架前后对称,左右、上下不对称。按照投影对应关系将视图中的线框分解为Ⅰ、Ⅱ、Ⅲ三部分,如图 3 - 67(a)所示,Ⅰ为圆筒部分,Ⅱ为底板部分,Ⅲ为支承部分。

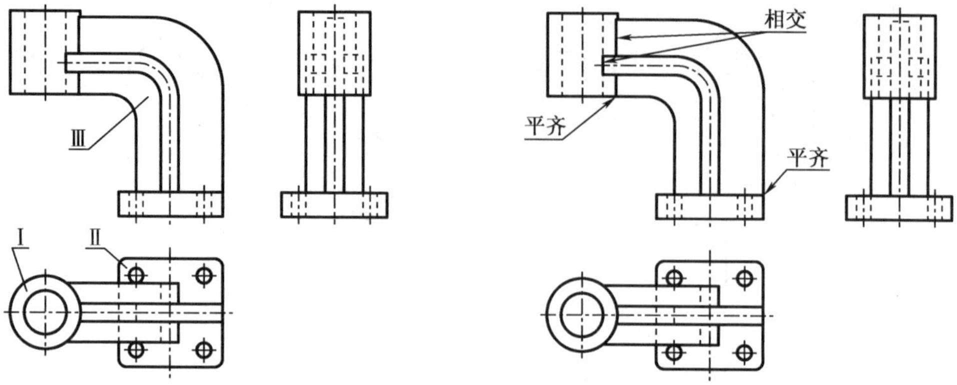

(a)支架的组成部分　　(b)各部分的连接关系

图 3－67　支架三视图及其组成

(2)找特征、对投影、想形体　抓住每个组成部分的特征视图,按投影关系想象出每个组成部分的形状,如图 3－68 所示。

(3)组合起来想整体　分析确定各组成部分的相对位置关系、组合形式以及表面的连接方式。如图 3－67 (b)所示,支承部分的下面,前后对称地安装在底板上,右端面平齐;支承部分的上面,前后对称地交于圆筒,与圆筒底面平齐。想象出支架的结构,如图 3－69 所示。

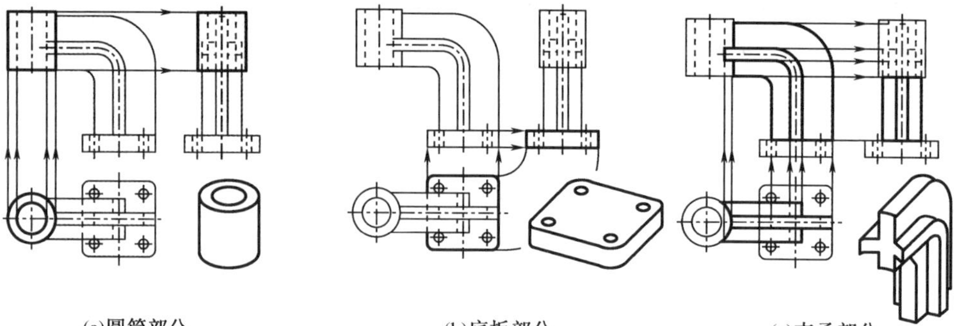

(a)圆筒部分　　(b)底板部分　　(c)支承部分

图 3－68　支架各组成部分的投影关系和结构形状

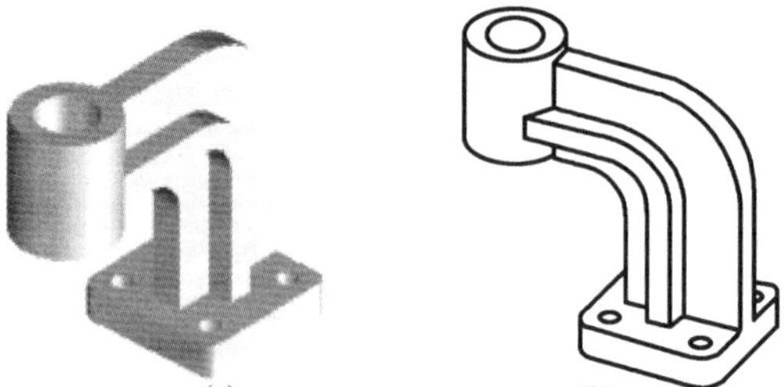

(a)　　(b)

图 3－69　支架立体图

2. 线面分析法

所谓线面分析法，就是运用投影规律把物体的表面分解为线、面等几何要素，通过分析这些要素的空间形状和位置来想象物体各表面的形状和相对位置，并想象物体形状，以达到读懂视图的目的。

小贴士 线面分析法通常用于切割体零件的视图识读分析，也可用于叠加体、综合体零件的局部细节投影分析。

如图3－62所示的夹铁，利用线面分析法来识读视图。

3.7.1.3 读图的步骤

1. 抓特征，分部分

主要运用形体分析法，从特征视图入手，把零件分解成几个组成部分。

2. 对投影，想形状

主要运用线面分析法，依据投影规律，从反映投影特征的线框出发，分别在其他两视图上对准投影，逐个想象出它们的形状。

3. 综合起来想整体

想出各组成部分的形状之后，再根据整体三视图，分析它们之间的相对位置和组合形式，进而综合想象出该物体的整体形状。

3.7.1.4 读图的注意事项

(1)从形状特征明显、相对位置突出的视图出发，读整个视图。

(2)先看大致，后看细节；先看实线，后看虚线。

(3)对比较复杂的组合体可将形体分析法和线面分析法加以综合运用。从“宏观”上采用形体分析法，化繁为简；“微观”上，针对局部复杂之处，采用线面分析法。

(4)图中的尺寸有助于分析物体的形状。如直径符号 ϕ 表示圆孔或圆柱形，半径符号 R 则表示圆角等。

3.7.2 任务实施

3.7.2.1 分析夹铁，想基本形体

分析切割体时，先想象出其完整的基本形体。由图3－62可知，夹铁的基本形体为长方体，其前后、左右被倾斜地切去四块而成为四棱台，前后、左右对称切割，如图3－70所示。

3.7.2.2 分析线面，找特征线框

分析面的位置与性质：四棱台的Ⅰ面和Ⅱ面为正垂面，在主视图中的投影积聚成两条对称的斜线，在其他两个视图中具有类似形(梯形)；同理，Ⅲ面和Ⅳ面为侧垂面，在左视图中的投影积聚成两条对称的斜线，在其他两个视图中具有类似形(梯形)。上、下两个水平面在俯视图上为矩形，反映实形，在其他两个视图中积聚成水平直线，如图3－70所示。

3.7.2.3 根据线框，对投影

(1)分析通槽的形成与投影　通槽由2个正平面、2个侧垂面和1个水平面截切而成。因通槽是左右方向贯通的槽，故在主视图上积聚成直线，在其他两个视图中具有类似形。

通槽的形成过程如图 3－71 所示。

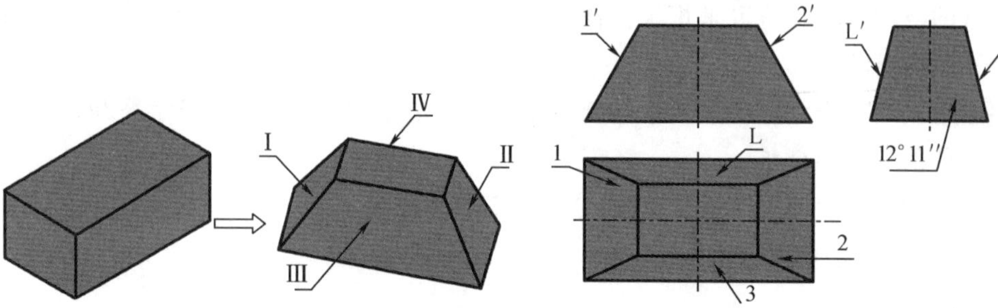

图 3－70　夹铁的基本形体(长方体)被四次切割

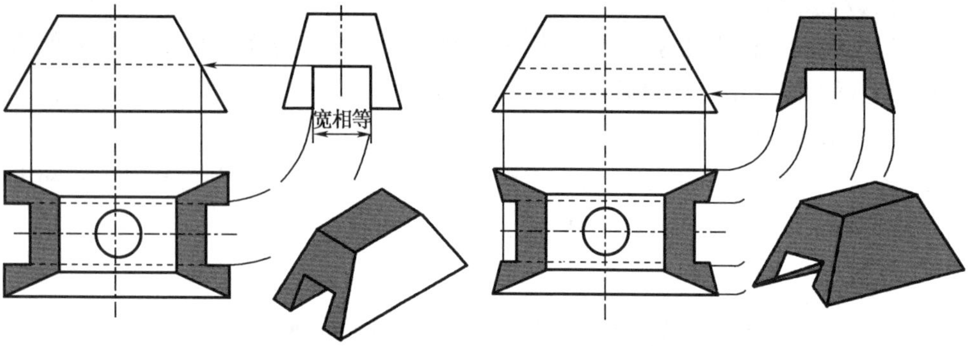

(a)切矩形通槽　　(b)切燕尾通槽

图 3－71　通槽的形成和投影关系

(2)分析通孔的投影　如图 3－72(a)所示,在俯视图上有一个粗实线的圆孔,表示可见;在其他两个视图上是虚线呈矩形,且虚线至通槽的顶面为止,表示一个通孔。

3.7.2.4　综合想整体

通过以上分析,构思出夹铁的空间形体,如图 3－72(b)所示。

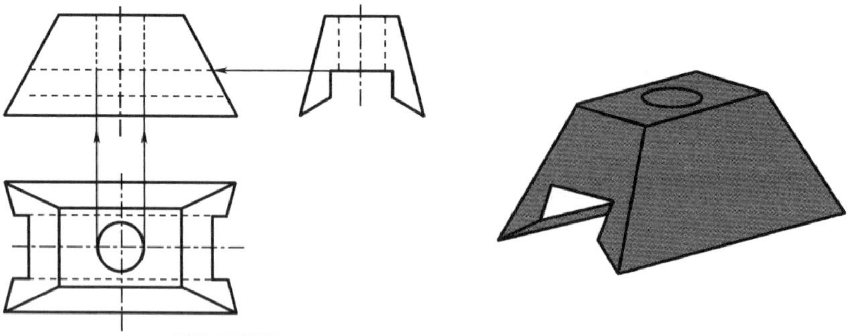

(a)通孔的投影　　(b)夹铁立体图

图 3－72　夹铁的通孔投影及立体图

3.7.3 任务拓展

3.7.3.1 识读轴承座三视图

运用形体分析法，识读如图 3－73(a)所示轴承座的三视图，想象轴承座空间形状，方法和步骤如下。

1. 抓特征，分部分

通过形体分析可知，主视图较明显地反映出Ⅰ、Ⅱ形体的特征，而左视图则较明显地反映出形体Ⅲ的特征。据此，该轴承座可大体分为三部分，Ⅱ有 2 处，对称分布，如图 3－73(a)所示。

2. 对投影，想形状

形体Ⅰ、Ⅱ从主视图出发，形体Ⅲ从左视图出发，依据“三等”规律，分别在其他两视图上找出对应的投影(如图中的粗实线所示)，并想出它们的形状，如图 3－73(b)～(d)中的轴测图所示。

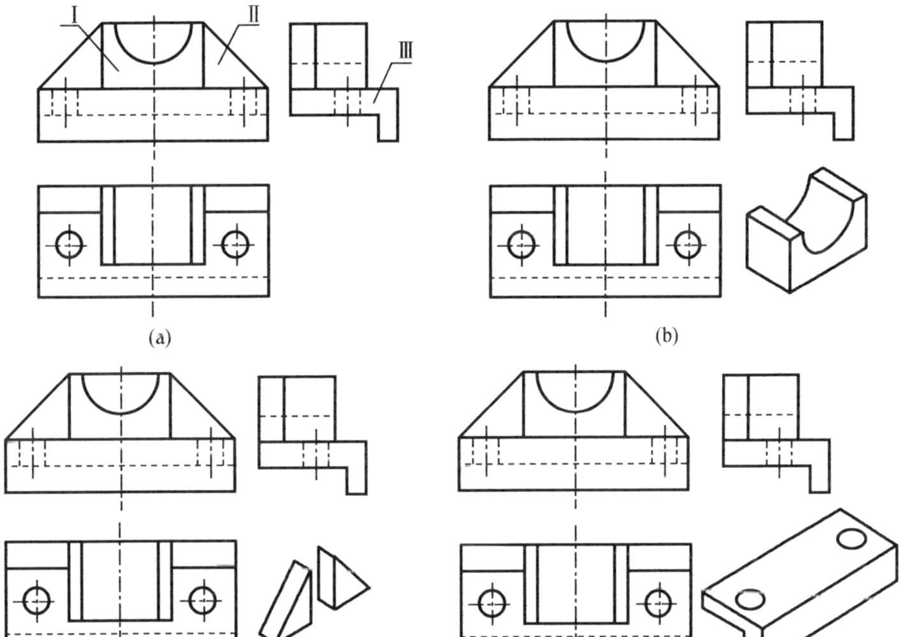

图 3－73 轴承座的看图步骤

3. 综合起来，想整体

长方体Ⅰ在底板Ⅲ的上面，两形体的对称面重合且后面靠齐；肋板Ⅱ在长方体Ⅰ的左、右两侧，且与其相接，后面靠齐。综合想象出物体的整体形状，如图 3－74 所示。

(a) (b)

图 3-74 轴承座的组成和立体图

3.7.3.2 识读压块三视图

运用线面分析法,识读如图 3-75 所示压块的三视图,方法和步骤如下。

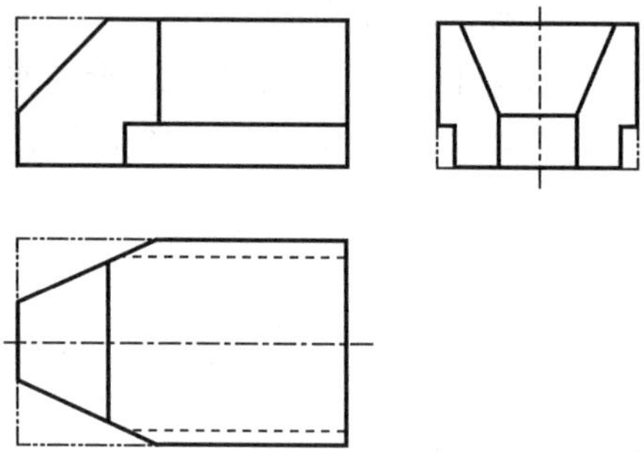
图 3-75 压块三视图

1. 分析形体,想基本形体

由于压块三个视图的轮廓基本上都是矩形(只切掉了几个角),所以它的原始形体是长方体,它是由长方体切割几次后得到的。

2. 分析线面,从特征线框着手找线框投影

从压块的外表面来看,主视图左上方的缺角是用正垂面切出的;俯视图左端的前、后缺角是用两个铅垂面切出的;左视图下方前、后的缺块则是用正平面和水平面切出的。可见,压块的外形是一个长方体被几个特殊位置平面切割后形成的。

(1)主视图中的斜线及相关投影　从主视图中斜线(正垂面的积聚性投影)出发,在俯视图中找出与它对应的梯形线框,则左视图中的对应投影也一定是一个梯形线框,如图 3-76(a)中的阴影部分。

(2)俯视图中斜线及相关投影　从俯视图中的斜线(铅垂面的投影)出发,在主、左视图上找出与它对应的投影,一对七边形,如图 3-76(b)所示。

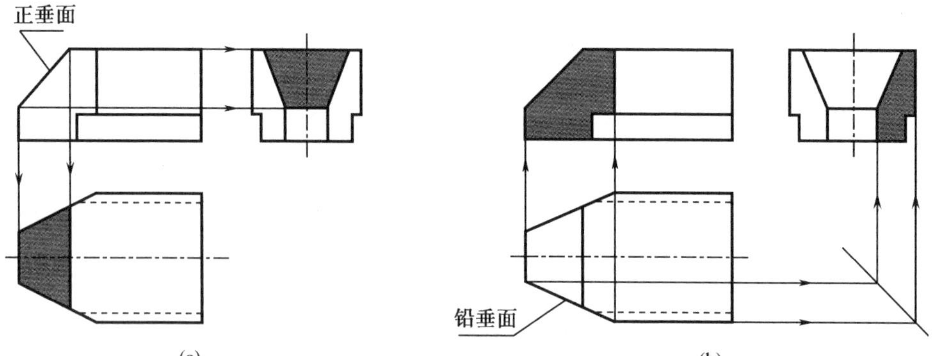

(a) (b)

图 3-76 压块切割部分的投影

(3)左视图中两缺角及相关投影　从左视图中正平面的积聚性投影(竖线)出发,再找出其正面投影(矩形线框)和水平投影(一直线),如图3-76(c)所示;从左视图中水平面的积聚性投影(横线)出发,找出其水平面投影(四边形)和正面投影(一直线),如图3-76(d)所示。

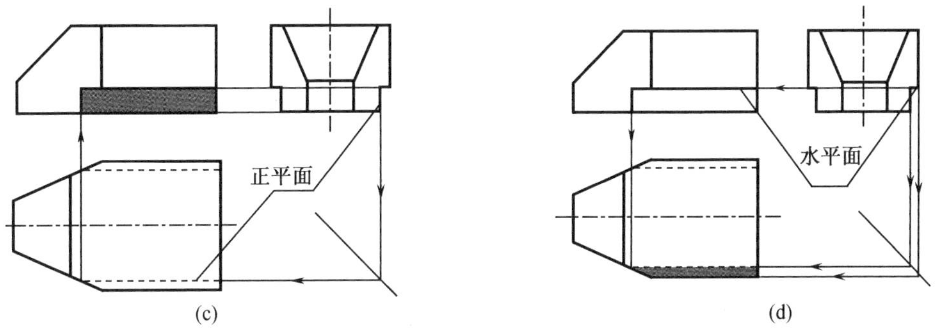

图3-76(续)

3. 综合起来,想整体

在看懂压块各表面的空间位置与形状后,还必须根据视图搞清面与面之间的相对位置,进而综合想象出压块的整体形状,如图3-77所示。

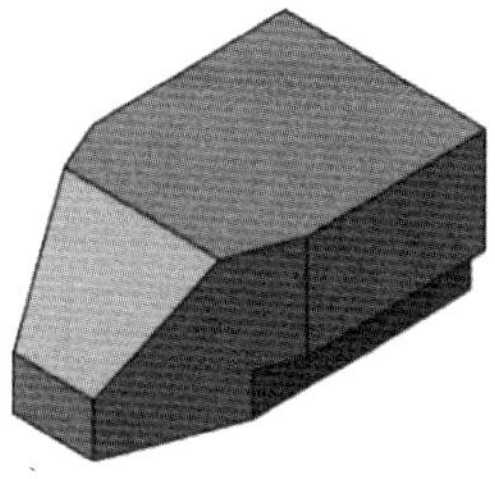

图3-77　压块立体图

3.7.3.3　识读机座两视图

识读图3-78所示的机座的两视图,补画第三视图,方法和步骤如下。

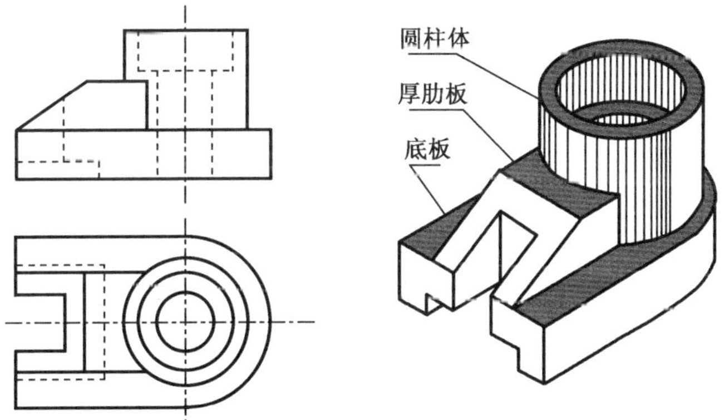

图3-78　机座

1. 看懂机座的主视图和俯视图,想象出它的形状

按形体分析法,从主视图着手,按主视图上的封闭粗实线线框,可将机座大致分成三部分:底板、圆柱体、右端与圆柱面相交的厚肋板。

按线面分析法,进一步分析细节,如主视图的细虚线和俯视图的细虚线表示什么。通过对投影分析可知,主视图右边的细虚线表示直径不同的阶梯圆柱孔,左边的细虚线表示一个长方形槽和上下挖通的缺口。

在形体分析的基础上,根据三部分在俯视图上的对应投影,综合想象出机座的整体形状,如图 3-78(b)所示。

2. 逐步画出第三视图

具体作图步骤如图 3-79 所示。

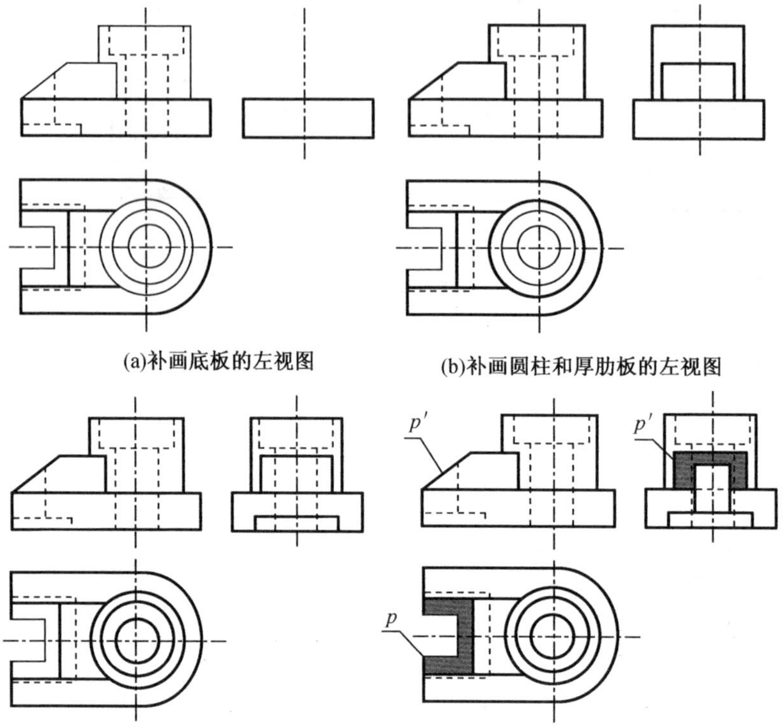

(a)补画底板的左视图　(b)补画圆柱和厚肋板的左视图

(c)补画阶梯孔和长方形的左视图　(d)最后补画缺口的左视图

图 3-79　补画机座左视图的步骤

由此可知,读懂已知的两视图,想出零件的形状,是补画第三视图的必备条件。所以读图和画图是密切相关的。在整个读图过程中,一般以形体分析法为主,边分析、边作图、边想象。这样就能较快地看懂零件的视图,想出其整体形状,正确地补画出第三视图。

3.7.3.4　空间想象力提升方法

培养空间想象力,有助于读者想象出零件的形状结构,提升创新意识。

1. 空间想象力的培养方法

(1)基本形体的识记　熟记基本形体的投影,特别是投影特征,有利于识读零件图,想象出零件的形状。

(2)形体再现训练　给定零件,在规定时间内"依形有序"观察记忆,然后拿走零件,根据记忆用"形体分析法"复述形体。在此过程中,重点在于观察、分析形体并在头脑中形成完整立体的形象。养成观察零件的记忆习惯,为培养想象力打下基础。

(3)一题多解训练　根据给定的一个或两个视图,设计出各种形体,补画其他视图。题目的约束尽量少些,以便留下尽量多的创造性空间,培养发散性思维,进行创造性构形。

(4)图感培养训练　通过绘图、读图、补图、补线等练习,让思维从空间到平面,再从平面至空间循环跳跃,逐步丰富想象力,形成对图形的审视能力。

2. 空间想象力的提升训练

(1)根据两个视图,构思零件的空间形状,补画第三视图。

如图 3 - 80(a)所示,给出主、俯两个视图,不能唯一地确定零件形状,所以在补画第三视图时,有更广阔的想象空间,即可以构思出两种以上的形状,补画出两种以上的第三视图。图 3 - 80(b)(c)(d)(e)为其中四种不同的左视图及其表达的物体形状。

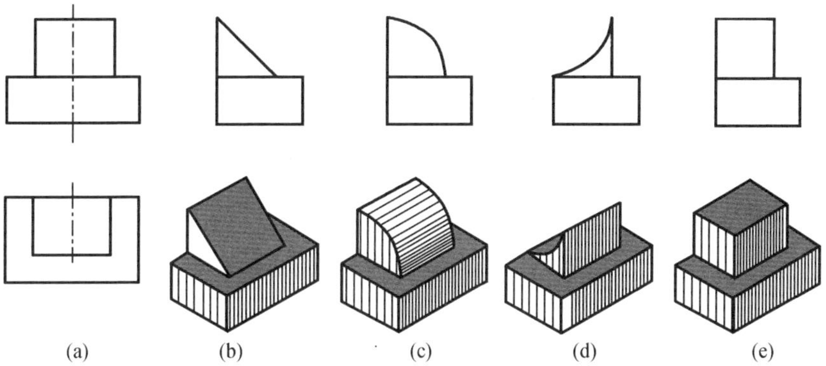

图 3 - 80　根据两视图构思形体(一)

想一想　还有没有其他零件,它们的主、俯视图也是图 3 - 80(a)这样的呢?

根据图 3 - 81 中的主、左视图,可构想出图 3 - 81(a)(b)(c)右侧零件的空间形状,然后补画出其俯视图。补画后再与主、左视图综合起来对照一下,检查是否有矛盾之处。

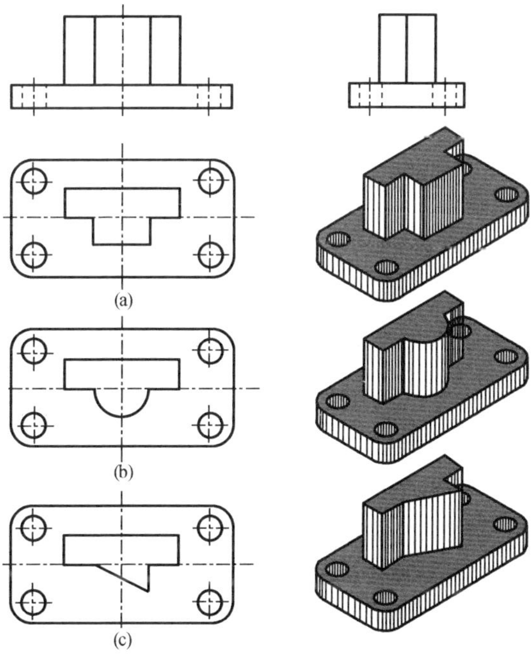

图 3 - 81　根据两视图构思形体(二)

(2)根据一个视图,设计零件的空间形状,补画其他视图。

根据图 3－82(a)中的主视图,构思出三个不同零件的形状并分别画出它们的左视图。构想出的零件的空间形状及补画的左视图,如图 3－82(b)(c)(d)所示。

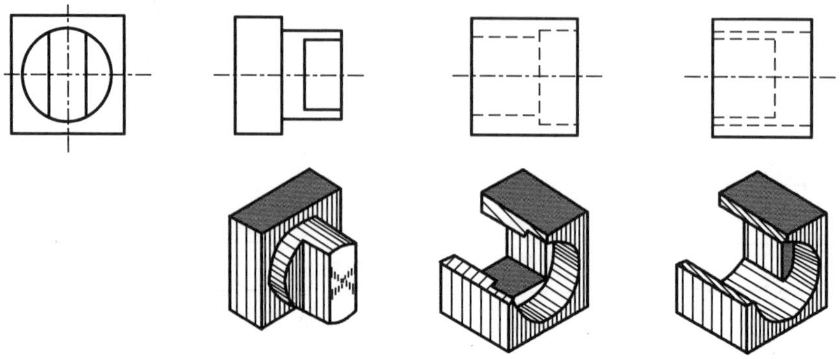

(a) (b) (c) (d)

图 3－82 根据一个视图构思形体

(3)补画视图中缺漏的图线

如图 3－83(a)所示的三视图缺漏图线,补全图线的方法如下:

①根据已知图线想形状 通过投影分析可知,三视图所表达的组合体由柱体和座板叠加而成,两组成部分分界处的表面是相切的,如图 3－83(b)所示。

②对照形状补漏线 对照各组成部分在三视图中的投影,发现在主视图中相切处(座板最前面)缺少一条粗实线;在左视图中缺少座板顶面的投影(一条细虚线)。将它们逐一补上,如图 3－83(c)所示。

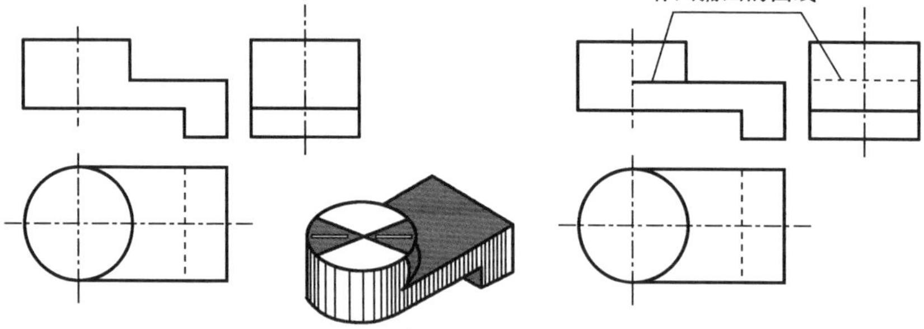

(a) (b) (c)

图 3－83 补画视图中缺漏的图线

想一想 除了图 3－81 所示的三种形状,还能想象出哪些符合主、左两视图的零件。

练一练 画出 3－82 图中三个零件的俯视图。

同步练习

3－1 如图3－84所示，根据给定的各立体图绘制三视图。

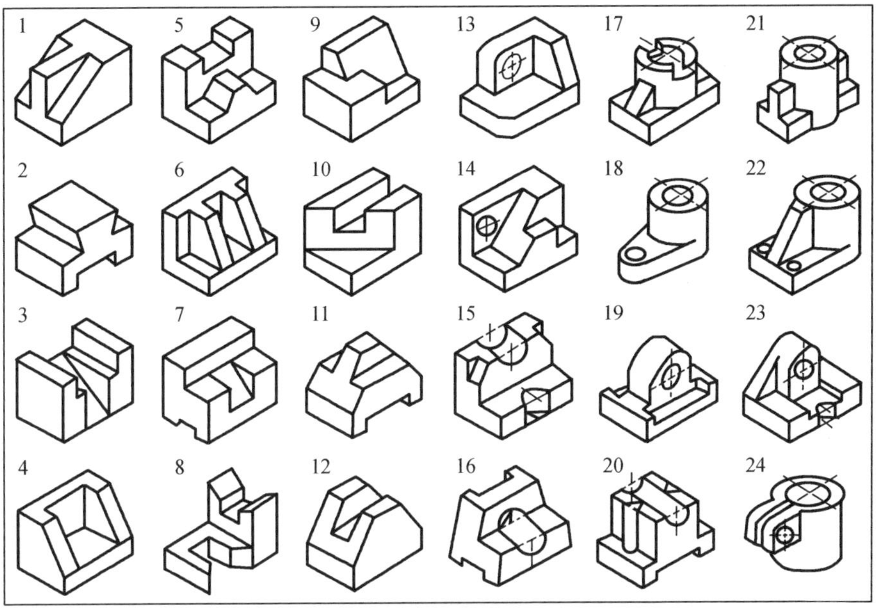

图3－84 练习3－1图

3－2 如图3－85所示，已知正确的主、左视图，判别俯视图的画法正确与否。

3－3 如图3－86所示，已知正确的主、俯视图，判别左视图的画法正确与否。

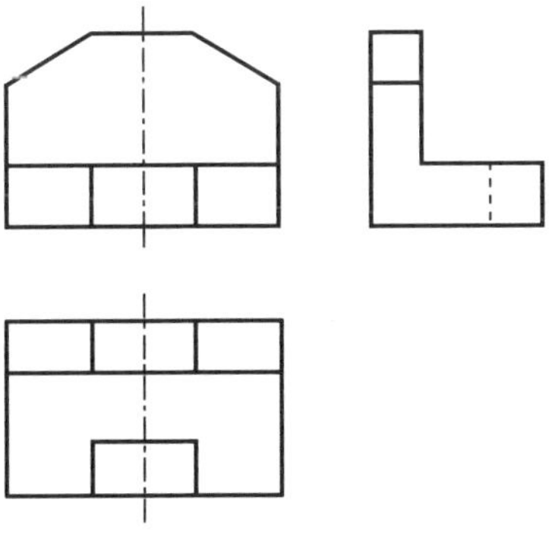

图3－85 练习3－2图

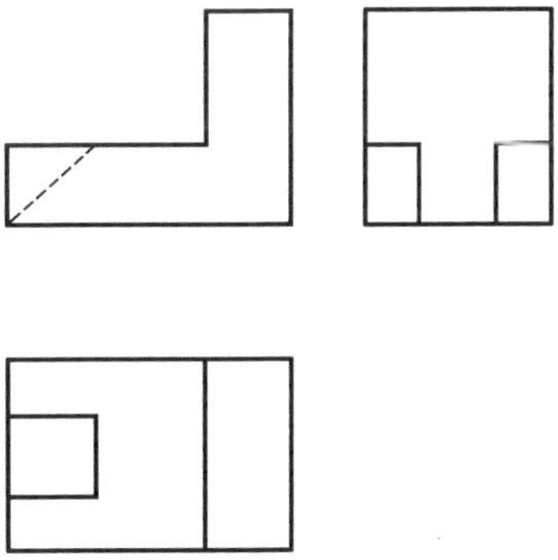

图3－86 练习3－3图

3－4 如图3－87所示，已知正确的主、左视图，判别俯视图的画法正确与否。

3－5 如图3－88所示，已知正确的主、左视图，判别俯视图的画法正确与否。

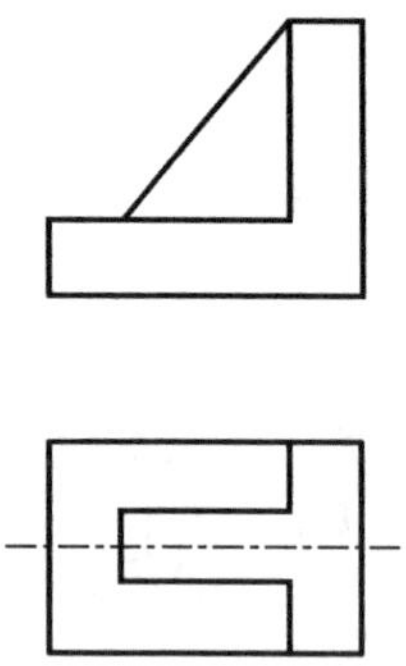

图 3-87　练习 3-4 图

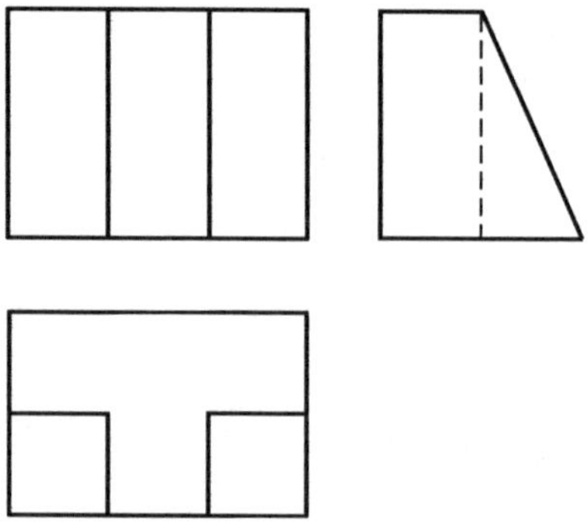

图 3-88　练习 3-5 图

3-6　如图 3-89 所示,补画视图中所缺漏的线。

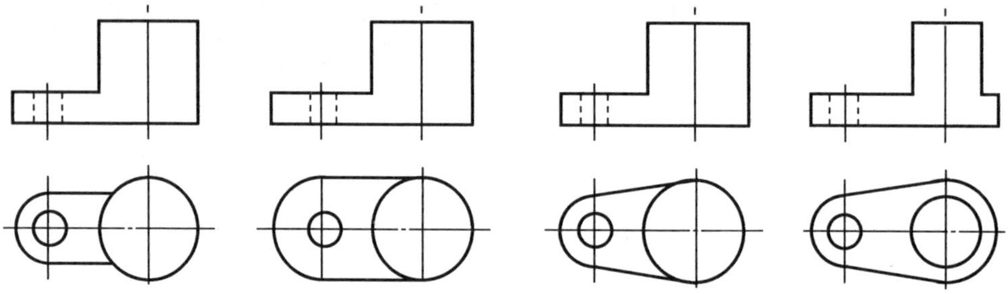

(a)　(b)　(c)　(d)

图 3-89　练习 3-6 图

3-7　如图 3-90 所示,补画所缺相贯线的投影(相贯线可用简化画法)。

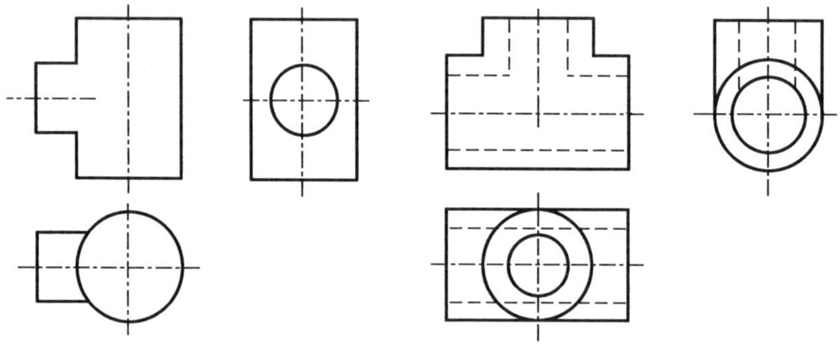

(a)　(b)

图 3-90　练习 3-7 图

3-8　如图 3-91 所示,补画物体的第三投影,并求物体表面上直线 AB、BC 的另外两个投影。

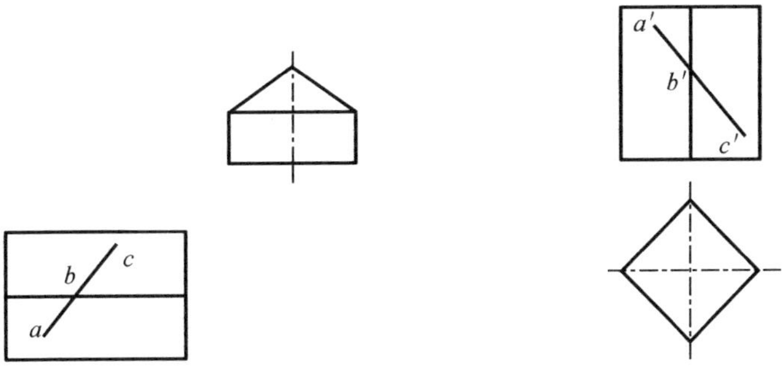

(a) (b)

图 3 –91　练习 3 –8 图

3 –9　如图 3 –92 所示，补全物体被平面截切后的三面投影。

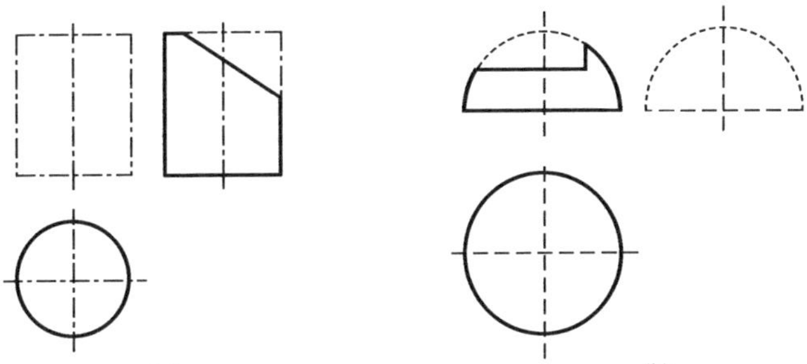

(a) (b)

图 3 –92　练习 3 –9 图

3 –10　如图 3 –93 所示，补画三视图中缺漏的图线。

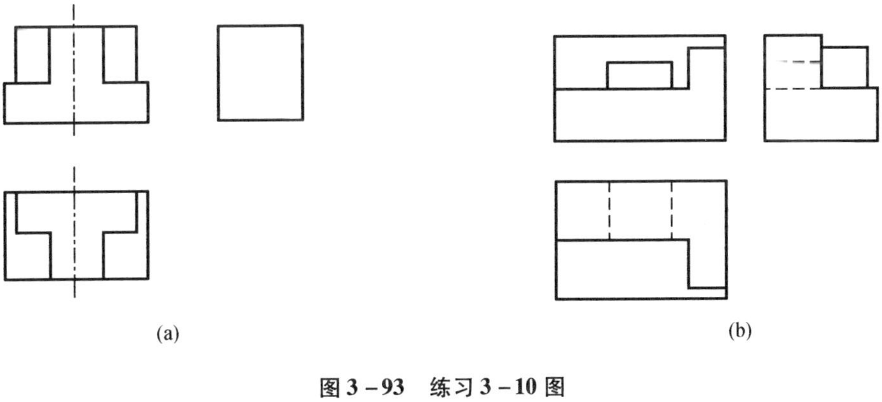

(a) (b)

图 3 –93　练习 3 –10 图

3 –11　如图 3 –94 所示，补画第三视图。

3 –12　如图 3 –95 所示，补画左视图。

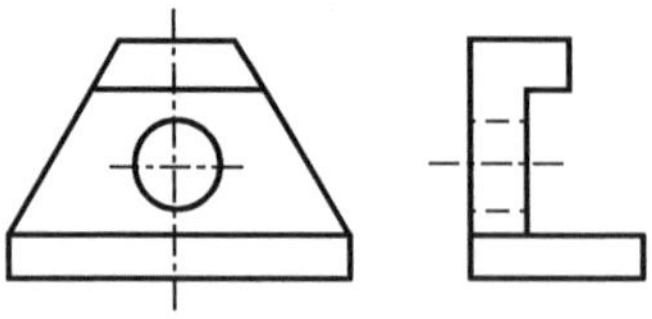

图 3-94　练习 3-11 图

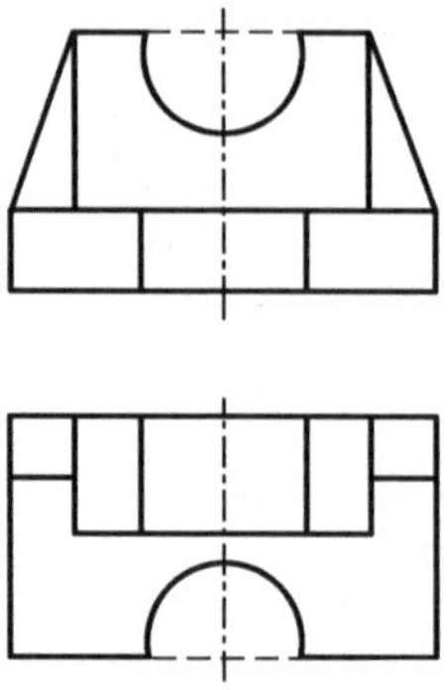

图 3-95　练习 3-12 图

3-13　如图 3-96 所示，补全物体被平面截切后的俯视图。

3-14　如图 3-97 所示，补画三视图中缺漏的图线。

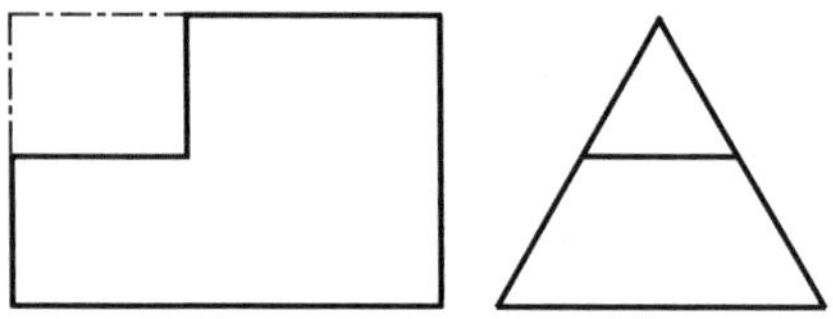

图 3-96　练习 3-13 图

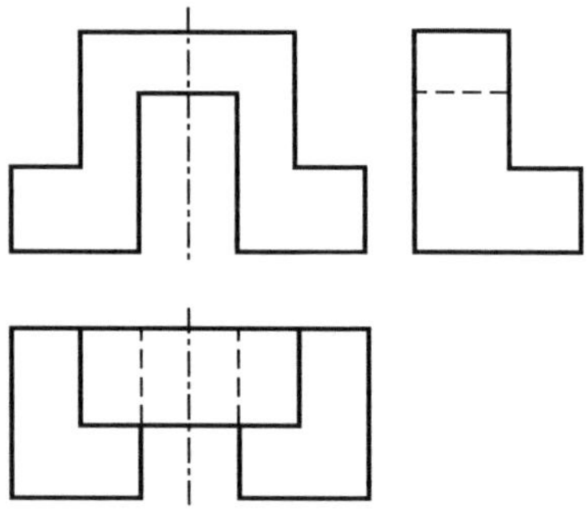

图 3-97　练习 3-14 图

3-15　如图 3-98 所示，根据轴测图绘制三视图，并标注尺寸。

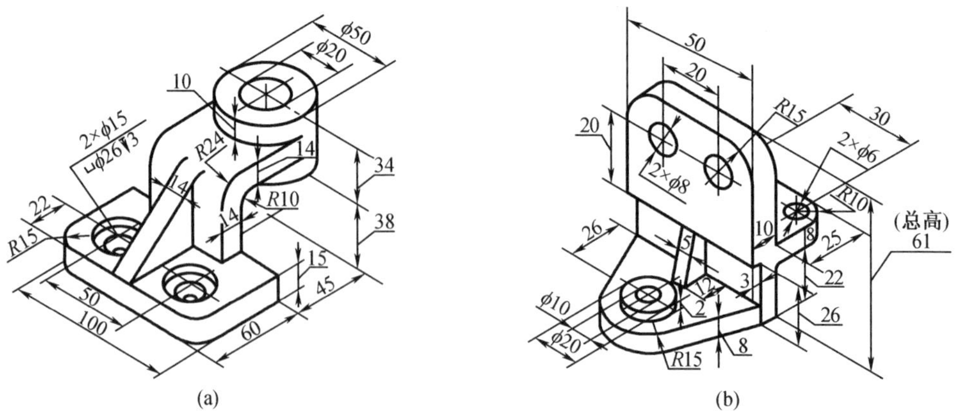

图 3-98　练习 3-15 图

3－16 如图3－99所示，标注组合体的尺寸（按1∶1的比例从图中量取整数）。

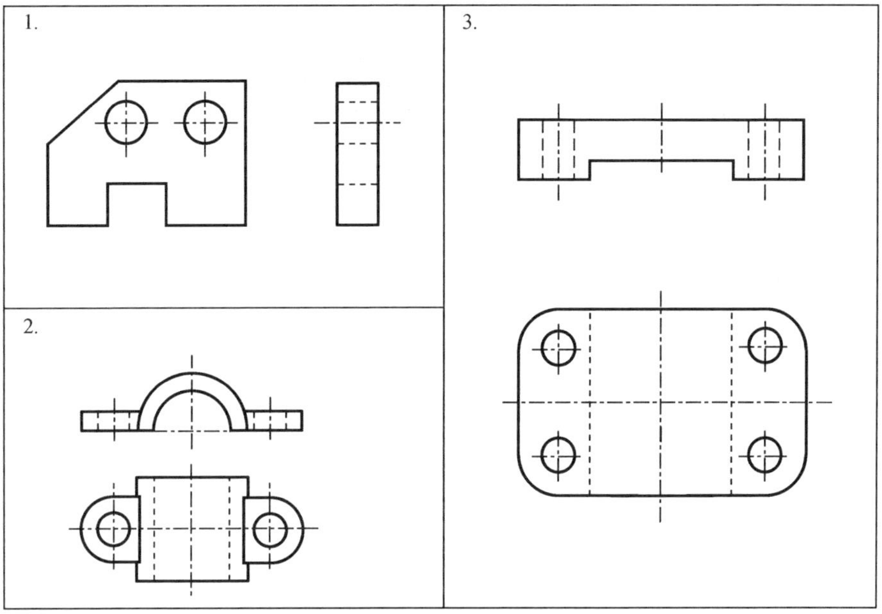

图3－99 练习3－16图

3－17 如图3－100所示，根据视图绘制正等轴测图。

3－18 如图3－101所示，根据视图绘制斜二等轴测图。

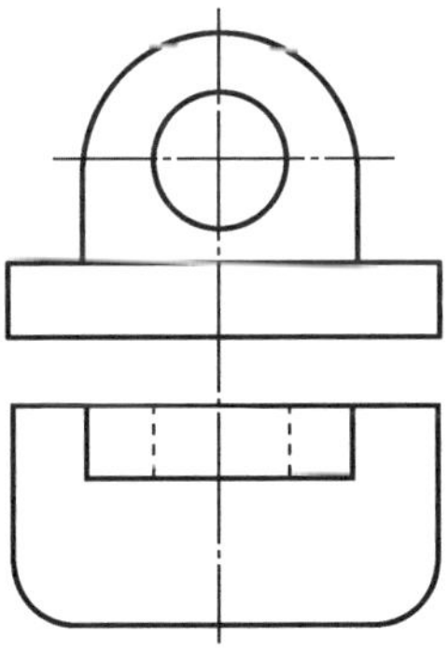

图3－100 练习3－17图

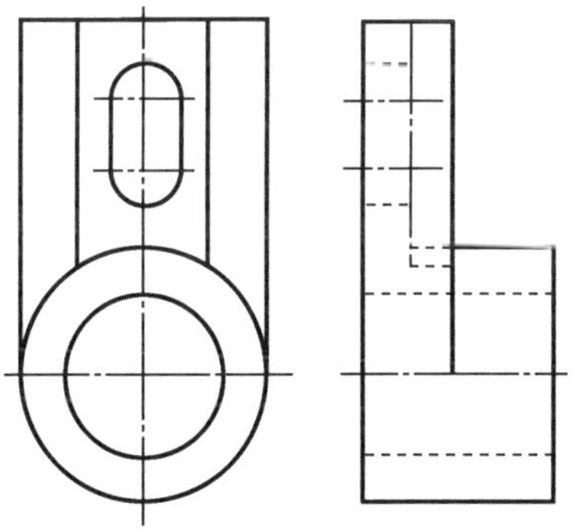

图3－101 练习3－18图

3－19 如图3－102所示，根据视图构建不同形状的组合体，补画第三视图（至少两个答案）。

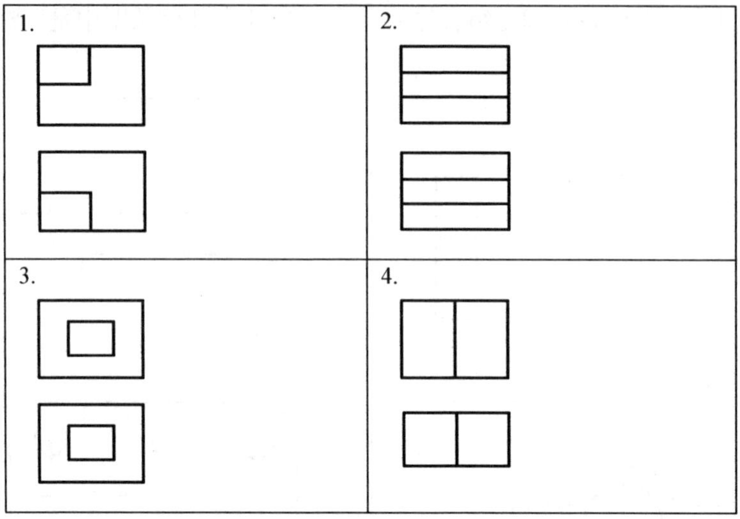

图 3－102　练习 3－19 图

项目4　熟悉零件视图表达

【项目功能】

通过识读减速箱零件的图形表达，熟悉基本视图、向视图、局部视图、斜视图、旋转视图、剖视图、断面图、局部放大图及简化画法的概念，掌握这些图形的投影方向、配置原则、标注符号、应用场合，从而能够读懂零件的各种图形，灵活运用各种图形简洁、清晰地反映零件的内外结构形状。具体包括：

1. 理解视图的概念，掌握视图的投影方法和配置原则，能识读和运用各种视图；

2. 理解剖视图的概念和种类，了解剖切标注，掌握剖视图的画法及适用场合，能读懂剖视表达方法；

3. 理解断面图的概念，了解断面图的投影方向、配置原则，能够绘制断面图；

4. 读懂局部放大图、简化画法，能运用局部放大图和简化画法；

5. 提升工程素养和职业规范。

任务4.1　识读基座的视图

想一想　如图4－1所示的基座视图用了怎样的表达方法？标注是什么意思？怎么读懂？

在实际生产中，当零件的结构形状比较复杂时，仅用三视图难以把它们的内外形状完整、清晰地表达出来。为此，国标规定了图样的多种表达方法——基本视图、剖视图、断面图、局部放大图及简化画法等。

本任务将介绍如何根据基本视图、向视图、局部视图、斜视图、旋转视图的定义、放置位置、标注、应用等内容读懂零件视图。

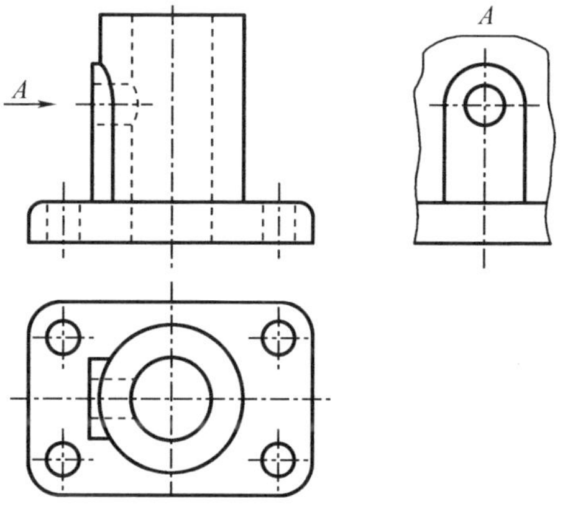

图4－1　基座的视图

4.1.1　任务分析

4.1.1.1　基本视图的形成和配置

国标规定,用正投影法所绘制出来的物体的图形,称为视图。将物体向基本投影面投射所得的视图,称为基本视图。

为了完整、清晰地表达物体各方面的形状,国标规定,在原有三个投影面的基础上,再增设三个投影面,组成一个正六面体。六面体的六个面称为基本投影面。将物体置于六面体中,分别向六个基本投影面投影,即得到六个基本视图,分别是:

主视图——自物体的前方投影所得的视图;

俯视图——自物体的上方投影所得的视图;

左视图——自物体的左方投影所得的视图;

右视图——自物体的右方投影所得的视图;

仰视图——自物体的下方投影所得的视图;

后视图——自物体的后方投影所得的视图。

六个基本投影面展开的方式如图 4-2 所示,即正投影面保持不动,其他投影面按箭头所示方向旋转到与正投影面在同一平面。六个基本视图在同一张图样内按图 4-3 配置时,各视图一律不注图名。

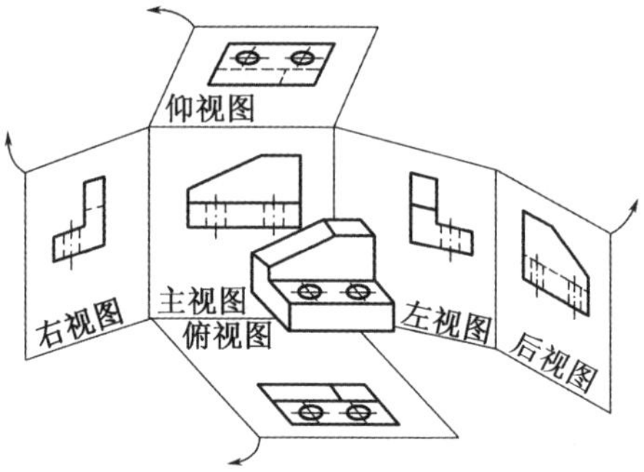

图 4-2　基本视图的形成

六个基本视图仍符合"长对正、高平齐、宽相等"的投影规律。除后视图外,其他视图靠近主视图的一边是零件的后面,远离主视图的一边是零件的前面。

在绘制工程图样时,一般并不需要将零件的六个基本视图全部画出,而是根据零件的结构特点和复杂程度,选择适当的基本视图。优先采用主、俯、左视图,主视图必不可少。

4.1.1.2　向视图及其标注

向视图是可以自由配置的基本视图。

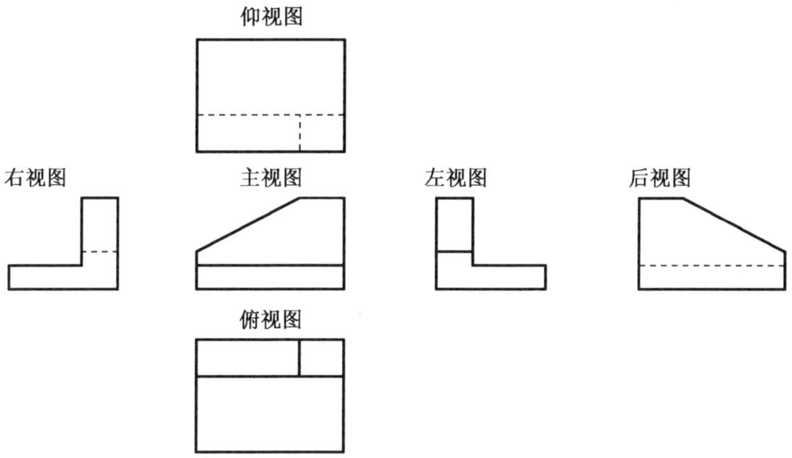

图4－3　六个基本视图的配置

在实际绘图过程中,有时难以将六个基本视图按图4－3的形式配置,此时可采用向视图的形式配置。如图4－4所示,在向视图的上方注“×”(×为大写英文字母),在相应的视图附近,用箭头指明投影方向,并标注相同的字母。图4－4中*D*、*E*、*F*即为向视图,它们分别是原右视图、仰视图、后视图。

向视图是基本视图的一种表达形式,它们的主要区别在于视图的配置形式不同。

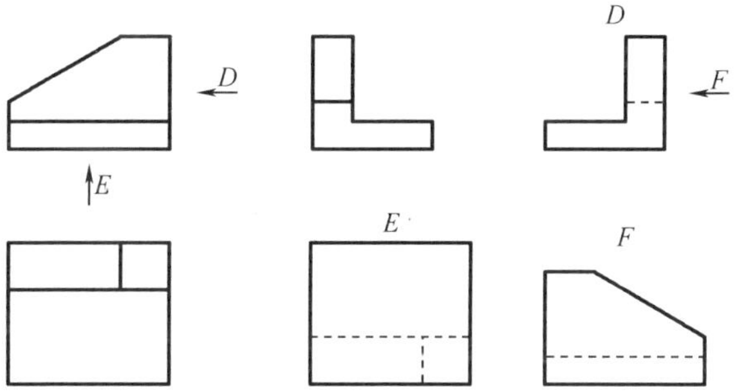

图4－4　向视图

4.1.1.3　局部视图的画法和标注

将零件的某一部分向基本投影面投影所得的视图,称为局部视图。

在图4－5中,物体左侧的凸台在主、俯视图中未表达清楚,而又不必画出完整的左视图,这时可用“*A*”向局部视图表示。图中的箭头表示局部视图的投影方向,大写字母表示局部视图的名称。

局部视图的断裂边界通常以波浪线(或双折线)表示,如图4－5所示。当所表示的局部结构是完整的,且外轮廓又封闭时,波浪线可省略不画;当局部视图按基本视图的形式配置,中间又无其他图形隔开时,可省略标注,如图4－5(a)所示。

局部视图的应用比较灵活,图4－5(a)所示局部左视图,也可以表示成如图4－5(b)所示。

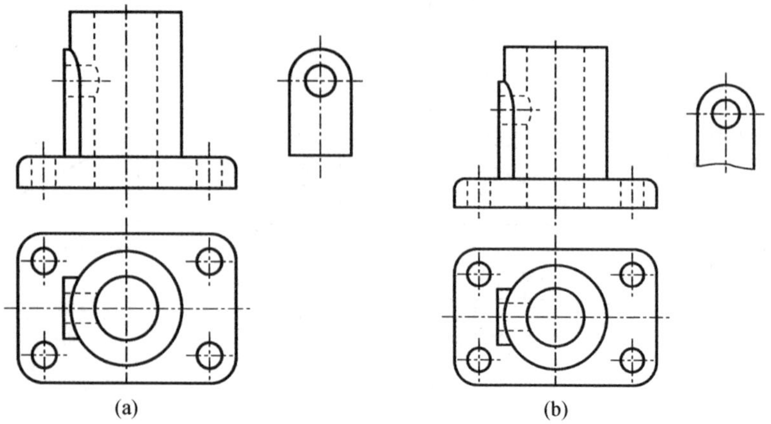

图4－5　局部视图

4.1.2　任务实施

4.1.2.1　粗读视图

如图4－1所示的基座,用3个视图表达形状结构,1个主视图,1个俯视图,1个局部视图。机座的结构前后对称。局部视图是左视图的局部,为U形块的特征视图。采用形体分析法,将主视图中的粗实线分解成3个封闭线框。按主、俯视图"长对正"投影规律,看出基座由长方体底板(4个圆角)、圆柱、U形块叠加得到。俯视图为长方体底板和圆柱的特征视图。

4.1.2.2　精读视图

按主、俯视图"长对正",可看出长方体底板上有4个圆柱通孔,上表面的四边有圆角。圆柱有同轴线的圆柱通孔。长方体底板的上表面与圆柱的下底面平齐,前后、左右居中布置。长方体上方、圆柱左侧叠加一U形块。按主、左视图"高平齐",看出U形块的结构,U形块的结构前后对称,上有一轴线水平放置的圆柱通孔,这一圆柱通孔与U形块同轴线,与圆柱上的圆柱通孔轴线垂直相交,主视图中有两孔的相贯线(虚线)。

4.1.2.3　综合想象

综合想象,该基座的形状如图4－6所示。

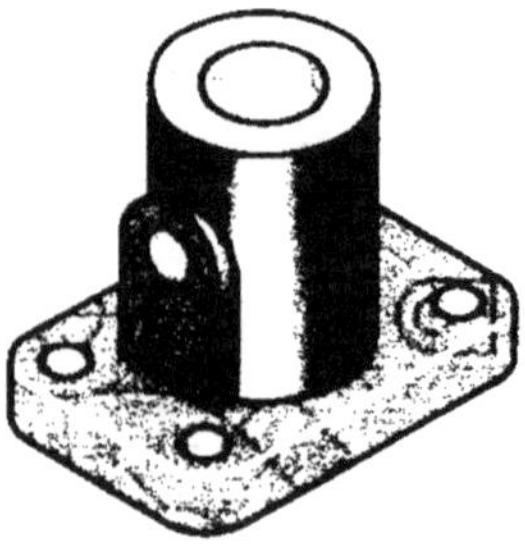

图4－6　基座的形状

4.1.3 任务拓展

4.1.3.1 识读压板的斜视图

将零件向不平行于基本投影面的平面投射所得的视图,称为斜视图。斜视图通常用于表达零件倾斜部分的结构。

如图 4 -7(a)所示为压板的基本视图,4 -7(b)为压板的轴测图。压板的右侧部分与基本投影面倾斜,其基本视图不反映实形。为此增设一个与倾斜部分平行的辅助投影面,将倾斜部分向该投影面投影,即可得到反映该部分实形的视图,即斜视图,如图 4 -7(c)所示。

(a)基本视图　(b)轴测图　(c)斜视图的形成

图 4 -7　压板

斜视图一般只画出倾斜部分的局部图形,其断裂边界用波浪线表示,并通常按向视图的配置形式配置并标注,如图 4 -8(a)中的“A”图。必要时,允许将斜视图旋转配置。此时,表示该视图名称的大写拉丁字母,要靠近旋转符号的箭头端,如图 4 -8(b)所示。也允许将旋转角度标注在字母之后。旋转符号的箭头指向应与实际旋转方向一致。旋转符号是一个半圆,其半径应等于字体高度 h。

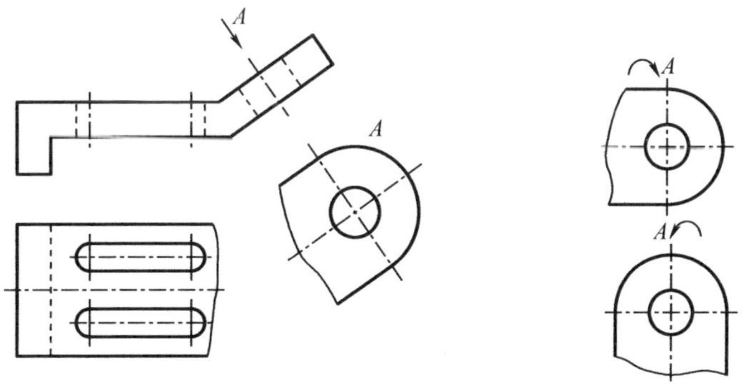

(a)压板零件视图　(b)斜视图旋转画法

图 4 -8　压板的斜视图

4.1.3.2 识读叉架的旋转视图

当零件上某一部分的结构形状是倾斜的,且不平行于任何基本投影面,而该部分又具有旋转轴时,可假想将零件的倾斜部分先旋转到某一选定的基本投影面平行位置,再进行投影,所得的视图称为旋转视图。如图 4 -9 所示的俯视图就是旋转视图。

旋转视图的特点是倾斜部分"先旋转、后投影",故倾斜部分不再保持"长对正(或宽相等、高平齐)"的投影规律。旋转视图通常不加"旋转"或箭头等标注。

小贴士 读图时,视图上方有带箭头的旋转符号或"旋转"字样的视图为斜视图。旋转视图与其他基本视图不再保持"长对正(或宽相等、高平齐)"的投影规律。

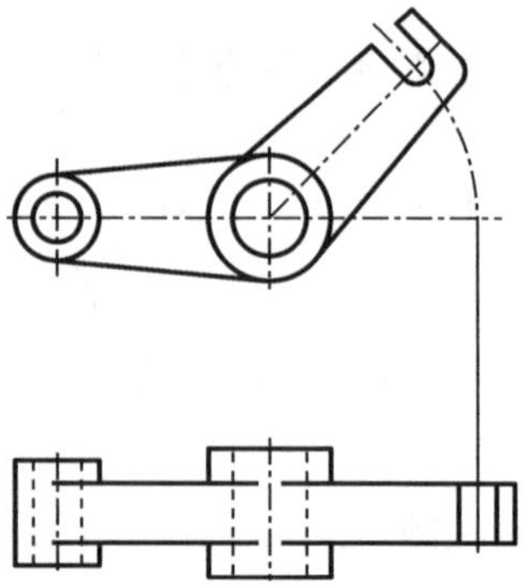

图 4 -9 叉架的旋转视图

任务 4.2 识读端盖的视图

想一想 如图 4 -10 所示的端盖的图形用了怎样的表达方法?怎么读懂?

当零件的内部结构比较复杂时,视图就会出现较多的虚线,既影响图形的清晰度,又不利于标注尺寸,也不利于读图。为了清晰地表示物体的内部形状,国标规定了剖视图。

本任务主要探讨剖视图的形成、剖面区域的表示方法、剖视图的标注以及全剖视图、半剖视图、局部视图的应用。

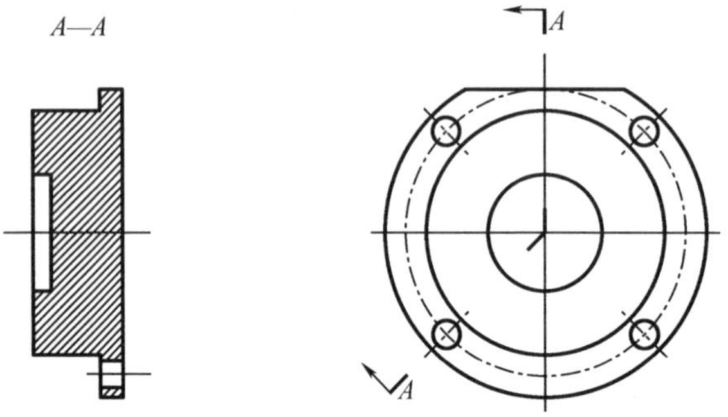

图 4 -10 端盖的视图

4.2.1 任务分析

4.2.1.1 剖视图的形成

假想用剖切面剖切开零件,将处在观察者和剖切面之间的部分移开,而将其余部分向投影面投影所得的图形,称为剖视图,简称剖视,如图 4 -11 所示。

将视图与剖视图比较可以看出,由于主视图采用了剖视,原本不可见的孔成为可见的,视图上的细虚线在剖视中变成了粗实线,再加上在剖面区域内画出了规定的剖面符号,使图形层次分明，更加清晰。

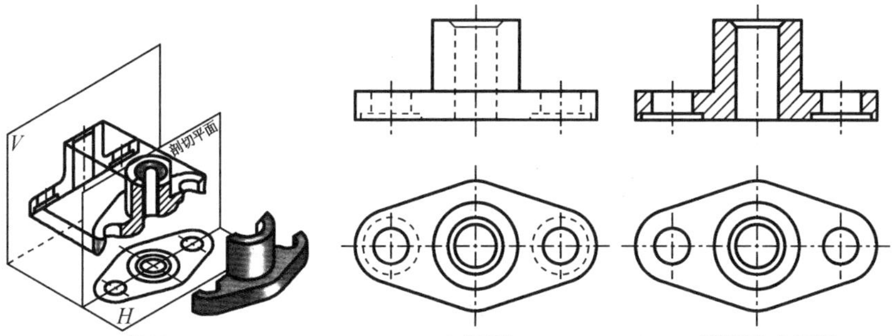

(a)剖切　(b)视图　(c)剖视图(主视图)

图 4－11　剖视图的形成

4.2.1.2　剖面区域的表示

假想用剖切面剖开零件，剖切面与零件实体的接触部分称为剖面区域。通常要在剖面区域画出剖面符号。剖面符号的作用：一是明显地区分被剖切部分与未剖切部分，增强剖视的层次感；二是识别相邻零件的形状结构及其装配关系；三是区分材料的类别。

国标对剖面符号的画法规定如下：

(1)不需要表示零件的材料类别时，剖面符号用剖面线表示。剖面线是与图形的主要轮廓线或剖面区域的对称线成 45°角且间距相等的细实线，如图 4－12(a)所示。如不宜将剖面线画成与主要轮廓成 45°角，此时可将该图形的剖面线画成与底面成 30°或 60°的斜线，但其倾斜方向及间距仍应与其他图形中的剖面线一致，如图 4－12(b)所示。同一零件在不同视图中的各个剖面区域，剖面线的方向及间隔应一致，如图 4－12(b)。不同零件在同视图中应用不同的剖面线表示，如图 4－12(c)所示。

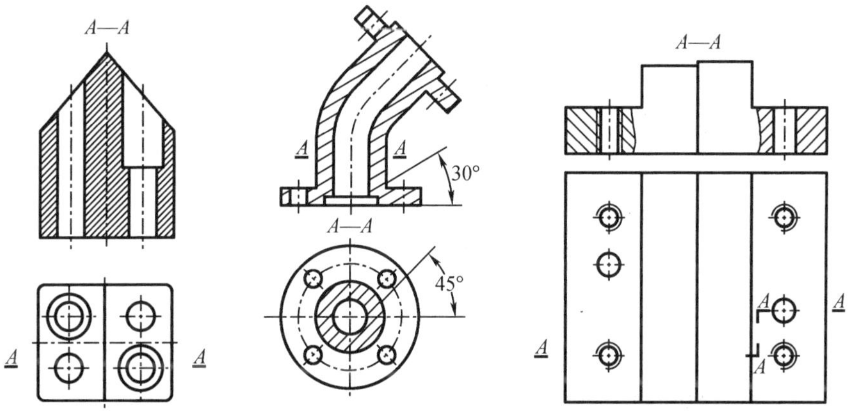

(a)与主要轮廓线成45°　(b)与主要轮廓线成30°　(c)不同零件不同画法

图 4－12　剖面线的画法

(2)需要在剖面区域中表示零件的材料类别时,应根据国标中的规定绘制,如表 4 – 1 所示。

表 4 – 1　剖面符号(GB/T 4457.5)

材料名称	剖面符号	材料名称	剖面符号
金属材料 (已有规定剖面符号者除外)	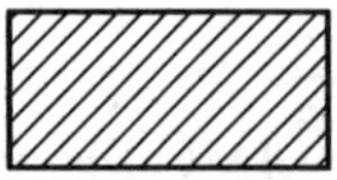	混凝土	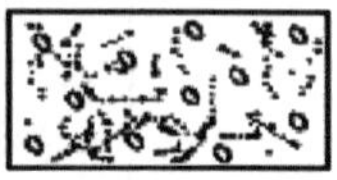
非金属材料 (已有规定剖面符号者除外)	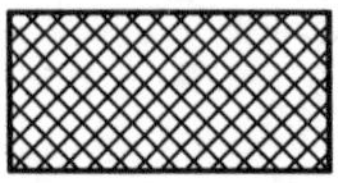	液体	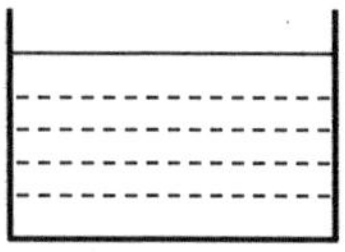
型砂、填沙、粉末冶金、砂轮、陶瓷刀片、硬质合金刀片等	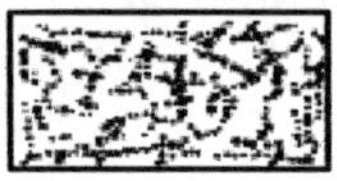		
玻璃及供观察用的 其他透明材料	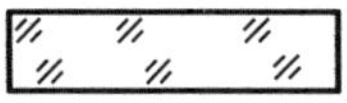	砖	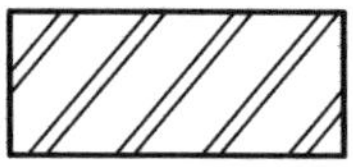
木质胶合板	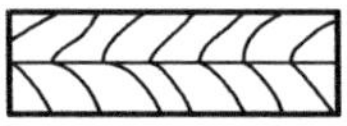	木材纵剖面	

注:剖面符号仅表示材料的类别,而材料的名称和代号须另行注明。

4.2.1.3　剖视图的标注

为了便于读图,在画剖视图时,应将剖切位置、剖切后的投射方向和剖视图名称标注在相应的视图上。标注的内容有以下三项。

(1)剖切符号　表示剖切面的起、讫和转折位置的短粗线。起、讫处的剖切符号要画在视图轮廓线外面,如图 4 – 13 所示。

(2)投射方向　在剖切符号的两端外侧,用箭头指明剖切后的投射方向,如图 4 – 13 所示。

(3)剖视图的名称　在剖视图的上方用大写拉丁字母标注剖视图的名称“ ×—× ”,并在剖切符号的一侧注上同样的字母,如图 4 – 13 所示。

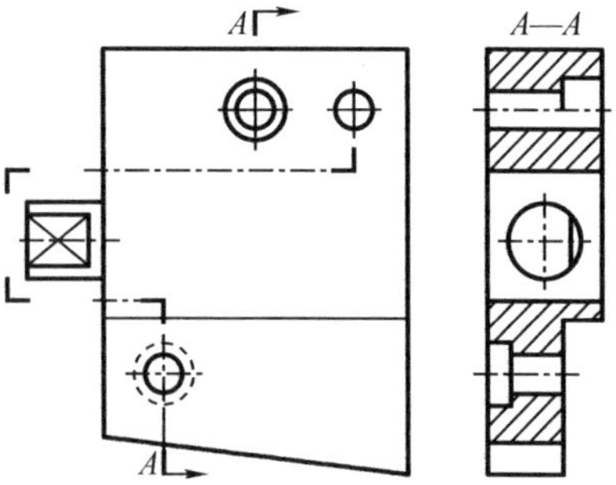

图 4 – 13　剖视图的标注

在下列情况下,可省略或简化标注。

(1)当剖切平面通过物体的对称面或基本对称面,且剖视图按投影关系配置,中间又没有其他图形隔开时,可以省略标注,如图 4 – 14 所示。

(2)当剖视图按投影关系配置,中间又没有其他图形隔开时,可以省略箭头,如图 4 – 14

所示。

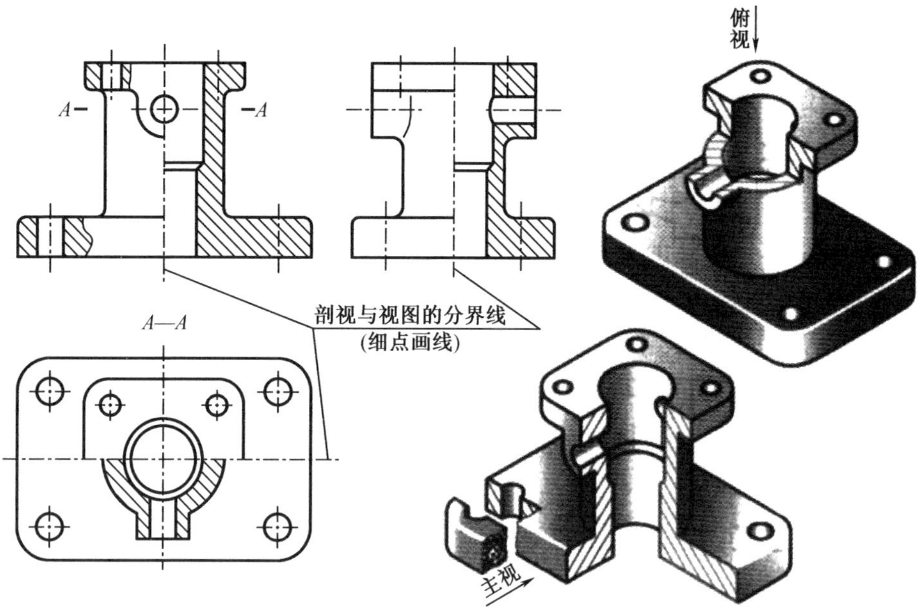

图 4 – 14 泵体的半剖视图

4.2.1.4 剖视图的种类

根据剖开物体的范围,可将剖视图分为全剖视图、半剖视图和局部剖视图。

1. 全剖视图

用剖切面完全地剖开物体所得的剖视图,称为全剖视图,简称全剖视,如图 4 – 13 所示。全剖视主要用于表达外形简单、内形复杂而又不对称的物体。

2. 半剖视图

当零件具有垂直于投影面的对称平面时,在该投影面上投射所得的图形,可以对称线为界,一半画成剖视图,另一半画成视图,这种组合的图形称为半剖视图,简称半剖视。如图 4 – 14 所示,左视图、俯视图采用了半剖视,主视图采用了半剖视和 2 处局部剖视。

半剖视图主要用于内、外形状都需要表示的对称零件。

3. 局部剖视图

用剖切面局部地剖开零件所得的剖视图,称为局部剖视图,简称局部剖视。当零件只有局部内形需要表示,而又不宜采用全剖视或半剖视时,可采用局部剖视表达,如图 4 – 14 中的主视图左上、左下所示。

4.2.1.5 剖视图的画法

(1)剖切平面一般通过零件的对称面或轴线,且平行或垂直于基本投影面。

(2)剖切是一种假想的表达方法,其他视图仍应完整画出。

(3)剖切面后方的可见部分要全部画出,如图 4 – 15 中常见的正确的和错误的画法。

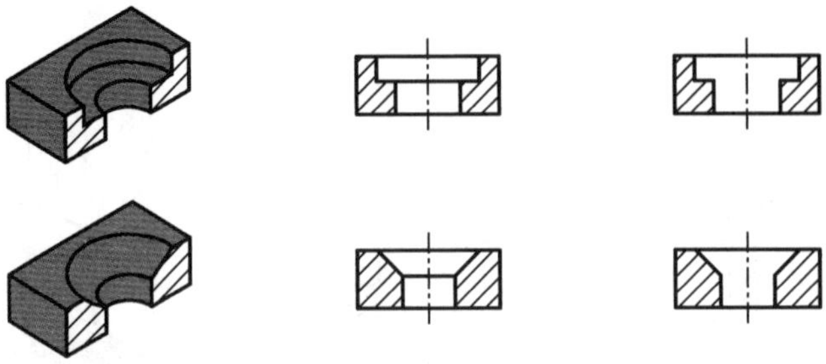

(a)轴测图　　(b)正确画法　　(c)错误画法

图 4 - 15　剖视画法

(4)在剖视图中已表达清楚的内部结构,在视图部分或其他视图上此部分结构的投影为虚线时,虚线省略不画,如图 4 - 16 所示;只有对尚未表达清楚的结构形状,才用细虚线画出,如图 4 - 17 所示。

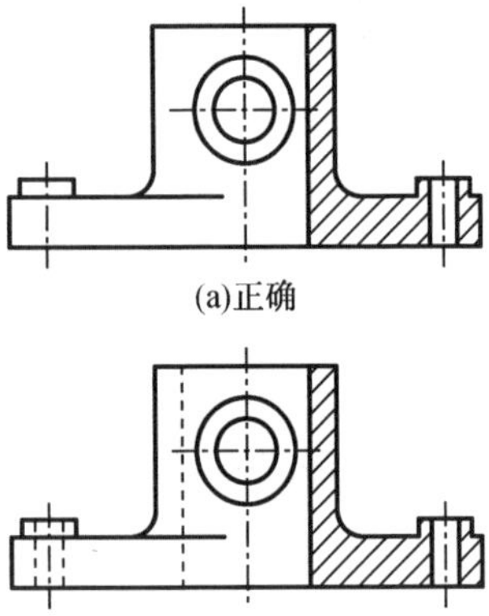

(a)正确

(b)错误

图 4 - 16　虚线应省略

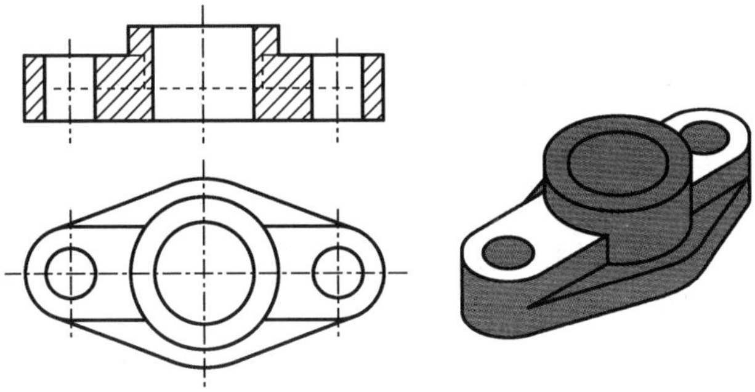

细虚线全部画出

图 4 - 17　虚线应画出

(5)画半剖视图时,视图部分和剖视图部分必须以细点画线为界,如图 4 - 14 所示。

(6)半剖视图中对称结构的尺寸标注,尺寸线应略超过对称线,并只在另一端画出箭头,尺寸数值应标注全长而不是一半,如图 4 - 18 所示。

(7)局部视图中剖视图与视图的分界线通常用波浪线绘制。波浪线要画在物体的实体部分,不应超出视图的轮廓线,也不能与其他图线重合;对于剖切位置明显的局部剖视,一般不予标注,如图 4 - 19 所示。局部剖的剖切范围可灵活运用。

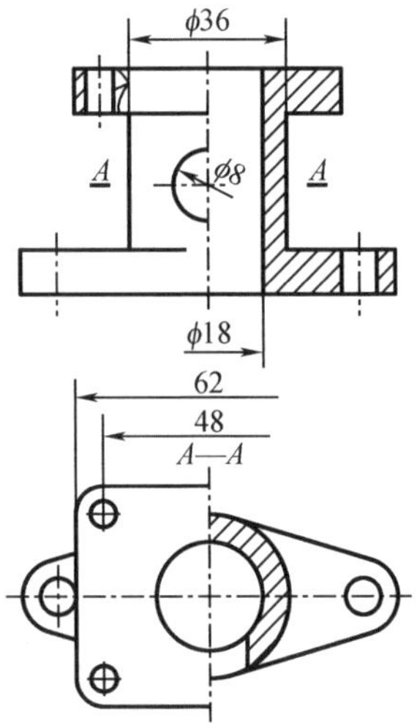

图 4 - 18　半部视图中的尺寸标注

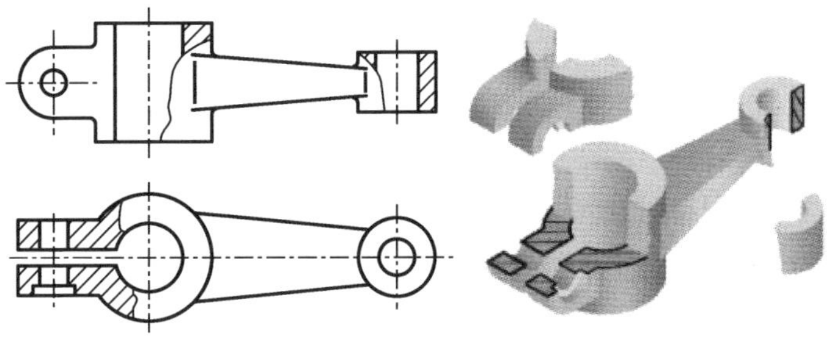

图 4－19 零件的局部剖视图

想一想 图 4－20 中的剖视图是否正确？如不正确，应该怎么画？

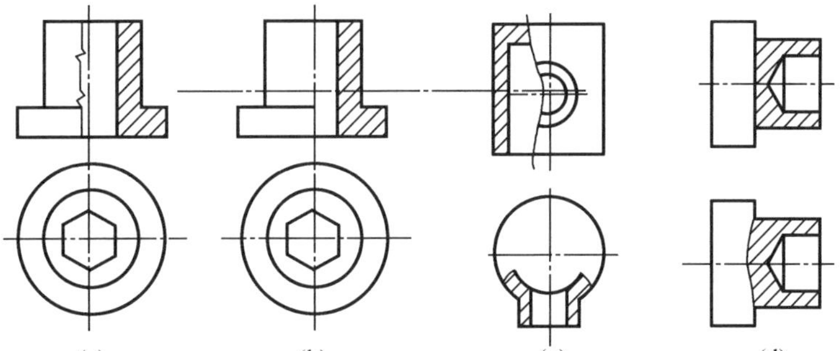

图 4－20 剖视图的画法

4.2.2 任务实施

4.2.2.1 识读端盖的图形表达

图 4－10 所示的端盖，用了主视图和左视图 2 个图形表达形状。主视图为"A—A"全剖视图，采用了旋转剖切的全剖视，主要表达中间的圆柱盲孔和小圆柱通孔的结构。左视图为特征视图，主要表达端盖的圆形结构及 4 个小圆柱通孔的位置。左视图中，用一组短粗实线表示剖切位置，为两个相交的剖切平面；用一对箭头表示投影方向，为从右往左看零件的剩余部分；用一对大写字母 A 对应"A—A"全剖视图的名称。

4.2.2.2 精读端盖的视图

按主、左视图高平齐的投影规律，看得端盖为一扁圆柱经切割得到，上表面为一矩形平面，中间为一同轴的圆柱盲孔，4 个小圆柱通孔均匀分布。

图 4－21 端盖形状

4.2.2.3 综合想象端盖的形状

综合想象，端盖的形状如图 4－21 所示。

4.2.3 任务拓展

4.2.3.1 剖切面的种类

根据零件的结构不同,可选择相应的剖切平面。常用的剖切平面有单一剖切面、几个平行的剖切平面、几个相交的剖切平面(交线垂直于某一投影面)。

1. 单一剖切面的应用

单一剖切面包括单一剖切平面和单一剖切柱面。

单一剖切平面包括与基本投影面平行和与基本投影面倾斜(与某一投影面垂直)的两种剖切平面。后者用于零件具有倾斜内部结构的表达,如图 4-22 中的剖视图。

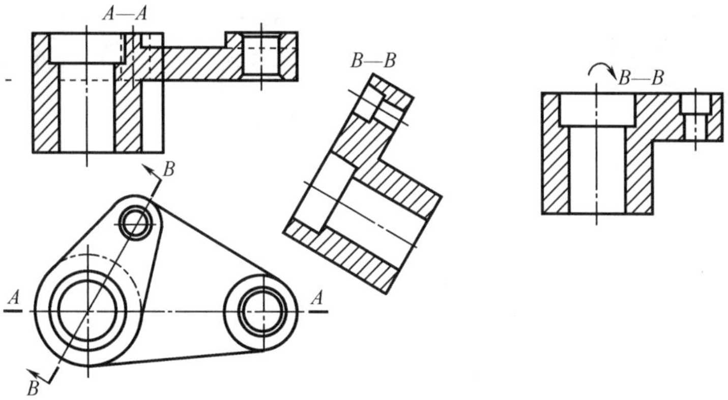

图 4-22 单一剖切平面的应用

画法与标注:按照投射方向绘制,根据零件结构表达的需要,绘制成相应的剖视图,通常配置在视图的附近,也可旋转配置,标注旋转符号并在剖视图上方标注名称。

采用单一柱面剖切零件时,剖视图一般应展开绘制,如图 4-23 中的"A—A 展开"。

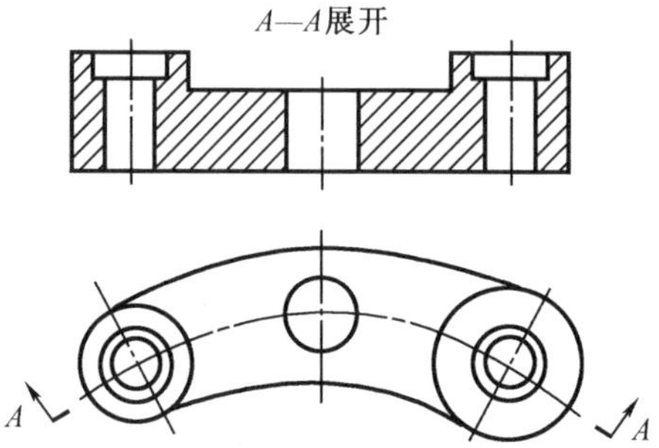

图 4-23 单一柱面剖面的应用

2. 几个相交剖切平面的应用

当几个剖切平面通过零件回转轴线剖切时,先将剖切平面剖开的结构及其有关部分旋转到与选定的投影面平行后,再向该投影面投影,如图 4-24 所示。

小贴士 读图时,注意采用相交剖切平面的剖视图,是"先剖切、再旋转、后投影"得到的,不再保持"三等"投影关系。

如图 4-25 所示,在两组剖切平面有公共交线时,在交点处用大写字母"O"标注。

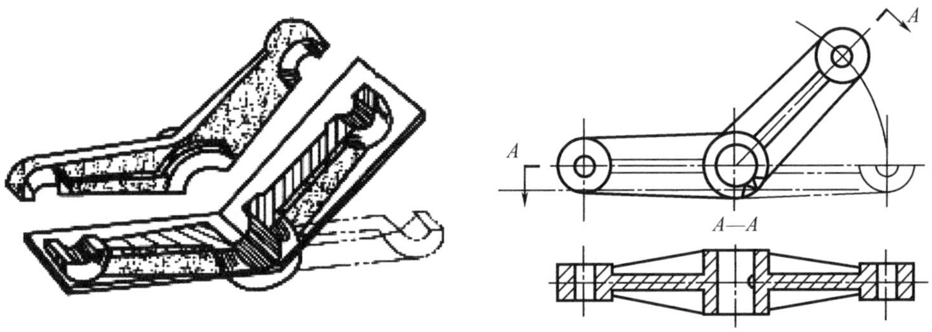

图 4-24 相交剖切平面的应用

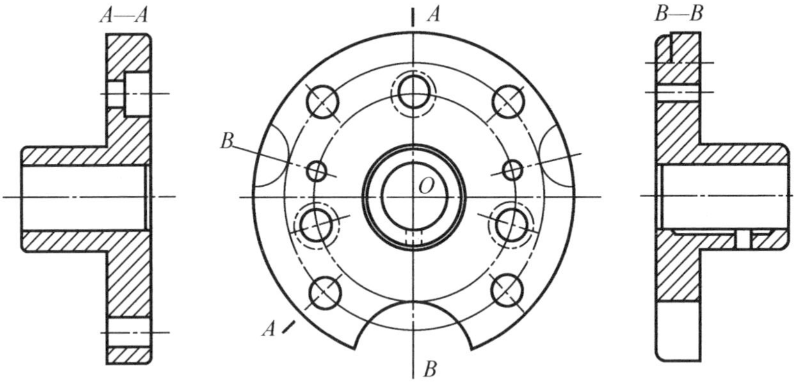

图 4-25 分度盘零件视图

3. 几个平行剖切平面的应用

当零件内部结构用一个剖切平面剖切不能完全表达出来时，可用几个平行的剖切平面剖切，如图 4-26 所示。

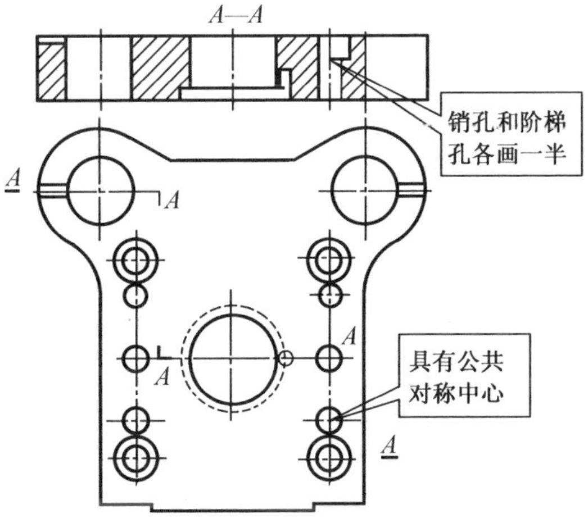

图 4-26 平行剖切平面的应用

4. 综合剖切平面的应用

当用单一剖切平面、相交剖切平面、平行剖切平面都不能完全表达零件的内部结构时，为不引起读图误解，可综合运用相交平面和平行平面剖切，如图 4-27 所示。

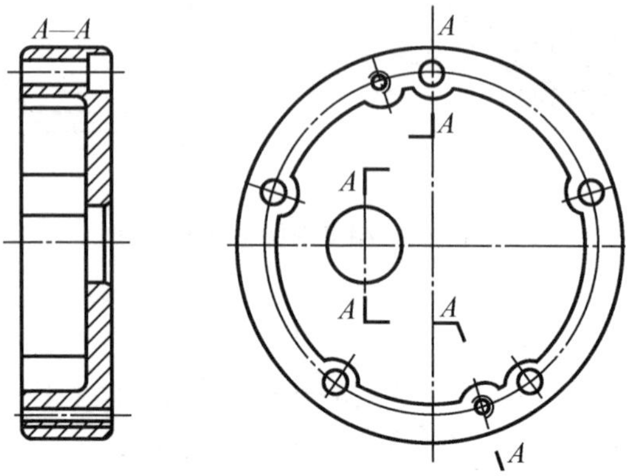

图 4-27 法兰盘的剖视图

小贴士 ①因是假想的剖切，故转折处无投影线。

②当两个要素在图形上具有公共对称中心线或轴线时，以对称中心线或轴线为界，可以各画一半，如图 4-26 中的销孔与阶梯孔的画法。

③剖切符号不应与轮廓线重合，如图 4-28 中错误的画法。

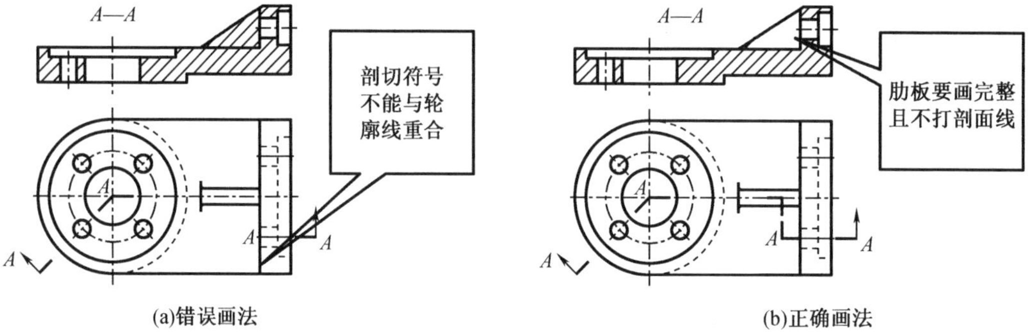

图 4-28 剖视图常见画法

4.2.3.2 剖视的特殊画法和简化画法

在不致引起误解和不会产生理解的多义性的前提下，应力求制图简便。为了便于识读和绘制图样，国标规定了零件的简化画法。

1. 肋、轮辐、薄壁和均布孔的简化画法

(1)对于零件的肋、轮辐和薄壁等，如按纵向剖切，这些结构均不画剖面符号，而用粗实线将它与邻接部分分开；如按横向剖切，需在断面处画剖面符号，如图 4-29 所示。

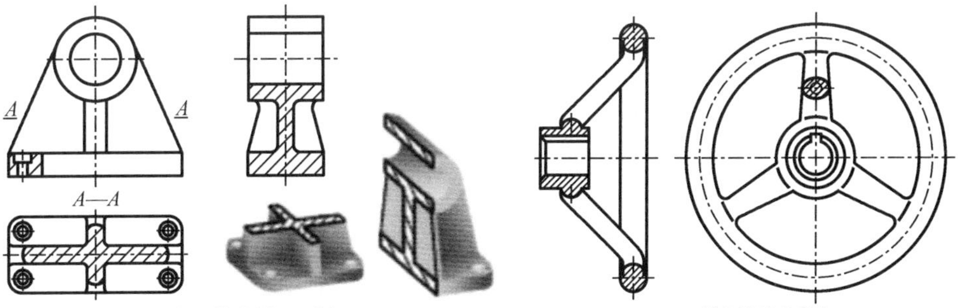

(a)肋、薄壁剖切画法　　(b)轮辐剖切画法

图 4－29　肋、轮辐和薄壁的剖切画法

(2)当零件回转体上均匀分布的肋、轮辐、孔等结构不在剖切平面上时,可将这些结构旋转到剖切平面上画出,肋板、孔均对称绘制,省略标注,如图 4－29(b)、图 4－30、图 4－31 所示。

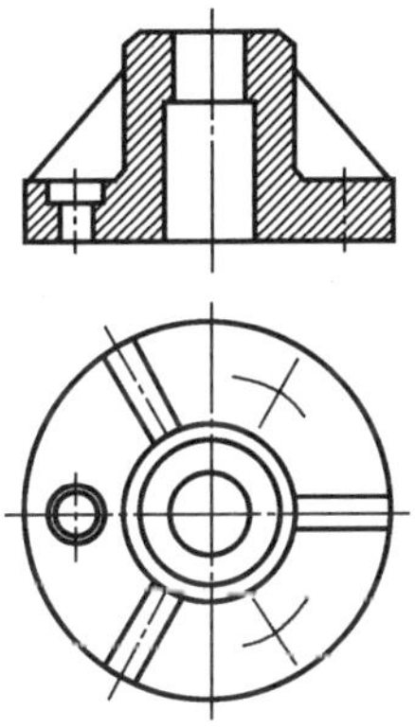

图 4－30　均匀分布的孔、肋剖切画法

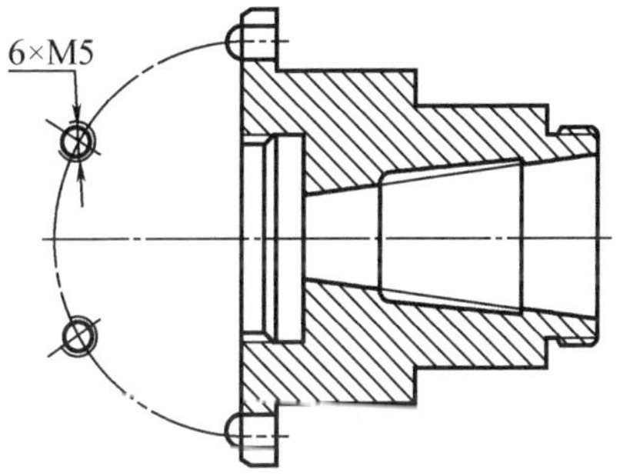

图 4－31　圆形法兰的均匀分布孔的画法

2. 相同结构要素的简化画法

零件上有若干直径相同且成规律分布的孔或槽,可以仅画出一个或几个,其余只需用细点画线或"┼"表示其中心位置,并在图中注明孔(槽)的总数即可,如图 4－32 所示。

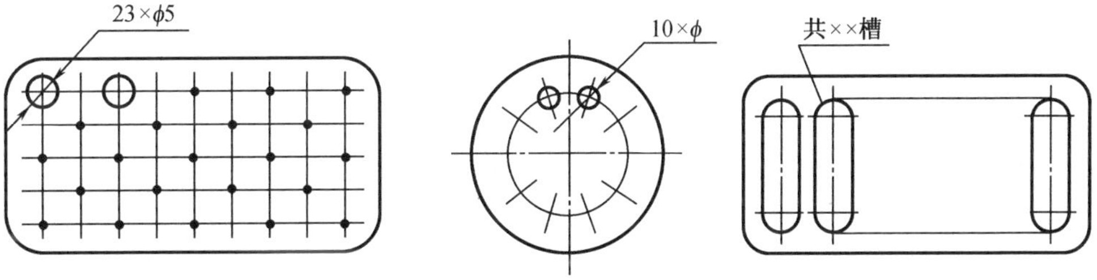

图 4－32　相同结构要素的简化画法

3. 较小结构要素的简化画法

(1)当零件上的结构较小时,可以在一个图形中表达清楚,其他图形简化或省略,如图4－33所示,用轮廓线代替中心线。

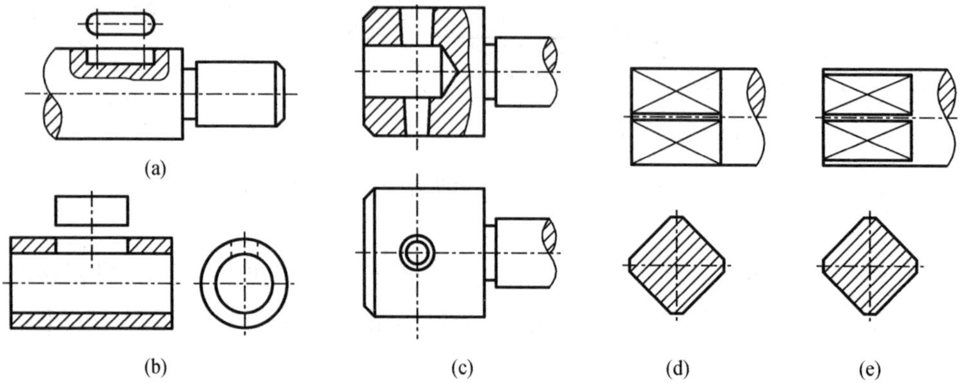

图4－33　较小结构要素的简化画法

(2)当零件上的圆弧结构与投影面倾斜角度小于或等于30°时,其投影可用圆或圆弧代替,如图4－34所示。

(3)除确需表示的某些结构圆角外,其他较小的圆角(或倒角)在零件图中均可不画,但必须注明尺寸,如图4－35所示。也可在技术要求中加以说明,如:未注圆角为$R0.5 \sim R1$。

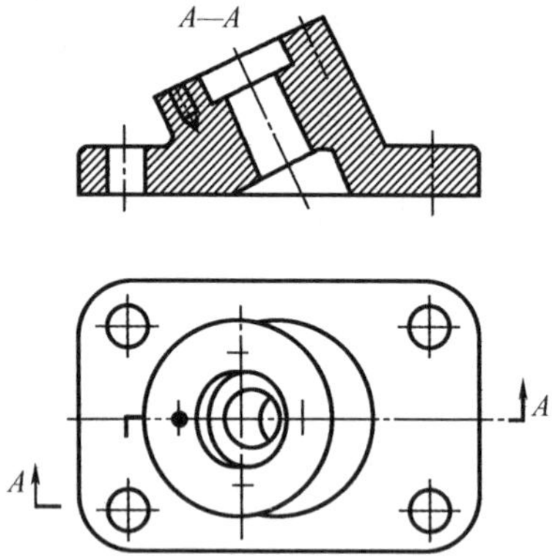

图4－34　较小倾斜结构的简化画法

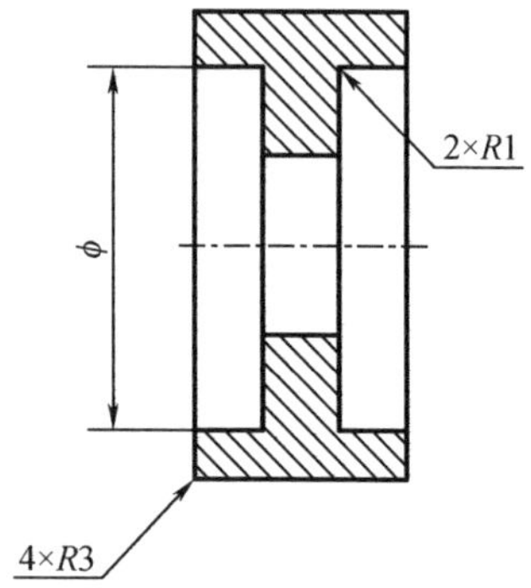

图4－35　较小圆角的简化画法

4. 其他结构要素的简化画法

(1)需要表示位于剖切平面前的结构时,该结构可用细双点画线绘制,如图4－36所示。

(2)零件表面的滚花可用粗实线局部绘制在轮廓线附近,如图4－37所示,也可省略不画。

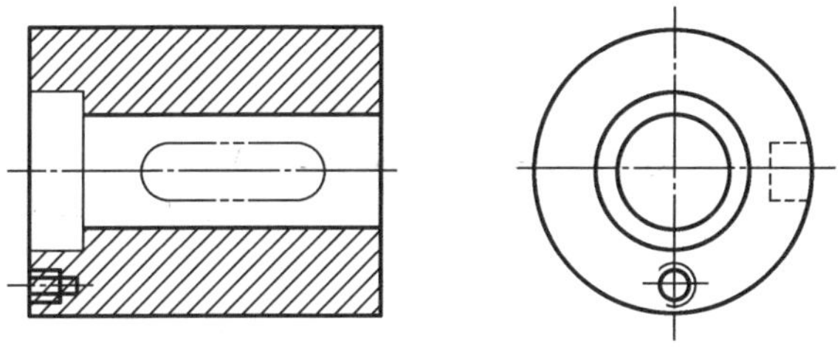

图 4-36 剖切平面前结构的画法

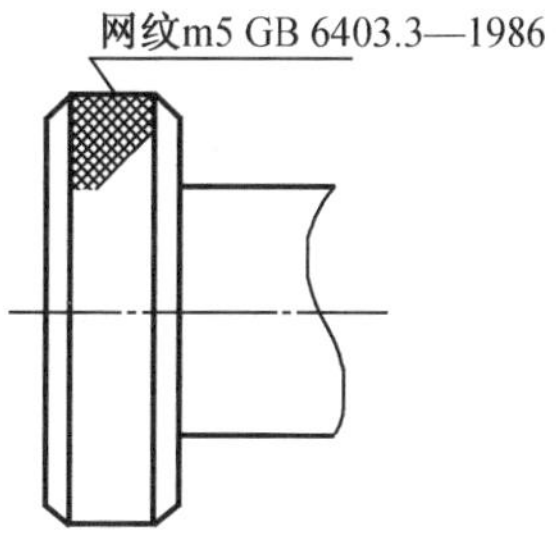

图 4-37 滚花的画法

(3) 回转表面上的平面,用粗实线矩形线框和两条细实线对角线表示,如图 4-38 所示。

(4) 较长的零件,如它沿长度方向的形状相同或按一定规律变化,可断开后截短绘制,但必须标注实际尺寸,断裂处用波浪线、折线或细双点画线绘制,如图 4-39 所示。

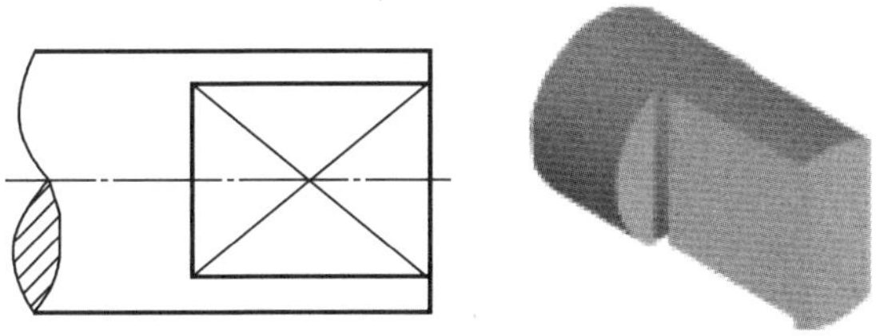

图 4-38 回转表面上的平面结构的画法

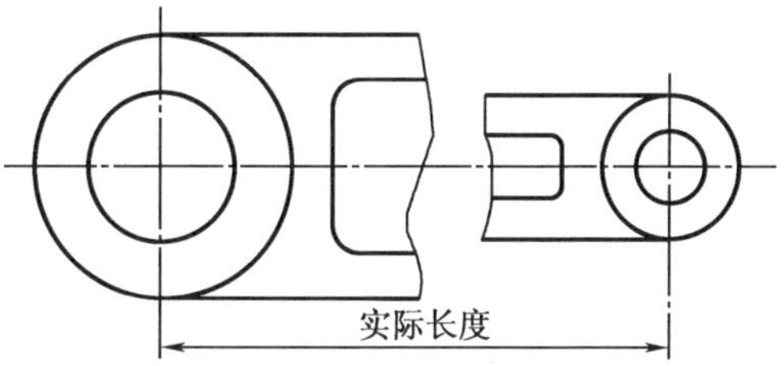

图 4-39 较长零件的折断画法

(5) 对称零件的视图也可只画 1/2 或 1/4,并在对称线的两端画出对称符号(即两条与对称线垂直的平行细实线),如图 4-40 所示。

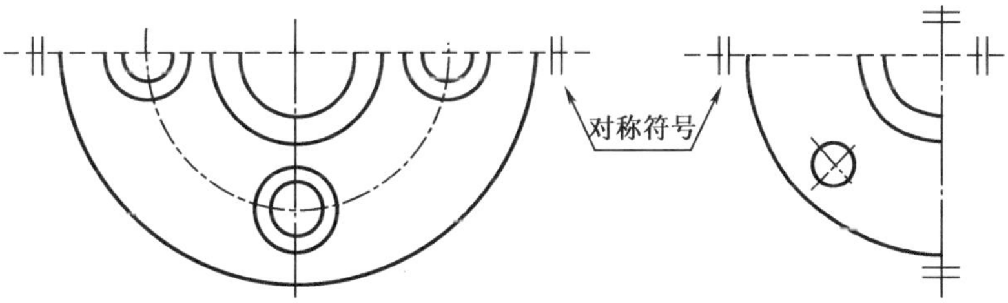

图 4-40 对称视图的简化

任务 4.3 识读输出轴的视图

想一想 如图 4-41 所示的输出轴的视图用了哪些图形表达方法? 怎么读懂?

当零件的横截面形状需要表达时,可以画断面图。本任务主要探讨断面图的形成、表示方法和应用,以及对局部微小结构的表示方法。

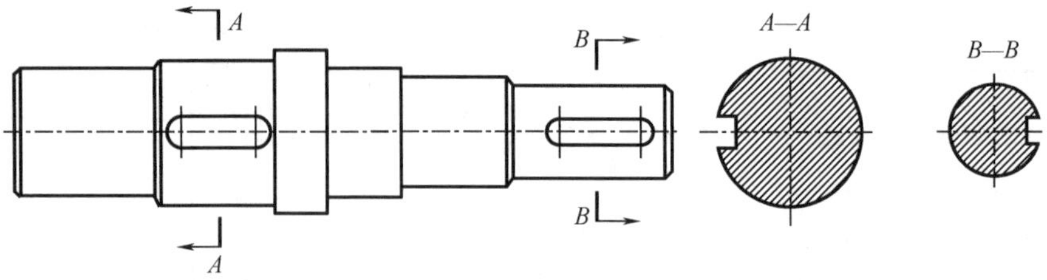

图 4－41　输出轴的图形表达

4.3.1　任务分析

4.3.1.1　断面图的形成

假想用剖切平面将零件的某处切断,仅画出该切断面的图形,称为断面图,简称断面。断面,实际上就是使剖切平面垂直于结构要素的中心线(轴线或主要轮廓线)进行剖切,然后将切断面图形旋转 90°,使其与纸面重合而得到的。

断面与剖视的区别在于:断面仅画出横截面的形状,而剖视除画出横截面的形状外,还要画出剖切面后面物体的完整投影,如图 4－42 所示,主视图下方的图形是断面图,主视图右方的图形是剖视图。

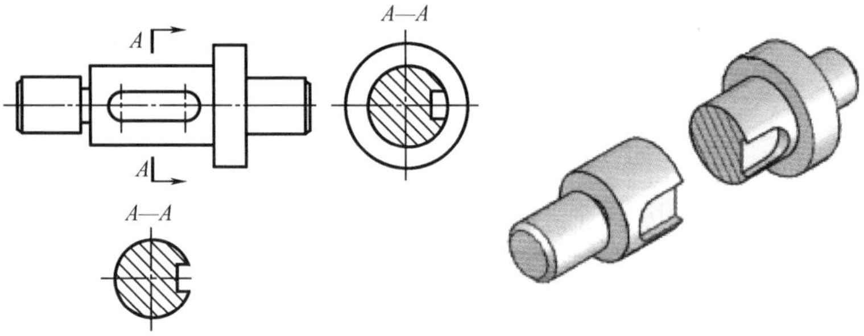

图 4－42　断面图的形成

断面主要用于表达零件某一局部的横截面形状。例如,零件上的肋板、轮辐、键槽、小孔及各种型材的横截面形状等。

根据在图样中的不同位置,断面分为移出断面和重合断面两种。

4.3.1.2　移出断面的表示方法和应用

1. 移出断面的表示方法

放置在视图之外的断面图,称为移出断面图,简称移出断面。移出断面图的轮廓线用粗实线绘制,切断处需绘制表示剖切位置的剖切符号或剖切线,可配置在剖切符号或剖切线的延长线上或其他适当位置,如图 4－41、图 4－42 所示。断面图形对称时,也可画在视图的中断处,如图 4－43 所示。

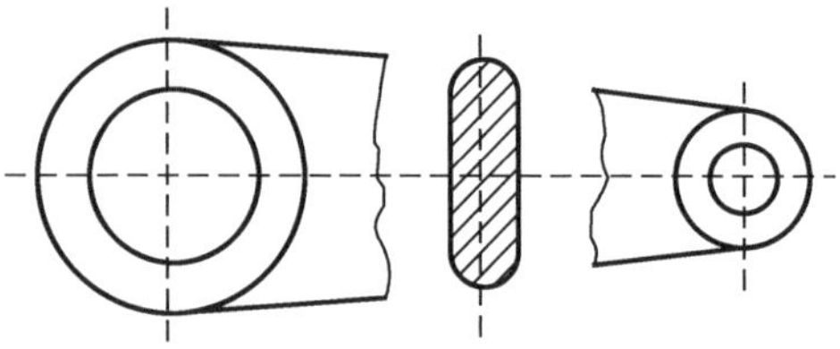

图 4－43　移出断面画在视图中断处

2. 移出断面的标注

断面图的标注方法与剖视图相同。当断面的图形结构对称时,可省略箭头;当断面图配置在剖切位置的延长线上时,可省略名称;当箭头和名称都省略时,剖切符号可省略,用细点画线的剖切线代替,如图4-44所示。

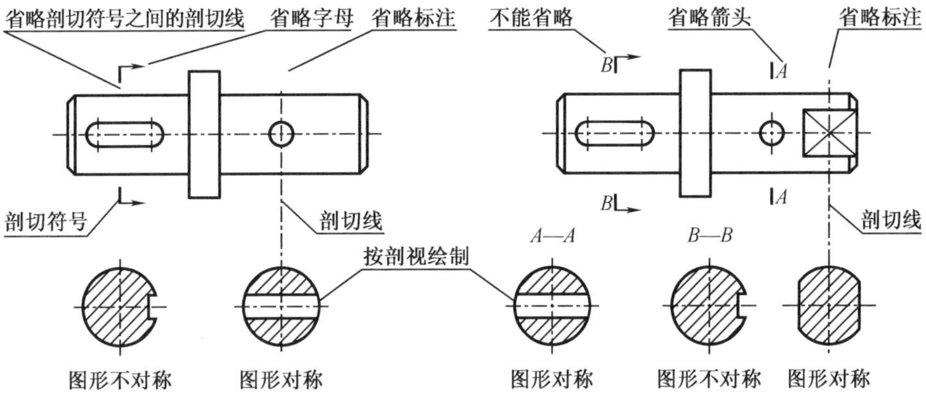

图4-44 移出断面的配置与标注

3. 移出断面的应用

(1)当剖切平面通过回转面形成的孔或凹坑的轴线时,国标规定这时的断面图形按剖视图形绘制,如图4-44、图4-45所示。

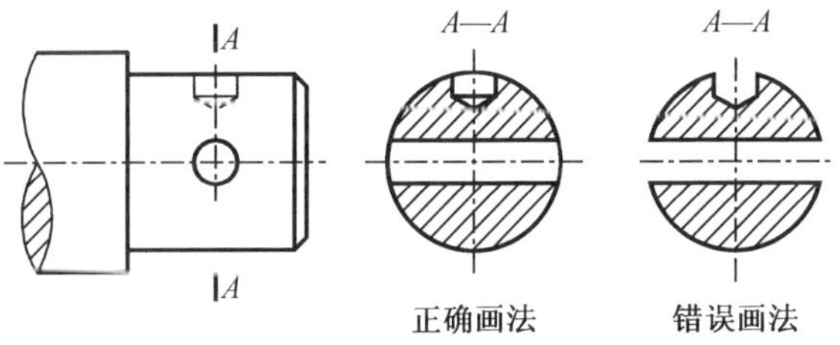

图4-45 移出断面按剖视绘制(一)

(2)当剖切平面通过非圆孔,会导致出现完全分离的两个断面时,则这些结构应按剖视绘制,如图4-46所示。

(3)为了得到断面实形,剖切平面一般应垂直于被剖部分的轮廓线。当移出断面是由两个或多个相交的剖切平面剖切得到时,断面的中间一般应断开,如图4-47所示。

4.3.1.3 重合断面的表示方法和应用

画在视图之内的断面图,称为重合断面图,简称重合断面。重合断面的轮廓线用细实线绘制。当重合断面与视图中的轮廓线重叠时,应画视图的轮廓线。当重合断面的图形结构不对称时,用箭头表示投影方向。

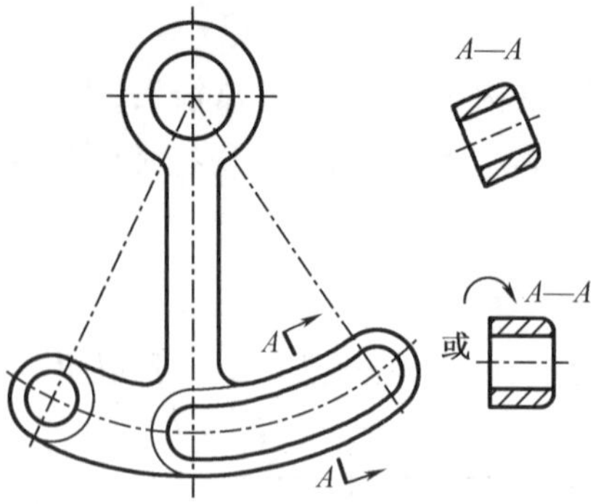

图 4-46 移出断面按剖视绘制(二)

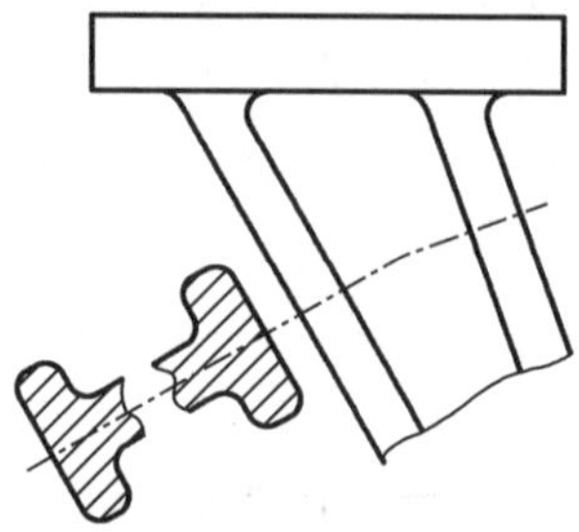

图 4-47 移出断面由两个或多个相交平面剖切时的画法

如图 4-48 所示,(a)图中用了 4 个重合断面表达吊钩 4 处横截面形状;(b)图中视图用了 1 个重合断面表达三角形肋板的横截面形状,俯视图用了 1 个重合断面表达长方形连接板的横截面形状;(c)图中的重合断面表达 L 形板的横截面形状,因横截面图形结构不对称,用箭头表示投影方向。

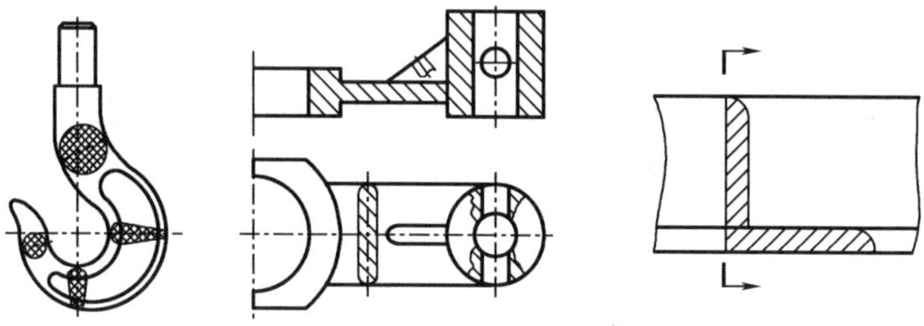

(a) (b) (c)

图 4-48 重合断面的画法和应用

4.3.2 任务实施

4.3.2.1 识读输出轴的图形表达

如图 4-41 所示的输出轴,用了 3 个图形表达它的形状结构,其中有 1 个主视图和 2 个移出断面图。主视图主要表达输出轴的外观形状特征,为一个阶梯轴,有 2 处键槽,各阶梯处有倒角;"*A—A*"断面图主要表达输出轴左端键槽的结构;"*B—B*"断面图主要表达输出轴右端键槽的结构。"*A—A*"断面图、"*B—B*"断面图的图形结构不对称,所以在主视图中分别用箭头表示投影方向,同时用剖切符号表示剖切位置。

4.3.2.2 识读输出轴的结构

输出轴是典型轴类零件,为一阶梯轴,从左到右有多处台阶和倒角,有 2 处键槽,结构较简单。

4.3.2.3 综合想象输出轴的形状

综合想象输出轴的形状结构如图 4-49 所示。

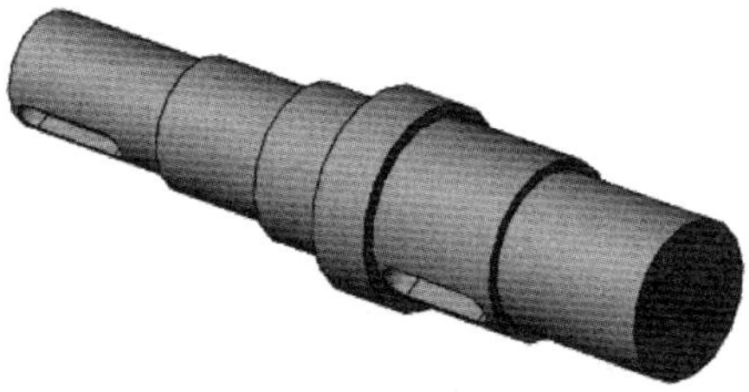

图 4－49　输出轴

4.3.3　任务拓展

4.3.3.1　局部放大图的表达方法

当零件的某些结构因尺寸较小在原图中表示不清楚或不便于标注尺寸时，用大于原图形比例的比例单独画出的图形，称为局部放大图，如图 4－50 中的 Ⅰ、Ⅱ 处按 5:1 绘制的图形。

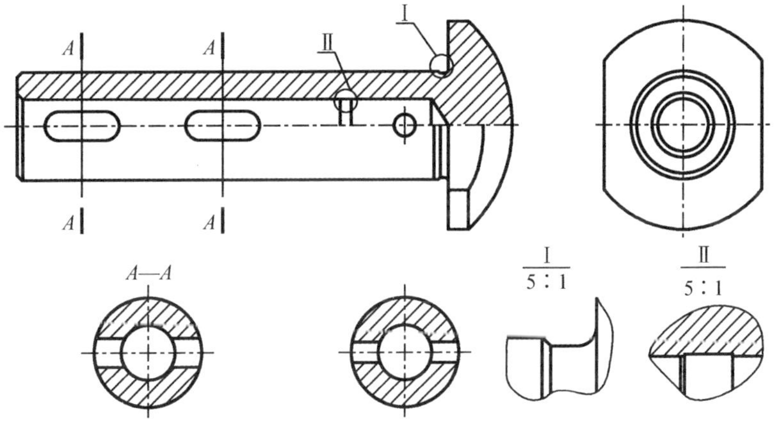

图 4－50　顶杆视图

在局部放大图的上方需标明绘图的比例。局部放大图的比例，是指零件在局部放大图中的线性尺寸与实际相应要素的线性尺寸之比，而与原图形所采用的比例无关。

局部放大图的断裂处用波浪线画出。

4.3.3.2　局部放大图的应用

（1）当零件上有几处被放大的部分时，应用罗马数字依次标明被放大的部位，用细实线圆圈圈出被放大的内容，并在相应的局部放大图的上方用分数形式标注相同罗马数字和所采用的比值，如图 4－50 所示。

（2）局部放大图可以是视图、剖视图或断面图，画成剖视图或断面图时，其剖面符号的方向和间距应与原图中剖面符号相同。局部放大图与被放大部分的表示方法无关，如图 4－50 中，原图中被放大处是剖视图，局部放大图中 Ⅰ 处画成了视图，Ⅱ 处画成了剖视图。

（3）当物体上只有一处被放大时，在局部放大图的上方只需注明所采用的比例，如图

4－51(a)所示。同一物体上不同部位的局部放大图,其图形相同或对称时,只需画出一个,如图 4－51(b)图所示。

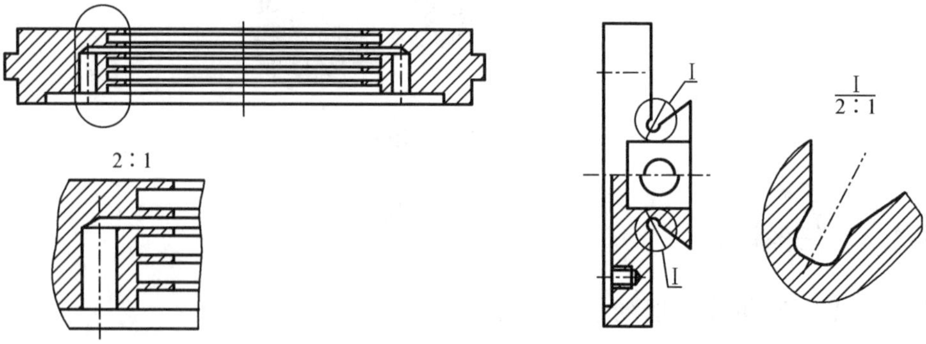

(a)　　(b)

图 4－51　局部放大图的表达

练一练　某视图采用 1:2 的比例绘制得到,其中有个半径为 1 mm 的圆弧。现绘制比例为 5:1 的局部放大图,问该圆弧的半径画多少?

任务 4.4　选择箱盖的视图表达

想一想　通过前面视图、剖视图、断面图、局部放大图、简化画法等的学习,针对图 4－52 所示的一级圆柱齿轮减速箱的箱盖零件,采用哪些图形来表达更简洁、更清晰呢?

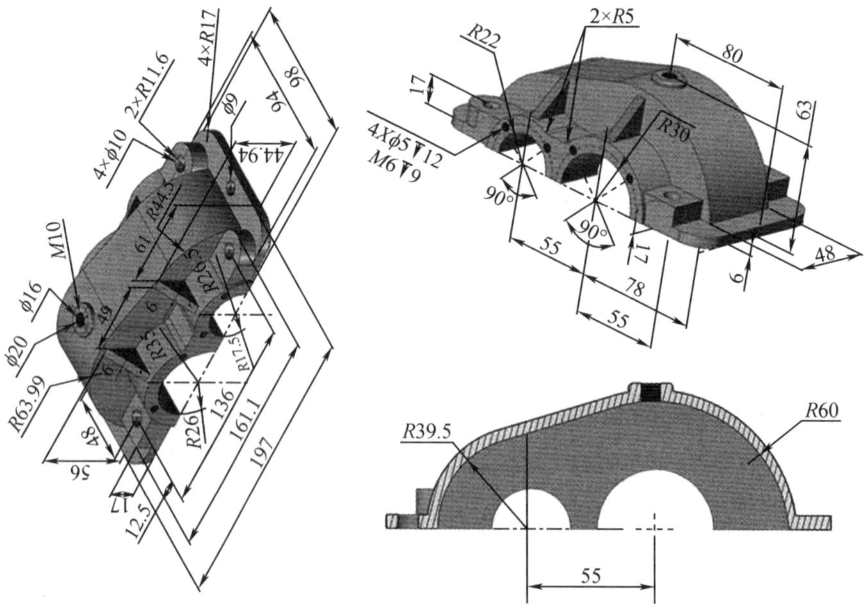

图 4－52　箱盖立体图

本任务将给予解答。

4.4.1 任务分析

4.4.1.1 箱盖作用的分析

在一级圆柱齿轮减速器中,箱盖起着支撑、包容、保护零件的作用。它与箱座通过圆柱销定位、螺栓连接后一起支撑齿轮轴、输出轴,分别与齿轮轴的端盖和透盖、输出轴的端盖和透盖通过螺钉连接,对减速箱内的零件及其润滑油起密封作用,顶部设有注油观察孔。

4.4.1.2 箱盖结构的分析

如图4－52所示的箱盖零件,选择图中箭头所示方向为主视图投影方向,箱盖外部形状结构较复杂,有内部大空腔,前后对称。如图4－53所示,箱盖主要由长方体形底板、4个半圆柱套筒、2个U形块、2个长方体、4个三角形支撑筋、带圆柱凸台的薄壁箱体组成。

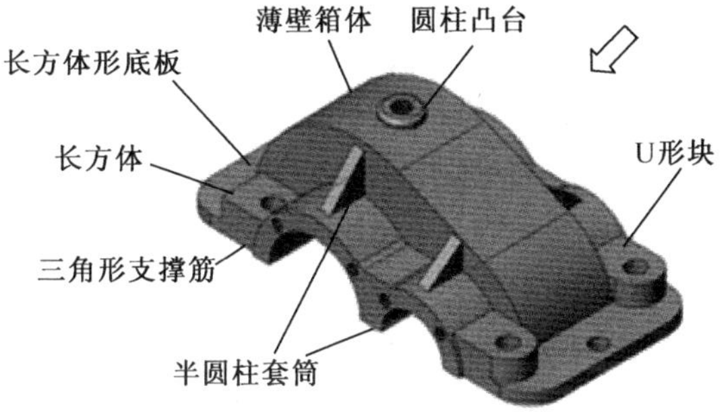

图4－53　箱盖的组成

长方形底板的长、宽、高分别为197、94、6,有4个$R17$的圆角,靠左边有1个$\phi9$圆柱孔(定位圆柱销孔)。4个半圆柱套筒前后对称,2组半圆柱的外径、孔径分别是$R35$与$R30$、$R26.5$与$R22$,宽度为98,前端面、后端面上分布有8个M6深9、$\phi5$深12的螺钉连接孔,与长方形底板底面平齐,与U形块、长方体、三角形支撑筋相交,与薄壁箱体相接。U形块、长方体叠加在长方形底板上面,前后对称,与薄壁箱体相接;2个U形块在左边,距离长方形上表面高度为7,U形半径为11.6;2个长方体在右边,距离底面高度为7;U形块和长方体上有4个$\phi10$的圆柱孔(螺栓连接孔)。三角形支撑筋有4个,前后对称,厚度均为6,前后方向底部尺寸为与半圆柱套筒前、后端面缩进6,高度分别为距离底面56、44.94。薄壁箱体顶面有凸台,尺寸为$\phi20$、$\phi16$,同轴螺纹孔M10,凸台上表面距离箱盖底面63;薄壁箱体宽度48,叠加在长方形薄板上面,前后对称,长度方向由右边$R63.99$圆柱、左边$R44.5$圆柱、中间棱台光滑连接而成;内部空腔与外形形状相同,壁厚由$R60$、$R39.5$得到。

4.4.1.3 箱盖视图表达分析

箱体类零件结构复杂,通常内、外形状都需要表达,且加工位置变化较多。这类零件的主视图按形状特征、工作位置绘出。一般需要两个以上的基本视图,根据零件内外结构特点再采用剖视图、局部视图、局部放大图等。

4.4.2 任务实施

4.4.2.1 选择主视图

箱盖零件的主视图,按工作位置放置,按形状特征选择投影方向,主视图投影方向如图4-53中箭头所示。主视图主要表达箱盖的外观形状特征、内部空腔的形状特征(不可见用虚线表示)、前端面的结构形状、4个螺钉连接孔的位置。采用2处局部剖视,其中左边的局部剖视主要是表达圆柱销孔的形状结构,右边的局部剖视主要表达螺栓连接孔(4个,只画1个)的形状结构。

4.4.2.2 选择其他视图

箱盖零件的图形表达,除主视图外,还采用俯视图、左视图和1个向视图等图形。

俯视图主要表达内容如下:从上往下看箱盖零件各组成部分在长度、宽度方向的相对位置;带4个圆角的长方形底板的形状特征;顶部注油观察孔及其所在凸台的形状特征;4个螺栓孔及其所在U形、方形凸台的形状特征;底板上圆柱销孔的位置和形状特征;4个支撑筋的位置和矩形投影;两个半圆柱所在凸台与长方体底板前端面、后端面不平齐。因为箱盖的结构前后对称,俯视图采用对称视图的简化画法。

左视图采用3处局部剖视,主要表达两个半圆柱孔的结构形状、顶部注油观察螺纹孔及其所在圆凸台的结构形状。左视图还表达2处支撑筋的三角形形状特征。支撑筋按规定纵向不剖,并且对称画出。

向视图为从下往上看箱盖得到,相当于仰视图,主要表达箱盖底平面的结构及内部空腔的底面形状,同时也表达了4个螺栓孔、1个圆柱销孔的形状特征和2个半圆柱孔的矩形投影和顶部注油孔的形状特征。因箱盖前后对称,向视图采用对称视图的简化画法。

4.4.2.3 绘制视图

按绘制视图的方法和步骤绘制出的箱盖的视图如图4-54所示。

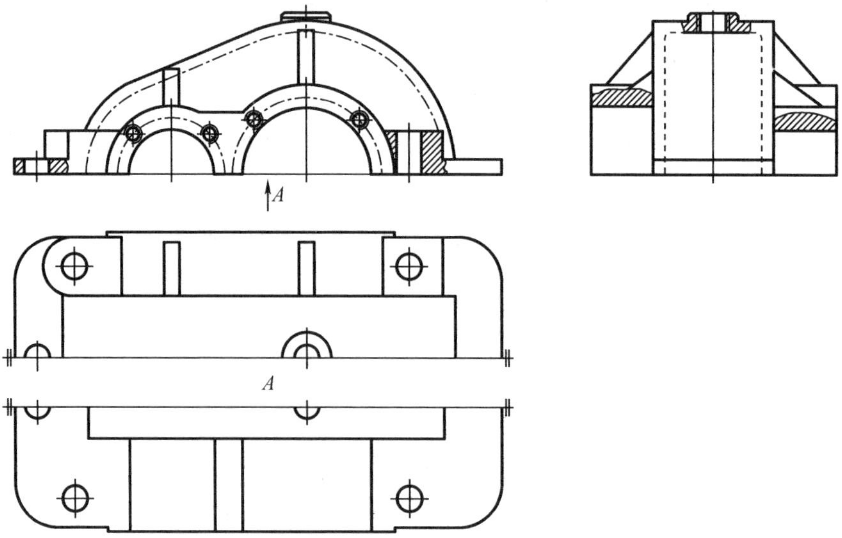

图4-54 箱盖的图形表达

4.4.3 任务拓展

零件的图形表达方案不是唯一的，选择用图形最少但能够表达清楚零件内外形状结构的方案即可。如图4－53所示的箱盖的图形表达，可以把左视图画成全剖视图，俯视图画成完整的视图，也可以在主视图中局部剖视顶部的注油孔及其所在凸台。

练一练 绘制图4－53所示的箱盖的全剖左视图，要求用两个平行剖切平面剖切箱盖，清楚表达两个半圆柱孔和内腔的矩形投影结构。

任务4.5 选择箱座的视图表达

想一想 如图4－55所示的一级圆柱齿轮减速箱箱座零件，及如图3－46所示的箱座三视图，可以采用哪些视图来表达更简洁、更清晰呢？

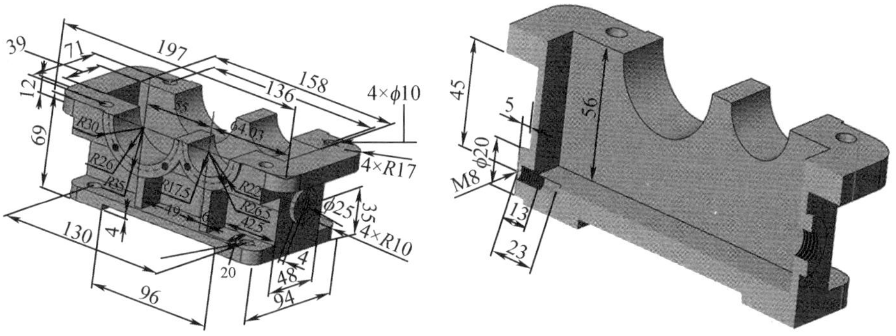

图4－55 箱座立体图

4.5.1 任务分析

4.5.1.1 箱座作用的分析

在一级圆柱齿轮减速器中，箱座与箱盖一样，起着支撑、包容、保护零件的作用，另外它还起着整个减速箱的基座作用。它与箱盖通过圆柱销定位、螺栓连接后一起支撑齿轮轴、输出轴，分别与齿轮轴的端盖和透盖、输出轴的端盖和透盖通过螺钉连接，对减速箱内的零件及其润滑油起密封、保护作用，它可以通过螺栓连接固定在工作台上。

4.5.1.2 箱座结构的分析

如图4－55所示的箱座零件，是典型的箱体类零件，结构复杂，内外形状都需要表达。箱座的组成如图4－56所示，主要由底座、下部腔体、4个长方形支撑筋和上部腔体叠加而成。除支撑筋外，它们是由一般形体切割得到。选择图4－56所示放置位置和箭头所示方向为主视图投影方向，箱座结构前后对称。

由图4－55、图4－56可知，底座为长方体的切割体，长、宽、高分别为160、94、9，带4个圆角$R10$，底面开有左右对称的前后方向通槽，尺寸为长96、深4，带有4个$\phi10$螺栓连接孔。下部腔体与底座叠加，左右两侧面平齐，前后两面居中对称；与上部腔体的左右两面不平齐，前后两面居中对称；左侧面上前后居中，距箱座底平面35处有一$\phi25$、长4的圆柱凸台,带同轴螺纹观察孔;右侧面底部前后居中有一 $\phi20$、长 5 的圆柱凸台,带同轴 M8、螺纹深 13、圆柱孔深 23 的放油孔(如图 4 - 55 剖视图所示);内部长方形空腔长 158、宽 39、槽底距箱座上表面 56。4 个长方形支撑筋与底座上下叠加,与下部腔体前后两侧叠加,尺寸有 6、24、42.5、49。上部腔体为上下阶梯结构,上部长方体长 197、厚 12、宽 98,下部长方体与上部长方体前后两侧面平齐,与底座左右两侧面平齐;垂直方向的内腔与下部腔体大小形状相同;开有两列大小不一的半圆柱孔,两列半圆柱与上下长方体的前后端面不平齐,并在前后端面上分布共 8 个 M6 深 9、$\phi5$、深 12 的螺钉连接孔;上表面有 4 个 $\phi10$ 的圆柱通孔(螺栓连接孔)和 1 个 $\phi9$ 圆柱通孔(定位圆柱销孔)。

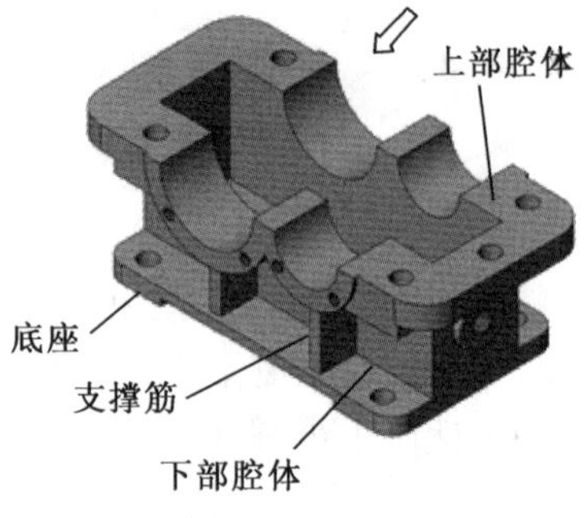

图 4 - 56　箱座的组成

4.5.2　任务实施

4.5.2.1　选择主视图

箱座零件的主视图,按工作位置选择放置位置,按形状特征选择投影方向,主要表达箱座的外观基本形状特征、前端面的形状结构、底部通槽的矩形投影、4 个螺钉连接孔的位置。采用 3 处局部剖视,其中左边的局部剖视主要表达箱座左侧面上水平轴线的螺纹孔及其所在圆形凸台的轴线方向的形状结构,以及内部空腔的部分结构和该处底座的厚度;右下方的局部剖视主要表达水平轴线的螺纹孔(盲孔)及其所在圆形凸台的轴线方向的形状结构;右上方的局部剖主要表达螺栓连接圆柱孔(4 个,只画 1 个)的轴线方向的形状结构。

4.5.2.2　选择其他视图

箱座零件的图形表达,除主视图外,还采用俯视图、左视图、2 个向视图和 1 个全剖视图等图形。

俯视图主要表达内容如下:带 4 个圆角的长方形盖板的形状特征,其上 4 个圆柱孔的位置及形状特征,从上往下看得到的内部空腔的矩形投影、2 个半圆柱孔的矩形投影;2 个半圆柱所在凸台的前、后端面与盖板的前端面、后端面不平齐。主视图采用局部剖视,主要表达两个半圆柱孔所在凸台上的螺纹孔的轴线方向结构(4 个,只画 1 个,螺钉连接孔)。因为箱座的结构前后对称,俯视图采用对称视图的简化画法。

左视图主要表达箱座左侧的外观基本形状和左侧面上螺纹孔及其所在圆形凸台的形状特征。采用 3 处局部剖,主要表达两个半圆柱孔的轴线方向的矩形投影和底板上的圆柱孔的轴线方向结构。

用从下往上看得到的 1 个向视图来表达箱座底面的形状及其底部通槽的形状,前后对称采用简化视图的画法。再用从右往左看得到的向视图、局部视图,表达箱座右下侧的螺纹孔的形状特。

用从上往下看箱座的投影方向,用通过箱座左侧面上螺纹孔的轴线的水平面剖切箱座,画 1 个全剖视图,用于表达箱座在该剖切位置的内外结构,主要是内部空腔、支撑筋和底板的形状特征。

4.5.2.3　绘制视图

按绘制视图的方法和步骤绘制出的箱座的视图如图 4 - 57 所示。

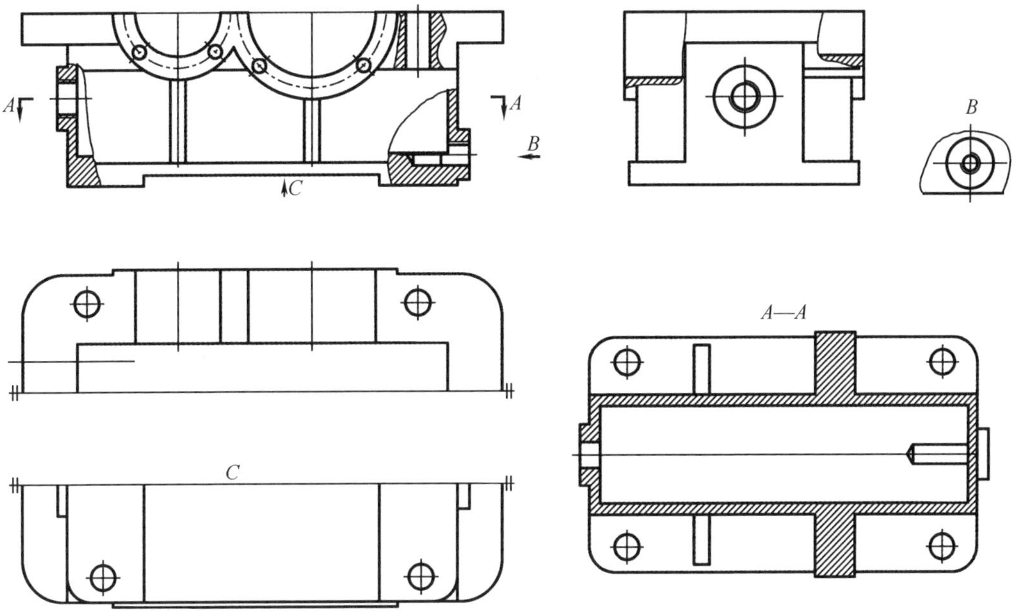

图 4－57 箱座的视图表达

4.5.3 任务拓展

箱座的图形表达方案不是唯一的，如图 4－58 所示的箱座的图形表达，也是可选方案。

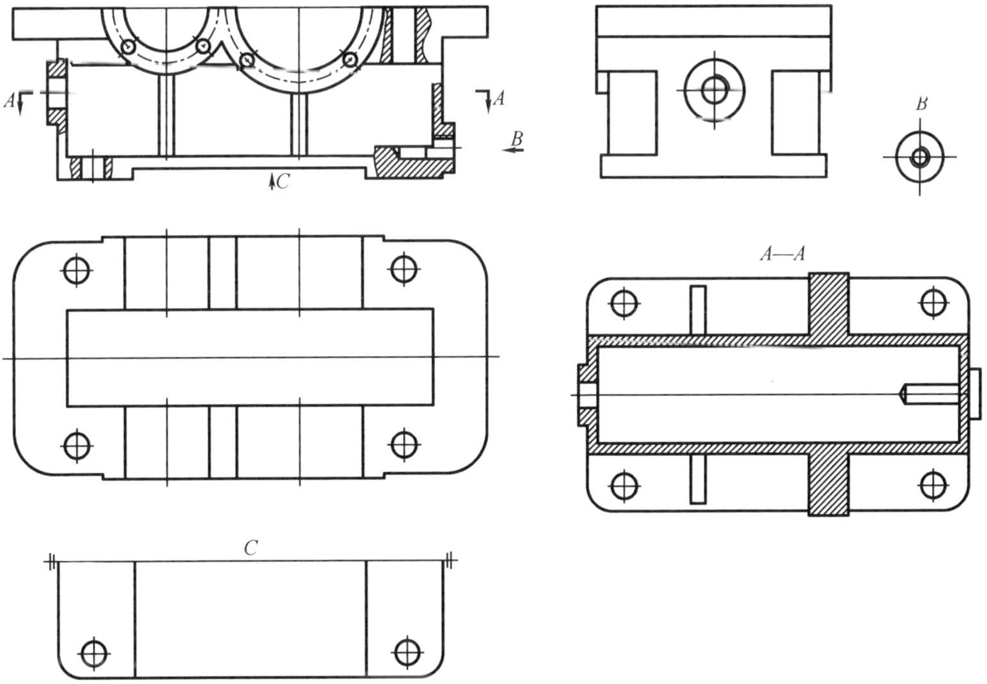

图 4－58 箱座的视图表达(二)

任务4.6 绘制阀体的视图

想一想 如图4－59所示的阀体零件,选择哪些视图可能清楚表达其内外结构形状并且简洁呢?

本任务将给予解答。

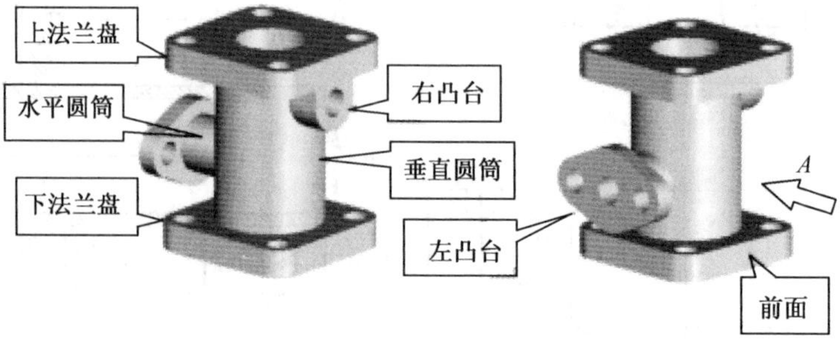

图4－59 阀体立体图

4.6.1 任务分析

4.6.1.1 阀体结构的分析

阀体结构如图4－59所示,按图中箭头 *A* 所示方向为主视图投影方向,该阀体前后对称,由6个形体组成:中间的垂直圆筒和水平圆筒垂直正交;上下法兰盘为带圆角的方形结构,其上各有4个对称分布的圆孔,中间与垂直圆筒一致有一个大的圆孔;左凸台与水平圆筒同轴线,其上下、前后均为圆柱面,凸台上有3个圆孔,中间的圆孔与水平圆筒的孔同轴且一样大;右凸台为U形块,与上法兰盘右端面平齐,中间的圆孔与竖直圆筒的孔垂直正交。

4.6.1.2 阀体视图的选择

1. 选择主视图

如图4－59所示的箭头 *A* 向作为主视图的投影方向,该方向反映了阀体的结构特征,表达了6个形体长度方向、高度方向的形状与相互位置。

2. 选择其他视图

(1)俯视图 为了表达6个形体在宽度方向的相互位置、上下两个法兰盘形状及其孔的分布情况,优先选用俯视图。

(2)左视图与右视图 为了表达左右凸台的结构形状,可以选择左视图和右视图,表达方案如图4－60所示。可见,在左右视图中,重复表达了上下法兰盘、竖直圆筒、左右凸台的结构,且虚线较多,不合理。

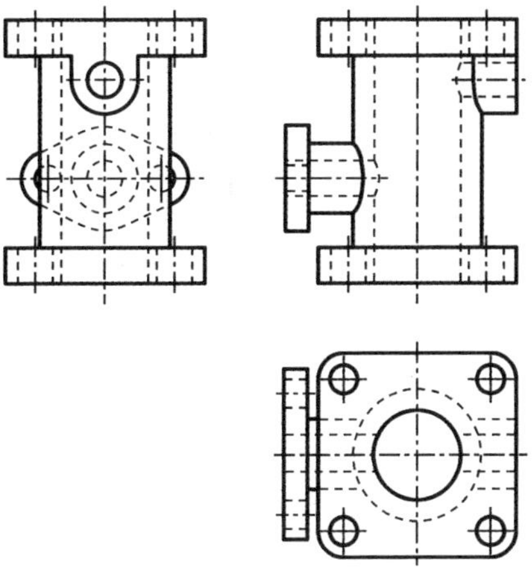

图 4-60 阀体视图的选择

(3)选择局部视图 局部视图是将物体的某一部分向基本投影面投射所得的视图。因阀体上的凸台分别平行于左右投影面,故用2个局部视图来表达。

4.6.1.3 阀体剖视的选择

阀体的内部结构与外部结构较复杂,需要表达。在图4-60所示阀体视图表达中,主视图和俯视图中的虚线较多,内部结构表达得不清晰,也不便于尺寸的标注。因此,需要采用剖视图来表达其内部结构。

根据阀体的结构特点,主视图采用全剖,如图4-61(a)所示。俯视图若也采用全剖,顶部的方形结构就表达不出来,如图4-61(b)所示,因此俯视图不能采用全剖,而是采用半剖更合理,且剖切平面为通过水平圆柱孔轴线的两个平行的水平面,如图4-61(c)所示。

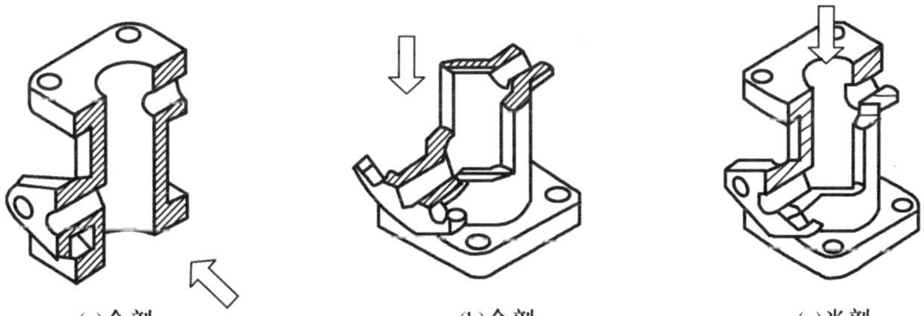

(a)全剖　(b)全剖　(c)半剖

图 4-61 阀体剖视的选择

4.6.2 任务实施

4.6.2.1 绘制主、俯视图

根据绘制三视图的方法和步骤绘制的阀体的主、俯视图如图4-62所示。

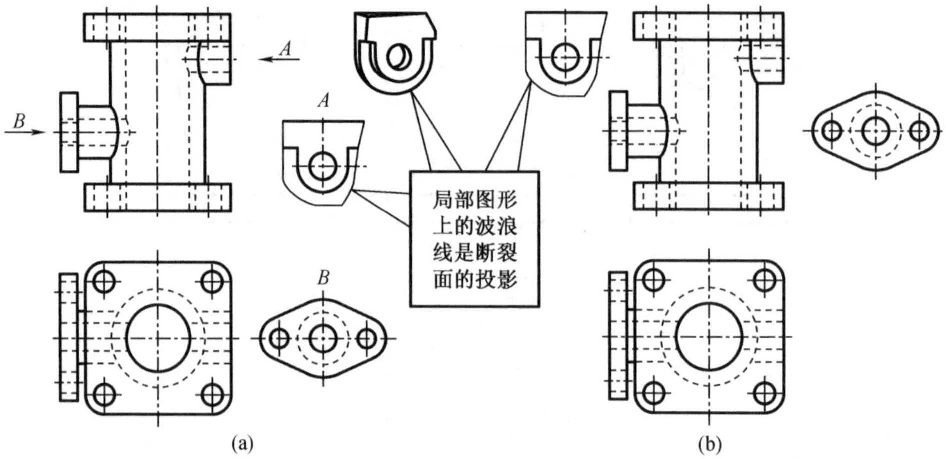

图 4－62　阀体的局部视图

4.6.2.2　绘制局部视图

1. 局部视图的选取

(1)尽量选择完整的局部图形。局部特征具有独立完整的轮廓,如阀体上的左凸台端面具有独立完整的轮廓,局部视图的画法如图 4－62(a)中的 *B* 向图形。

(2)用波浪线区别局部特征与其他相连部分。当局部特征与其他部分相连,必须用波浪线将局部特征与其他部分区分开,如图 4－62(b)中的 *A* 向图形,因为右凸台端面轮廓不是独立的,与上法兰盘连接,故需要用波浪线与其他结构分开。

2. 局部视图的标注

(1)按基本视图配置、中间又没有其他图形隔开时,则不必标注,如图 4－62(b)所示。

(2)按向视图配置时,用箭头指明投射方向,并用大写的拉丁字母标注名称,在相应的局部视图上方注明相同的名称,如图 4－62(a)所示。

4.6.2.3　绘制剖视图

绘制剖视图并标注剖视图的方法和步骤如图 4－63 所示。

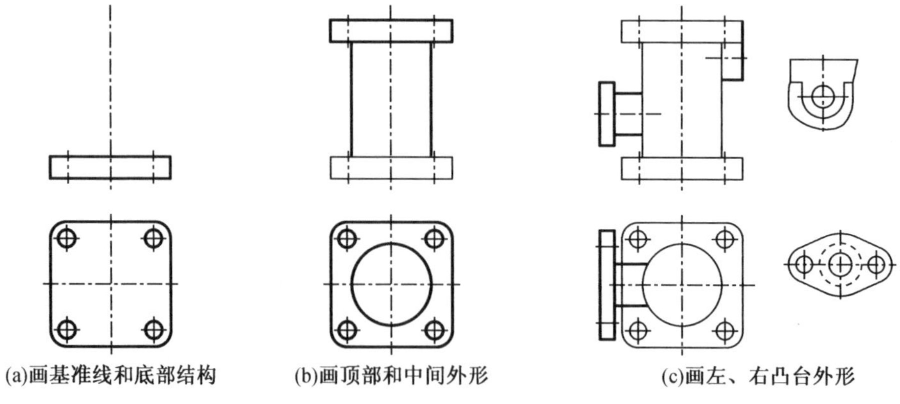

图 4－63　阀体剖视图的画法

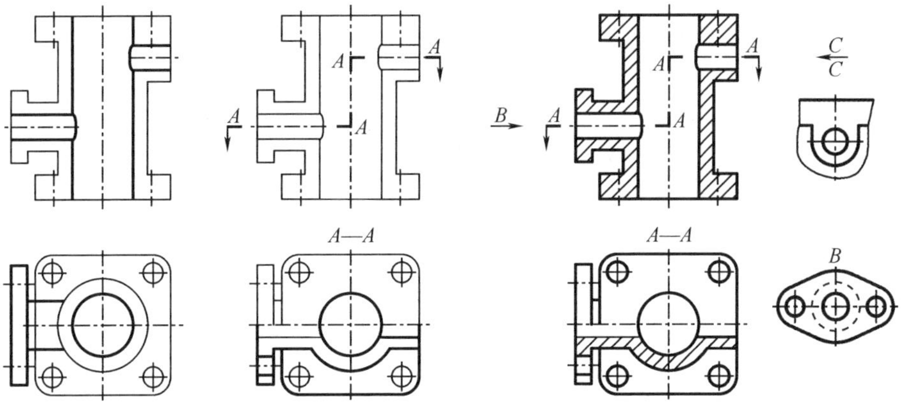

(d)画主视图内部结构　(e)画俯视图内部结构　(f)检查、打剖面线、整理图线、标注

图 4－63(续)

4.6.3　任务拓展

4.6.3.1　绘制顶杆视图

1. 分析顶杆结构

如图 4－64 所示,顶杆前后、上下对称,主要由阶梯形的水平圆柱与右侧的球形体组成,中间挖了阶梯形的圆形盲孔,在左侧水平圆柱表面有 3 个前后贯穿的通孔,在右侧的圆柱与球形体上前后被切割成平面。

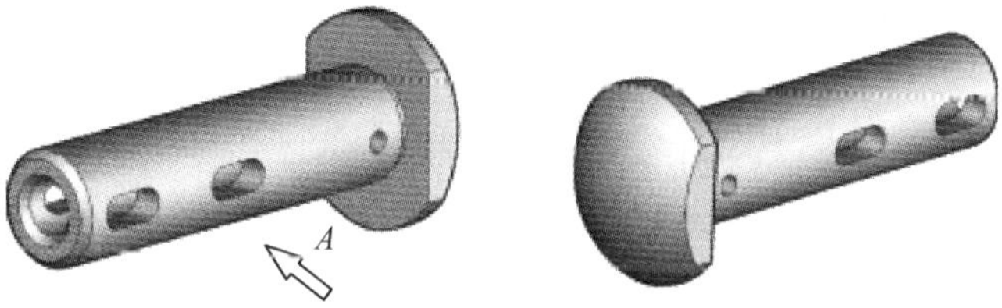

图 4－64　顶杆立体图

2. 选择顶杆视图

(1)主视图的选择　按图 4－64 所示的箭头 A 向作为主视图的投影方向,该方向反映了顶杆的结构特征以及孔的形状和相对位置。主视图既要表达内部结构,又要表达前后面上的通孔以及右侧圆柱与球形体的平面,故采用半剖视图,如图 4－65(a)所示。

(2)选择其他视图

①选择左视图。为了表达水平圆柱左端面形状、球形体的形状、水平圆柱与球形体的相对位置,选择左视图。

②选择移出断面图。采用移出断面图表达前后通孔的断面形状,如图 4－65(b)所示。

③选择局部放大图。砂轮越程槽结构小,不便于尺寸标注,故采用局部放大图表达。

图 4-65　顶杆表达方案的选择

3. 绘制顶杆视图

(1)绘制基本视图和移出断面图　因水平圆柱上的 2 个非圆形孔形状大小一样,故标注相同的名称"*A*—*A*",并只画一个移出断面图,如 4.3.3 中的图 4-50 所示。

(2)绘制局部放大图　局部放大图绘制方法见 4.3.3.2 所述,此处不再赘述。

4.6.3.2　识读下阀体视图

1. 分析下阀体视图种类

如图 4-66 所示,下阀体的视图有全剖的主视图、*A*—*A* 半剖的俯视图、*B* 向和 *C* 向的局部视图,以及主视图中的 2 处断面图:左侧肋板上的移出断面图、右侧肋板上的重合断面图。

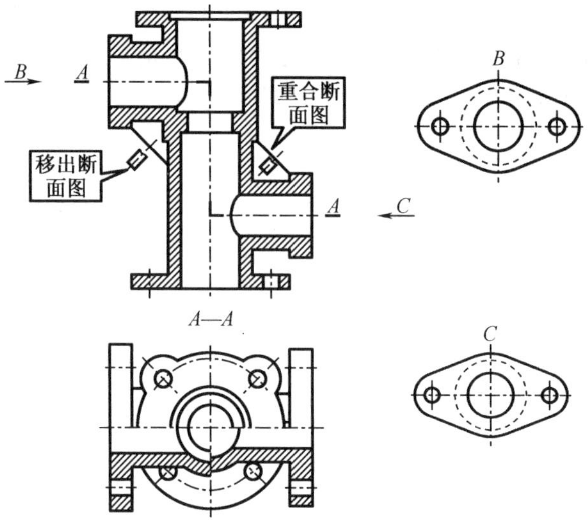

图 4-66　下阀体视图

2. 粗读视图

在分析图 4-66 中的视图种类基础上,再分析各视图重点表达的内容。

(1)主视图　重点表达了下阀体的内部结构、各个形体间的相互位置;移出断面图和重合断面图分别表达了左右肋板的断面形状。

(2)俯视图　一半表达了上下法兰的外形、垂直孔的形状及其分布;另一半表达了左右凸台与中间圆筒的连接关系及相互位置。

(3)局部视图　*B* 向视图表达了左凸台的端面形状,*C* 向视图表达了右凸台的端面形状。

3. 精读视图

下阀体前后对称，主要由上下法兰、中间阶梯形圆筒、左右凸台及其肋板等形体组成。结合各视图想象各形体结构，上下法兰结构如图 4－67(a)所示，中间阶梯形圆筒如图 4－67(b)所示，左右凸台结构如图 4－67(c)所示，肋板结构如图 4－67(d)所示。

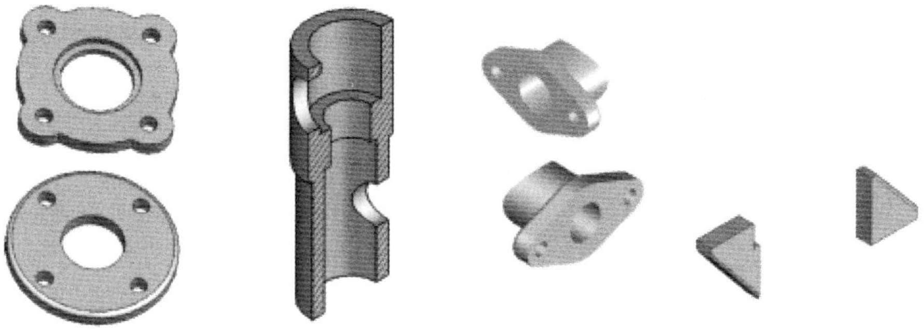

(a)上下法兰　(b)中间阶梯形圆筒　(c)左右凸台　(d)左右肋板

图 4－67　下阀体各组成形体

4. 综合想象下阀体结构

上下法兰与中间圆筒相交且同轴，左右凸台前后对称相交于中间圆筒，左右肋板分别交于凸台和圆筒，综合想象下阀体的结构形状，如图 4－68 所示。

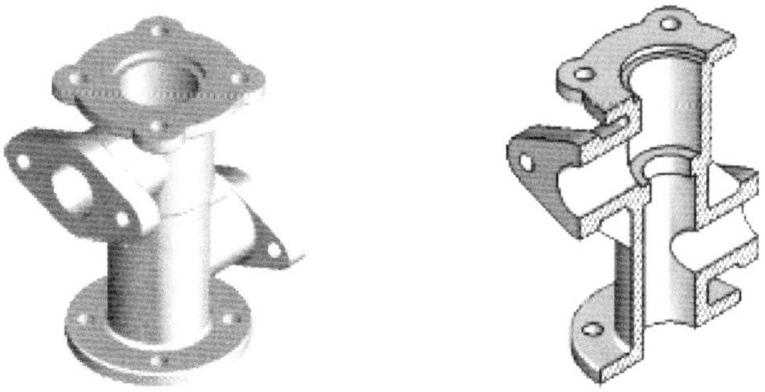

图 4－68　下阀体结构形状

同步练习

4－1　如图 4－69 所示，根据立体图，绘制 A 向、B 向局部视图。

4－2　如图 4－70 所示，绘制 B 向局部斜视图。

4－3　如图 4－71 所示，补画图中所缺漏的线。

4－4　如图 4－72 所示，将主视图改为全剖视图。

4－5　如图 4－73 所示，在适当的部位作局部剖视图，在多余的线上打“×”。

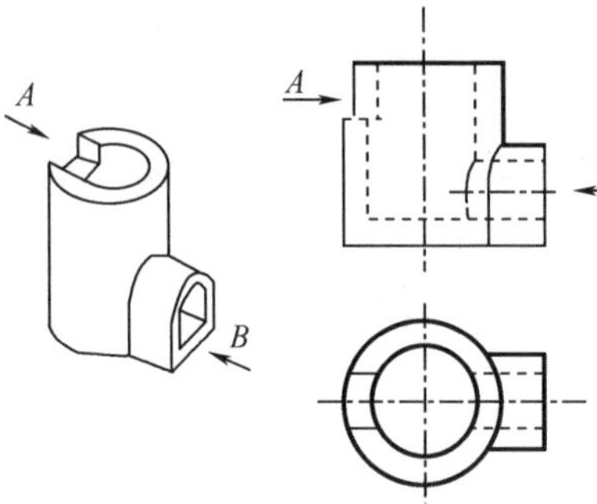

图 4-69　练习 4-1 图

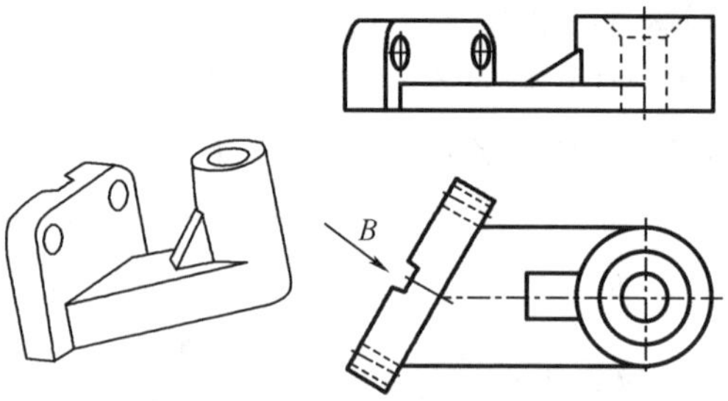

图 4-70　练习 4-2 图

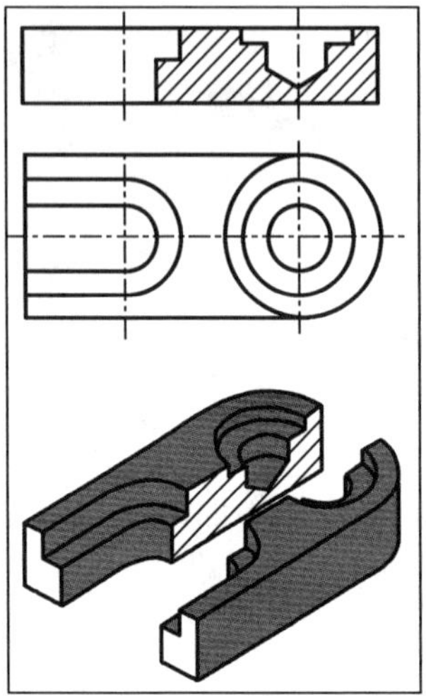

图 4-71　练习 4-3 图

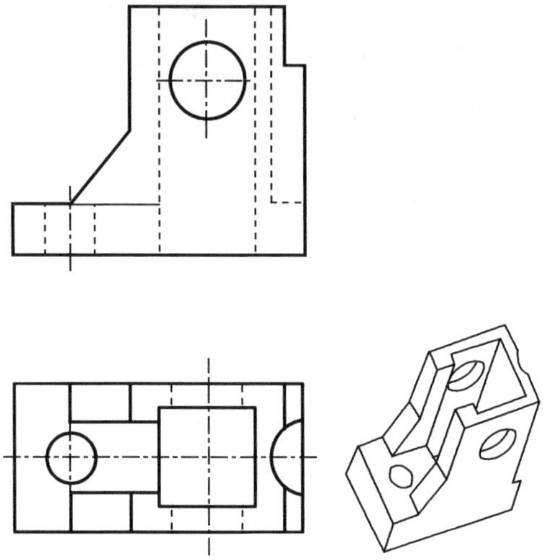

图 4-72　练习 4-4 图

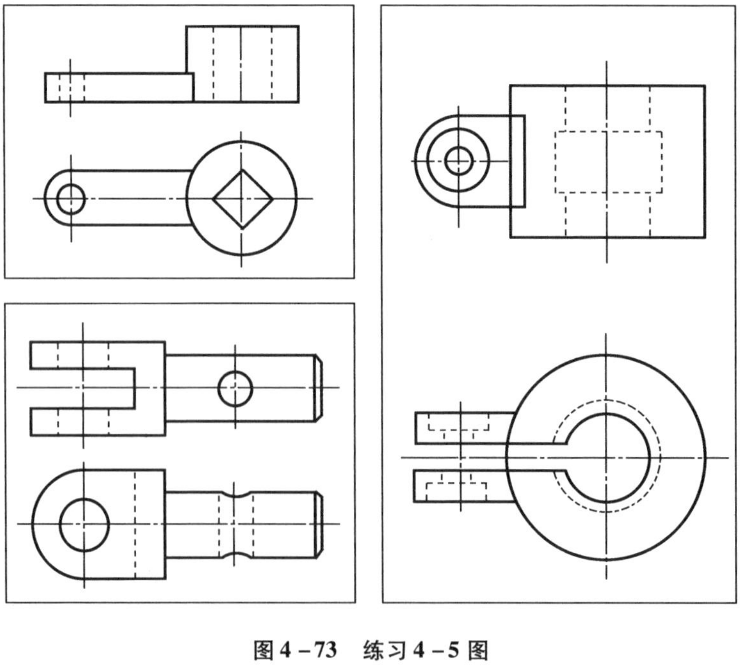

图 4-73　练习 4-5 图

4 -6 选择如图 4 -74 所示物体的视图表达方案。

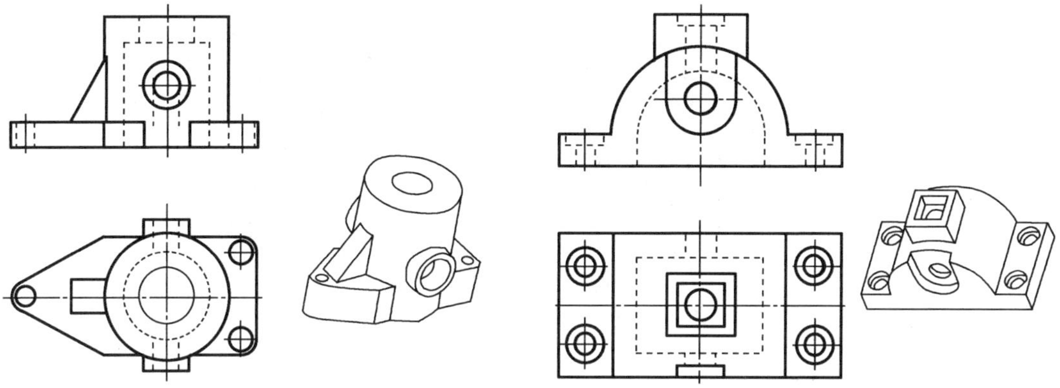

(a) (b)

图 4 -74 练习 4 -6 图

4 -7 选择图 4 -75 所示物体的视图表达方案(孔为通孔)。

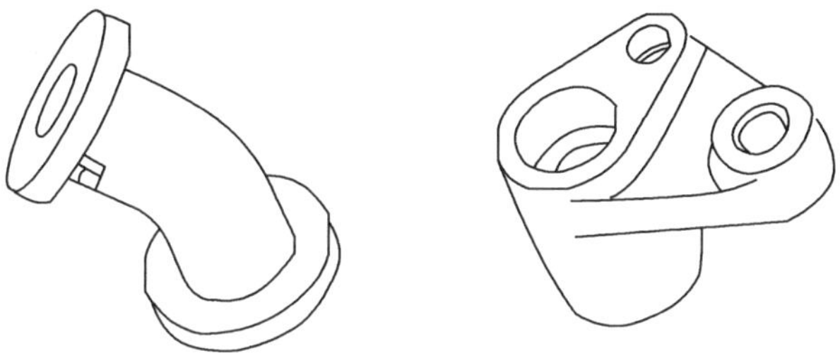

(a) (b)

图 4 -75 练习 4 -7 图

4 -8 描述图 4 -76 中所采用的简化画法。

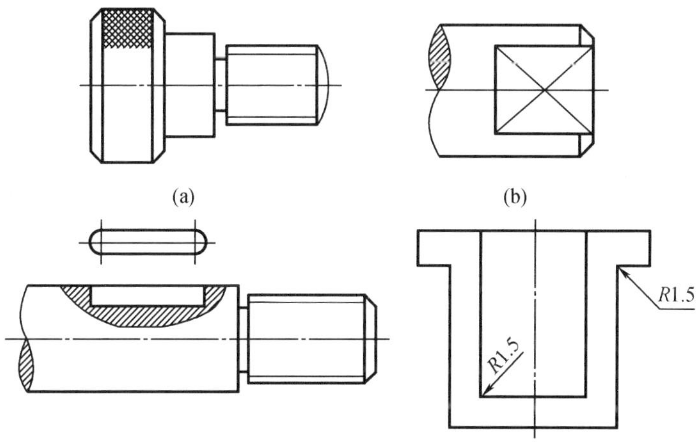

(c) (d)

图 4 -76 练习 4 -8 图

4－9　描述图 4－77 中的脚踏座零件的视图表达方案。

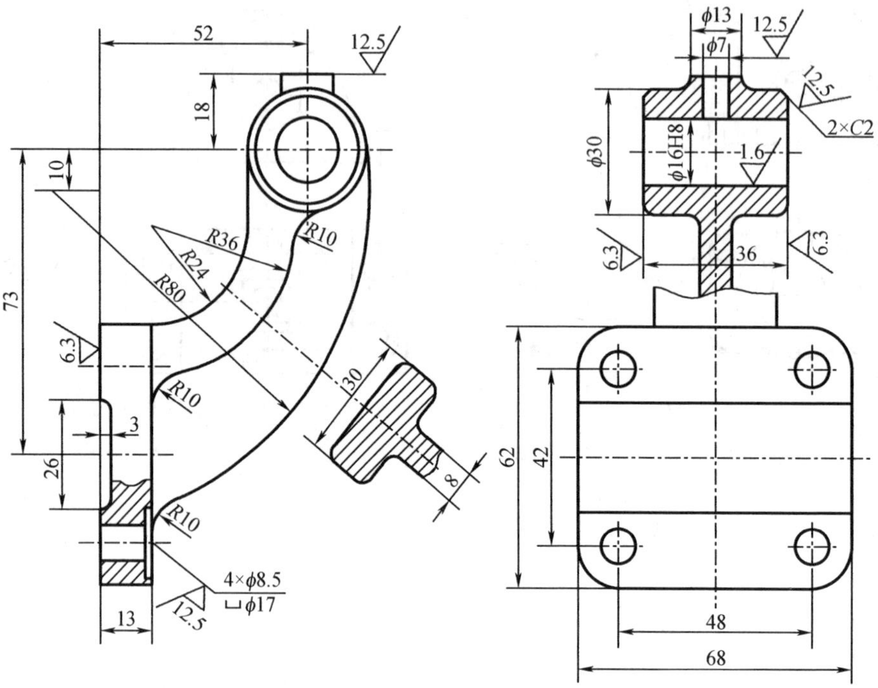

图 4－77　练习 4－9 图

项目5 识读和测绘零件图

【项目功能】

通过识读减速箱的齿轮轴、齿轮、箱盖、箱体等零件的零件图,掌握识读零件图的方法和步骤,熟悉典型零件结构的图形表达方法,熟悉技术要求的含义,想象出零件的空间形状。通过测绘透盖零件图,掌握测绘零件图的方法。读懂零件图,方便指导生产和解决有关技术问题,为后续专业课学习打下基础。

能够识读复杂零件的零件图,具体包括:

1. 了解零件图的作用和内容;
2. 掌握识读零件图的方法和步骤;
3. 了解四类典型零件常用的图形表达方法;
4. 掌握尺寸精度、形位公差、表面粗糙度代号的含义;
5. 熟悉齿轮轮齿的画法、齿轮啮合区的画法;
6. 熟悉螺纹的画法、联结螺纹的画法、螺纹的标记含义;
7. 掌握测绘零件图的方法和步骤;
8. 提升工程素养和职业规范。

任务5.1 识读齿轮轴零件图

想一想 如图5-1所示的一级圆柱齿轮减速箱的齿轮轴的零件图,包含了哪些零件信息?怎么读懂?图形表达了什么形状结构?哪些尺寸重要?$\sqrt{Ra3.2}$、$\phi 12.5^{\ 0}_{-0.02}$、

◎	ϕ0.03	A

分别表示什么?

5.1.1 任务分析

5.1.1.1 零件图的作用

任何机器或部件都是由若干个零件按一定的装配关系和技术要求组装起来的,零件是组成机器和部件的基本单位。制造机器时,必须先制造出全部零件。表示零件结构、大小及技术要求的图样,称为零件图。零件图是制造和检验零件的依据,是组织生产的主要技术文件之一。

5.1.1.2 零件图的内容

由图5-1所示的齿轮轴零件图可以看出,一张完整的零件图应包括下列基本内容:

(1)一组图形　用一定数量的视图、剖视图、断面图、局部放大图等,完整、清晰地表达零件的结构形状;

(2)足够的尺寸　完全、清晰、正确、合理地标注出零件在制造、检验时所需的全部尺寸;

(3)必要的技术要求　用规定的代号和文字,注出零件在制造和检验中应达到的各项质量要求,如表面粗糙度、尺寸公差、形位公差、热处理及表面处理等;

(4)标题栏　用于填写零件的名称、数量、材料、比例及责任人签名等。

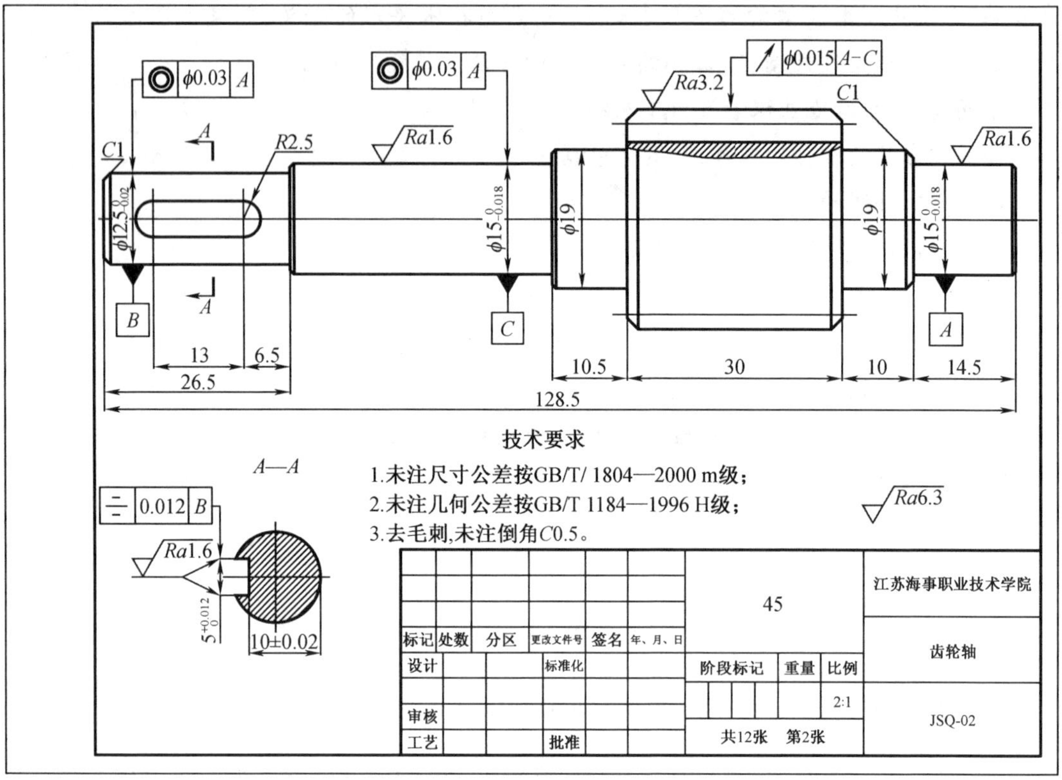

图 5-1　齿轮轴零件图

5.1.1.3　识读零件图的方法与步骤

1. 概括了解

读标题栏,了解零件的名称、材料、绘图比例等,初步得知零件的用途。浏览全图,分析零件的组合形式,判断出零件的形体概貌。

2. 详细分析

(1)分析表达方案　分析零件图的视图布局,首先找出主视图,分析各视图表达的形状结构在零件上的相应位置。注意剖视、断面的剖切位置、剖切方法。

(2)分析形体想出零件的结构形状　这是识读零件图的重要环节。从主视图出发,联系其他视图,按照投影规律进行分析。弄清零件各部分的结构形状,想象出零件的整个结构形状。

小贴士 ①牢记基本体、常见简单组合体的投影特征。

②先判断零件的组合体类型再细读视图，先整体后局部，先大结构后小结构。

③识读整体、大结构时主要用形体分析法，识读小结构时主要用线面分析法。

④“长对正、高平齐、宽相等”对点、线、面都适用。

(3)分析尺寸　先分析、计算，找出零件长、宽、高三个方向的总体尺寸；然后分析零件三个方向的尺寸基准，从基准出发，找出定位尺寸；再找出各部分结构的定形尺寸和定位尺寸。

(4)分析技术要求　分析零件的尺寸公差、形位公差、表面粗糙度和其他技术要求，弄清零件哪些尺寸加工要求高，哪些尺寸加工要求低，哪些表面加工要求高，哪些表面加工要求低，哪些表面不加工，以便下一步考虑加工方法。

3. 归纳总结

综合前面的分析，把图形、尺寸和技术要求等联系起来思考，并参阅相关技术资料，得出零件的结构、大小、用途、加工要求等完整信息。

识读零件图的过程中，上述方法和步骤往往穿插进行。

5.1.1.4　轴套类零件的结构和视图表达特征

零件形状各不相同，按其结构特点可分为轴套类、盘盖类、支架类、箱壳类等四种类型。

轴套类零件的基本形状为同轴回转体，主要在车床上加工，故主视图以加工位置和轴线方向的结构形状特征来选择。如图5－1所示，这类零件的主视图常将轴线水平放置，一般只用一个基本视图(主视图)，再辅以其他视图表达。

实心轴上的钻孔、键槽等结构，一般用局部剖视和移出断面表示；空心轴套则采用适当的剖视表达内部结构；退刀槽、挡圈槽等一般用局部放大图表示；截面形状不变而又较长的部分，可断开后缩短绘制。轴套类零件常用的视图表达如图5－2所示，图中花键轴的形状如图5－3所示。

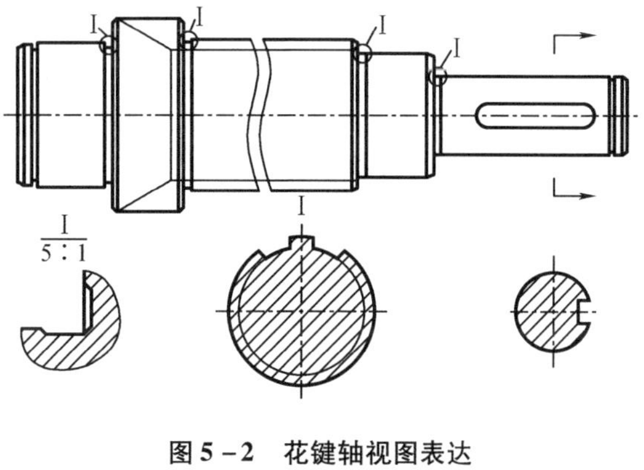

图5－2　花键轴视图表达

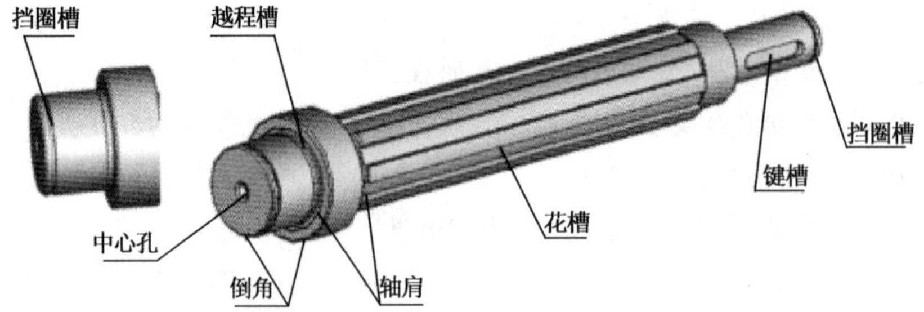

图 5－3　花键轴形状

5.1.2　任务实施

5.1.2.1　识读齿轮轴零件图的标题栏

图 5－1 中的零件为齿轮轴，材料为 45 钢，绘图比例为 2:1。该零件属于轴类零件，毛坯由锻造得到。

5.1.2.2　识读齿轮轴零件图的图形

图 5－1 中，采用了 1 个主视图(局部剖)和 1 个移出断面。主视图及其直径方向的尺寸主要表达齿轮轴的回转轴整体形状，为台阶轴，有一处键槽，有一处轮齿，局部剖表达轮齿结构，*A*—*A* 移出断面图表达 *A*－*A* 剖切位置处键槽的结构形状。

5.1.2.3　识读齿轮轴零件图的尺寸

图 5－1 中，零件的总体尺寸为：总长 128.5，总高 30，总宽 30。

根据尺寸箭头集中原则，选择齿轮轴左端面为零件长度方向的尺寸基准，选择轴线所在的平面为零件高度方向、前后方向的尺寸基准。尺寸 6.5 为键槽长度方向的定位尺寸。其他尺寸为定形尺寸。

5.1.2.4　识读齿轮轴零件图的技术要求

1. 分析齿轮轴的尺寸精度

图 5－1 中，直径尺寸、键槽尺寸有公差要求。其中的 $\phi12.5_{-0.02}^{0}$ 表示轴径的实际尺寸在 $\phi12.5 \sim \phi12.48$ 之间为合格，小于 $\phi12.5$ 或大于 $\phi12.48$ 即不合格。10 ± 0.02 表示该尺寸的实际尺寸的合格范围为最大 10.02，最小 9.98。

2. 分析齿轮轴的形位公差

| ◎ | φ0.03 | A | 是形位公差代号，表示直径为 $\phi12.5_{-0.02}^{0}$ 的圆柱的轴线相对于基准 *A* 有同轴度 $\phi0.03$ 的要求，基准 *A* 是指齿轮轴右端直径为 $\phi15_{-0.018}^{0}$ 的圆柱的轴线；| ⌯ | 0.012 | B | 表示键槽上、下两底平面相对于直径为 $\phi12.5_{-0.02}^{0}$ 的圆柱的轴线有对称度数值为 0.012 的要求；| ↗ | φ0.015 | A－C | 表示齿顶圆所在的圆柱表面相对于 *A*、*C* 公共直线基准有 $\phi0.015$ 的圆跳动要求，*C* 指齿轮轴中部直径为 $\phi15_{-0.018}^{0}$ 的圆柱的轴线。

3. 分析齿轮轴的表面粗糙度

√Ra3.2 表示齿顶圆柱面加工后粗糙度数值 *Ra* 最大不允许超过 3.2 μm。图中表面质量要求最高的为两处直径为 $\phi15_{-0.018}^{0}$ 的圆柱外表面和键槽上、下底平面。标题栏右上方的

$\sqrt{Ra6.3}$ 表示未标注表面粗糙度要求的表面切削加工后 Ra 最大不允许超过 6.3 μm。

图中用文字说明的技术要求，“去毛刺，未标注倒角 C0.5”表示图中未标注的各处倒角均为“C0.5”，“C0.5”即 45°、轴线方向尺寸 0.5 的倒角。

“未注尺寸公差按 GB/T 1804—2000 m 级”表示图中未标注公差的尺寸按 GB/T 1804—2000 规定的“线性尺寸的一般公差”来确定，其中的“m”表示“中等级”精度。如：齿轮轴的总长 128.5，图中未标注公差，查 GB/T 1804—2000 中的“线性尺寸的极限偏差数值”，即得 128.5 ±0.5。

“未注几何公差按 GB/T 1184—1996 H 级”表示图中未标注形位公差的表面按 GB/T 1184—1996 H 级精度进行。如：齿轮轴的右端面，图中未标注形位公差要求，GB/T 1184—1996 中的查“直线度、平面度未注公差值”，即得右端面的平面度要求为 0.05 mm。

试一试 查表确定图 5-1 中齿轮轴总长 128.5 尺寸的公差。

综合想象，齿轮轴的形状结构如图 5-4 所示。

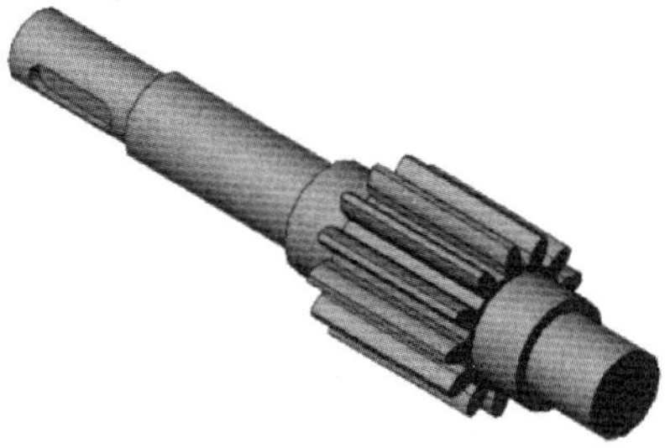

图 5-4 齿轮轴结构形状

5.1.3 任务拓展

5.1.3.1 尺寸精度的含义

零件在制造过程中，其尺寸不可能做得绝对正确，总会存在一定的误差。为保证零件具有替换性，必须将零件的误差控制在一定的范围内。零件的误差范围越小，制造零件的经济成本越高。兼顾替换性和经济性，需要设计零件的尺寸精度。

零件图上尺寸精度有三种标注形式，如图 5-5 所示。

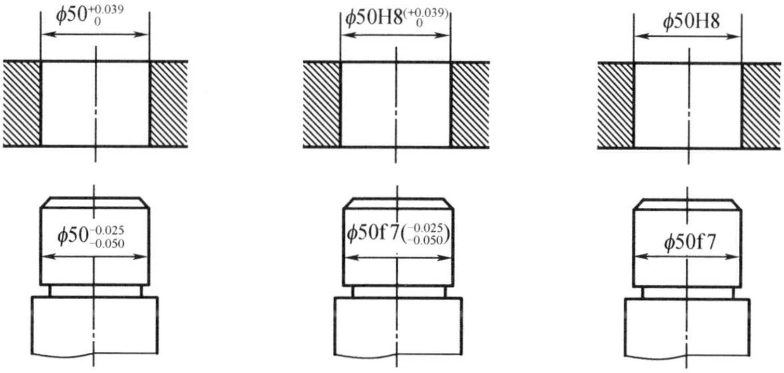

图 5-5 零件图中尺寸精度的标注

图5－5中，$\phi 50$称为基本尺寸，+0.039、-0.025称为上偏差，0、-0.050称为下偏差；$\phi 50.039$($\phi 50.039=\phi 50+0.039$)为孔的最大极限尺寸，$\phi 50$($\phi 50=\phi 50+0$)为孔的最小极限尺寸；$\phi 49.975$($\phi 49.975=\phi 50+(-0.025)$)为轴的最大极限尺寸，$\phi 49.950$($\phi 49.950=\phi 50+(-0.050)$)为轴的最小极限尺寸。

孔的实际尺寸(实际测量得到的尺寸)大于或等于$\phi 50$且小于或等于$\phi 50.039$时，为合格尺寸；轴的实际尺寸大于等于$\phi 49.950$且小于等于$\phi 49.975$时，为合格尺寸。

小贴士 ①最小极限尺寸≤实际尺寸≤最大极限尺寸，实际尺寸为合格尺寸。

②上偏差、下偏差带有正、负号。

图5－5中，$\phi 50$H8表示直径为$\phi 50$的孔(大写字母表示孔，小写字母表示轴)的标准公差等级为IT8，基本偏差代号为H。$\phi 50$f7表示直径为$\phi 50$的轴的标准公差等级为IT7，基本偏差代号为f。

查"标准公差数值表"(GB/T 1800.3—1998)，标准公差等级为IT8、基本尺寸为50的孔或者轴的标准公差数值为39 μm。查GB/T 1800.3—1998中的"孔的基本偏差数值表"得孔的下偏差为0，根据

$$\text{标准公差数值}=|\text{上偏差}-\text{下偏差}|=\text{最大极限尺寸}-\text{最小极限尺寸}$$

得：孔的上偏差为+0.039。

查GB/T 1800.3—1998中的"标准公差数值表"，标准公差等级为IT7、基本尺寸为50的孔或者轴的标准公差数值为25 μm。查GB/T 1800.3—1998中的"轴的基本偏差数值表"得轴的上偏差为-0.025。计算得到轴的下偏差为-0.050。

小贴士 ①标准公差数值为绝对值。

②国家规定标准公差分20个等级，分别为IT01、IT0、IT1…IT18，等级越小，标准公差数值越小，允许的误差范围越小，尺寸精度越高。

练一练 ①确定100±0.015的基本尺寸是多少？上偏差、下偏差是多少？公差是多少？最大极限尺寸、最小极限尺寸是多少？判断测量所得实际尺寸为100.1时是否合格。

②分别确定$\phi 30$H7、$\phi 18$g6的上偏差、下偏差，最大、最小极限尺寸，并写成偏差形式。

5.1.3.2 表面结构的表示法

1.表面粗糙度概念

在加工过程中，由于刀痕、金属的塑性变形、机床的振动等原因，零件表面经放大后可见存在着间距较小的、凹凸不平的峰、谷。这种零件加工表面上具有的微观几何形状误差，称为表面粗糙度。

表面粗糙度是评定零件表面质量的一项重要指标，它对零件的配合、耐磨性、抗腐蚀性、密封性等都有影响，直接影响着机器的使用性能和寿命。

表面粗糙度的评定参数有轮廓算术平均偏差Ra和轮廓最大高度Rz等多种，在零件图上多采用轮廓算术平均偏差Ra。Ra反映了对零件表面质量的要求，其数值越小，零件表面越光滑，表面质量越高，但加工工艺越复杂，加工成本越高。表5－1列出了Ra值的系列。

表 5－1 轮廓算术平均偏差 *Ra* 值(摘自 GB/T 1031—1995) 单位:μm

Ra	0.012	0.025	0.05	0.10	0.20	0.40	0.80
	1.6	3.2	6.3	12.5	25	50	100

小贴士 *Ra* 数值越小,精度越高,质量越好。如,*Ra*3.2 的表面精度高于 *Ra*6.4 的表面精度。

2. 表面结构的图形符号

在机械图样中,根据零件表面结构的要求用不同的图形符号来表示。图形符号用细实线绘制,画法如图 5－6 所示。表面结构的图形符号及其含义如表 5－2 所示。

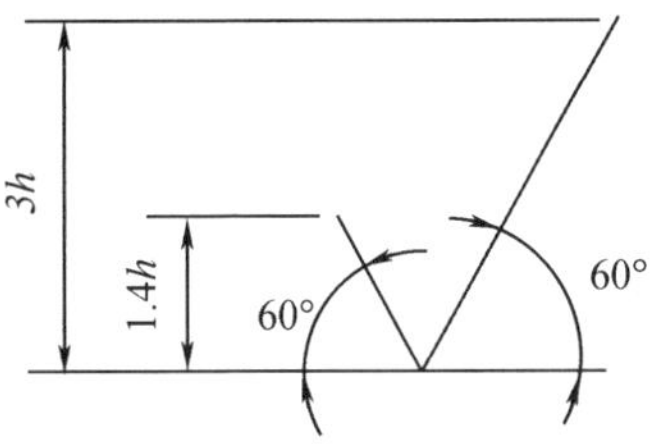

h = 字体高度;
符号线宽为 $h/10$。

图 5－6 表面结构图形符号的画法

表 5－2 表面结构符号及其含义

符号名称	符号样式	含义
基本图形符号		未指定工艺方法的表面,当通过一个注释解释时可单独使用;基本图形符号仅用于简化代号标注,没有补充说明时不能单独使用
扩展图形符号		表示该表面用去除材料的方法获得,例如:车、铣、钻、磨、镗、腐蚀、电火花加工等方法;仅当其含义是被加工表面时可单独使用
		表示该表面用不去除材料的方法获得,或者表示保持上道工序形成的表面状况,例如铸造、锻造、热轧、冲压变形等方法
完整图形符号		在基本图形符号或扩展图形符号上面加一横,分别表示:允许任何工艺、去除材料、不去除材料;用于标注表面结构特征的补充信息
工件轮廓各表面图形符号		当在图样某个视图上构成封闭轮廓的各表面有相同结构要求时,应在完整图形符号上加圆圈,标注在图样中工件的封闭轮廓线上

在完整图形符号中注写参数代号、极限值等要求后,称为表面结构代号。表面结构代

号示例及其含义见表 5 - 3。

表 5 - 3　表面结构代号示例及其意义

表面结构代号	含义及说明
Ra3.2	表示去除材料,单向上限值,默认传输带,R 轮廓,粗糙度算术平均偏差 3.2 μm,评定长度为 5 个取样长度(默订),“16% 规则”(默认)
Rzmax0.2	表示不允许去除材料,单向上限值,默认传输带,R 轮廓,粗糙度最大高度的最大值 0.2 μm,评定长度为 5 个取样长度(默认),“最大规则”
U Ramax 3.2 L Ra 0.8	表示不允许去除材料,双向极限值,两极限值均使用默认传输带,R 轮廓,上限值:算术平均偏差 3.2 μm,评定长度为 5 个取样长度(默认),“最大规则”;下限值:算术平均偏差 0.8 μm,评定长度为 5 个取样长度(默认),“16% 规则”(默认)
铣 -0.8/Ra 6.3 ⊥	表示去除材料,单向上限值,传输带;根据 GB/T 6062,取样长度 0.8 mm,R 轮廓,算术平均偏差极限值 6.3 μm,评定长度包含 3 个取样长度,“16% 规则”(默认),加工方法:铣削,纹理垂直于视图所在的投影面

练一练　解释 Ra6.3 、Ra12.5 的含义。

3. 表面结构要求的标注方法

在零件图中,每个表面只标注一次表面结构要求代号,其符号的尖端必须从材料外部指向零件表面,并应注在可见轮廓线、尺寸线、尺寸界线或引出线上,代号中的数字及符号方向应与标注尺寸数字方向相同。图 5 - 7 列举了表面结构要求的标注示例。

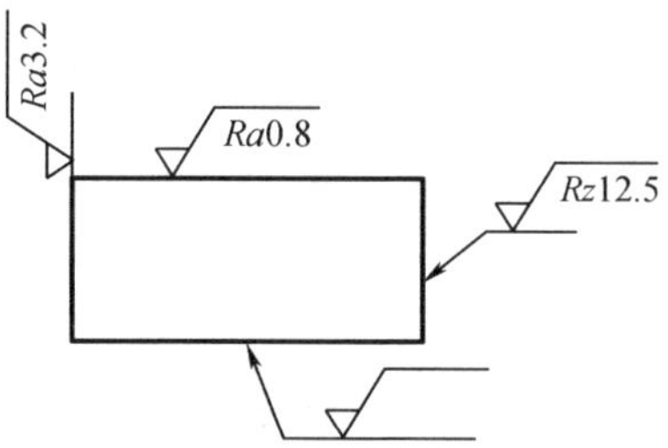

图 5 - 7　表面结构要求标注示例

5.1.3.3　几何公差的含义

几何公差又称形位公差,包括形状公差和位置公差,是指零件的实际形状、实际位置对理想形状、理想位置的允许变动量。几何公差是评定产品质量的重要指标。

1. 几何公差代号含义及画法

几何公差代号包括几何特征符号、几何公差框格及指引线、几何公差数值、基准符号等内容。表 5 - 4 列出了几何公差各几何特征及其符号。几何公差的几何特征及符号如图 5 - 8 所示。

表5-4 几何公差的几何特征及符号

公差类型	几何特征	适用要素	符号	有无基准
形状	直线度	单一要素	—	无
	平面度		⏥	
	圆度		○	
	圆柱度		⌭	
形状 方向、位置	线轮廓度	单一要素 关联要素	⌒	无或有
	面轮廓度		⌓	
方向	平行度	关联要素	//	有
	垂直度		⊥	
	倾斜度		∠	
位置	位置度		⌖	有或无
	同心度(用于中心点)		◎	有
	同轴度(用于轴线)		◎	
	对称度		⌯	
跳动	圆跳动		↗	
	全跳动		⌰	

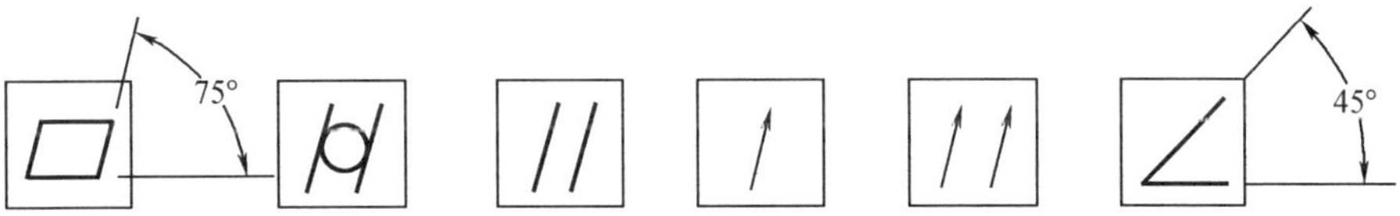

图5-8 几何公差符号的画法

几何公差代号的含义及画法如图5-9所示。基准符号的画法如图5-10(a)所示，方框内的大写字母总是水平书写。

2. 几何公差标注示例

标注几何公差时，指引线的箭头要指向被测要素轮廓线或其延长线上；当被测要素是轴线时，指引线的箭头应与该被测要素尺寸线的箭头对齐。如图5-11(a)所示的标注，表示被测要素为 ϕd 圆柱表面，是 ϕd 圆柱表面有直线度公差0.02的要求；如图5-11(b)所示的标注，被测要素为 ϕd 圆柱轴线，表示 ϕd 圆柱轴线有直线度公差 $\phi 0.02$ 的要求。

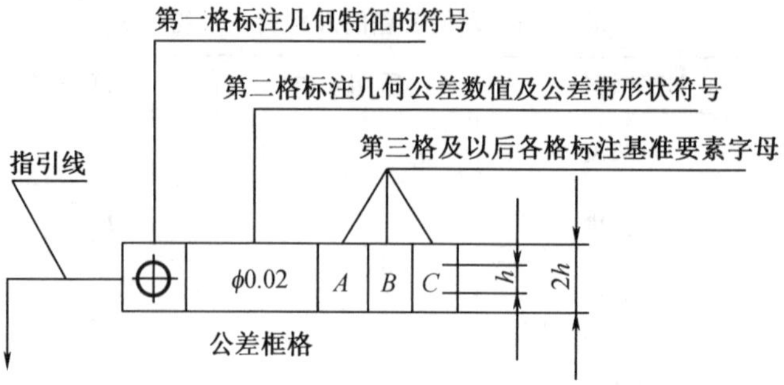

图 5－9　几何公差代号的含义及画法

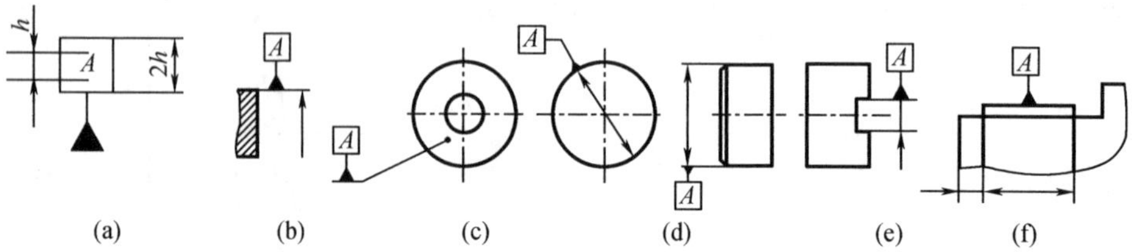

图 5－10　基准符号的画法及标注

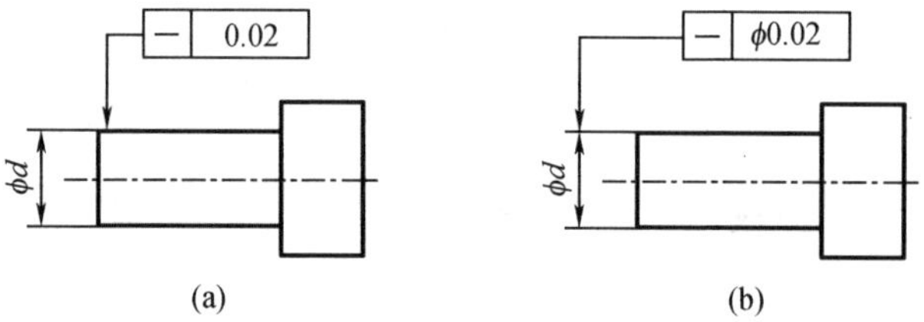

图 5－11　几何公差的标注

当基准是轮廓线或轮廓面时,基准三角形放置在该要素的轮廓线或延长线上,与尺寸线明显错开,如图 5－10(b)所示;基准三角形也可放置在该轮廓面引出线的水平线上,如图 5－10(c)所示。当基准是尺寸要素确定的轴线、中心平面或中心点时,基准三角形应放置在该尺寸线的延长线上,如图 5－10(d)所示;若没有足够的位置标注基准要素尺寸的两个尺寸箭头,则其一个箭头可用基准三角形代替,如图 5－10(e)所示。若只以要素的某一局部作基准时,则应用粗点画线表示出该部分并加注尺寸,如图 5－10(f)所示。

如图 5－12 所示,基准 A 是指 ϕ20H7 圆柱孔表面,基准 C 是指圆柱轴线所在的水平面。

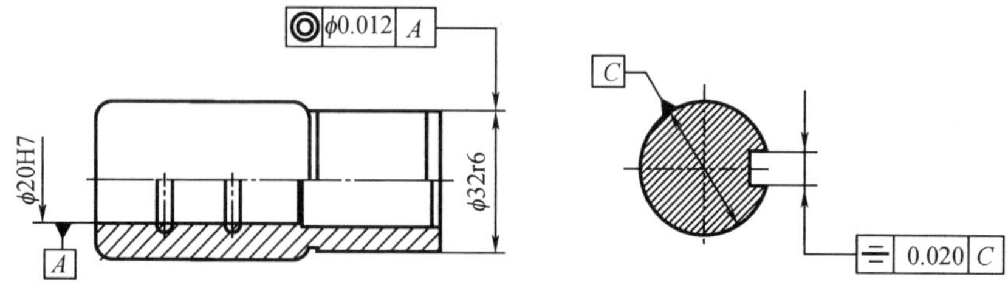

图 5－12　基准要素的标注

小贴士 几何公差标注中,指引线的箭头(或基准符号的三角形)指向尺寸线箭头,则被测要素(或基准)是尺寸线相应的轴线;指引线的箭头(或基准符号的三角形)不指向尺寸线箭头,则被测要素(或基准)就不是轴线。

任务5.2 识读齿轮零件图

想一想 如图5-13所示的一级圆柱齿轮减速箱的齿轮的零件图,齿轮属于哪一类零件?它的形状结构有什么特征?这类零件的图形常用什么方法表达?轮齿怎么表达?齿轮的主要参数有哪些?

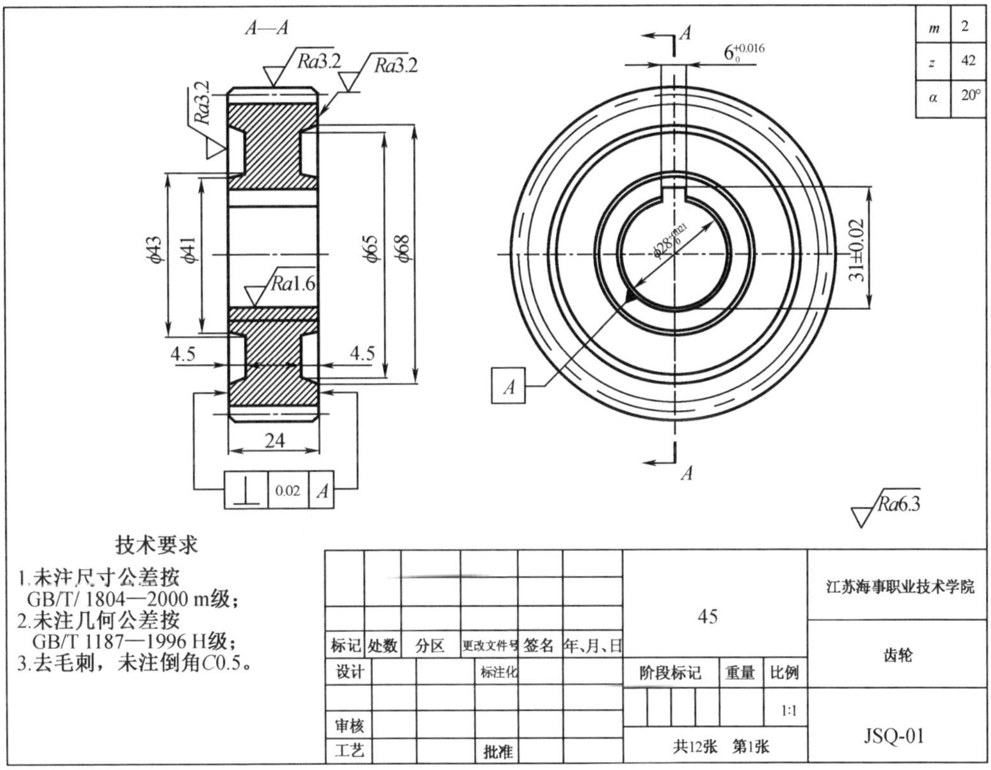

图5-13 齿轮零件图

5.2.1 任务分析

5.2.1.1 盘盖类零件的结构特征

如图5-13所示的齿轮是典型的盘盖类零件。盘盖类零件包括各种齿轮、手轮、法兰和端盖等,这类零件的基本形状为轴线方向尺寸较短的圆盘状。此类零件常有孔、槽、肋和轮辐等结构。

盘盖类零件的主视图一般按加工位置将轴线水平放置,通常选1~2个基本视图(主、左视图),再根据内外结构形状的需要,采用适当的剖视、重合断面和简化画法等,如图5-

14 所示法兰的视图表达方案。

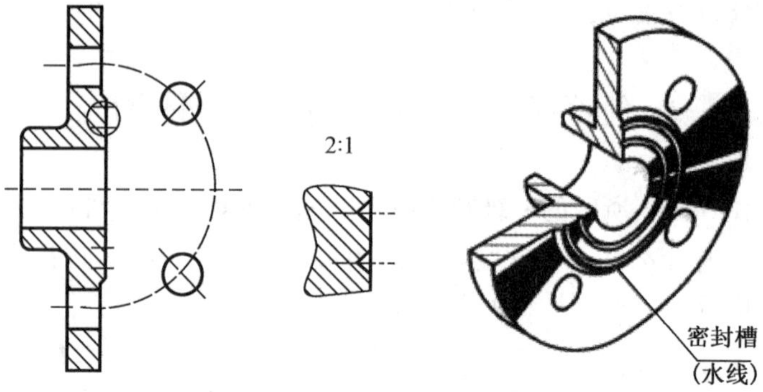

图 5－14　法兰的视图表达方案

小贴士　盘类零件的主视图一般是轴线水平放置的那个剖视图,而不是投影为圆的那个视图。

5.2.1.2　齿轮轮齿的画法

齿轮的组成如图 5－15 所示。齿轮轮齿各部分名称如图 5－16 所示。国家标准规定齿轮的轮齿部分按图 5－17 所示的方法表达,其余部分按三视图投影规律表达。

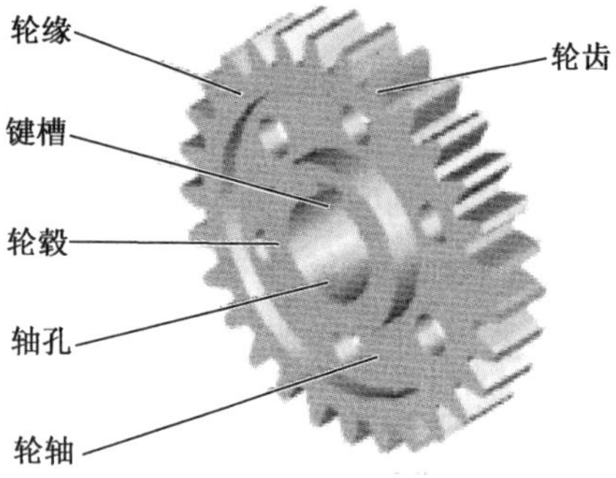

图 5－15　齿轮的组成

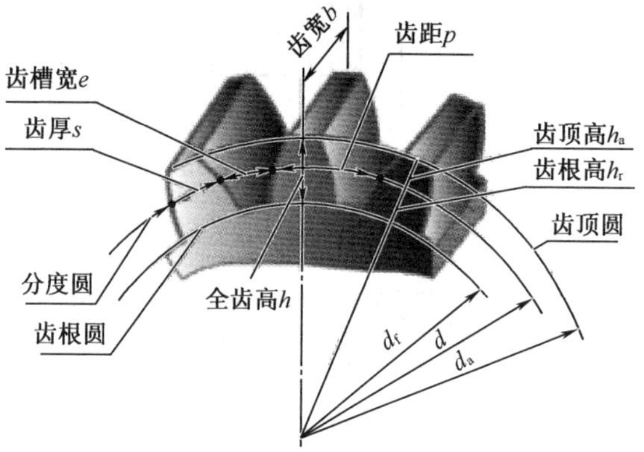

图 5－16　齿轮轮齿各部分名称

如图 5－17 所示为圆柱齿轮的规定画法。齿顶圆和齿顶线用粗实线绘制;分度圆和分度线用细点画线绘制;齿根圆或齿根线用细实线绘制或省略不画;在剖视图中,轮齿不剖,齿根线用粗实线画。

齿轮啮合时的规定画法如图 5－18 所示。若不作剖视,则啮合区内的分度线用粗实线绘制,如图 5－18(a)所示。在剖视图中,两轮齿啮合部分的分度线重合,用细点画线绘制;在啮合区内,一个轮齿用粗实线绘制,另一个轮齿被遮挡的部分用细虚线绘制(也可省略不画),如图 5－18(b)所示。除啮合区外,其余部分仍按单个齿轮的规定画法绘制,如图 5－18(c)所示,左视图中的齿根圆省略不画,分度圆用细点画线绘制并相切,齿顶圆用粗实线绘制，啮合区的齿顶圆可省略不画。图 5 - 18(d)所示为斜齿轮用局部剖表达。

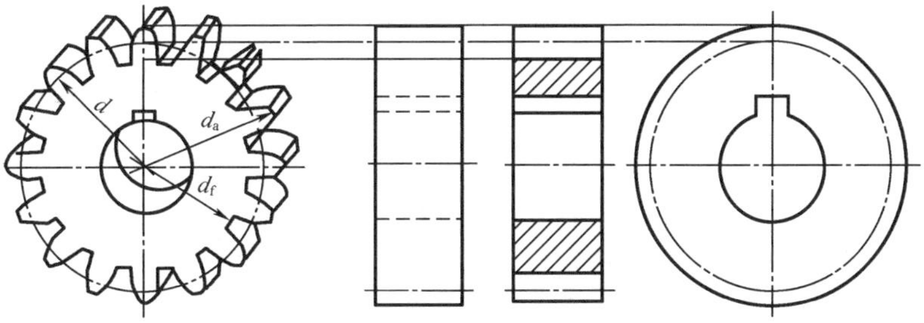

图 5 - 17　单个圆柱齿轮的画法

小贴士　画齿轮的轮齿时，齿顶圆、齿顶线用粗实线，分度圆、分度线用点画线，齿根圆用细实线或省略不画，齿根线在剖视图中用粗实线，在不剖的视图中省略不画。

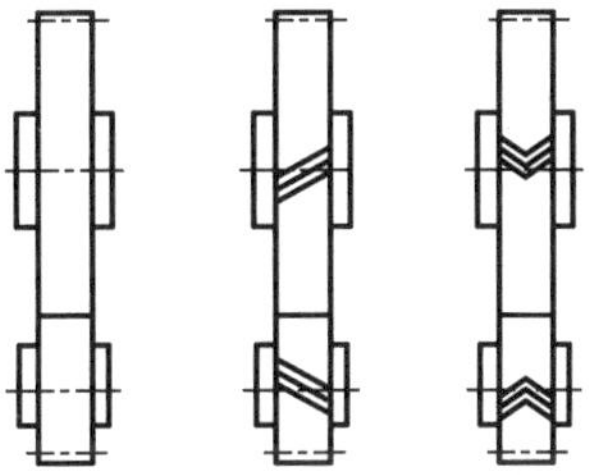

(a)圆柱齿轮啮合视图画法

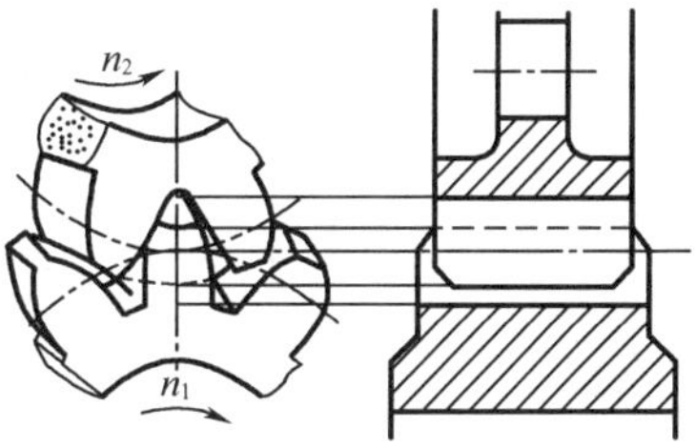

(b)啮合区剖视画法

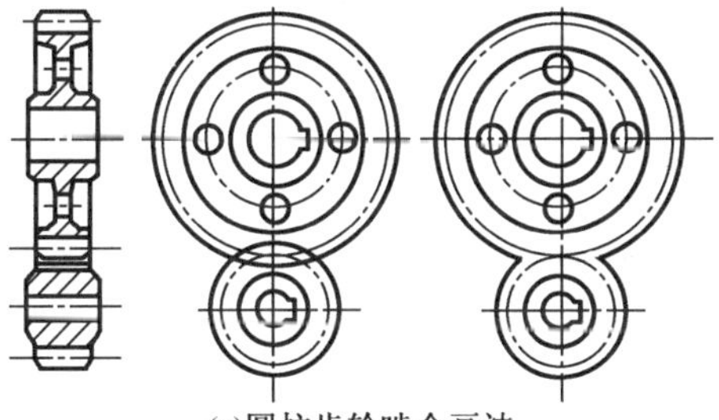

(c)圆柱齿轮啮合画法

图 5 - 18　圆柱齿轮啮合的画法

小贴士　一对齿轮相啮合，它们的齿顶高、齿根高分别相等，且齿根高大于齿顶高。画剖视的两齿轮啮合时，按一个轮齿可见、一个轮齿被挡住不可见的投影方法来画。

5.2.1.3　齿轮的视图表达方案

1. 主视图的选择

齿轮通常按加工位置原则选择主视图，即轴线水平放置；为了表达内部形状，通常直齿圆柱齿轮和圆锥齿轮采用全剖；斜齿轮和人字齿轮可采用半剖或局部剖，如图 5 - 19(b)所示。

2. 其他视图的选择

对于盘盖类齿轮而言，通常选用左视图，可采用基本视图、局部视图来表达齿轮的端面结构形状或轮毂的端面形状,如图 5－19(a)～(d)所示。如需表明齿形,可在图形中用粗实线绘制一个或两个齿,或用适当比例的局部放大图表示,如图 5－19(e)(g)所示。当需要注出齿条的长度时,可标注在有齿形的视图中,并在另一视图中用粗实线画出其范围线,如图 5－19(f)所示。

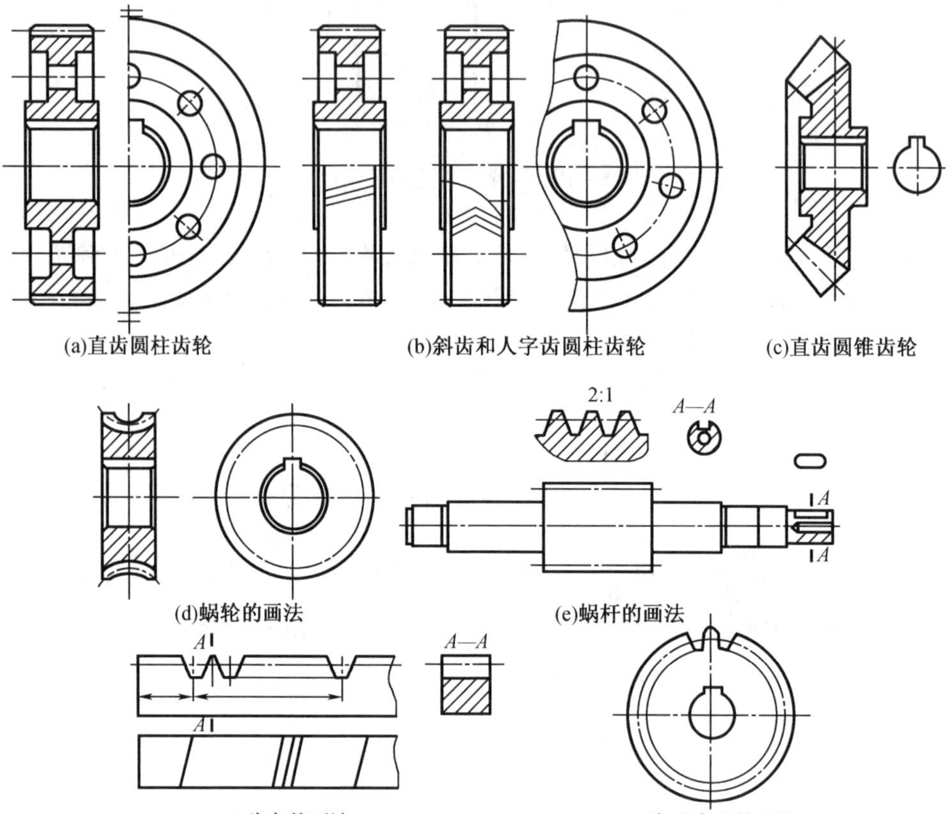

(a)直齿圆柱齿轮　(b)斜齿和人字齿圆柱齿轮　(c)直齿圆锥齿轮

(d)蜗轮的画法　(e)蜗杆的画法

(f)齿条的画法　(g)表明齿形的画法

图 5－19　齿轮的视图表达

5.2.2　任务实施

5.2.2.1　识读齿轮零件图的标题栏

如图 5－13 所示,零件的名称为齿轮,材料为 45 钢,绘图比例为 1:1。该齿轮零件属于盘盖类零件,毛坯由锻造得到。

5.2.2.2　识读齿轮零件图的图形

图 5－13 中,采用了 1 个主视图和 1 个左视图。主视图采用全剖,主要表达轮齿、轮辐的结构,孔为通孔,键槽在轴线方向为通槽。左视图主要表达盘状的外形以及键槽的结构。齿轮的结构比较简单,左右对称,前后对称,上下基本对称(键槽)。图中,剖切位置符号“A—A”及表示投影方向的箭头可以省略。

5.2.2.3 识读齿轮零件图的尺寸

国家标准规定,齿轮零件图必须注明该齿轮的模数、齿数和压力角。图 5－13 中,齿轮的模数 $m=2$,齿数 $Z=42$,压力角 $\alpha=20°$。

图 5－13 中,齿轮的厚度为 24,孔的直径为 $\phi28$,键槽宽度 6、深度方向尺寸 31,轮辐的尺寸有 $\phi65$、$\phi68$、2 个 4.5。

选择齿轮的左端面或右端面为长度方向尺寸基准,轴线所在的水平面为高度方向尺寸基准,轴线所在的正平面为前后方向尺寸基准。图中尺寸均为定形尺寸,没有定位尺寸。

经计算,得到齿轮的齿顶圆直径为 $\phi88$,分度圆直径为 $\phi84$。该齿轮零件的总体尺寸为:总长 24,总高 88,总宽 88。

5.2.2.4 识读齿轮零件图的技术要求

图 5－13 中,孔和键槽有尺寸精度要求。孔的直径 $\phi28^{+0.021}_{0}$ 表示基本尺寸 $\phi28$,上偏差 +0.021,下偏差 0,最大极限尺寸 $\phi28.021$,最小极限尺寸 $\phi28$,公差(误差范围)为 0.021。键槽宽度 $6^{+0.018}_{0}$ 表示基本尺寸 6,上偏差 +0.018,下偏差 0,最大极限尺寸 6.018,最小极限尺寸 68,公差(误差范围)为 0.018;键槽深度方向尺寸 31 ±0.02 表示基本尺寸 31,上下偏差对称,上偏差 + 0.02,下偏差 －0.02,最大极限尺寸 31.02,最小极限尺寸 30.98,槽深为 3 (31 －$\phi28$ =3)。

形位公差代号 | ⊥ | 0.02 | A | 表示齿轮的左右两端面都有相对于直径为 $\phi28^{+0.021}_{0}$ 的孔的轴线的垂直度要求,公差数值为 0.02。三处 $\sqrt{Ra3.2}$ 表示齿轮的齿顶圆所在圆柱表面、左端面、右端面有表面质量要求,且表面切削加工后 Ra 数值最大不能超过 3.2 μm。图中的 $\sqrt{Ra6.3}$ 表示未标注表面结构要求的其他表面切削加工后 Ra 最大不允许超过 6.3 μm。

“未注尺寸公差按 GB/T 1804—2000 m 级”表示图中未标注公差的尺寸按 GB/T 1804—2000(国标)m 级精度要求进行;“未注儿何公差按 GB/T 1184—1996 H 级”表示图中未标注形位公差的表面按 GB/T 1184—1996 H 级精度进行。

综合想象,齿轮的形状结构如图 5－20 所示。

图 5－20 齿轮的形状

5.2.3 任务拓展

5.2.3.1 齿轮轮齿的主要参数

齿轮的基本参数有模数 m、齿数 Z、压力角 α 等。标准齿轮的啮合角 $\alpha=20°$。齿距 p 除以圆周率 π 所得的商,称为齿轮的模数,模数的单位为毫米(mm)。一对相互啮合的齿轮,它们的模数和压力角相等。为了提高齿轮的替换性,减小齿轮刀具的规格品种,国家标准对齿轮的模数做了统一规定,如表 5-5 所示。对于标准直齿圆柱齿轮而言,齿轮的模数确定后,按照与模数 m 的比例关系,可计算出轮齿部分的各基本尺寸,详见表 5-6。

表 5-5 标准模数(摘自 GB/T 1357—2008) 单位:mm

第一系列	1,1.25,1.5,2,2.5,3,4,5,6,8,10,12,16,20,25,32,40,50
第二系列	1.75,2.25,2.75,(3.25),3.5,(3.75),4.5,5.5,(6.5),7,9,(11),14,18,22,28,36,45

表 5-6 直齿圆柱齿轮各部分尺寸关系 单位:mm

名称及代号	计算公式	名称及代号	计算公式
模数 m	按 $m=d/z$ 计算,再查表 5-5 取标准值	分度圆直径 d	$d=mz$
齿顶高 h_a	$h_a=m$	齿顶圆直径 d_a	$d_a=d+2h_a=m(z+2)$
齿根高 h_f	$h_f=1.25m$	齿根圆直径 d_f	$d_f=d-2h_f=m(z-2.5)$
齿高 h	$h=h_a+h_f=2.25m$	中心距 a	$a=\dfrac{d_1+d_2}{2}=\dfrac{m(z_1+z_2)}{2}$

练一练 已知直齿圆柱齿轮的齿数 42,模数 2 mm,计算齿轮的齿顶圆直径、分度圆直径、齿顶高、齿根高。

5.2.3.2 圆锥齿轮、蜗轮蜗杆、齿轮齿条的啮合画法

1. 圆锥齿轮的啮合画法

圆锥齿轮的轮齿是分布在锥面上的。与圆柱齿轮相对应,在圆锥齿轮上有齿顶圆锥、分度圆锥和齿根圆锥等。又因圆锥齿轮是一个锥体,故有大端和小端之分。为了计算和测量的方便,通常取圆锥齿轮大端的参数为标准值,其压力角一般为 20°。

单个圆锥齿轮的画法如图 5-19(c)所示,通常用全剖或半剖的主视图和左视图来表示。在左视图中,轮齿部分只画出大端的齿顶圆、分度圆和小端的齿顶圆。两圆锥齿轮啮合时,两轮的分度圆锥相切,一般主视图画成全剖,两轴线和节点交于一点,如图 5-21 所示。

2. 蜗杆蜗轮的啮合画法

蜗轮的画法如图 5-19(d)所示,主视图通常全剖,在投影为圆的视图中只画分度圆和大圆。

蜗杆的画法如图 5-19(e)所示,外形与梯形螺纹相似,蜗杆的齿形部分与齿轮的画法相同。

蜗杆蜗轮的啮合画法如图5－22所示，在蜗杆为圆的视图中，蜗轮被挡住部分不画；在蜗轮为圆的视图中，啮合区内蜗杆节线与蜗轮节圆相切；外形图中蜗轮最大圆用粗实线画出，剖视图中则省略不画。

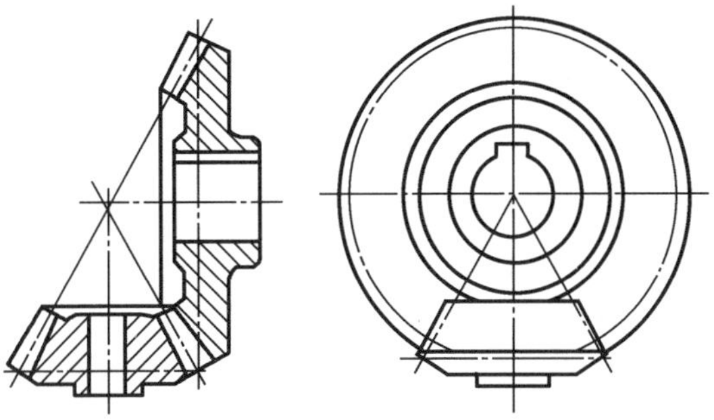

图5－21 圆锥齿轮啮合画法

3.齿轮齿条的啮合画法

齿条画法如图5－19(f)所示。齿轮齿条啮合画法如图5－23所示。

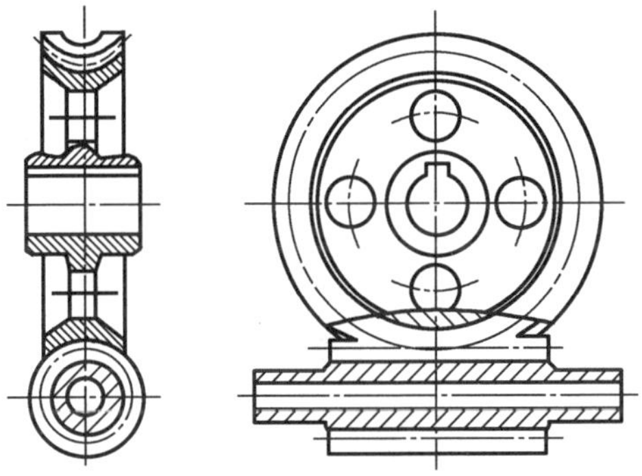

图5－22 蜗杆蜗轮啮合画法

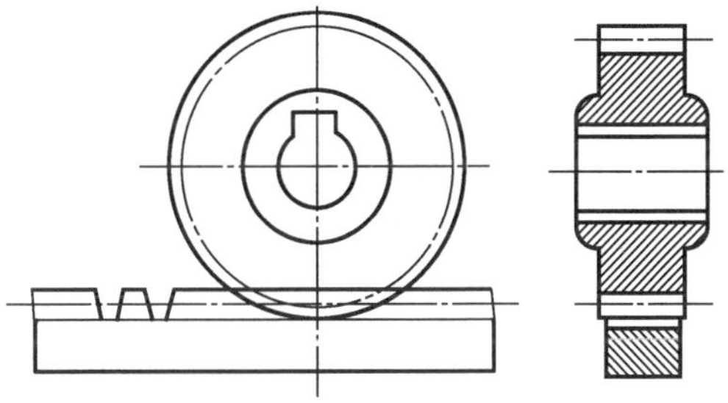

图5－23 齿轮齿条的啮合画法

任务5.3 识读换挡叉零件图

想一想 如图5－24所示的换挡叉，属于哪一类零件？形状结构有什么特征？用了哪些视图表达方法？铸件和锻件的过渡线怎么画？

5.3.1 任务分析

5.3.1.1 支架类零件的结构特征

常用的支架类零件有各种拔叉、连杆、摇杆、曲柄、支架、脚踏板、跟刀架、支座、托架等，这类零件一般呈弯曲或倾斜结构，零件上常有肋板、轴孔、耳板、底板、油槽、油孔、螺孔、沉孔、铸造圆角、拔模斜度等结构，如图5－25所示。

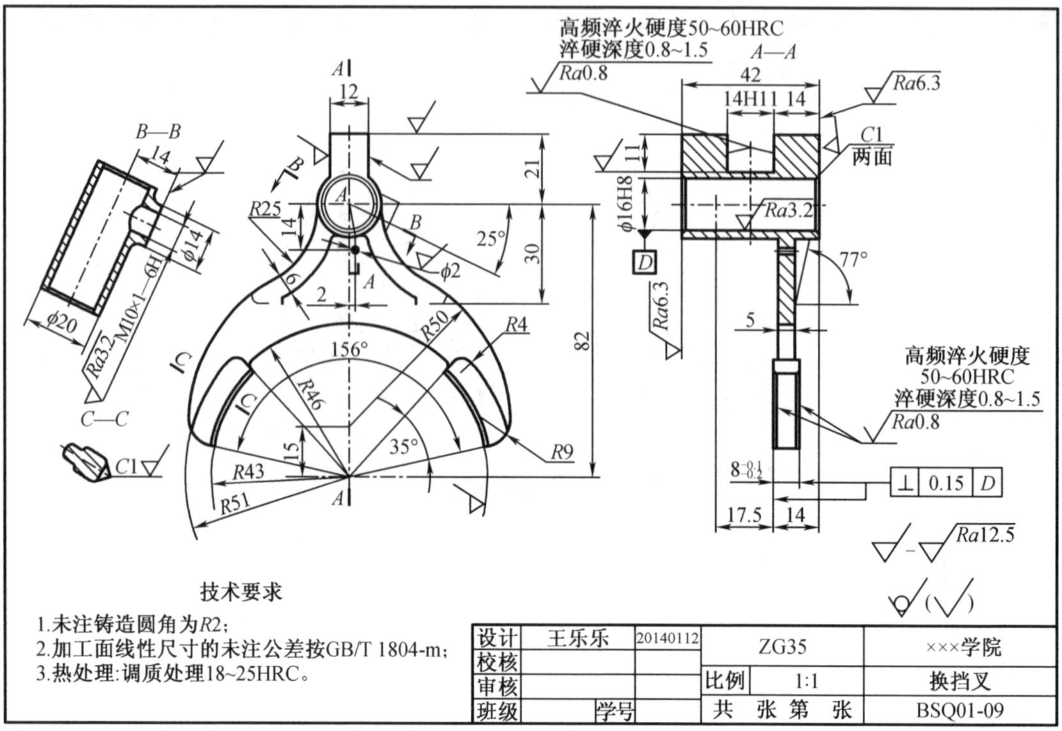

技术要求

1.未注铸造圆角为R2;
2.加工面线性尺寸的未注公差按GB/T 1804-m;
3.热处理:调质处理18~25HRC。

设计	王乐乐	20140112	ZG35	×××学院
校核				
审核			比例 1:1	换挡叉
班级	学号		共 张 第 张	BSQ01-09

图 5－24　换挡叉零件图

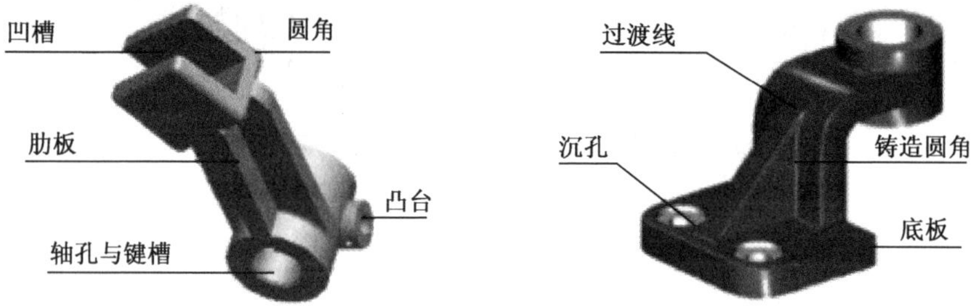

图 5－25　支架类零件的结构特征

5.3.1.2　支架类零件的视图表达

支架类零件形状比较复杂,且加工位置多变,主视图以形状特征、工作位置绘出,一般需要两个或两个以上的基本视图,并根据内外结构特点选取剖视图、断面图、斜视图及局部视图等表达方法。

如图 5－26 所示为轴座的视图表达方案。它的主视图按工作位置放置,按形状特征投射,采用阶梯剖的全剖视图。左视图表达竖板的形状,并进一步表示各部分的相对位置。另外还用了 C 向局部视图及两个移出断面。

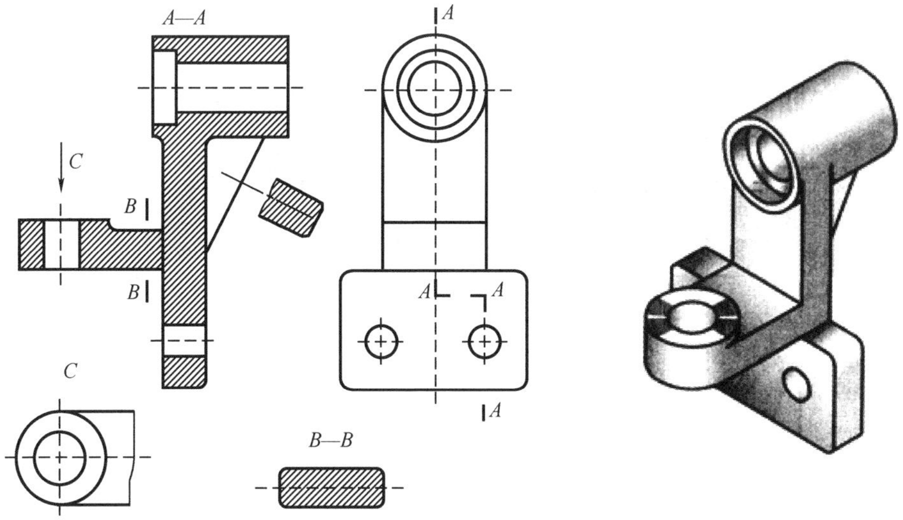

图 5－26 轴座的视图表达

5.3.2 任务实施

5.3.2.1 读标题栏，了解零件概括

1. 读名称，了解作用和工作环境

换挡叉属于支架类零件，其位于车床变速箱内，用于换挡变速。它用 M10×1 螺钉通过 ϕ16 孔连接在变速叉轴上，操纵杆下端球头插入换挡叉头部的操纵槽内，通过它带动换挡叉与变速叉轴一起在变速箱中滑移，叉脚拨动双联变速齿轮在花键轴上滑动以变换挡位，从而改变机器的运转速度。

2. 读材料，了解毛坯及性能

支架类零件的毛坯多为铸件或锻件，其上有铸锻、机加工等工艺结构。换挡叉材料为 ZG35，能承受大的冲击力作用，塑性、韧性和其他方面的力学性能也比较高。换挡叉经铸造、钻削、铣削、攻丝等加工而成。

3. 读比例

零件图中的比例为 1:1，可见，图形的大小与零件的实际大小一样。

5.3.2.2 读视图，分析零件结构

1. 粗读视图

(1)识读主视图 如图 5－24 所示，主视图采用基本视图来表达换挡叉的外形特征。

(2)识读其他视图 如图 5－24 所示，采用了全剖的左视图和 2 个移出断面图，来表达换挡叉的断面形状和零件的相互位置。

2. 精读视图

(1)安装部分 水平圆筒外径为 ϕ20、内径为 ϕ16、长 42；其上方有 2 个长 12、宽 14、高 11 的长方体与圆筒前后平齐、左右相交；圆筒上还有 1 个外径 ϕ14、内螺纹为 M10×1 的凸台，与圆筒相交。构思其形状如图 5－27(a)所示。

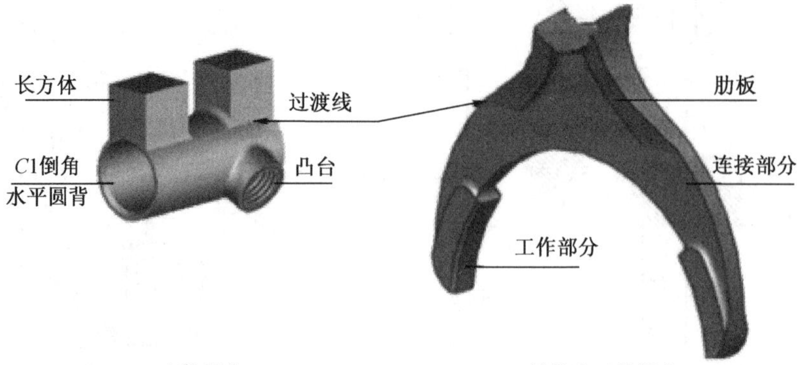

图 5 - 27　换挡叉的安装、连接和工作部分立体图

(2)工作和连接部分　连接部分其主体呈曲面柱状,定形尺寸有 $R50$、$R46$、$R43$、$R25$、$R9$、156°、尺寸 5;在其前面有左右对称的 2 个肋板,角度为 77°、长度为 6、相对圆筒轴线高度为 30 mm;其上还有 1 个 $\phi 2$ 通孔,由定位尺寸 14、2 确定位置。工作部分的定形尺寸有 $R43$、$R51$、35°和 8。构思其形状如图 5 - 27(b)所示。

5.3.2.3　读技术要求,了解零件加工要求

1. 分析尺寸基准

由图 5 - 24 可见,孔 $\phi 16H8$ 的轴线为设计基准,以该轴线为基准,零件结构左右对称,故该对称面为长度方向的尺寸基准;该轴线也是高度方向的尺寸基准;宽度方向则以前端面为基准,符合设计基准与工艺基准重合的原则。换挡叉的尺寸基准如图 5 - 28 所示。

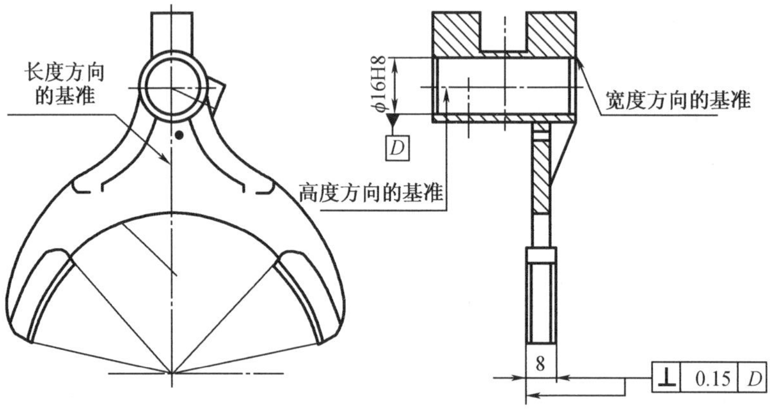

图 5 - 28　换挡叉的尺寸基准

2. 分析技术要求

(1)分析尺寸公差　$\phi 16H8$ 孔与变速叉轴配合,操纵槽 14H11 与操纵杆配合,叉脚宽度的尺寸精度要求 $8^{-0.1}_{-0.2}$,其余加工面的尺寸的未注公差按 GB/T 1804 - m。

(2)分析表面结构要求　叉脚前后平面与操纵槽内前后的表面加工质量要求最高,为

*Ra*0.8。其次是 ϕ16H8 孔的内表面、M10×1 螺纹孔的内表面为 *Ra*3.2，ϕ20 圆柱前后端面为 *Ra*6.3，其余的机械加工面为 *Ra*12.5。非加工面为铸造面。

(3)分析几何公差要求　叉脚的前后端面相对于 ϕ16H8 孔的轴线有公差为 0.15 的垂直度要求。

(4)宽度为 $8^{-0.1}_{-0.2}$的两端平面与宽度为 14H11 两端面的热处理要求　高频淬火，硬度分别为 50～60HRC、55～60HRC，淬硬深度 0.8～1.5 mm，标注在表面粗糙度符号的横线上，表示表面高频淬硬后的 *Ra* 值，可用切削加工或不再加工获得。

(5)其他技术要求，见图 5-24 所示的“技术要求”内容。

5.3.2.4　综合想象零件形状

连接部分在水平圆筒的下方并与其左右相切、前后相交；工作部分与连接部分的左右曲面相切、前后相交。为了防止铸造时在相交处产生裂纹，设计了铸造圆角。综合想象零件形状。换挡叉的形状结构如图 5-29 所示，图中箭头方向为主视图投影方向。

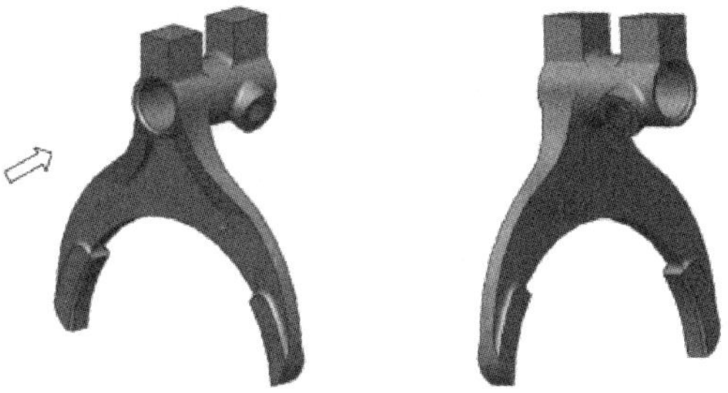

图 5-29　换挡叉立体图

5.3.3　任务拓展

5.3.3.1　两表面相交时过渡线的画法

铸造圆角的存在，使得铸件或锻件表面的相贯线变得不明显，为了区分不同表面，两形体相交的交线用细实线绘制，这种交线称为过渡线，其不宜与轮廓线相连，画法如下。

(1)两圆柱垂直正交时过渡线的绘制，如图 5-30 所示。

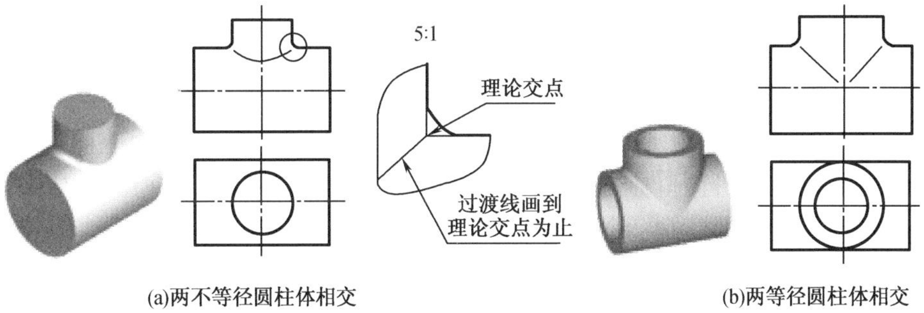

图 5-30　两圆柱垂直正交时过渡线的画法

(2)平面与平面相交时过渡线的绘制,如图 5-31(a)所示。

(3)平面与曲面相交时过渡线的绘制,如图 5-31(b)所示。

(4)肋板与圆柱面相交时过渡线的绘制,如图 5-32 所示。

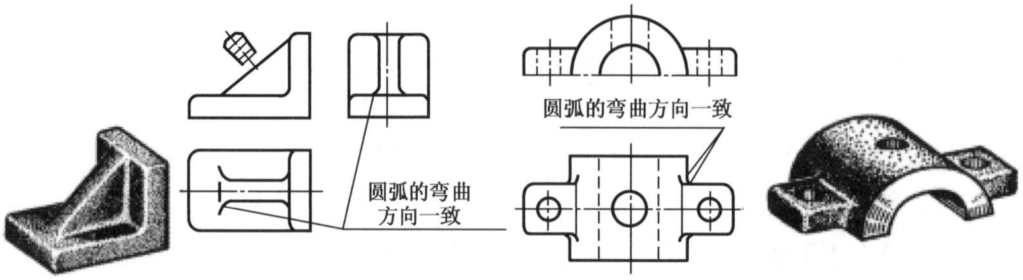

(a)平面与平面相交　　(b)平面与曲面相交

图 5-31　平面与平面、平面与曲面相交时过渡线的画法

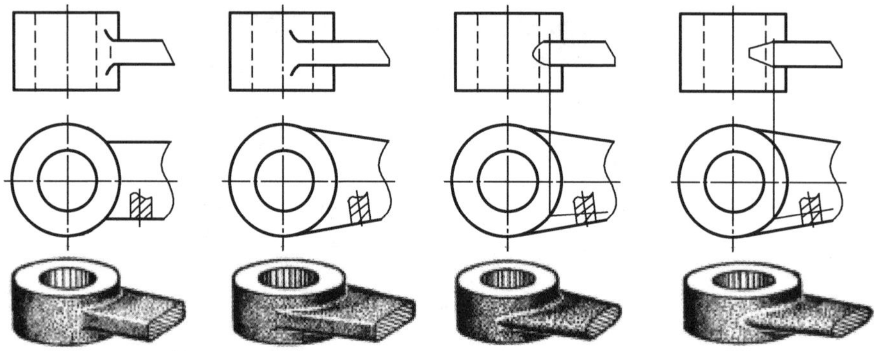

(a)肋板断面为矩形　　(b)肋板断面为圆弧形

图 5-32　肋板与圆柱面相交时过渡线的画法

小贴士　过渡线用细实线画,与轮廓线不相连。

5.3.3.2　铸造零件工艺结构的表达

1. 拔模斜度

在铸件造型时为了便于拔出木模,在木模的内、外壁沿拔模方向作成 1∶20 的斜度,这种斜度称为拔模斜度。铸造零件的拔模斜度在图中可不画、不注,必要时可在技术要求中用文字说明,如图 5-33 所示。

2. 铸造圆角

为了铸件造型时防止铁水冲坏转角处,防止冷却时产生缩孔和裂缝,将铸件(或锻件)的转角处制成圆角,这种圆角称为铸造(锻造)圆角。画图时,毛坯各表面的转角处都应有圆角;若是加工面,则原圆角被加工掉了,因此要画成尖角,如图 5-34 所示。铸造圆角在图上一般不予标注,常注写在技术要求中。

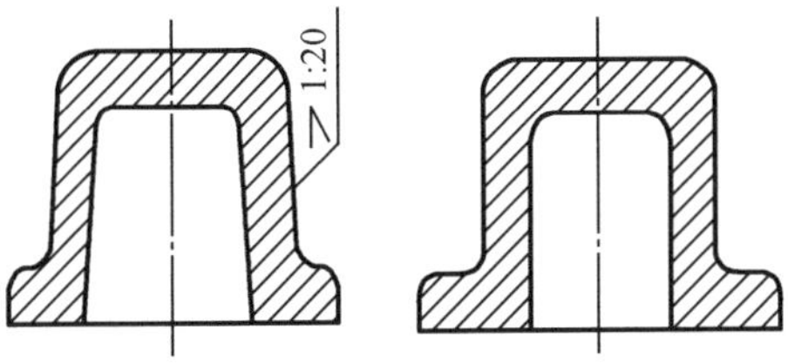

图 5 – 33　拔模斜度

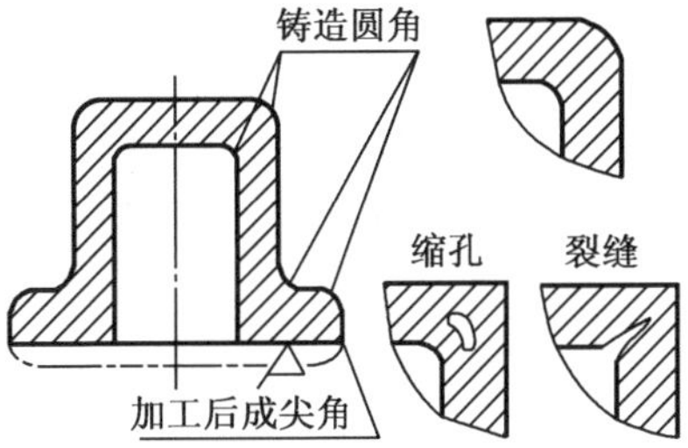

图 5 – 34　铸造圆角

3. 铸件壁厚

在浇铸零件时，为了避免各部分因冷却速度不同而产生缩孔和裂缝，铸件的壁厚应保持均匀或逐渐过渡，如图 5 – 35 所示。

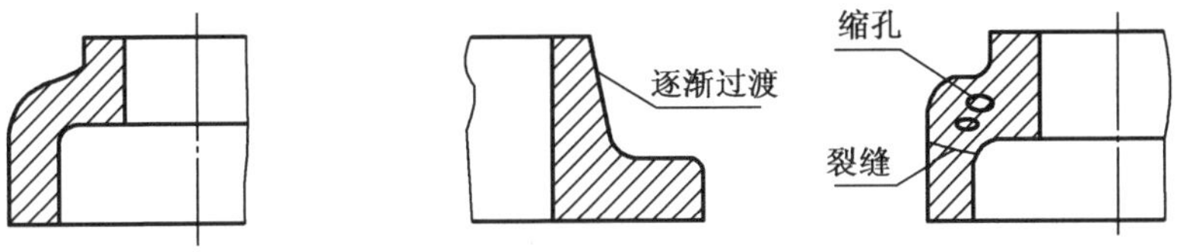

(a)壁厚均匀　(b)逐渐过渡　(c)产生缩孔和裂缝

图 5 – 35　铸件壁厚

5.3.3.3　零件机加工工艺结构的表达

1. 倒角和倒圆

为了去除零件加工表面转角处的毛刺、锐边，便于零件装配，在轴或孔的端部一般加工成 45°倒角；为了避免阶梯轴轴肩根部应力集中，在轴肩的根部加工成圆角过渡，称为倒圆，如图 5 – 36 所示。图中的 *C*2 表示倒角处斜线与轴线成 45°夹角、两平行直线在轴线方向的距离为 2；*R*1.5 表示圆角处圆弧的半径为 1.5，与相邻两直线相切连接。

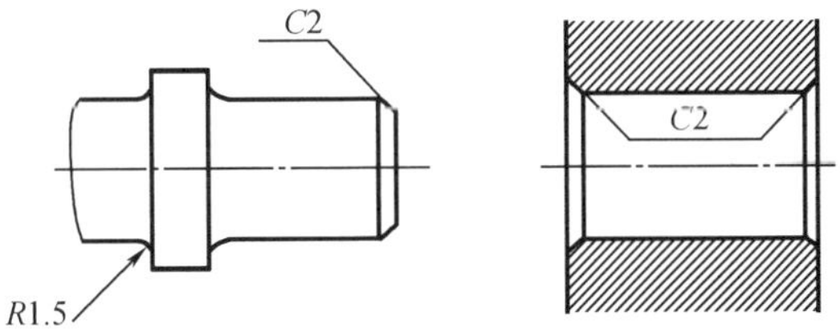

图 5 – 36　倒角和倒圆

2. 退刀槽和砂轮越程槽

在车削加工、车削螺纹或磨削加工时，为了便于退出刀具或使砂轮能稍微超过磨削部位，常在被加工部位的终端，加工出退刀槽或越程槽，如图 5 – 37(a)(b)所示。退刀槽的标注可按“槽宽 × 槽深”或“槽宽 × 槽直径”的形式标注，一般按照加工顺序标注，如图 5 – 37(c)(d)所示的 2 ×1.5、2 × ϕ12，内螺纹中的 6、ϕ20 尺寸。

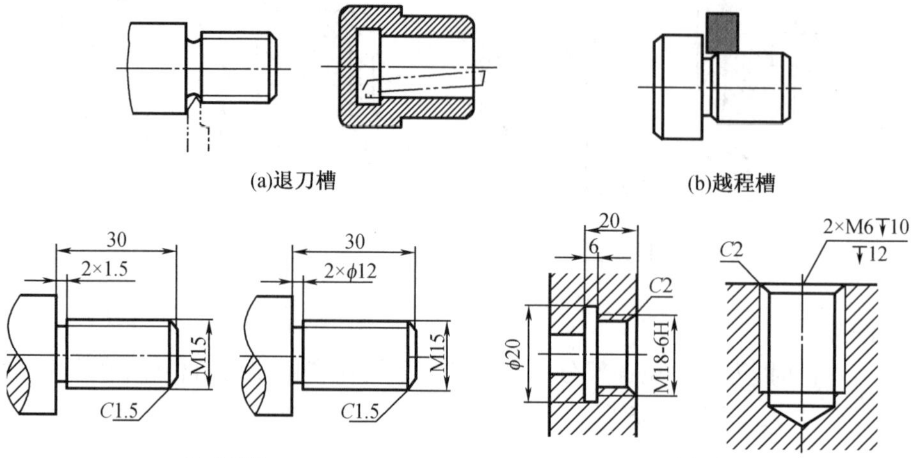

(a)退刀槽　(b)越程槽

(c)外螺纹　(d)内螺纹

图 5－37　退刀槽和越程槽

3. 钻孔结构

用钻头钻出的盲孔,在底部有一个 120°的锥角,钻孔深度指的是圆柱部分的深度,不包括锥坑,如图 5－38 所示。在阶梯形孔的过渡处,也存在 120°的圆台,其画法及尺寸标注如图 5－38 所示。用钻头钻孔时,要求钻头轴线尽量垂直于被钻孔的端面,以保证钻孔准确和避免钻头折断,如图 5－39 所示。

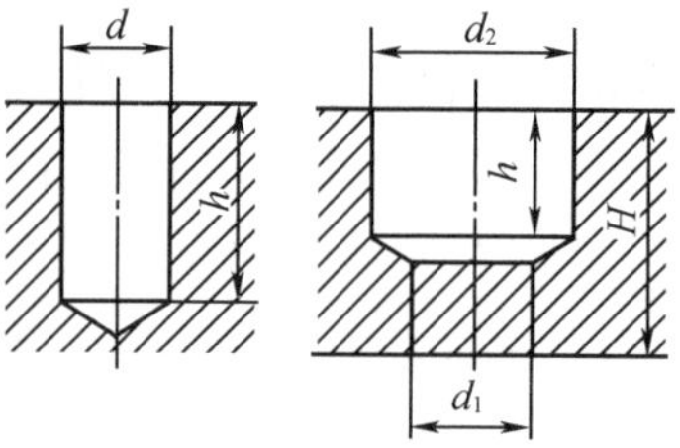

图 5－38　钻孔结构

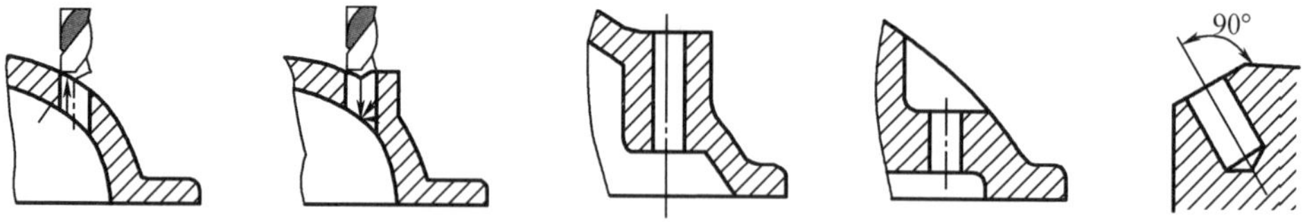

(a)不合理　(b)不合理　(c)合理　(d)合理　(e)合理

图 5－39　钻孔结构

4. 凸台和凹坑

零件上与其他零件的接触面,一般都需要加工。为了减少加工面积,提高加工面精度,保证零件表面之间有良好的接触,常常在零件加工面上设计出凸台、锪平成凹坑和凹槽,如

图 5 – 40 所示。

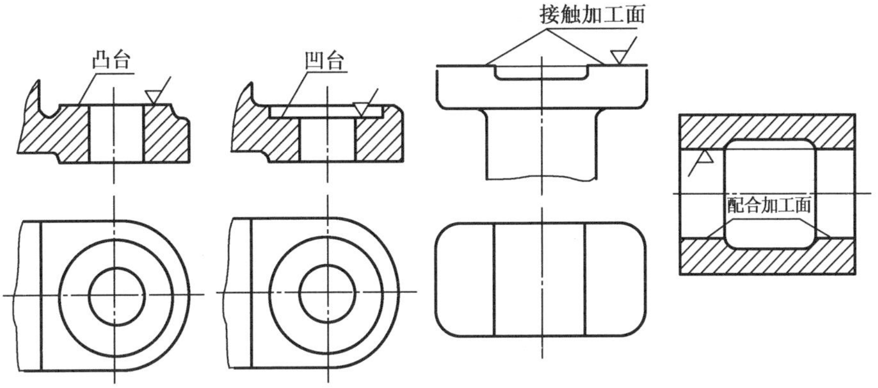

图 5 – 40　凸台和凹坑

任务 5.4　识读箱盖零件图

如图 5 – 41 所示为一级圆柱齿轮减速箱的箱盖的零件图。

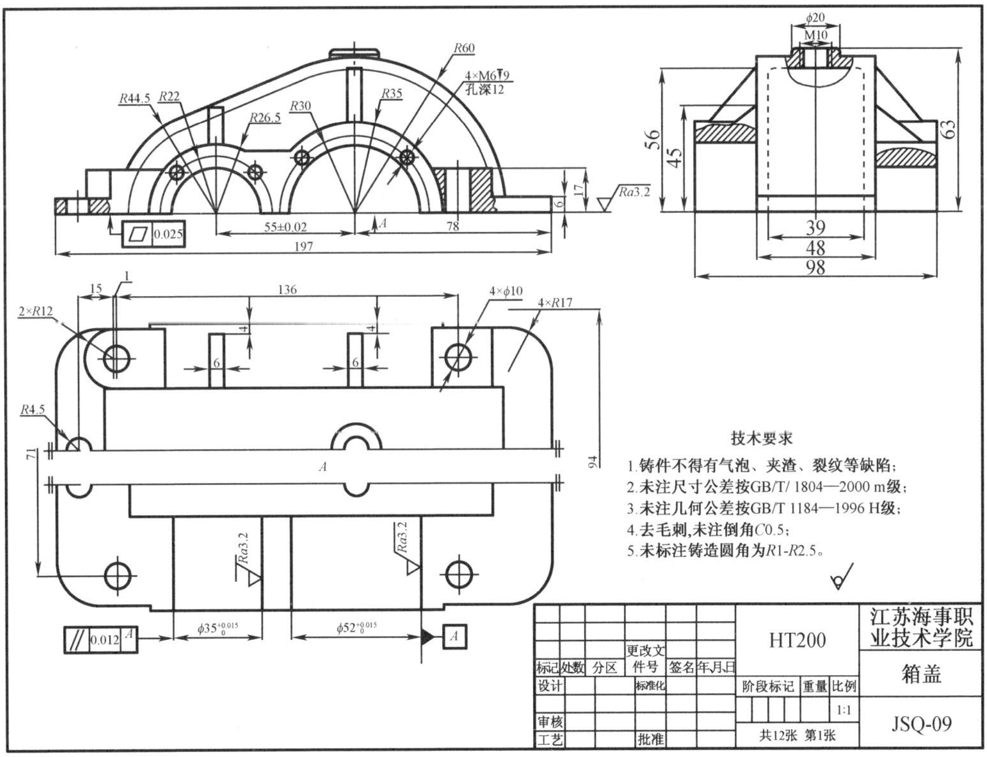

图 5 – 41　箱盖零件图

想一想 箱盖属于哪一类零件,形状结构有什么特征?箱盖零件图采用了哪些视图?每个图形主要表达什么形状结构?什么情况下采用局部剖?局部剖的表达特征是什么?螺纹怎么表达?螺纹标记表示什么含义?

5.4.1 任务分析

5.4.1.1 箱体类零件的结构分析

箱盖是典型的箱体类零件。

箱体类零件起着支承、包容、保护运动件或其他零件的作用,外形结构比较复杂,有较大的空腔,有一些用于装配的孔和表面。箱体类零件的毛坯多为铸件,也有焊接件,其上常有轴承孔、凸台、肋、销孔、螺纹孔、凹槽、铸造圆角、拔模斜度等结构。

箱体类零件结构特点如图 5-42 所示。零件内、外结构都需要表达清楚,一般需要两个以上的基本视图。它的主视图一般选择工作位置,主要表达外观形状特征,可采用剖视尽可能多地表达内部结构。箱体类零件根据结构特点可采用适当的剖视、局部视图、向视图等。它的剖视,可以是全剖、半剖、局部剖,也可以是阶梯剖、旋转剖、复合剖,可根据零件表达方案中图形数量尽量少的原则综合选用。它的向视图,主要表达某个外观的局部的结构,一般是局部视图,当其他结构在基本视图中已表达清楚时采用向视图。

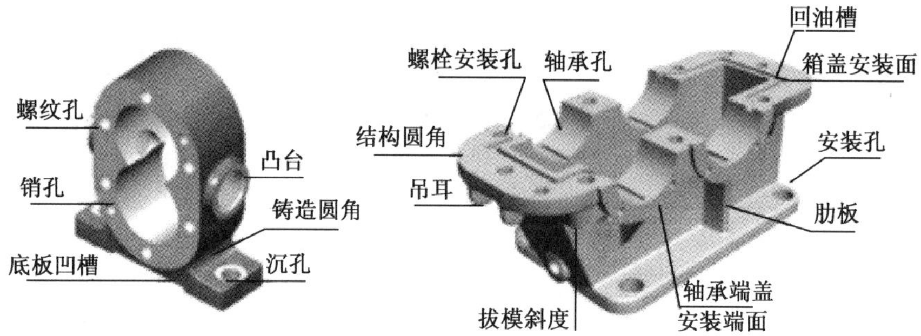

图 5-42 箱壳类零件结构特点

5.4.1.2 箱体类零件的视图表达方法

箱体类零件一般需要两个以上的基本视图,根据零件内外结构特点再采用适当的剖视、局部视图、局部放大图、向视图等。

1. 箱体类零件主视图的选择

零件常按工作位置摆放,投射方向则根据其主要结构特征选择。通常采用通过主要支承孔轴线或对称面的剖视图来表达其内部形状。可以采用全剖、半剖、局部剖、局部视图、斜视图等方式表达。

如图 5-43 所示,主视图采用全剖,而图 5-44 所示的主视图采用局部剖。

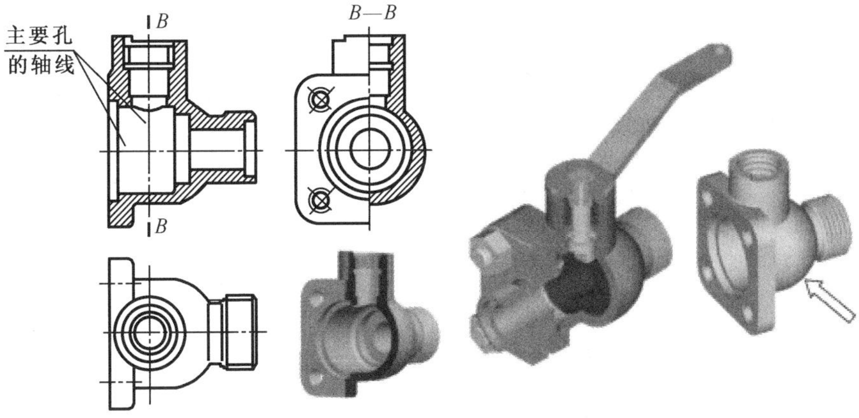

图 5 – 43 球心阀阀体视图选择

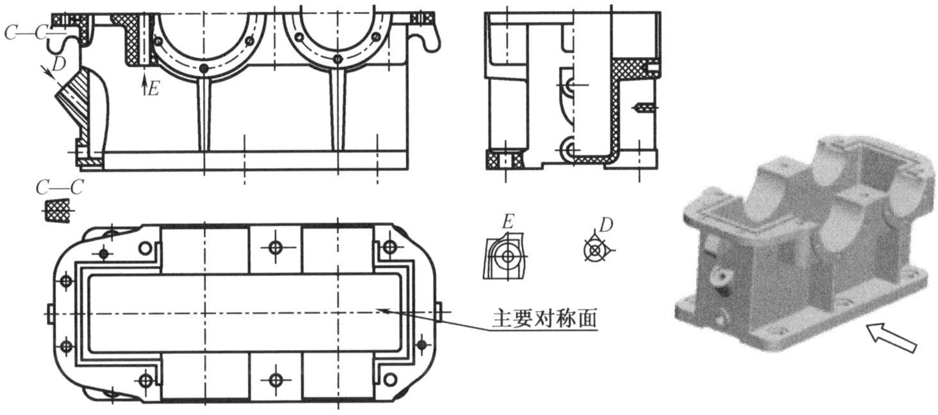

图 5 – 44 箱体视图选择

2. 其他视图的选择

根据零件结构的特征需要，选择其他视图的种类。可采用视图、剖视图、断面图等方式表达箱体类零件的内、外结构，如图 5 – 43 采取了俯视图和半剖的左视图，图 5 – 44 采取了俯视图、半剖加局部剖的左视图、2 个局部向视图、1 个移出剖面。

5.4.1.3 螺纹的规定画法

螺纹是在圆柱或圆锥表面上，沿着螺旋线所形成的具有规定牙型的连续凸起和沟槽。螺纹是零件上常见的一种结构。螺纹分外螺纹和内螺纹两种，成对使用。

1. 外螺纹的规定画法

如图 5 – 45 所示，外螺纹牙顶的投影用粗实线表示，牙底的投影用细实线表示（牙底直径通常按牙顶直径的 0.85 倍绘制），螺纹长度终止线用粗实线表示，在螺杆上的倒角或倒圆也应画出。

在垂直于螺纹轴线的投影面的视图中，表示牙底圆的细实线只画约 3/4 圈，并且螺杆或螺孔上倒角、倒圆的投影不应画出。剖面线必须画到粗实线处。

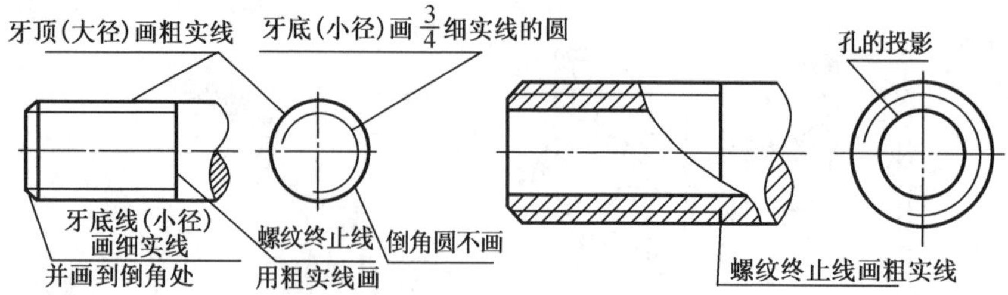

图 5-45　外螺纹的画法

需要表达螺纹牙型时,外螺纹的画法如图 5-46 所示。

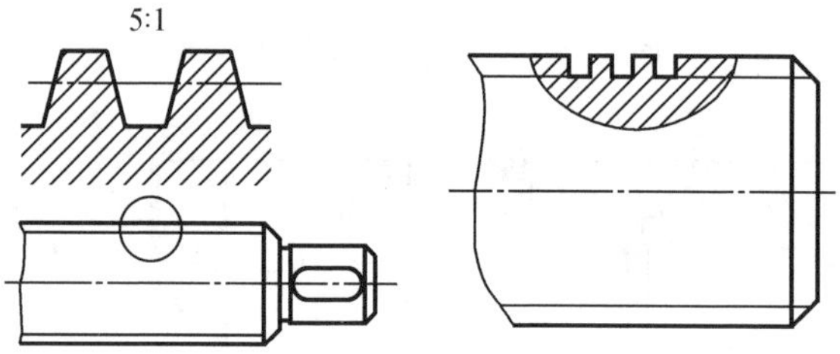

图 5-46　表达牙型时外螺纹的画法

小贴士　在表达外形的主视图中,表示螺纹牙底投影的细实线一定要画入倒角内;在剖视的主视图中,剖面线一定要画到粗实线。

2. 内螺纹的规定画法

如 5-47 所示,在剖视或断面中,内螺纹牙顶的投影和螺纹长度终止线用粗实线表示,牙底的投影用细实线表示,剖面线必须画到粗实线。在垂直于螺纹轴线的投影面的视图中,表示牙底圆的细实线仍画 3/4 圈,倒角圆的投影仍省略不画。不可见螺纹的所有图线,均用细虚线绘制。

小贴士　和外螺纹一样,牙顶用粗实线画,牙底用细实线画;粗实线画整个圆,细实线画约 3/4 圆周;剖面线画到粗实线。

绘制不通的螺纹孔时,钻孔深度要比螺纹长度长,一般应将钻孔深度与螺孔深度分别画出。且不通孔的锥尖角画成 120°,它是由钻尖顶角(118°)所形成的,无须标注,如图 5-47 所示。

3. 螺纹连接的画法

如图 5-48 所示,在剖视图中内、外螺纹的旋合部分应按外螺纹的画法绘制,其余部分仍按各自的规定画法表示。画螺纹连接时,表示内、外螺纹牙顶与牙底投影的粗实线和细实线应分别对齐。

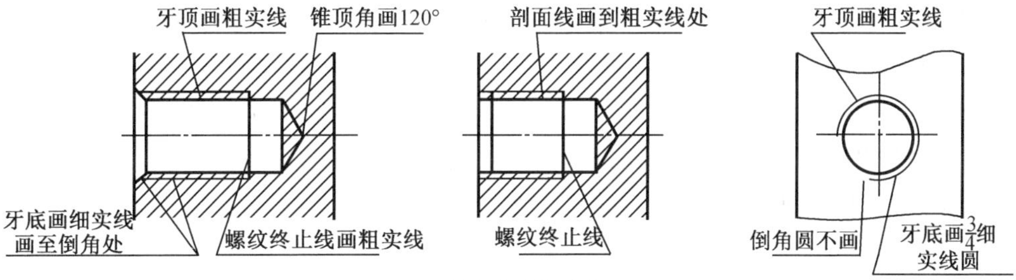

(a)螺纹盲孔的画法

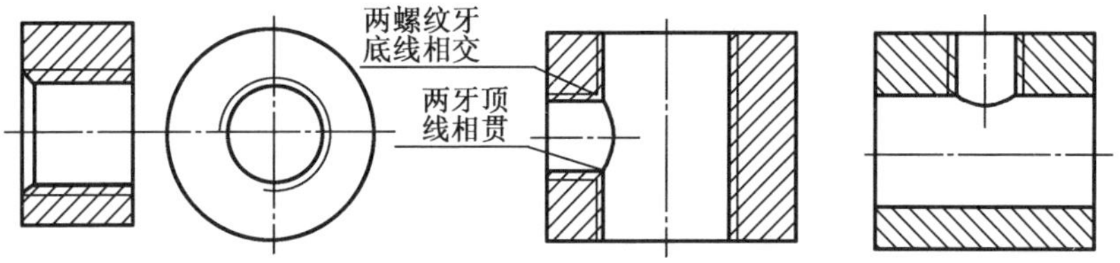

(b)螺纹通孔的画法

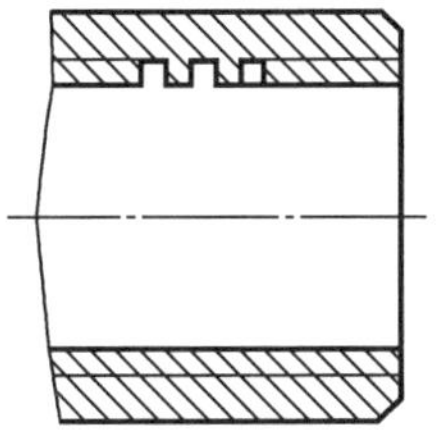

(c)表达螺纹牙型时的画法

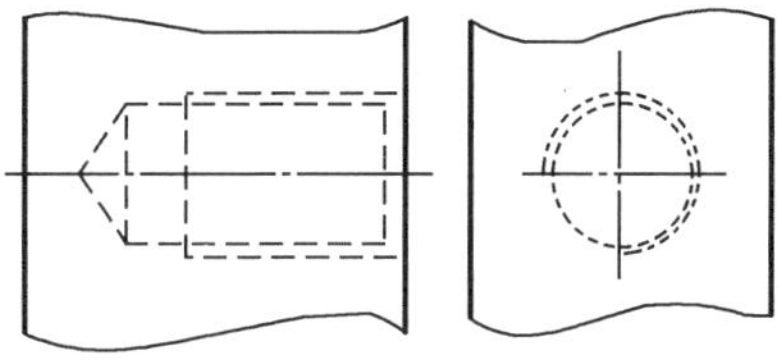

(d)不可见螺纹孔的画法

图5－47　内螺纹的画法

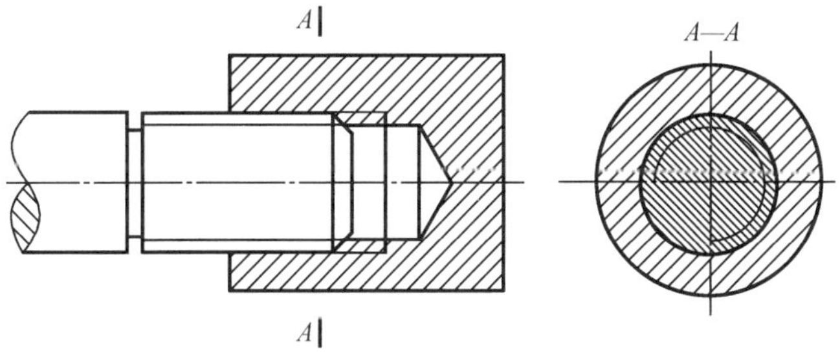

图5－48　配合螺纹的画法

5.4.2　任务实施

5.4.2.1　识读箱盖零件图的标题栏

如图5－41所示的零件为箱盖，材料为HT200，绘图比例为1:1。该零件属于箱体类零件，毛坯由铸造得到。

5.4.2.2　识读箱盖零件图的图形

图5－41中，箱盖零件的图形表达采用了4个图形，分别是主视图、俯视图、左视图和A向视图。

箱盖外部形状结构较复杂，有内部大空腔，前后对称。箱盖主要由长方体形底板、4个半圆柱套筒、2 个 U 形块、2 个长方体、4 个三角形支撑筋、带圆柱凸台的薄壁箱体叠加组成。

1. 识读主视图

主视图主要表达箱盖的外观现状、内部空腔形状、前端面结构形状、4 个 M6 螺孔的位置,采用 2 处局部剖,其中左边的局部剖主要表达 $\phi9$ 孔的形状结构,右边的局部剖主要表达 4 个 $\phi10$ 孔的形状结构。

2. 识读其他视图

俯视图采用了 2 种简化画法,一是对称图形的简化画法(箱盖形状结构前后对称);二是相同结构的简化画法(4 个 M6 螺孔,只画了 1 个,另 3 个只画出表示螺孔位置的中心线)。俯视图采用 1 处局部剖,主要表达 4 个 M6 螺纹孔(不通的盲孔)的形状结构。俯视图表达了 2 - $R12$ 的 U 形凸台的形状结构和方形凸台的形状结构,表达了箱盖顶部螺纹孔和圆凸台的形状结构,表达了 2 处支撑筋的部分结构。

左视图采用了 3 处局部剖,主要表达 $R26$ 孔的结构形状、$R17.5$ 孔的结构形状、顶部 M10 螺纹孔及 $\phi20$ 圆凸台的结构形状。左视图还表达了 2 处支撑筋的三角形形状特征。

A 向视图采用了对称图形的简化画法(前后对称),主要表达箱盖底平面的结构及内部空腔的底面形状。箱盖底平面有 4 个 $\phi10$ 的孔、1 个 $\phi9$ 的孔、1 个 $\phi35$ 的半圆柱孔(主视图中 $R17.5$ 的孔)、1 个 $\phi52$ 的半圆柱孔(主视图中 $R26$ 的孔)、内部空腔的矩形轮廓线,内部空腔顶部的 M10 螺孔。4 处短中心线表示 4 个 M6 螺孔的位置。

小贴士 识读复杂形状的零件图,一定要有耐心,仔细读;从特征视图着手,按投影规律读图,先整体后局部,先大结构后小结构;结合尺寸读图。

5.4.2.3 识读箱盖零件图的尺寸

如图 5 - 41 所示,箱盖的总体尺寸:总长 197,总高 63,总宽 98。

选择箱盖的底平面为高度方向的尺寸基准,选择箱盖的前后对称平面为宽度方向的尺寸基准,选择箱盖的 $\phi52$ 孔的轴线所在的侧平面为长度方向尺寸基准。

图中的 136、71、55($\phi52$ 与 $\phi35$ 的轴距)、15、90°、$R22$、$R30$ 等尺寸为定位尺寸,63、6(支撑筋与后端面的距离)等尺寸既是定形尺寸又是定位尺寸,$\phi52$、$\phi35$、$R12$、$\phi20$、M6、17、98、197 等为定形尺寸。

5.4.2.4 识读箱盖零件图的技术要求

如图 5 - 41 所示,孔径 $\phi52^{+0.03}_{0}$、孔径 $\phi35^{+0.025}_{0}$、孔 $\phi35$ 与 $\phi52$ 的轴距 55 ± 0.02、$4\times\phi10^{+0.012}_{0}$ 有尺寸精度要求,它们的上偏差、下偏差、最大极限尺寸、最小极限尺寸、公差不再详述。

$4\times\phi10^{+0.012}_{0}$ 表示相同尺寸的结构有 4 处;4 - M6 ↧9 表示有 4 处 M9 的螺纹,螺纹深度为 9。2 - $R12$ 表示有 2 处(对称结构)尺寸 $R12$,4 - $R17$ 表示有 4 处(对称结构)尺寸 $R17$。

形位公差代号 [// | 0.15 | A] 表示 $\phi35$ 孔的轴线相对于 $\phi52$ 孔的轴线有 0.15 的平行度要求,公差为 0.15。[▱ | 0.025] 表示箱盖底平面有 0.025 的平面度要求。

4 处 $\phi10^{+0.012}_{0}$ 孔表面有 $Ra1.6$ 的表面粗糙度要求,箱盖底平面、$\phi35$ 孔表面、$\phi52$ 孔表面有 $Ra3.2$ 的表面粗糙度要求,其他为非切削加工表面。

文字说明的技术要求,“未注铸造圆角为 $R1 \sim R2.5$”表示图中未注明尺寸的圆角可以是 $R1 \sim R2.5$,其他不再叙述。

综合想象,箱盖的形状结构如图 5－49 所示。

图 5－49　箱盖的形状结构

5.4.3　任务拓展

5.4.3.1　螺纹的主要参数

螺纹的要素有牙型、直径、线数、螺距、导程、旋向等。只有要素都相同时,内、外螺纹才能旋合在一起。

常见的螺纹的牙型有三角形、梯形和锯齿形等,参见表 5－7。

表 5－7　常用标准螺纹的种类、标记和标注

螺纹类别		特征代号	牙型	标注示例	说明
连接和紧固用螺纹	粗牙普通螺纹	M	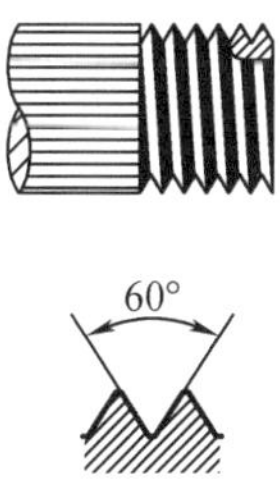	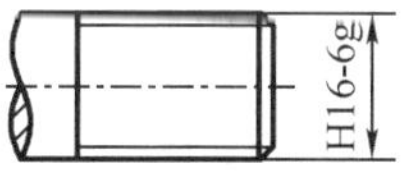	粗牙普通螺纹,公称直径 16 mm,右旋;中径公差带和大径公差带均为 6g;中等旋合长度
	细牙普通螺纹			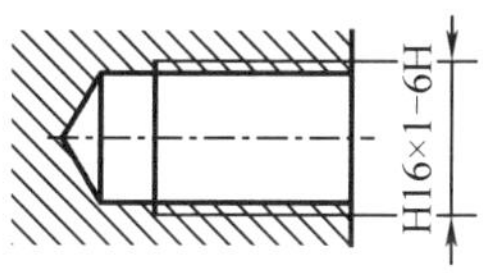	细牙普通螺纹,公称直径 16 mm,螺距 1 mm,右旋;中径公差带和小径公差带均为 6H;中等旋合长度

表 5 -7(续)

螺纹类别			特征代号	牙型	标注示例	说明
管用螺纹	非螺纹密封的管螺纹		G	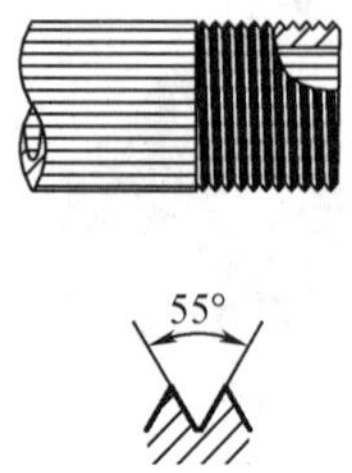	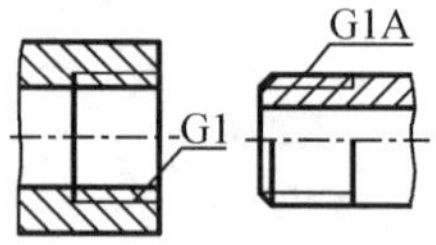	非螺纹密封的圆柱管螺纹 G——螺纹特征代号 1——尺寸代号 A——外螺纹公差等级代号
	用螺纹密封的管螺纹	圆锥内螺纹	Rc		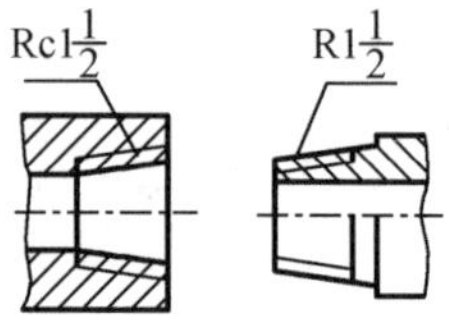	用螺纹密封的管螺纹 Rc——用螺纹密封的圆锥内螺纹 R——用螺纹密封的圆锥外螺纹 $1\frac{1}{2}$——尺寸代号
		圆柱内螺纹	Rp			
		圆锥外螺纹	R			
传动螺纹	梯形螺纹		Tr	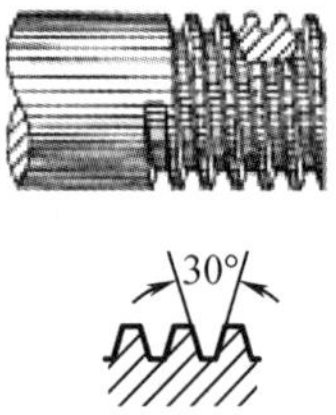	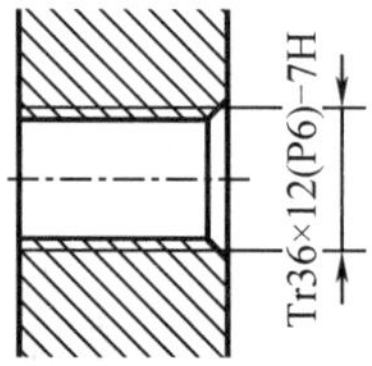	梯形螺纹，公称直径36 mm，双线螺纹，导程12 mm，螺距6 mm，右旋，中径公差带为7H；中等旋合长度

螺纹的直径有大径(d、D)、中径(d_2、D_2)和小径(d_1、D_1)之分，外螺纹直径用小写字母表示，内螺纹直径用大写字母表示，如图 5 -50 所示。其中外螺纹大径(d)和内螺纹小径(D_1)亦称顶径。

小贴士 螺纹标记中的公称直径就是指螺纹的大径，内螺纹、外螺纹都是。

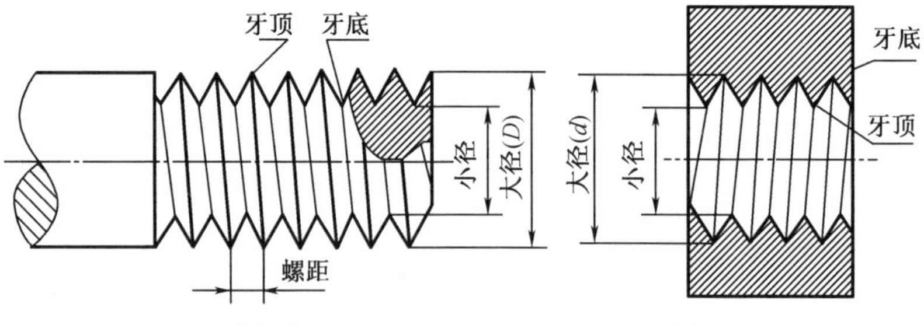

(a)外螺纹 (b)内螺纹

图 5 -50 螺纹的各部分名称及代号

螺纹的线数是指螺纹有单线和多线之分。沿一条螺旋线所形成的螺纹，称为单线螺纹；沿两条在轴向等距分布的螺旋线所形成的螺纹，称为双线螺纹。沿三条或三条以上在轴向等距分布的螺旋线所形成的螺纹,称为多线螺纹。

螺纹的螺距是指相邻两牙在中径线上对应两点间的轴向距离;导程是指同一条螺旋线上,相邻两牙在中径线上对应两点间的轴向距离。螺距和导程是两个不同的概念,如图5-51所示。有关系式:螺距=导程/线数。

内、外螺纹旋合时的旋转方向称为旋向。螺纹的旋向有左、右之分。顺时针旋转时旋入的螺纹,称为右旋螺纹;逆时针旋转时旋入的螺纹,称为左旋螺纹。

小贴士 螺纹旋向的判定方法:将外螺纹轴线垂直放置,螺旋线是左低右高者为右旋螺纹;螺旋线左高右低者为左旋螺纹,如图5-52所示。

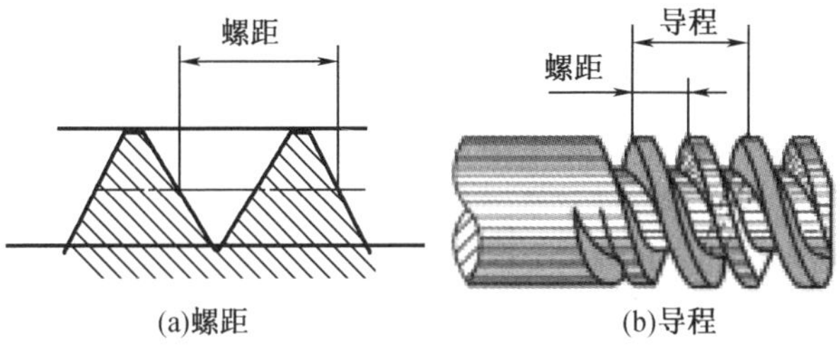

图5-51 螺距与导程

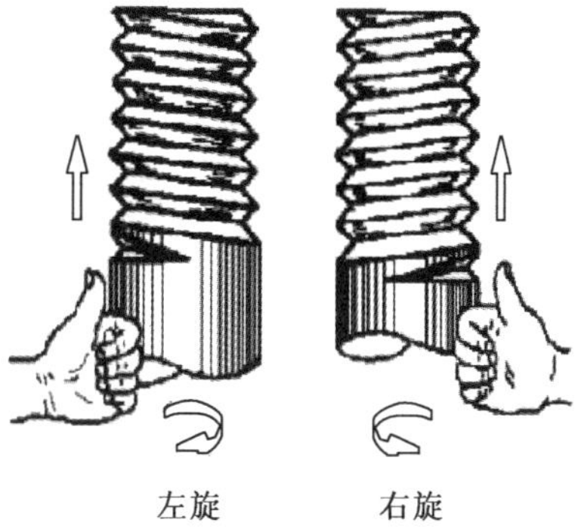

图5-52 螺纹旋向的判断

内、外螺纹是配合使用的,只有牙型、直径、螺距、线数和旋向等要素都相同时,内、外螺纹才能旋合在一起。

在螺纹的诸要素中,牙型、大径和螺距是决定螺纹结构规格的最基本的要素,称为螺纹三要素。凡螺纹三要素符合国家标准的,称为标准螺纹;牙型符合标准,直径或螺距不符合标准的为特殊螺纹;牙型不符合国家标准的,称为非标准螺纹。

5.4.3.2 螺纹的标记

绘制有螺纹的图样时,必须按照国家标准所规定的标记格式和相应代号进行标注。螺纹标记包括螺纹的五要素、螺纹尺寸公差和旋合状态。螺纹的标记完整内容如下:

牙型符号 公称直径×螺距[或导程(*P* 螺距)]旋向-螺纹公差带代号-旋合长度

其中:①单线螺纹仅仅标注螺距,多线螺纹标注导程和螺距。②螺纹公差带代号由中径公差带和顶径公差带代号组成,公差带代号由表示公差等级的数字和表示公差带位置的字母组成;大写字母代表内螺纹,小写字母代表外螺纹,数字写在前面,字母写在后面;若两组公差带相同,则只写一组;在标注螺纹规格尺寸时,螺纹公差带不允许省略。③旋合长度分为短(S)、中等(N)、长(L)三种,也可以是具体的旋合长度数值。一般采用中等旋合长度,此时,N省略不注。

(1)普通螺纹的标记 普通螺纹特征代号为M;粗牙普通螺纹不标注螺距,细牙螺纹要标注螺距(粗牙与细牙的区别参见“普通螺纹直径、螺距与公差带”(GB/T 192、GB/T 193、GB/T 196、GB/T 197));多线螺纹要同时标注导程和螺距;左旋螺纹以“LH”表示,右旋螺纹不标注旋向。如图 5 - 53(a)所示。

(2)梯形螺纹的标记　梯形螺纹特征代号为 Tr,梯形螺纹无粗牙和细牙之分。如图 5 - 53(b)所示。

(3)管螺纹的标记　管螺纹特征代号用 Rc(圆锥内螺纹)、Rp(圆柱内螺纹)、R(圆锥外螺纹)表示。非螺纹密封的管螺纹特征代号为 G,公差等级代号对外螺纹分 A、B 两级标记,对内螺纹则不用标记。如图 5 - 53(c)所示。

非螺纹密封的管螺纹,其内螺纹公差等级只有一种,用螺纹密封的管螺纹,其内,外螺纹也只有一种公差带,故不注公差带。管螺纹的标记,不是螺纹的尺寸,而是管子孔径的英寸制代号,用$\frac{1}{2}$,$\frac{3}{4}$,1,1 $\frac{1}{2}$,…表示,螺纹的大径和小径数值根据尺寸代号查“管螺纹”表确定。

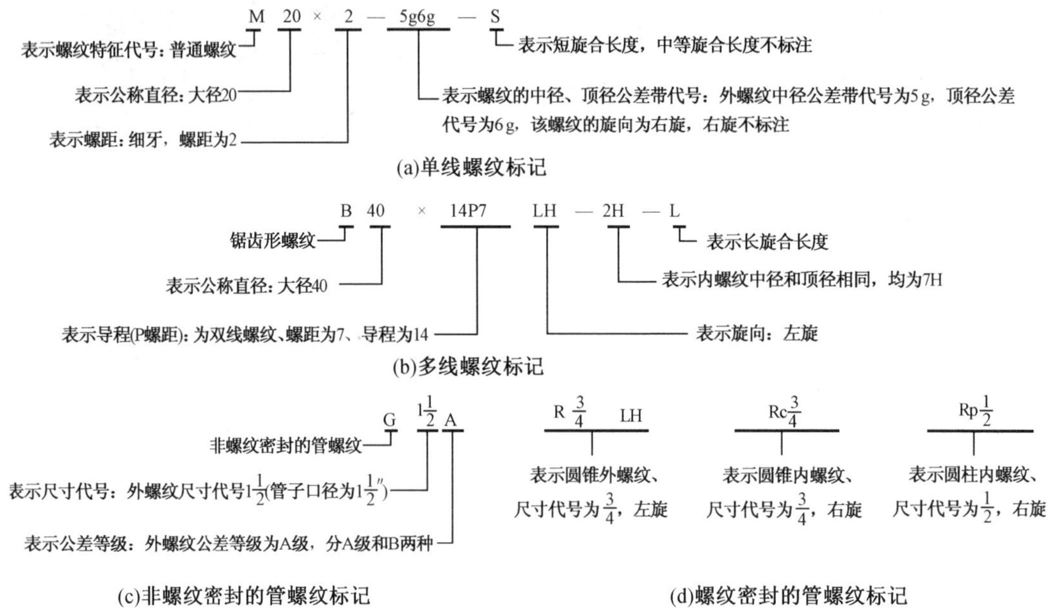

图 5 - 53　螺纹标记的含义

练一练　解释 M20 × 1.5 - 6H、Tr40 × 7LH - 7e - N、Rc1 $\frac{3}{4}$的含义。

5.4.3.3　螺纹的标注

螺纹的标注参见表 5 - 7,其中公称直径以毫米为单位的螺纹(如普通螺纹、梯形螺纹等),其标记直接注在大径的尺寸线上或其引出线上;管螺纹的标记一律注在引出线上,引出线应由大径处或中心处引出。标注的螺纹长度是指不包括螺尾在内的有效螺纹长度。

任务5.5 识读箱座零件图

图5－54所示为一级圆柱齿轮减速箱的箱座的零件图。

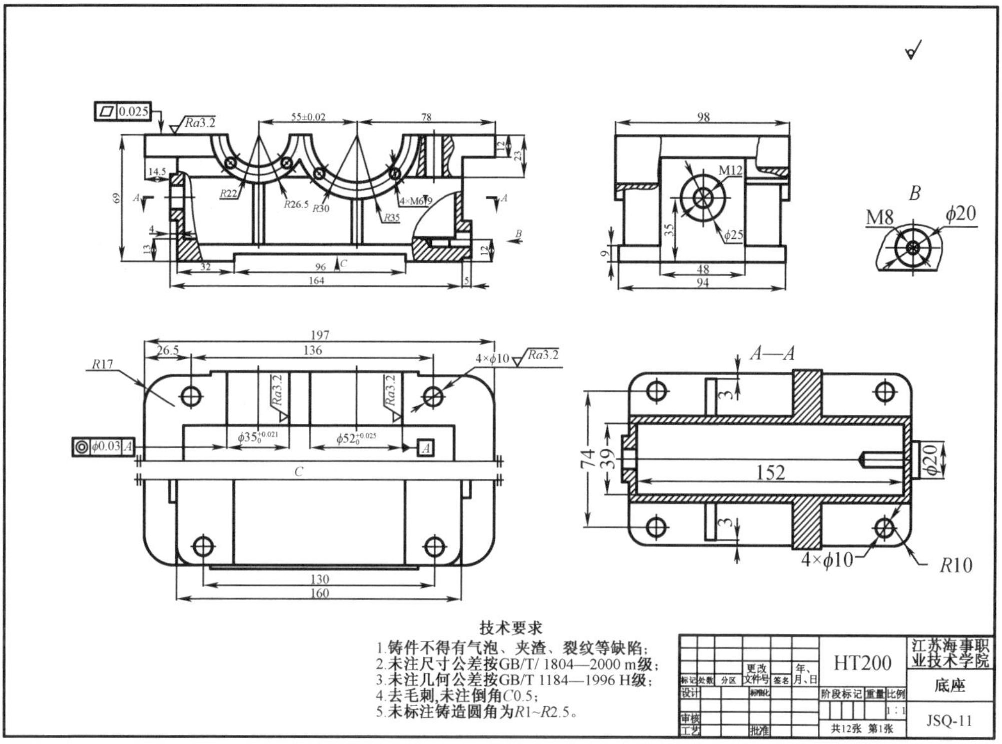

图5－54 箱座零件图

想一想 箱座采用哪些图形表达？每个图形采取了什么表达方法？每个图形主要表达什么形状结构？局部视图有什么特征？什么条件下采用？向视图有什么特征？什么情况下采用？

5.5.1 任务分析

5.5.1.1 箱座零件的结构分析

箱座和箱盖一样，是典型的箱体类零件，起着支承、包容、保护运动件或其他零件的作用，有较大的空腔，有一些用于装配的孔和表面，外形结构比较复杂。

5.5.1.2 箱座视图表达方案分析

如图5－54所示，箱座零件的视图表达采用了6个图形，分别是主视图、俯视图、左视图、C向视图、B向局部视图和A—A剖视图。

主视图中有3处局部剖，俯视图采用了对称图形的简化画法，左视图中有3处局部剖，

C 向视图采用了对称图形的简化画法,A—A 剖视图相当于 A—A 剖切位置的俯视图。

5.5.2 任务实施

5.5.2.1 识读箱座零件图的标题栏

图 5-54 所示的零件为箱座,材料为 HT200,绘图比例为 1:1.5。该零件属于箱体类零件,毛坯由铸造得到。

5.5.2.2 识读箱座零件图的图形

采用形体分析法,按“三等”投影规律,先粗读视图,再精读细节,识读箱座的图形。

主视图主要表达箱座的外观形状、ϕ35 孔和 ϕ52 孔所在凸缘的前端面的形状特征、2 处支撑筋的形状和位置,采用 3 处局部剖,其中左边的局部剖主要表达 M8 螺纹孔的形状结构和内部空腔的结构,右下方的局部剖主要表达 M8 螺纹孔的结构和 ϕ20 圆凸台的轴向结构,右上方的局部剖主要表达顶部 ϕ10 孔的形状结构,这样的孔有 4 个。

左视图主要表达箱座宽度方向的大致形状以及左侧 M8 螺纹孔、ϕ25 圆凸台的形状,虚线表示空腔结构,采用 3 处局部剖分别表达 ϕ35 半圆柱孔、ϕ52 半圆柱孔及底部 ϕ10 孔(4 个)的结构。

俯视图主要表达上表面(包括空腔和 4 个 ϕ10 孔)的形状。采用了 2 种简化画法,一是对称图形的简化画法(箱座的形状结构前后对称);二是相同结构的简化画法(4 个 M6 螺孔,只画了 1 个)。采用 1 处局部剖,主要表达 4 个 M6 螺纹孔(不通的盲孔)的形状结构。

C 向视图采用了对称图形的简化画法(前后对称),主要表达箱座底平面的形状、底部矩形通槽的形状及 4 个 ϕ10 的孔的位置。

B 向视图主要表达右侧 M8 螺纹孔和 ϕ20 圆凸台的形状。

A—A 剖视图采用了全剖视图,剖切位置是通过左侧 M8 螺纹孔轴线的水平面,投影方向为俯视图方向,主要表达空腔的矩形结构,同时表达了右侧底部半个 M8 螺纹孔的结构,也表达了支撑筋的形状(不打剖面线)和左侧 M8 螺纹孔的结构。图示剖切位置剖切到了 ϕ52 半圆孔所在凸缘。

小贴士 注意箱座右侧 M8 螺纹孔的结构,沿着它的轴线,从右往左,先是一整个螺纹孔,后是半个螺纹孔,然后是圆柱孔(盲孔,有锥顶)。

综合想象,箱座零件由长方形带圆角的上盖板、长方形中间箱体、左侧螺纹孔加凸台、右侧螺纹孔加凸台、前后各两个半圆柱凸缘、凸缘下部的长方形支撑筋、长方形带圆角的下底板(有前后通槽)等组成,两个半圆柱凸缘的前、后端面开有螺纹孔并同轴切除两个半圆柱,整个箱座内部为长方形空腔,上盖板、下底板上各有 4 个圆柱通孔。箱座的形状结构如图 5-55 所示。

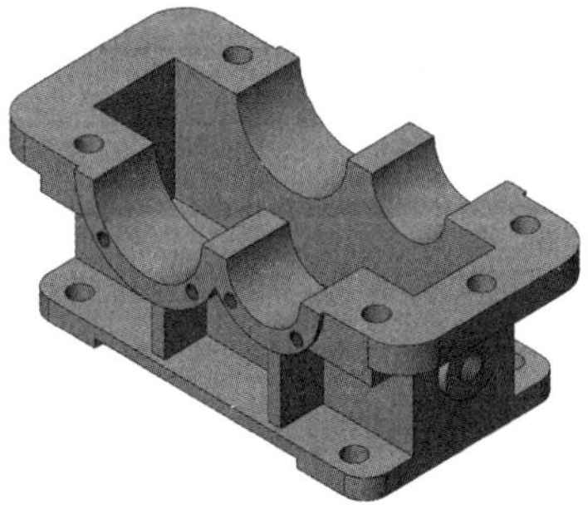

图 5-55 箱座立体图

5.5.2.3 识读箱座零件图的尺寸

图 5-54 中,箱座的总体尺寸:总长 197,总高 69,总宽 98。

选择箱座的底平面为高度方向的尺寸基准,箱座的上表面为高度方向的辅助尺寸基准;选择箱盖的前后对称平面为宽度方向的尺寸基准,选择箱盖的 $\phi52$ 孔的轴线所在的侧平面为长度方向尺寸基准,最左侧面为长度方向辅助尺寸基准。

箱座上盖板的定形尺寸为长 197、宽 98、厚 12,4 个圆角的定形尺寸为 $R17$,上表面 4 个 $\phi10$ 通孔的定位尺寸为 71、136,空腔的定形尺寸为长 153、宽 39、深 56。$\phi35$ 孔和 $\phi52$ 孔所在凸缘的前、后端面上的 8 个 M6 螺纹孔的定位尺寸有 90°、$R22$、$R30$,定形尺寸为 $\phi35$、$\phi51$、$\phi52$、$\phi70$、8-M6、98。4 条支撑筋的定位尺寸为 42.5、3(既是定位尺寸,也是定形尺寸),定形尺寸为 6;左侧 M8 螺纹孔、$\phi25$ 圆凸台的高度方向的定位尺寸为 35;右侧 M8 螺纹孔和 $\phi20$ 圆凸台的定位尺寸为 45,M8 螺纹孔的定形尺寸有 M8、5、13、23;中间箱体的宽度尺寸为 48、长 160;下底板的定形尺寸为长 160、宽 94、高 9、圆角 $R17$,下底板上 4 个 $\phi10$ 的孔的定位尺寸为长 130、宽 74,通槽的定位尺寸为前后贯通、左右对称,定形尺寸为长 96、深 4。

5.5.2.4 识读箱座零件图的技术要求

图 5-54 中,孔径 $\phi52^{+0.03}_{0}$、孔径 $\phi35^{+0.025}_{0}$、孔 $\phi35$ 与 $\phi52$ 的轴距 55 ± 0.02、$4\times\phi10^{+0.012}_{0}$ 有尺寸精度要求,它们的上偏差、下偏差、最大极限尺寸、最小极限尺寸、公差不再详述。

$4\times\phi10^{+0.012}_{0}$ 表示相同尺寸的结构有 4 处;圆角 $R10$ 有 4 处(对称结构的圆角),圆角 $R17$ 有 4 处(对称结构的圆角)。

形位公差代号 [// 0.15 A] 表示 $\phi35$ 孔的轴线相对于 $\phi52$ 孔的轴线有 0.15 的平行度要求,公差为 0.15。[▱ 0.025] 表示箱座上平面有 0.025 的平面度要求。

4 处 $\phi10^{+0.012}_{0}$ 孔表面有 $Ra1.6$ 的表面粗糙度要求,箱座上平面、$\phi35$ 孔表面、$\phi52$ 孔表面有 $Ra3.2$ 的表面粗糙度要求,其他为非切削加工表面。

文字说明的技术要求与箱盖零件图相同,不再叙述。

综合想象,箱盖的形状结构如图 5-56 所示。

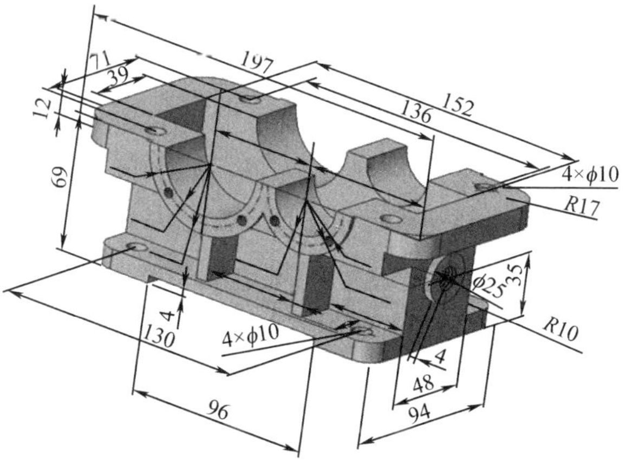

图 5-56 箱座的形状结构和大小

任务5.6 测绘透盖零件图

如图5－57为一级圆柱齿轮减速箱输出轴透盖的实物图。

图5－57 透盖立体

想一想 如何把现有零件画成零件图？具体包括：什么叫零件测绘？零件测绘的步骤是什么？需要注意什么？尺寸公差、形位公差、表面结构要求如何选择？

5.6.1 任务分析

5.6.1.1 零件测绘的概念

零件测绘是根据现有零件，进行分析、目测尺寸、徒手绘制草图，测量并标注尺寸及技术要求，经整理画出零件图的过程。在仿制和修配机器、设备及其部件时，常要对零件进行测绘。因此，测绘是工程技术人员必须掌握的基本技能之一。

5.6.1.2 测绘零件的方法和步骤

1. 了解和分析零件

(1)了解零件的名称、用途、材料及其在机器或部件中的位置和作用。

(2)对零件的结构形状和制造方法进行分析了解，以便考虑选择零件表达方案和进行尺寸标注。

2. 确定图形表达方案

根据形状特征的原则，按零件的加工位置或工作位置选择主视图，并按零件的内、外结构特点，选用必要的其他视图和剖视、断面等表达方法。应尽可能用最简单的视图方案，完整、清晰地表达零件的内、外结构和形状。

3. 画零件草图

根据选定的视图表达方案，目测估计图形与实物的比例，徒手绘制草图，具体包括：

(1)根据零件尺寸大小选定绘图比例，在图纸(或方格纸)上画出图框、标题栏。

(2)合理布置图面，注意留出标注尺寸所需的空位，画出各视图的中心线、轴线或对称线、端面基准线等主要作图基准。

(3)按形体分析法，画各视图的主体部分，注意各部分的投影关系；再画其他结构及细部部分，完成各视图。

(4)选择尺寸基准，按正确、完整、清晰、合理标注尺寸的要求画出所有的尺寸界线、尺寸线及箭头。

(5)根据零件实际状况及功能要求，注出零件各部分的表面粗糙度。

(6)测量零件全部尺寸，并将尺寸数字逐一注写在草图上；对有配合要求的部位要仔细测量，并参考有关技术资料加以确定，进行注写。

(7)校核后徒手加深轮廓线，确定材料，填写技术要求和标题栏。

4. 对草图进行全面审核，根据草图绘零件图

零件草图一般是在现场绘制的，受时间和条件所限，有些问题只要表达清楚就可以了，不一定是最完善的。因此画零件图前需对草图的视图表达方案、尺寸标注、技术要求等进行审核，经过补充、修改后，即可根据草图绘制零件图。

5.6.1.3 透盖零件结构分析

如图5－57所示的一级圆柱齿轮减速箱输出轴透盖，是典型的盘盖类零件，径向尺寸较大，轴向尺寸相对较小，同轴线均布4个螺纹孔，同轴线有圆柱通孔，有嵌入式装配结构的凸缘(小直径圆柱)，外部圆柱不完整。

盘盖类零件的图形表达通常选择主视图和左视图两个基本视图，内部结构常采用剖视，轮辐等结构采用规定画法。其中，主视图按轴线水平的零件工作位置来选取，左视图是投影为圆的特征视图。

5.6.1.4 透盖零件作用及技术要求分析

减速箱输出轴透盖的作用，主要是对润滑油的密封和对传动轴的轴向定位。

透盖的凸缘外圆柱表面与减速箱箱盖、箱座上的 $\phi52$ 孔有装配关系，需要有配合要求，零件图中该处的直径需要设计尺寸公差，圆柱外表面需要设计表面粗糙度要求。透盖中心的圆柱孔与轴有密封要求，零件图中该处的孔径需要设计尺寸公差，孔表面需要设计表面粗糙度要求。4个螺纹孔均布，零件图需要有相应的定位尺寸。

5.6.2 任务实施

5.6.2.1 确定视图表达方案

透盖是典型的盘盖类零件，且外形结构简单，内部结构主要是一圆柱通孔和4个均布的螺纹孔。

1. 主视图的选择

主视图选择轴线水平放置的零件工作位置，选择主视图、左视图图形比较规整的投影方向，采用全剖视图，采用旋转剖(主要表达螺纹孔)。

2. 其他视图的选择

左视图反映图形为圆的特征投影。

透盖表达方案参看图5－58。

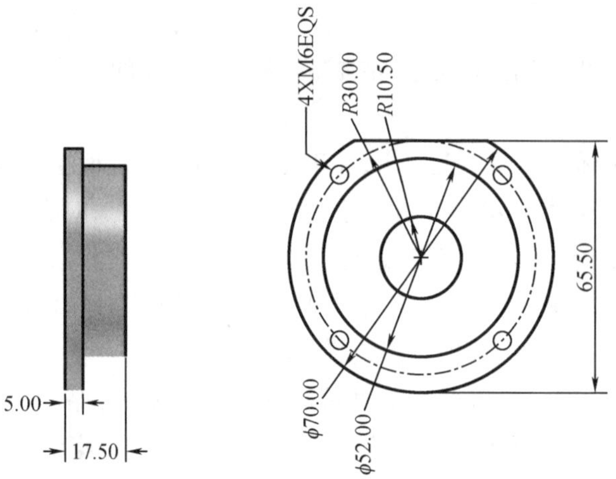

(a)主视图的选择　　(b)左视图的选择

图 5－58　透盖的视图表达

5.6.2.2　绘制零件草图

1. 选择绘图比例,画图框、标题栏

根据透盖尺寸及图纸大小,选择 1∶1 的绘图比例,图框、标题栏如图 5－59(a)所示。

2. 合理布图,画出作图基准线

根据零件的形状特征和作用,选择透盖的右端面为长度方向的尺寸基准,轴线所在的水平面为高度方向的尺寸基准,轴线所在的正平面为宽度方向的尺寸基准。

合理布置图面,留出标注尺寸的空间位置,画出两个视图中所有的中心线、轴线、对称线、端面基准线等作图基准线,如图 5－59(b)所示。

3. 按投影关系绘制视图

按形体分析法,先画主体结构,后画其他结构,最后画细节;先画特征视图,后画其他视图。按透盖的形状特征,先画左视图,后画主视图,先画大圆,后画螺纹孔,最后画剖视的标记和剖面线。画得的图线如图 5－59 所示。

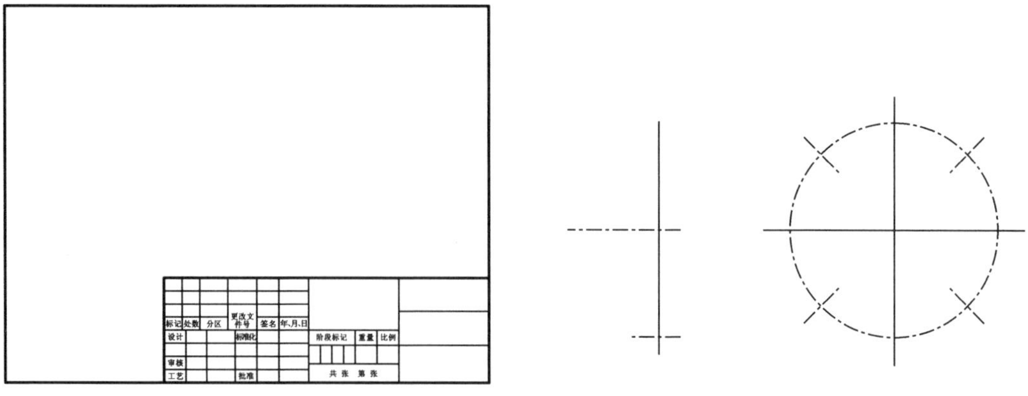

(a)　　(b)

图 5－59　透盖草图的绘制

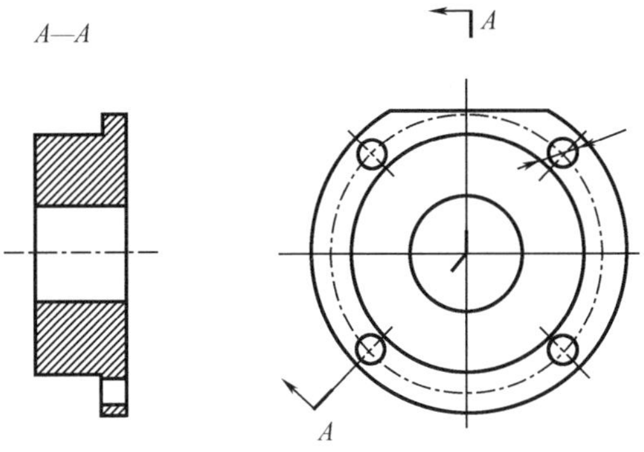

(c)

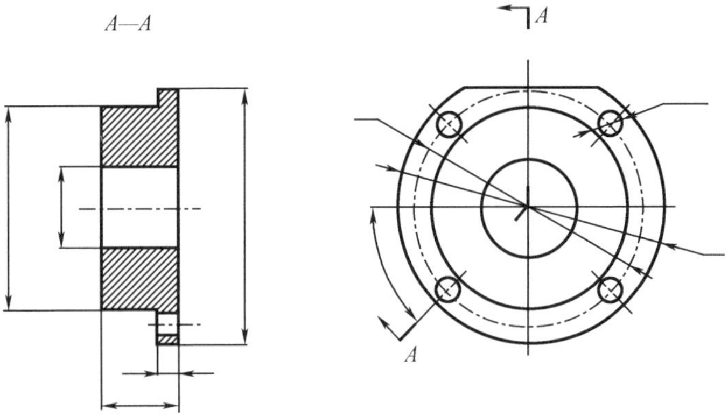

(d)

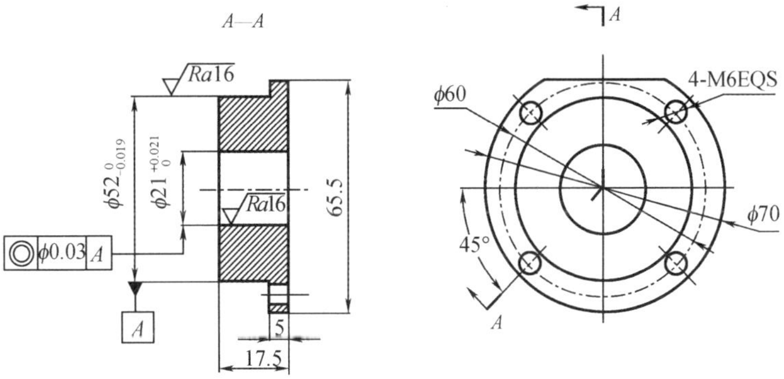

(e)

图5－59(续)

小贴士 画视图时,一定要从特征视图、特征投影着手,先画零件的特征视图再画其他视图,先画某个结构的特征投影再画其他投影。按投影规律,几个视图一起画,而不是完整地画好一个视图,再完整地画第二个视图,再完整地画第三个视图。

5.6.2.3 测量并标注零件全部尺寸

1. 选择尺寸基准

根据透盖的形状特征及作用,确定零件长度方向的尺寸基准为右端面,宽度和高度方向的尺寸基准为圆柱孔轴线(所在的正平面和水平面)。符合基准重合原则,即设计基准与工艺基准重合。

2. 画尺寸界线、尺寸线和尺寸箭头

按正确、清晰、完整且不重复、工艺合理的原则,明晰每个结构长、宽、高三个方向的定形尺寸和定位尺寸,画出这些尺寸的尺寸界线、尺寸线和尺寸箭头,先画主要结构后画次要结构,先大结构后小结构。画好尺寸界线、尺寸线和尺寸箭头的图如图 5-59(d)所示。

3. 测量全部尺寸

用游标卡尺测量出全部的内孔、外圆直径及轴向尺寸,并圆整测量数到整数。其中,螺纹孔的尺寸查“普通螺纹直径、螺距与公差带”表,核对确定相对接近的公称直径和螺距。

4. 选择尺寸偏差

透盖中心的圆柱通孔与轴有密封要求,根据常用尺寸段极限与配合的选用原则,选择该处的直径 $\phi21$ 的公差带为 H7,即基孔制 7 级精度的精密配合,查表确定为 $\phi21^{+0.021}_{0}$。透盖的凸缘外表面与减速箱箱盖、箱座上的孔有装配关系,选择该处的直径 $\phi52$ 的公差带为 h6,即基轴制 6 级精度的精密配合,查表确定为 $\phi52^{0}_{-0.019}$。其他尺寸的公差按 GB/T 1804—2000 m 级要求。

5. 选择表面结构要求

根据表面结构要求的选用方法,用类比法,选择透盖中心的圆柱孔的表面粗糙度为 $Ra1.6$,透盖凸缘的圆柱外表面的表面粗糙度为 $Ra1.6$,其余切削表面的粗糙度为 $Ra6.3$。

6. 选择形位公差

根据装配关系以及形位公差选择方法,选择透盖中心的圆柱通孔的轴线与透盖凸缘圆柱的轴线有同轴度要求,数值为 $\phi0.03$。

7. 标注尺寸数值和技术要求

按尺寸标注的方法,注写全部结构的所有尺寸数值,标注图样中的表面粗糙度代号、形位公差代号,得到如图 5-59(e)所示。

小贴士 尺寸偏差、形位公差、表面粗糙度的选取,需要依据相关的选择规定,还要结合实际工作经验,读者可以参考类似情况进行。

5.6.2.4 检查、修正图线

校对图线无误,尺寸无遗漏后,徒手加深轮廓线,确定材料,填写文字说明的技术要求和标题栏。

画零件草图时应注意以下几点:

①零件草图是画零件图的重要依据,应具备零件图的完整内容,不可潦草马虎,必须认真细致,如果有错误或遗漏,将会给画零件图带来困难。

②对零件制造中产生的缺陷(如铸造时产生的缩孔、裂纹)和使用过程中造成的磨损、变形等,画草图时应予纠正。而对零件上的工艺结构,如倒角、圆角、退刀槽等,都应完整表达。

③测量的尺寸一般应圆整为整数。对零件上标准结构要素(如螺纹、键槽等)的尺寸,测量后应查找有关标准核对确定。有配合要求的尺寸,其基本尺寸及选定的极限偏差或公差带代号应与相配零件的相应部分相协调。

5.6.2.5 绘制零件图

零件草图一般是在现场绘制的,受时间和条件所限,不一定完善。因此画零件图前需对草图的视图表达方案、尺寸标注、技术要求等进行审核,经过补充、修改后,再根据草图绘

制零件图。

透盖的零件图如图 5－60 所示。

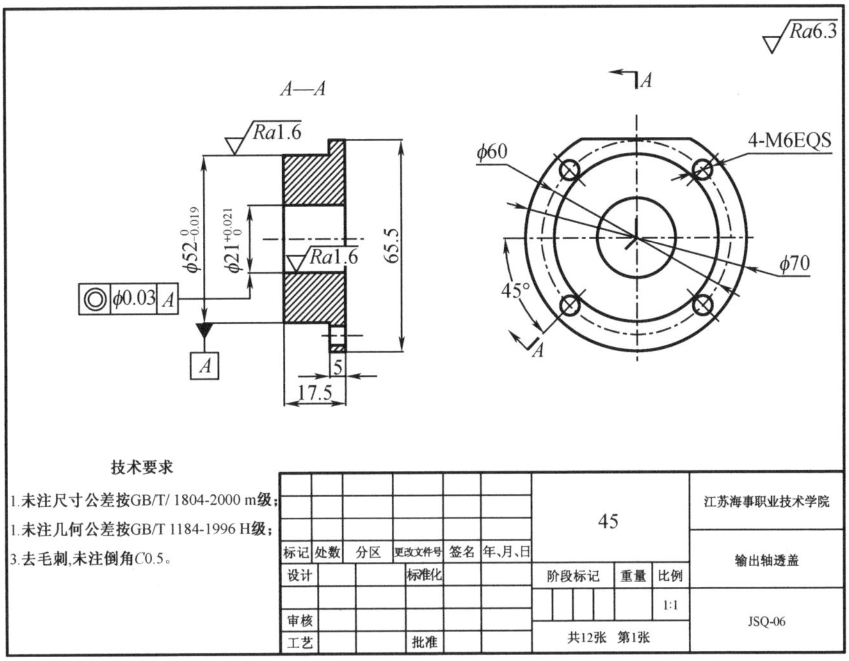

图 5－60　透盖零件图

5.6.3　任务拓展

5.6.3.1　零件的测绘方法

根据测绘对象的结构、精度、材料等不同,零件的测绘方法可分为以下几种。

(1)使用通用量具对实物进行测绘。

(2)使用三坐标测量仪或加工中心对实物进行测绘。

(3)利用 AutoCAD 软件对产品图片进行测绘。尤其是对一些纤维材料制成的柔软产品和胶料产品的模具设计。上面两种测绘方法无法实现对纤维材料地毯的测量,但可以利用 AutoCAD 软件,对地毯产品图进行测绘来设计模具。

5.6.3.2　零件常用测量方法

(1)线性尺寸的测量　可用游标卡尺测量,也可用钢直尺配合直角尺或三角板测量,也可用内卡钳配合钢直尺测量。如果轴肩为圆弧过渡,可用不等长卡尺测量轴的中间长度。轴孔中心高可用标杆百分表的数显高度尺直接测量。

(2)径向尺寸的测量　可直接用游标卡尺或外径千分尺测量,也可用钢直尺配合内卡钳或专用卡钳测量。

(3)有配合要求的尺寸的获得　配合表面尺寸需测量后计算或查表获得。如:①键槽尺寸用游标卡尺测量键槽长度,键槽截面上的其他尺寸,根据轴径查表“普通平键和键槽的剖面尺寸”计算得到。②与滚动轴承配合处的轴径尺寸的确定,有两种方法。方法一:根据滚动轴承端面上的代号查表“常用滚动轴承标记与规格”确定轴径(孔径)。方法二:判断轴承类型,用游标卡尺测量轴承的外径尺寸、内径和宽度尺寸,然后,再查“常用滚动轴承标记与规格”选取接近测量值尺寸的滚动轴承代号,从而确定轴颈尺寸。

(4)倒角、圆角、中心孔尺寸的获得:倒角和圆角尺寸可直接测量,也可查表“零件一般结构要求与中心孔”得到。

同步练习

5-1 识读减速箱输出轴的零件图,如图 5-61 所示,回答问题。

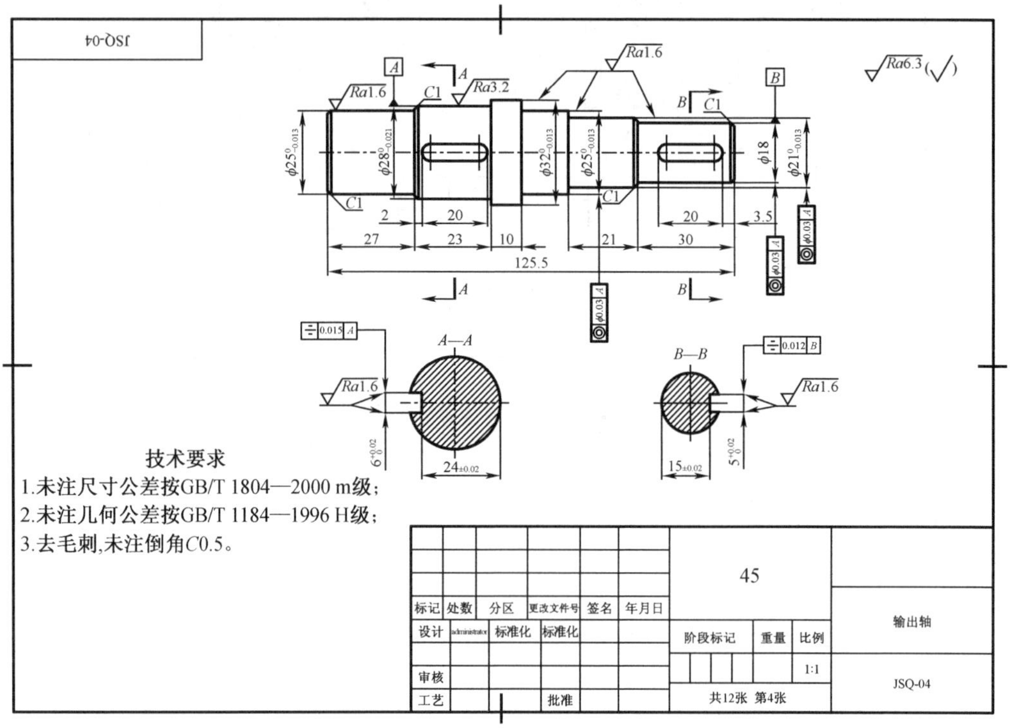

图 5-61 输出轴的零件图

(1)该零件图用了________个基本视图和________个移出断面图。主视图反映________位置和形状特征,移出断面图主要表达________________。

(2)在图中标注出零件长、宽、高三个方向的尺寸基准。

(3)解释图中 $C1$ 的含义:____。

(4)$\phi21^{\ 0}_{-0.019}$的基本尺寸是________,上偏差是________,下偏差是________,最大极限尺寸是________,最小极限尺寸是________,公差是________。

(5)图中$\sqrt{Ra1.6}$表示____。

(6)该零件的表面粗糙度共有________种要求,表面质量要求最高的表面是________________,其表面粗糙度要求是________________。

(7)图中的 ⌯ 0.012 B 表达的基准是______，被测要素是______，公差项目是______，公差数值是______。

(8)解释图中"未注尺寸公差按 GB/T 1804—2000 m 级"的含义：______，解释图中"去毛刺，未标注倒角 C0.5"的含义：______。

5 - 2　识读端盖零件图，如图 5 - 62 所示，回答问题。

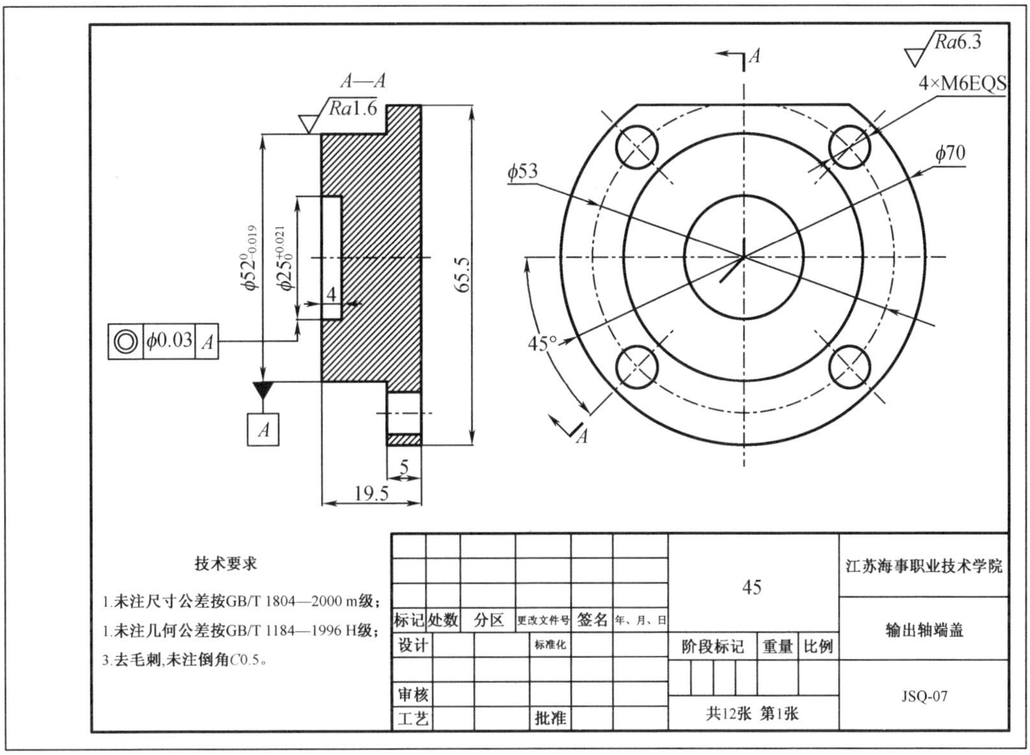

图 5 - 62　轴承座的零件图

(1)该零件图用了______个图形，分别为______和______。

(2)主视图采用______剖，图中的"A—A"表示______，是______剖。

(3)解释图中 4 - M6EQS 的含义：______。

(4)在图上指出零件三个方向的主要尺寸基准。

(5)找出图中的定位尺寸：______。

(6)$\phi52^{\ 0}_{-0.019}$的基本尺寸是______，上偏差是______，下偏差是______，最大极限尺寸是______，最小极限尺寸是______，公差是______。

(7) ◎ ∅0.03 A 表达的基准是______，被测要素是______，公差项目是______，公差数值是______。

(8)按 2:1 的绘图比例画出端盖零件的俯视图(分别画外形、全剖、半剖三种形式)。

5 - 3　识读踏脚座零件图，如图 5 - 63 所示，回答问题。

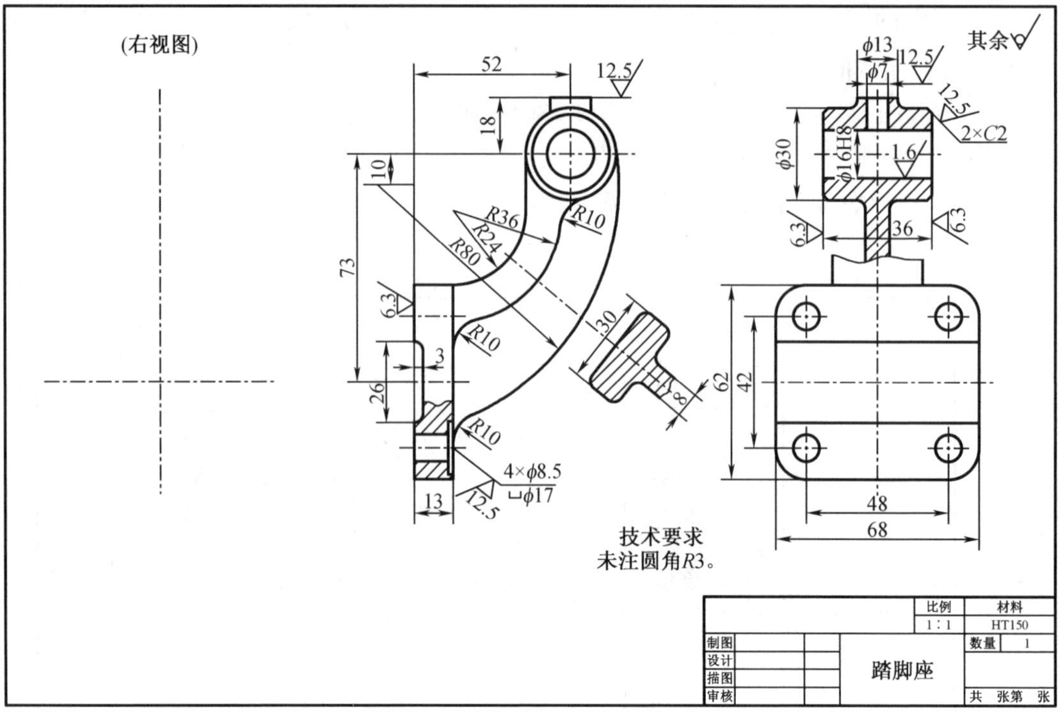

图 5-63　踏脚座的零件图

(1)零件的主视图反映零件的________特征和________位置。

(2)按图形大小在图中指定位置画出右视(外形)图。

(3)在图中(用箭头线)标出长度、宽度、高度方向的主要尺寸基准。

(4)零件表面粗糙度共有________级。其中要求最高的表面 *Ra* 值是________。

(5)主视图采用了________剖视,用来表达________结构,解释该结构尺寸的含义。

(6)图中 ϕ16H8 表示基本尺寸是________,基本偏差代号是________,公差等级是 IT________级;查表确定该尺寸的下偏差为________,上偏差为________。

(7)在图上圈出定位尺寸。

5-4　识读图 5-64 所示的零件图,画出 *B*—*B* 剖视图(按图形大小量取,不画虚线),标出三个方向主要尺寸基准。

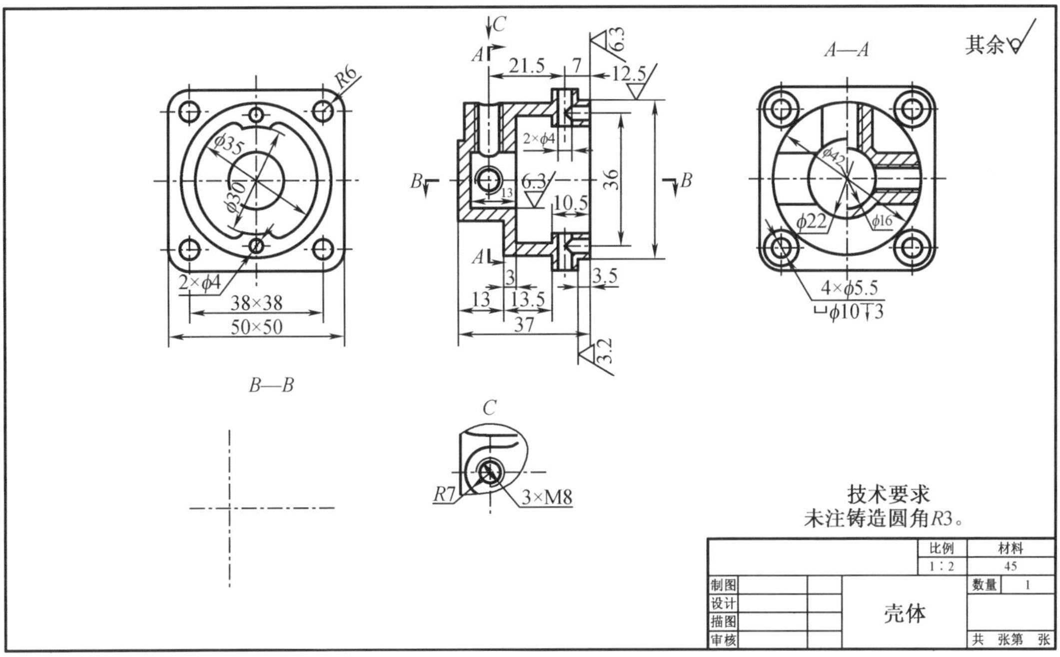

图 5－64　壳体的零件图

5－5　根据图 5－65 所示的轴测图,绘制零件图。

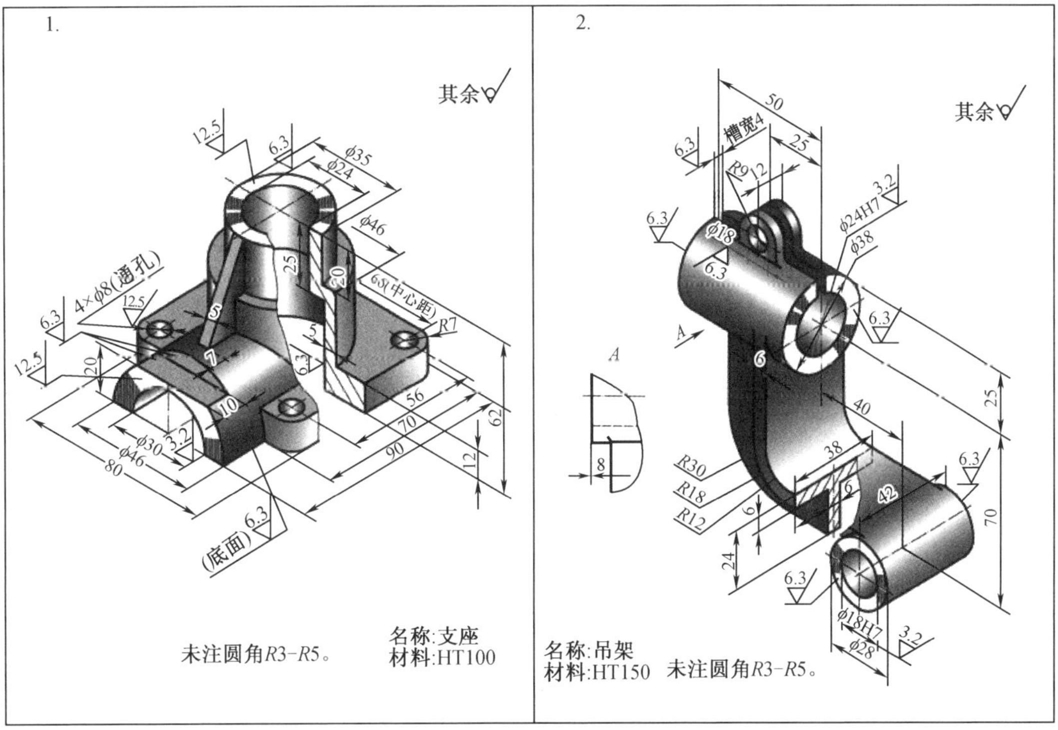

图 5－65　测绘零件

5－6　按规定，画螺纹

(1)外螺纹，螺纹长度为15。

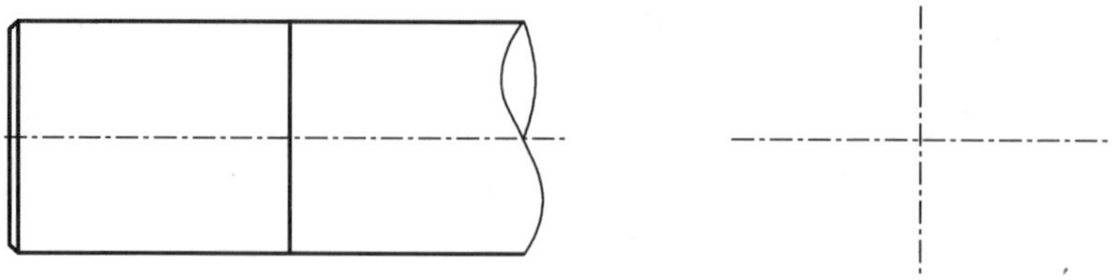

(2)螺纹通孔(M12)，两端孔口倒角 $C1$。

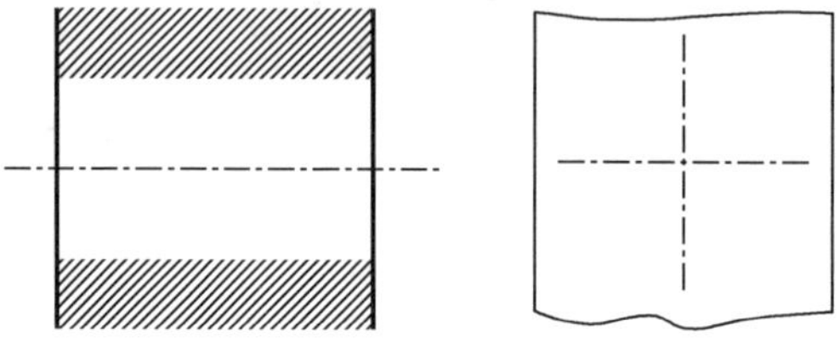

(3)螺纹不通孔(M16)，钻孔深度30，螺纹深度24，孔口倒角 $C1$。

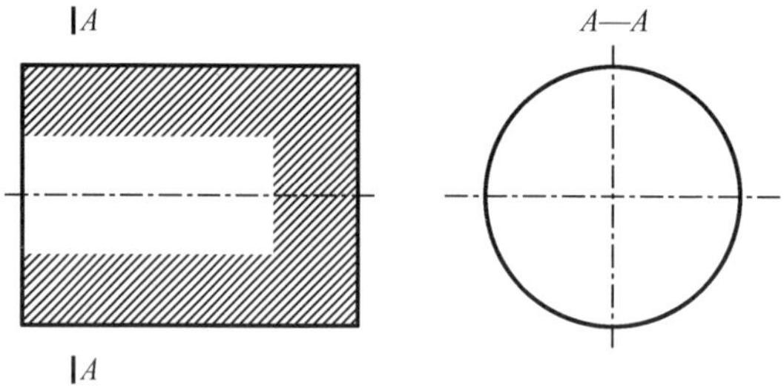

(4)将下列图形按螺纹连接的规定画法绘出。

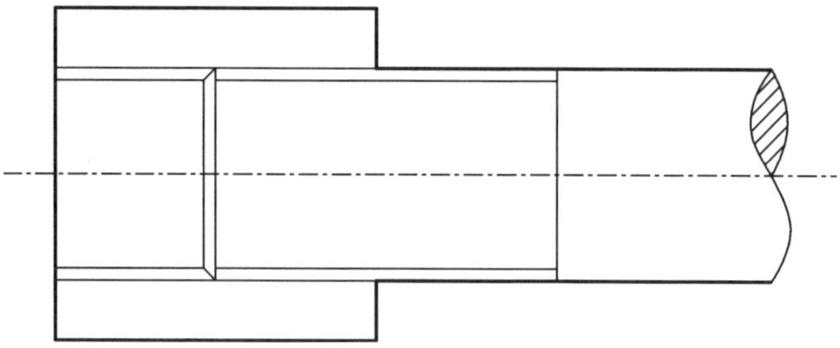

5－7　完成直齿圆柱齿轮零件图，(标注尺寸，比例1:2，其他尺寸由图中量，取整数；轮齿端部倒角为 $C1$)。

模数m	3
齿数Z	34
压力角α	20°

项目6　识读和测绘装配图

【项目功能】

通过识读铣刀头、减速箱的装配图，掌握识读装配图的方法和步骤，熟悉装配图的图形表达方法、尺寸标注方法和明细栏内容，理解装配体的工作原理和装配关系，能够拆画装配体的零件图。通过测绘球阀的装配图，掌握测绘装配图的方法和步骤。

能够识读中等复杂程度的装配图，具体包括：

1. 了解装配图的作用和内容，熟悉装配图的表达方法；
2. 掌握识读装配图的方法和步骤，厘清装配图表达的装配体的工作原理和装配关系；
3. 掌握装配图的尺寸标注、技术要求、零件编号、明细栏的表达方法；
4. 能够根据装配图拆画零件图；
5. 能够测绘简单的装配图；
6. 提升工程素养和职业规范。

任务6.1　识读油泵装配图

想一想　如图6－1所示，油泵的装配图包含了哪些内容？怎么读懂？图形采用了哪些表达方法？装配图需要标注哪些尺寸？技术要求主要是哪些内容？明细栏主要是什么内容？

6.1.1　任务分析

6.1.1.1　装配图的作用和内容

任何机器（或部件），都是由若干零件按照一定的装配关系和技术要求装配而成的。装配图是用于表示产品及其组成部分的连接、装配关系的图样。

在设计阶段，一般先画出装配图，然后根据它所要求的总体结构和尺寸，设计绘制零件图；在生产阶段，装配图是编制装配工艺，进行装配、检验、安装、调试以及维修等工作的依据。所以，装配图在生产及使用中都是必不可少的技术文件。

从图6－1油泵装配图中可看出，一张完整的装配图，具有下列内容。

（1）一组视图　用于表达机器或部件的结构、零件间的装配关系及零件的主要结构形状。

（2）必要的尺寸　根据装配和使用的要求，标注出反映机器的性能、规格、外形、零件之间相对位置、配合要求和安装等所需的尺寸。

（3）技术要求　用文字或符号说明装配体在质量、装配、检验、调试及使用等方面的要求。

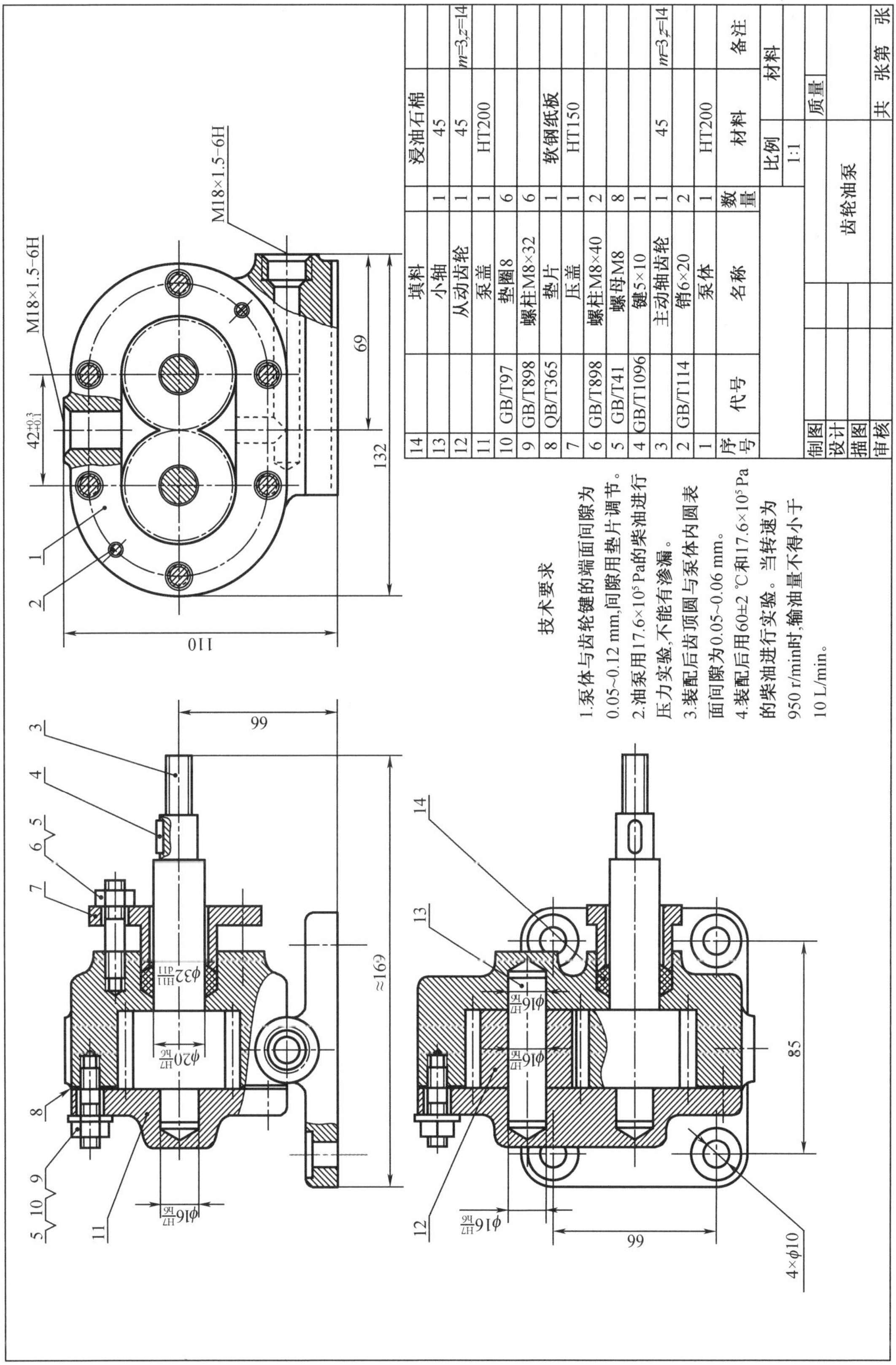
5 10 9
8
7 6 5
4
3
11
ϕ16H7/h6
ϕ20H7/h6
ϕ32H11/d11
66
≈169
2 1
42+0.3/+0.1
M18×1.5-6H
110
M18×1.5-6H
69
132
12
13
14
ϕ16H7/h6
66
4×ϕ10
85
技术要求
1.泵体与齿轮键的端面间隙为0.05~0.12 mm,间隙用垫片调节。
2.油泵用17.6×10⁵ Pa的柴油进行压力实验,不能有渗漏。
3.装配后齿顶圆与泵体内圆表面间隙为0.05~0.06 mm。
4.装配后用60±2 ℃和17.6×10⁵ Pa的柴油进行实验。当转速为950 r/min时,输油量不得小于10 L/min。
14 填料 浸油石棉
13 小轴 1 45
12 从动齿轮 1 45 m=3,z=14
11 泵盖 1 HT200
10 GB/T97 垫圈8 6
9 GB/T898 螺柱M8×32 6
8 QB/T365 垫片 1 软钢纸板
7 压盖 1 HT150
6 GB/T898 螺柱M8×40 2
5 GB/T41 螺母M8 8
4 GB/T1096 键5×10 1
3 主动轴齿轮 1 45 m=3,z=14
2 GB/T114 销6×20 2
1 泵体 1 HT200
序号 代号 名称 数量 材料 备注
比例 材料
1:1
制图
设计
描图
审核
齿轮油泵
质量
共 张第 张

图 6－1 齿轮油泵装配图

(4)零(部)件序号和明细栏　根据生产和管理的需要,将每一种零件编号并列成表格,以说明相应序号的零件名称、材料、数量、备注等内容。

(5)标题栏　用以注明装配体的名称、图号、比例及责任者等内容,供管理生产、备料、存档及查阅之用。

6.1.1.2　装配图的图形表达

零件图的各种表达方法,如视图、剖视、断面、局部放大图、简化画法等,在装配图中同样适用。但是装配图中表达的内容、视图选择原则等与零件图不同。此外,装配图还有一些规定画法和特殊表达方法。

1. 装配图的规定画法

(1)两零件的接触面或配合面只画一条线。而非接触面、非配合表面,即使间隙再小,也应画两条线。

(2)相邻零件的剖面线倾斜方向应相反,或方向一致但间隔不等。同一零件的剖面线,在各个视图中其方向和间隔必须一致。

(3)一些连接件(如螺母、螺栓、垫圈、键、销等)及实心件(如轴、杆、球等),若剖切平面通过它们的轴线或对称面时,这些零件按不剖绘制,如图 6 - 1 中的轴、螺柱、螺母、键、垫片等。当剖切平面垂直它们的中心线或轴线时,则应在其横截面上画剖面线,如图 6 - 1 的左视图中的销、螺柱、轴等。

2. 选择合适的表达方法

选择装配图表达方法的一般步骤如下:

(1)了解部件的功用和结构特点。

(2)选择主视图　选择主视图的原则:一是符合部件的工作位置;二是较多地表达部件的结构和主要装配关系。

图 6 - 1 油泵装配图中选择的主视图,既符合工作位置,又采用全剖视图,把左右方向、上下方向的相对位置、连接和装配关系等都表达清楚了。

(3)选择其他视图　主视图没有表达而又必须表达清楚的部分,或者表达不够完整、清晰的部分,可以选择其他视图补充说明。对于比较重要的装配结构和装置,要用基本视图加以说明;对于次要的结构或装配关系可以采用局部剖视、局部视图来表达。力争表达过程清晰、完整、简便。

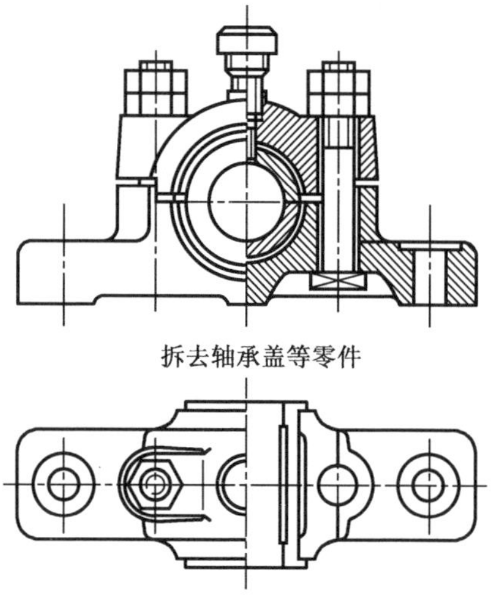

图 6 - 2　滑动轴承装配图

3. 装配图的特殊表达方法和简化画法

(1)拆卸画法　在装配图的某一视图中,当某些零件遮住了必须表达的结构或装配关系,或者为了避免重复作图,可假想将某些零件拆去后绘制,这种表达方法称为拆卸画法。采用拆卸画法后,为避免误解,在该视图上方加注“拆去件 × ×”,如图 6 - 2 所示。拆卸关系明显,不至于引起误解时,也可不加标注。可拆画法的拆卸范围,可根据需要灵活选取。图形对称时可以半拆;不对称时可以全拆。

(2)沿结合面剖切画法　装配图中,可假想沿某些零件结合面剖切,结合面上不画剖面线。如图6-3中A—A剖视,即是沿泵盖结合面剖切画出的。注意横向剖切的轴、螺钉及销的断面要画剖面线。

(3)单件画法　在装配图中可以单独画出某一零件的视图,这时应在视图上方注明零件及视图名称,如图6-3中的“泵盖B”。

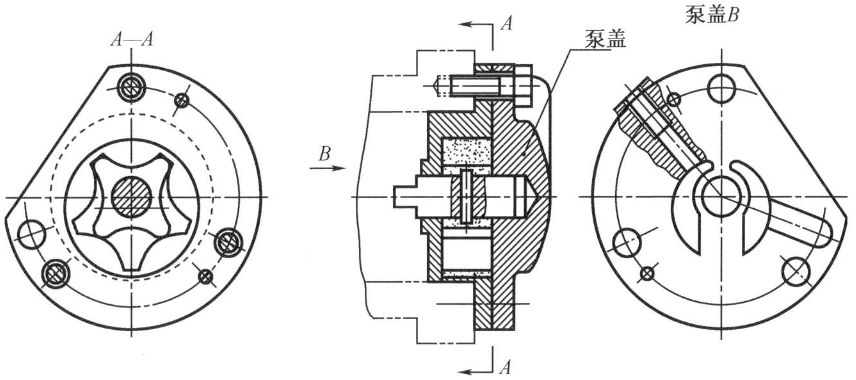

图6-3　装配图的单件画法

(4)假想画法

用细双点画线画出的机件投影为假想投影。在装配图中,可用假想投影表达的情况如下:

①为了表示运动件的运动范围或极限位置,可用细双点画线假想画出该零件的某些位置。如图6-4所示,手柄画在最右位置,而用双点画线画出它的最左位置。

②必须表达本部件与相邻零件(或部件)的安装关系时,可用细双点画线画出相邻零件(或部件)的轮廓。

(5)夸大画法

在装配图中,对一些薄、细、小零件或间隙,若无法按其实际尺寸画出时,可不按比例而适当夸大画出。厚度或直径小于2 mm的薄、细零件,其剖面符号可涂黑表示,如图6-5所示。

(6)简化画法

在装配图中,零件上的工艺结构(如倒角、小圆角、退刀槽等)可省略不画。六角螺栓头部及螺母的倒角曲线也可省略不画,如图6-2、图6-5所示。

在装配图中,对于若干相同的零件或零件组,如螺栓连接等,可仅详细地画出一处,其余只需用细点画线表示出其位置,如图6-5中的螺钉。

6.1.1.3　装配图的尺寸标注

根据装配图在生产中的作用,不需要注出每个零件的尺寸,只需要注出下列几类尺寸。

(1)规格(性能)尺寸　表示装配体的性能、规格和特征的尺寸,它是设计装配体的主要依据,也是选用装配体的依据。

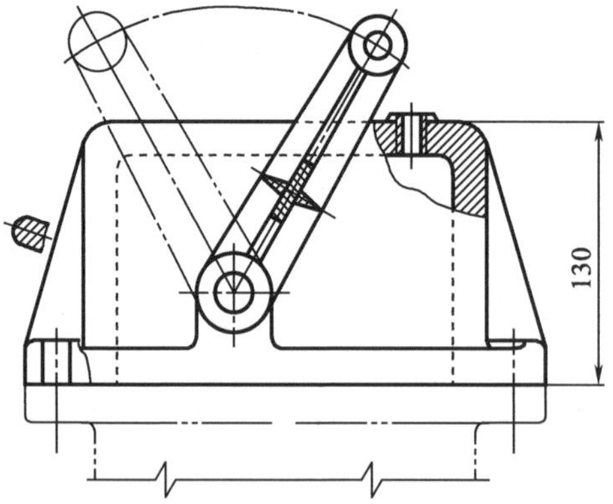

图 6-4　双点画线使用示意图

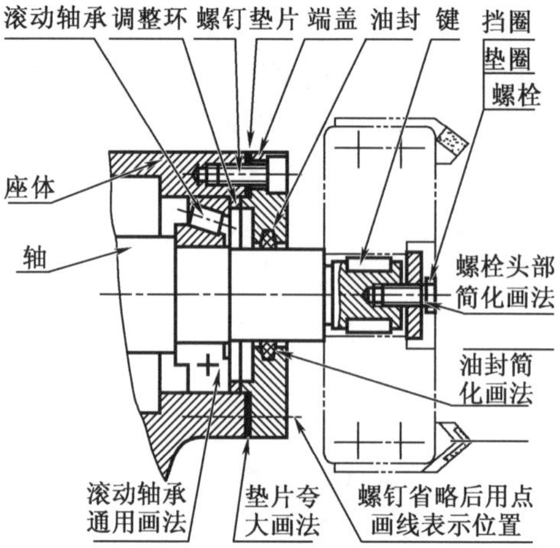

图 6-5　夸大画法和简化画法

(2)装配尺寸　表示装配体中零件之间装配关系的尺寸,可分为两种:

①配合尺寸　表示零件间配合性质的尺寸,如图 6-1 中的 ϕ16H7/h6。

②相对位置尺寸　表示零件间较重要的相对位置,在装配时必须保证的尺寸,如图 6-1 中的 42。

(3)安装尺寸　将部件安装到机器上,或机器安装在基础上所需要的尺寸,如图 6-1 中的 66 和 85。

(4)外形尺寸　表示装配体总长、总宽、总高的尺寸。它是包装、运输、安装过程中所需空间大小的尺寸,如图 6-1 中的 169、132 和 110。

(5)其他重要尺寸　不包括在上述几类尺寸中的重要零件的主要尺寸。运动零件的极限位置尺寸、经过计算确定的尺寸等,都属于其他重要尺寸。

小贴士　装配图上并非全部具备上述五类尺寸;有的尺寸可能兼有多种含义。

6.1.1.4　装配图的技术要求、零件序号与明细表

1. 技术要求

装配图上的技术要求一般包括以下几个方面。

(1)装配要求　指装配过程中的注意事项、装配后应达到的要求等。

(2)检验要求　对装配体基本性能的检验、试验、验收方法的说明。

(3)使用要求　对装配体的性能、维护、保养、使用注意事项的说明。

由于装配体的性能、用途各不相同,因此技术要求也不相同,应根据具体的需要拟定。必要时也可参照类似产品确定。用文字说明的技术要求,填写在明细栏上方或图样下方空白处,如图 6-1 所示。

2. 零件序号

装配图中的每种零件或部件都要编写序号。形状、尺寸完全相同的零件只编一个序号,数量填写在明细栏中;形状相同、尺寸不同的零件,要分别编写序号。

零部件序号用指引线(细实线)从所编零件的可见轮廓线内引出,序号数字比尺寸数字大一号或两号。指引线不得相互交叉,不能与剖面线平行。装配关系清楚的零件组可采用

公共指引线,如图 6 - 6 所示。序号应水平或垂直地排列整齐,并按顺时针或逆时针方向依次编写,如图 6 - 1 所示。

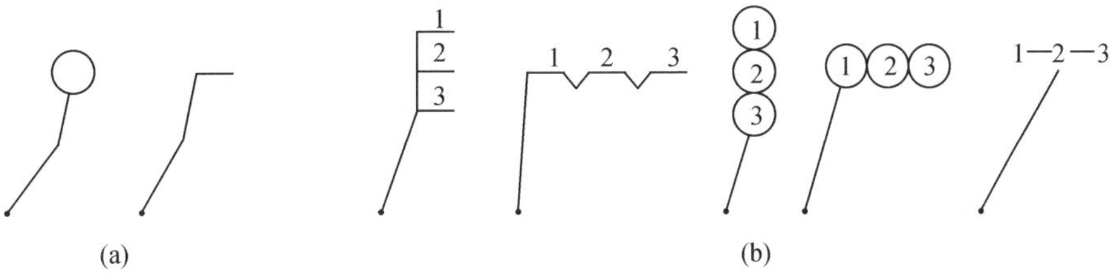

图 6 - 6 零部件序号示意图

3. 明细栏

装配图上除了要画出标题栏外,还要画出明细栏。明细栏绘制在标题栏上方,按零件序号由下向上填写。位置不够时,可在标题栏左边继续编写。

明细栏的内容包括零部件的序号、代号、名称、数量、材料和备注等。对于标准件,要注明标准号,并在“名称”一栏注出规格尺寸,标准件的材料可不填写。明细栏的格式见图 6 - 1。

6.1.2 任务实施

识读装配图应达到下列基本要求:

(1)了解机器或部件的性能、用途、结构和工作原理;

(2)弄清各零件间的装配关系及各零件的拆装顺序;

(3)看懂各零件的主要结构形状和作用。

6.1.2.1 读标题栏、明细表、零件序号

从图 6 - 1 所示装配图的标题栏可知,该装配体的名称为齿轮油泵,绘图比例为 1:1。查资料得知齿轮油泵是一种供油装置。对照明细表和零件序号,齿轮油泵由 14 种零件组成,其中有 7 种标准件,主要零件有泵体、泵盖、主动齿轮轴、从动齿轮等,是个中等复杂程度的部件。

6.1.2.2 识读视图表达

齿轮油泵选用了主、俯、左三个基本视图。

主视图按装配体的工作位置、采用局部剖视的方法,将大部分零件的装配关系表达清楚,并表示了主要零件泵体的结构形状。左视图采用沿结合面剖切的拆卸画法(拆去泵盖 11),将齿轮啮合情况与进、出油口的关系表达清楚,主要反映油泵的工作原理及主要零件的结构形状。俯视图采用通过齿轮轴线剖切的全剖,重点表达齿轮、齿轮轴与泵体、泵盖的装配关系,以及安装底板的形状与安装孔分布情况。

6.1.2.3 识读工作原理与装配关系

齿轮油泵的工作原理,是通过齿轮在泵腔中啮合,将油从进油口吸入,从出油口压出。当主动轴齿轮 3 在外部动力驱动下转动时,带动从动齿轮 12 与小轴 13 一起逆向转动,如图 6 - 1 所示。泵腔下侧压力降低,油池中的油在大气压力作用下,沿进油口进入泵腔内,随着

齿轮的旋转,齿槽中的油不断沿箭头方向送到上边,然后经出油口将油输出。齿轮油泵工作原理如图 6-7 所示。

分析装配体的装配关系,须搞清各零件间的位置关系、零件间的连接方式和配合关系,并分析出装配体的装拆顺序。分析零件最好与分析和它相邻零件的装配关系结合进行。如图 6-1 齿轮油泵中,泵体、泵盖在外,齿轮轴在泵腔中;主动轴齿轮在前,从动齿轮与小轴以过盈配合连成一体在后;泵体与泵盖由两圆柱销定位并通过六个双头螺柱连接;填料压盖与泵体由两螺柱连接;齿轮轴与泵体、泵盖间为基孔制间隙配合。

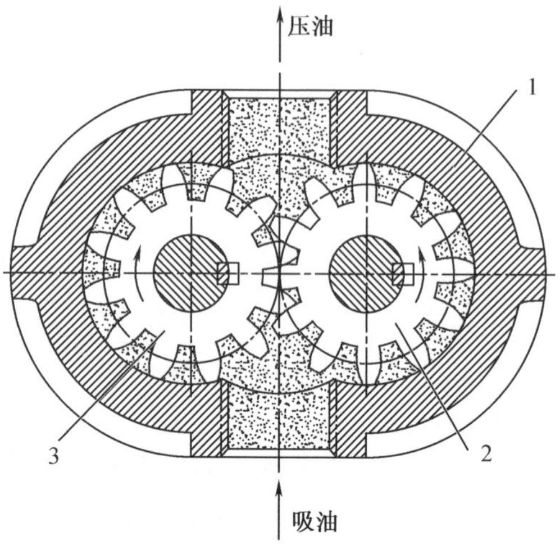

1—泵体;2—从动齿转;3—主动齿轮。

图 6-7　齿轮油泵工作原理

图 6-1 中,齿轮油泵的拆卸顺序:松开左边螺母 5、垫圈 10,将泵盖卸下,从左边抽出主动齿轮轴 3、从动齿轮 12 与小轴 13,最后松开右边螺母 5,卸下填料压盖 7 和填料 14。

6.1.2.4　识读零件

分析一般零件的结构形状时,需要从表达该零件最清楚的视图入手,根据零件序号和剖面线的方向及间隔、相关零件的配合尺寸、各视图之间的投影关系,将零件在各视图中的投影轮廓范围从装配图中分离出来。结合零件的功用及其与相邻零件的装配连接关系,利用形体分析、线面分析的方法,即可想象出该零件的结构形状。

例如图 6-1 所示齿轮油泵中的压盖 7,从主视图上根据其序号和剖面线可将它从装配图中分离出来,再根据投影关系找到俯视图中的对应投影,就不难分析出其形状(其形状在装配图上表达不完整,需构思完善),如图 6-8 所示。

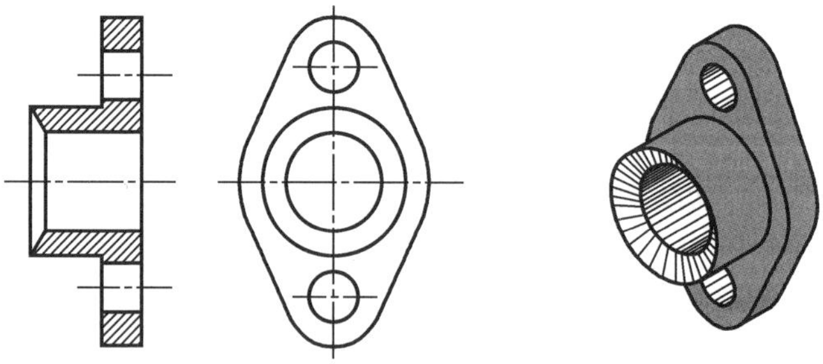

图 6-8　压盖

6.1.2.5　识读尺寸标注和技术要求

图 6-1 中,ϕ20H7/h6 属于配合尺寸,表示主动轴齿轮 3 的 ϕ20 圆柱外表面与泵体 1

的 ϕ20 孔表面有装配要求，公差带分别为 h6 和 H7，基孔制配合。ϕ16H7/h6（3 处）、ϕ32H7/d11、ϕ16P7/h6 也是配合尺寸，表示相应两个零件在该直径处有装配要求。

图 6－1 中，齿轮油泵长、宽、高三个方向的外形尺寸分别为 169、132 和 110。泵体 1 底板上的 4 个螺栓孔用于安装，故尺寸 4 × ϕ10、85、66 为安装尺寸。主动轴齿轮 3 与从动齿轮 12 齿轮相啮合，中心距有公差要求，故尺寸 $42^{+0.3}_{+0.1}$是相对位置尺寸。同理，66 也是相对位置尺寸。两处 M18 ×1.5 －6H 分别是压油口、吸油口螺纹孔的尺寸。

图 6－1 中的技术要求，用文字表达了 4 条装配要求。

6.1.2.6 综合想象装配体形状

把齿轮油泵中每个零件的结构形状都看清楚之后，围绕工作原理、装配关系，结合尺寸标注、技术要求，将各个零件联系起来，便可想象出齿轮油泵的完整结构，如图 6－9 所示。

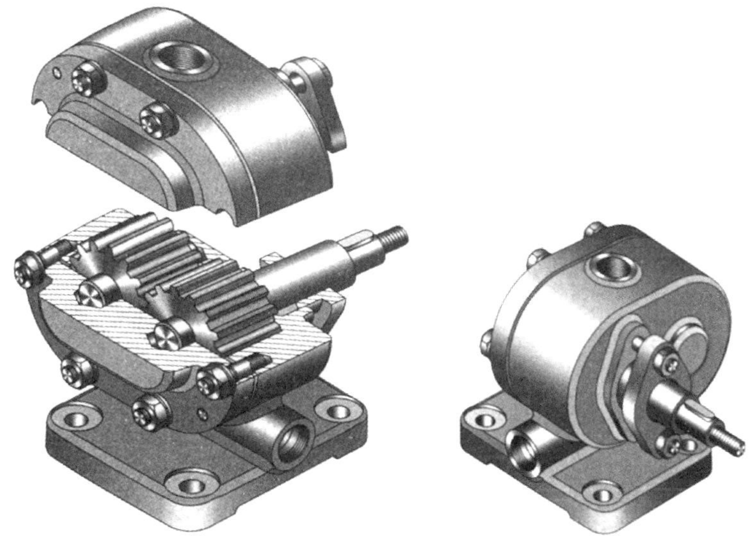

图 6－9 齿轮油泵的三维图

6.1.3 任务拓展

6.1.3.1 配合类型

1. 公差带

实际生产中，为了简化，常不画出孔（或轴），只画出表示基本尺寸的零线和上、下偏差，这样的图称为公差带图，如图 6－10（c）所示。在公差带图中，由代表上、下偏差的两条水平线所限定的区域，称为公差带。公差带水平方向的宽或窄没有意义。

2. 基本偏差

公差带图中，靠近 0 线的那个上偏差或者下偏差称为基本偏差。图 6－9（c）中上偏差为基本偏差。

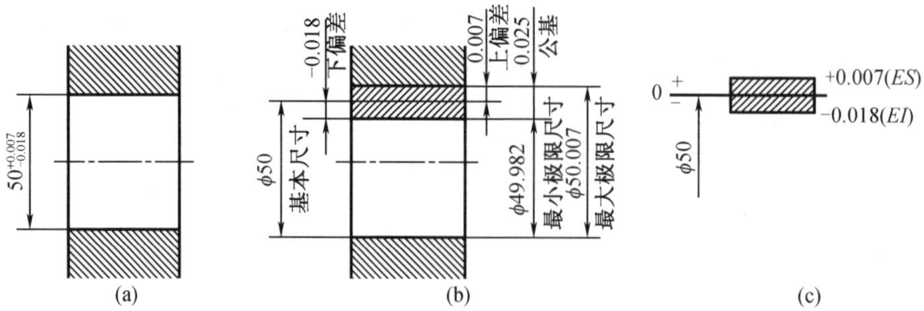

图 6 – 10　尺寸公差带

国标规定了孔、轴基本偏差代号各有 28 个,形成的基本偏差系列如图 6 – 11 所示。图中上方为孔的基本偏差系列,代号用大写字母表示;下方为轴的基本偏差系列,代号用小写字母表示。图中各公差带只表示了公差带的位置,不表示公差带的大小。因此只画出了公差带基本偏差的一端,而另一端是开口的。另一端应由相应的标准公差值确定。

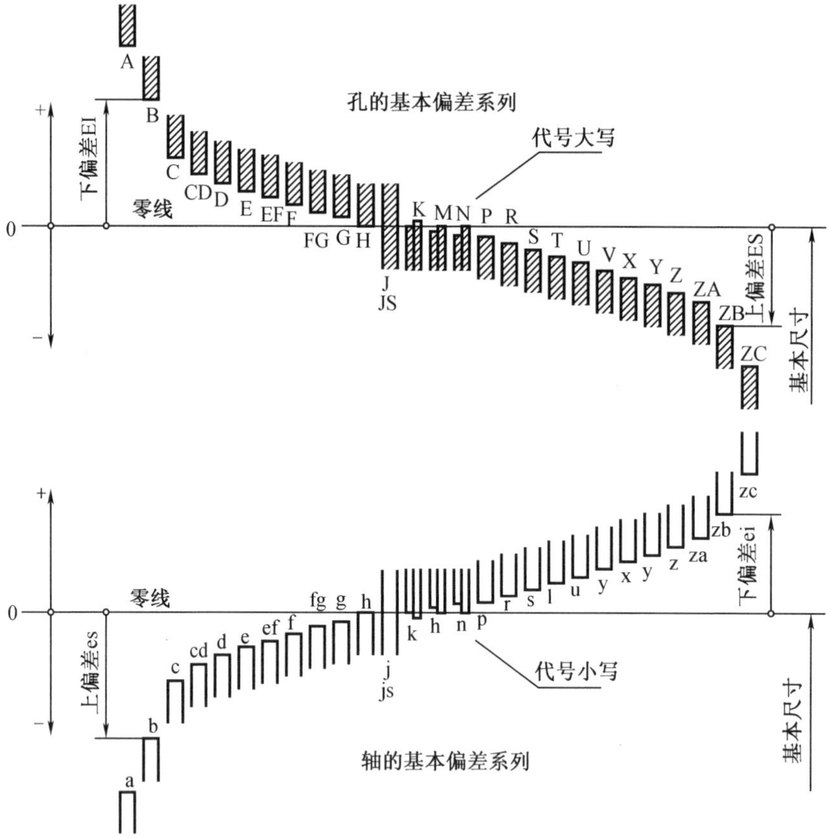

图 6 – 11　基本偏差代号系列图

3. 配合类型

基本尺寸相同,相互结合的孔和轴的公差带之间的关系称为配合。根据使用要求不同,配合有松有紧,因此有三种不同类型的配合。

(1)间隙配合　孔与轴配合时,孔的公差带在轴的公差带之上,具有间隙(包括最小间隙等于零)的配合,如图6－12所示。

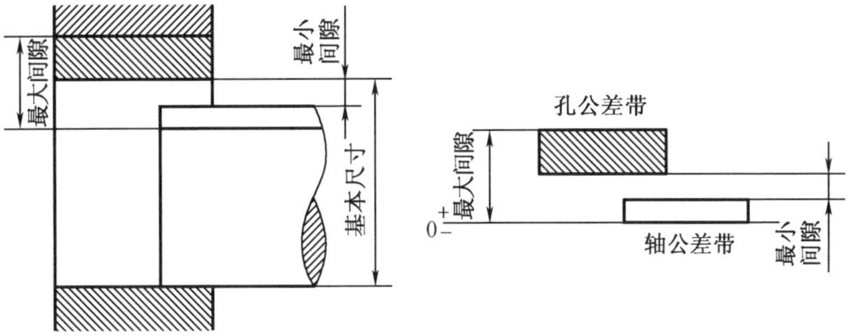

图6－12　间隙配合

(2)过盈配合　孔与轴配合时,孔的公差带在轴的公差带之下,具有过盈(包括最小过盈等于零)的配合,如图6－13所示。

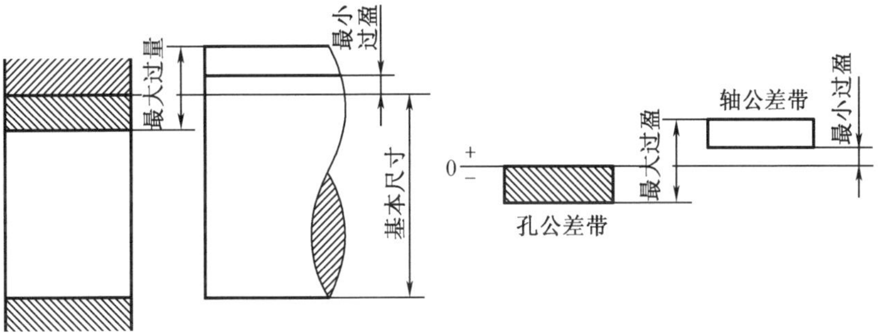

图6－13　过盈配合

(3)过渡配合　孔与轴配合时,孔的公差带与轴的公差带相互交叠,具有间隙或过盈的配合,如图6－14所示。

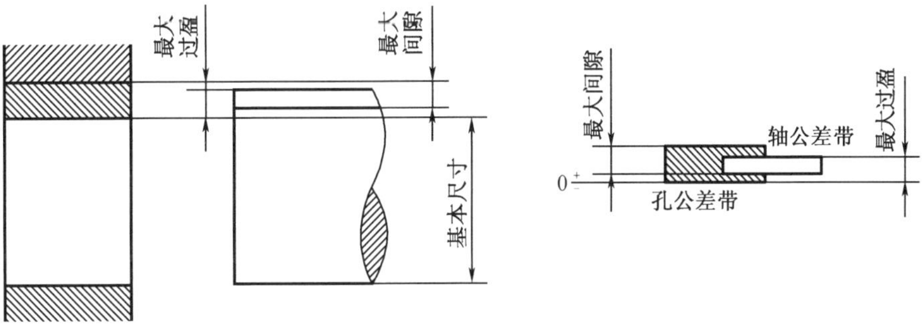

图6－14　过渡配合

6.1.3.2 配合制度

为了选择配合方便,在加工制造相互配合的零件时,采取其中一个零件(轴或孔)作为基准件,使其基本偏差不变,通过改变另一零件(孔或轴)的基本偏差以达到不同配合类型的要求。国标规定了两种配合基准制。

(1)基孔制　基本偏差为一定的孔的公差带,与不同基本偏差的轴的公差带形成各种配合的一种制度,如图 6－15 所示。基准孔的下偏差为零,并用代号“H”表示。由于轴比孔易于加工,所以应优先选用基孔制配合。

(2)基轴制　基本偏差为一定的轴的公差带,与不同基本偏差的孔的公差带形成各种配合的一种制度,如图 6－15 所示。基准轴的上偏差为零,并用代号“h”表示。

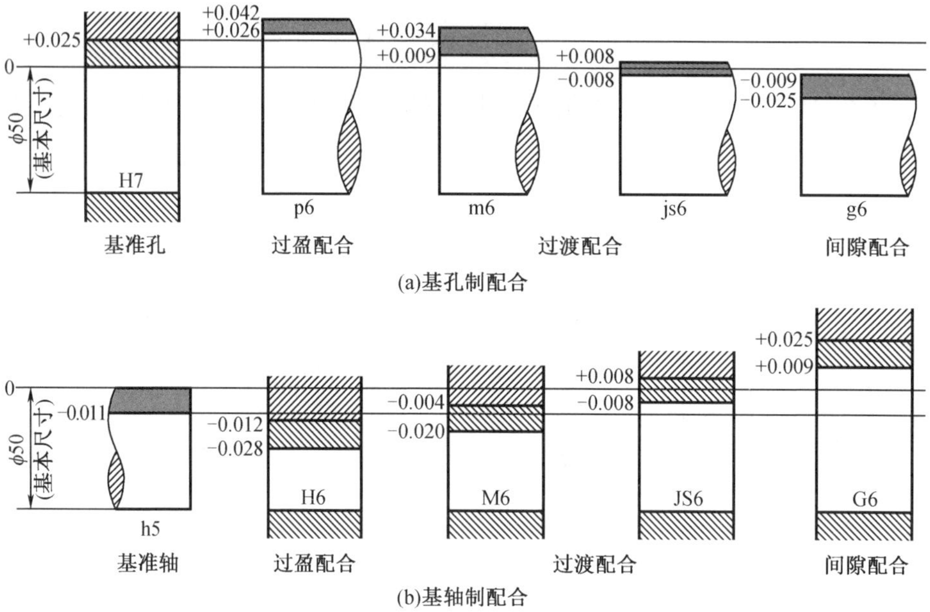

图 6－15　配合基准制

6.1.3.3 配合的标注

在装配图中标注线性尺寸的配合代号时,必须在基本尺寸右边用分数形式注出,分子为孔的公差带代号,分母为轴的公差带代号,如图 6－16 所示。

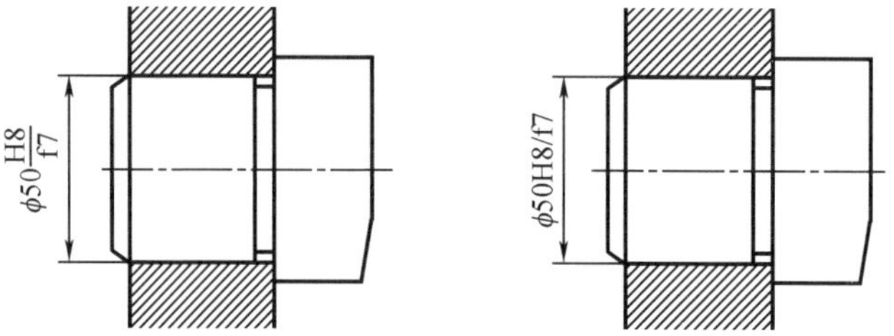

图 6－16　装配图中配合代号的标注

6.1.3.4 配合的查表

互相配合的轴和孔，按基本尺寸和公差带代号，可通过查表得出它们的极限偏差数值。查表的步骤一般是：先查出轴和孔的标准公差，再查出轴和孔的基本偏差，最后由配合件的基本偏差和标准公差的计算关系算出另一个极限偏差。优先及常用配合的极限偏差也可直接由附录表 C－4、表 C－5 查得。

【例 6－1】 查表写出 $\phi18\dfrac{H8}{f7}$极限偏差数值。

【解】 $\phi18\dfrac{H8}{f7}$表示基本尺寸为 18，公差等级为 IT8 的基准孔和公差等级为 IT7、基本偏差为 f 的轴组成的间隙配合。

（1）查附表“标准公差数值”，由尺寸段“大于 10 至 18”横行与“IT8”纵列相交处得基准孔的标准公差 IT＝27 μm，由尺寸段“大于 10 至 18”横行与“IT7”纵列相交处得轴的标准公差 IT＝18 μm；

（2）孔的基本偏差代号为“H”，基本偏差为下偏差，EI＝0（也可查附表“孔的基本偏差数值”得出），上偏差 ES＝EI＋IT＝0＋0.027＝＋0.027，$\phi18H8$ 可写成 $\phi18^{+0.027}_{0}$；

（3）轴的基本偏差代号为“f”，查附表“轴的基本偏差数值”，得出基本偏差为上偏差，es＝－16 μm，ei＝es－IT＝（－0.016）－0.018＝－0.034，$\phi18f7$ 可写成 $\phi18^{-0.016}_{-0.034}$。

练一练 查表确定 $\phi16H7/h6$ 的极限偏差数值。

任务 6.2 识读减速箱装配图

想一想 如图 6－17 所示的装配图，装配体的名称是什么？由哪些零件组成？其中哪些零件是标准件？采用了哪些视图表达方法？每个视图主要表达什么意图？装配体的工作原理是什么？哪些零件之间有装配要求？

6.2.1 任务分析

6.2.1.1 减速箱的作用和组成

减速箱是一种常用的减速装置。由于电动机的转速很高，而工作机往往要求转速适中，所以在电动机和工作机之间需要加上减速箱以调整转速。减速箱的种类很多，按照传动类型可分为齿轮减速箱、蜗杆减速箱、行星减速箱以及由它们组合起来的减速箱组；按照传动的级数可分为一级减速箱和多级减速箱；按照齿轮形状可分为圆柱齿轮减速箱、圆锥齿轮减速箱和圆锥圆柱齿轮减速箱。一级直齿圆柱齿轮减速箱是最简单的一种减速箱。

减速箱通常由箱盖、箱座、输入轴、输出轴、齿轮副、端盖、透盖、轴承、套筒等组成，有时齿轮和轴也做成齿轮轴。箱盖开设有螺纹结构的通气孔，用于加注润滑油；箱座开设有螺纹连接的放油孔和观油孔。箱盖与箱座之间采用圆柱销定位，螺栓连接。箱座开设有用于安装的螺栓孔。箱盖、箱座与端盖、透盖用螺钉连接。

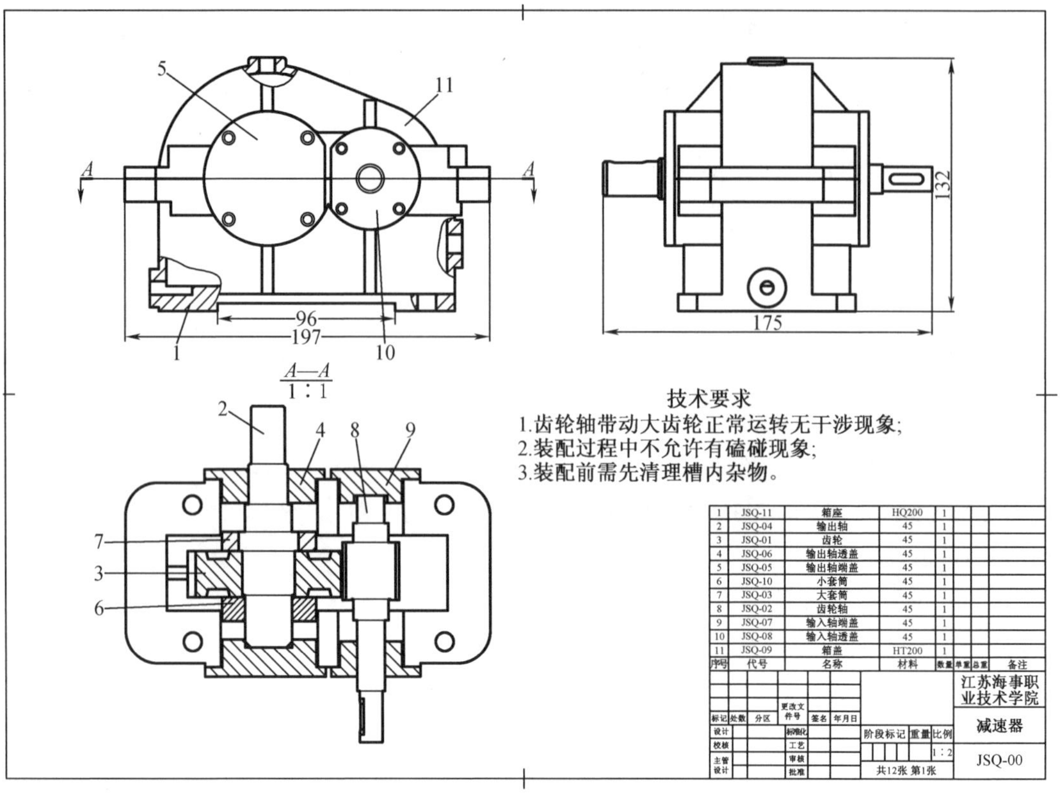

图 6－17　减速箱装配图

6.2.1.2　识读装配图的方法和步骤

读装配图的目的,是从装配图中了解装配体中各个零件的装配关系,分析装配体的工作原理,并能分析和读懂其中主要零件的结构形状。读装配图的方法和步骤如下。

1. 概括了解

看标题栏,了解装配体的名称,对于复杂装配体可通过说明书或参考资料了解装配体的构造、工作原理和用途。看零件序号对照明细栏,了解装配体中零件的名称、数量和在图中的位置,找出标准件。大致浏览所有视图,了解装配体的结构形状及大小,对机器的整体情况有个粗略的认识。

2. 分析视图

分析各视图的名称及投影方向,弄清剖视图、剖面图的剖切位置,从而了解各视图的表达意图和重点。

3. 分析装配关系、传动关系和工作原理

分析各条装配干线,弄清各零件间相互配合的要求,以及零件间的定位、连接方式、密封等问题。再进一步搞清运动零件与非运动零件的相对运动关系。

4. 分析零件,读懂零件的结构形状

搞清楚每个零件的作用,以及各零件之间的装配关系和拆装顺序。搞清楚每个零件的结构形状和作用,是看懂装配图的重要标志。

5. 读尺寸标注和技术要求

了解主要尺寸、技术要求等,进一步了解装配体的设计意图和装配工艺。

6.2.2 任务实施

6.2.2.1 读标题栏和明细栏,概略了解

图 6 - 17 所示装配体为减速箱,是一种降低转速的装置。减速箱除装配图中列出的 11 种零件,还有滚动轴承、键、螺栓、销等标准件。该减速箱为一级直齿圆柱齿轮减速箱。

6.2.2.2 粗读视图,分析表达方案

减速箱装配图采用了主视图、左视图、俯视图 3 个基本视图来表达。

主视图采用工作位置原则放置,主要反映装配体外形、输入轴透盖、输出轴端盖的形状。采用5 处局部剖,分别表达装配体顶部通气孔、箱座左侧观油孔、箱座右侧下部出油孔、箱座与箱盖圆柱销定位孔、箱座底板上安装孔的结构。

俯视图为拆卸了箱盖后剩余部分的投影,主要表达输入轴与输出轴之间的齿轮啮合关系,输入轴与端盖、透盖、滚动轴承的装配关系,输出轴与端盖、透盖、滚动轴承、大套筒、小套筒、齿轮的装配关系,以及箱座上表面的形状。采用3 处局部剖分别表达输入轴的轮齿结构、输出轴与齿轮的平键连接、齿轮与齿轮轴(输入轴)的轮齿啮合。

左视图为外形视图,主要表达装配体左侧(箱座左侧)的观油孔凸台形状、支撑筋的形状和箱盖、箱座的宽度方向尺寸形状。

6.2.2.3 精读装配图,分析工作原理和装配关系

一级直齿圆柱齿轮减速箱的工作原理如图 6 - 18 所示。电动机转动时,通过联轴器或皮带轮带动装在箱内的小齿轮转动,再通过小齿轮与大齿轮的啮合带动大齿轮转动,从而将动力从输入轴传递到输出轴,以达到在大齿轮轴上减速的目的。

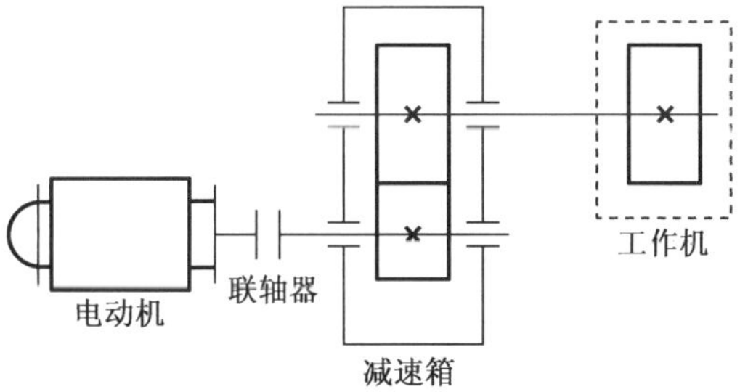

图 6 - 18 减速箱工作原理示意图

减速箱的装配干线主要是输入轴上的轮齿与输出轴上的大齿轮有啮合的装配要求,其次有:输入轴、输出轴与滚动轴承有配合要求(4 处),滚动轴承与箱座上轴承孔有配合要求(4 处),输入轴、输出轴与透盖孔表面都有配合要求,2 个透盖、2 个端盖的圆柱表面与箱座轴承孔表面都有配合要求。

6.2.2.4 精读装配图,分析零件结构

除了弄清上述内容外,还应对照明细栏和零件序号,逐一看懂零件的结构形状以及它

们在装配体中的作用。对于比较熟悉的标准件、常用件及一些较简单的零件,可先将它们看懂,并将它们逐一“分离”出去,为看懂较复杂的零件提供方便。

减速箱装配图中,除了滚动轴承、平键为标准件外,各零件的结构形状如图 6 - 19 所示。

图 6 - 19　减速箱的零件结构

6.2.2.5　综合想象减速箱结构

把减速箱中每个零件的结构形状都看清楚之后,围绕工作原理、装配关系,结合尺寸标注、技术要求,将各个零件联系起来,便可想象出减速箱的完整结构,如图 6 - 20 所示。

6.2.3　任务拓展

6.2.3.1　螺纹连接

在机器设备上,常见的螺纹连接形式有螺栓连接、螺柱连接和螺钉连接。用于螺纹连接的零件有螺栓、螺柱、螺钉、螺母、垫圈等,如图 6 - 21 所示,它们称为螺纹紧固件,一般由标准件厂生产,设计及使用时只要知道其规定标记,就可以从有关标准中查出它们的结构、形式及全部尺寸。

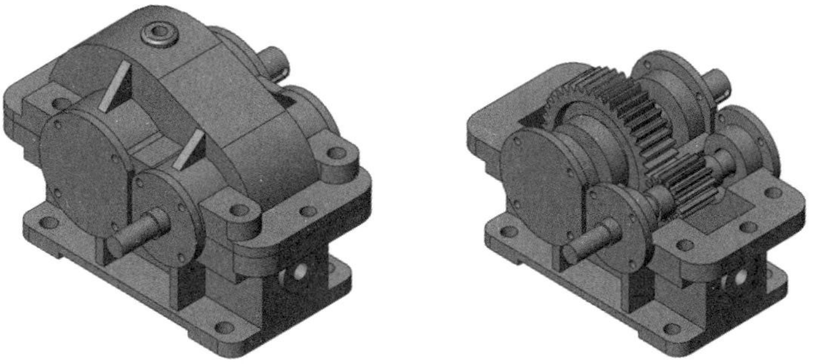

(a) (b)

图 6－20 减速箱三维图

(a)螺栓 (b)双头螺柱 (c)内六角圆柱头螺钉 (d)开槽圆柱头螺钉

(e)开槽沉头螺钉 (f)紧定螺钉 (g)垫圈 (h)弹簧垫圈

(i)六角螺母 (j)六角开槽螺母 (k)圆螺母 (1)圆螺母用止动垫圈

图 6－21 常用的螺纹紧固件

1. 螺纹紧固件的规定标记及画法

螺纹紧固件标记的内容包括标准件的名称、标准编号、规格和机械性能等。常用螺纹紧固件的规定标记及示例，如表 6－1 所示。

表 6－1 常见螺纹紧固件的规定标记

名称	图例	标记示例
六角头螺栓	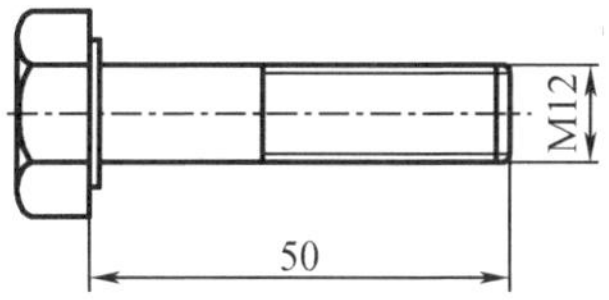	螺栓 GB/T 5782—2006 M12×50 表示：螺纹规格 d = M12、公称长度 l = 50 mm、性能等级为 8.8 级、表面氧化、A 级的六角头螺栓
双头螺栓	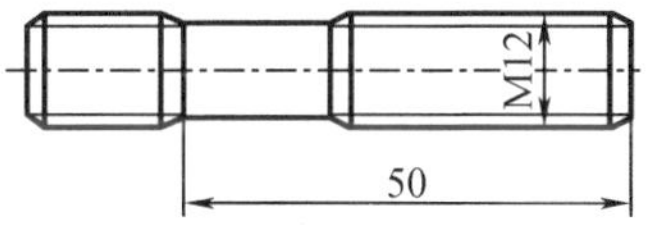	螺柱 GB/T 897—1988 M12×50 表示：两端均为粗牙普通螺纹，螺纹规格 d = M12、公称长度 l = 50 mm、性能等级为 4.8 级、不经表面处理、B 型、b_n = 1d 的双头螺柱

表 6－1(续)

名称	图例	标记示例
开槽沉头螺钉	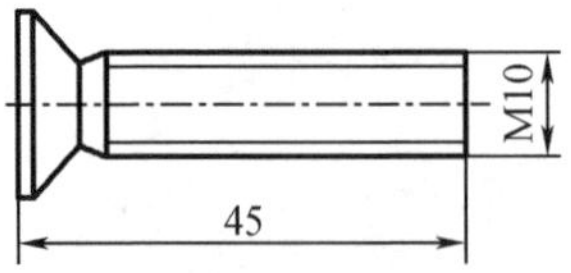	螺钉　GB/T 68—2016　M10×45 表示:螺纹规格 d = M10、公称长度 l = 45 mm、性能等级为 4.8 级、不经表面处理的开槽沉头螺钉
开槽锥端紧定螺钉	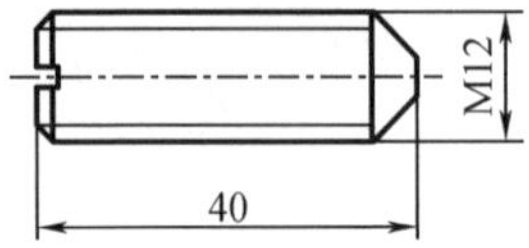	螺钉　GB/T 71—2018　M12×40 表示:螺纹规格 d = M12、公称长度 l = 45 mm、性能等级为 14H 级、表面氧化的开槽锥端紧定螺钉
Ⅰ型六角螺母	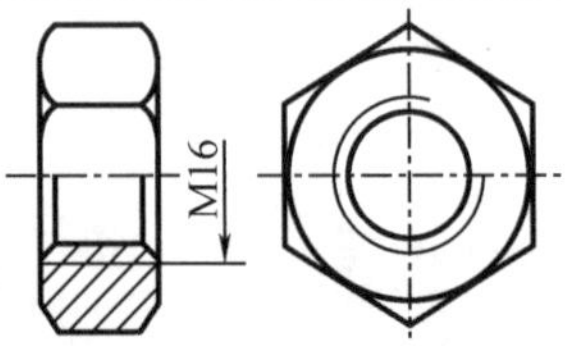	螺母　GB/T 6170—2015　M16 表示:螺纹规格 D = M16、性能等级为 8 级,不经表面处理、产品等级为 A 级的Ⅰ型六角螺母
平垫圈	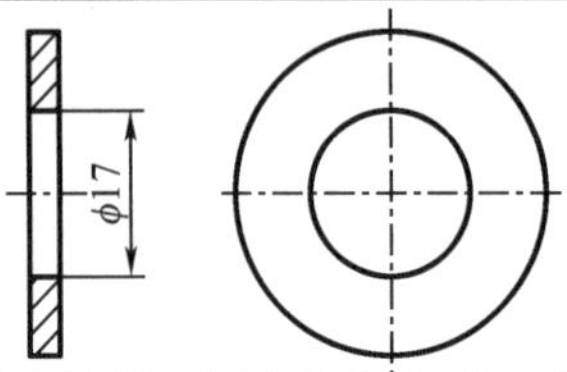	垫圈　GB/T 97.1—2002　16—140HV 表示:标准系列、与公称直径为 16 mm 的螺纹配合、性能等级为 140HV、不经表面处理、产品等级为 A 级的平垫圈

螺纹紧固件的画法有两种:

(1)比例画法　各部分尺寸均以公称直径 d 为基数,按比例近似地画出螺纹紧固件的图形。螺纹紧固件的比例画法如图 6－22 所示。

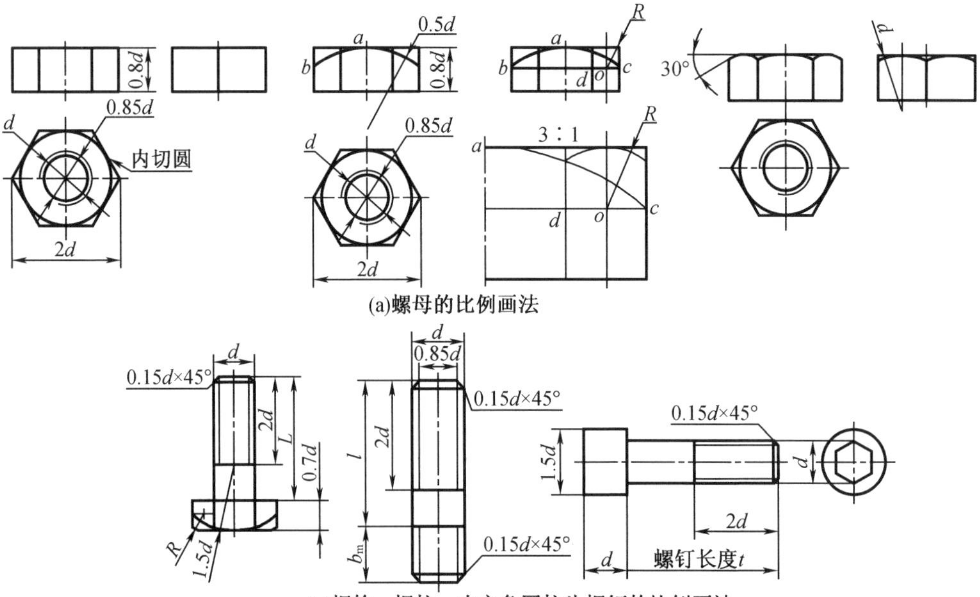

(a)螺母的比例画法

(b)螺栓、螺柱、内六角圆柱头螺钉的比例画法

图 6－22　螺纹紧固件的比例画法

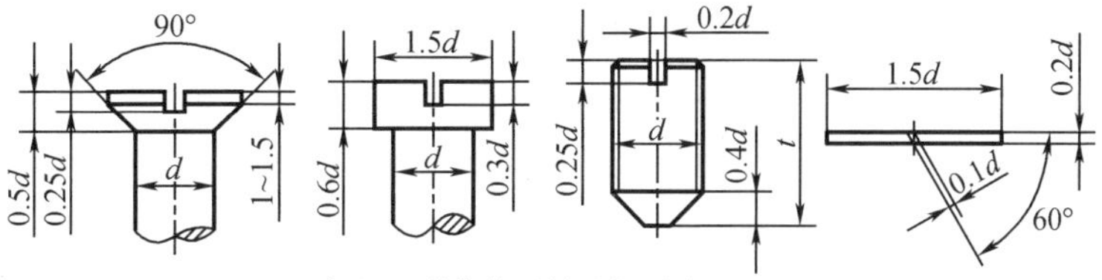

(c)螺钉、弹簧垫圈的比例画法

图 6－22(续)

(2)查表画法 根据公称直径和标准编号,可在相应的标准中查到全部尺寸,然后依尺寸画图。螺纹紧固件的各部分尺寸已全部标准化,可参看附表。

2. 螺栓连接的画法

螺栓连接是将螺栓的杆身穿过两个被连接零件上的通孔,套上垫圈,再用螺母拧紧,使两个零件连接在一起,如表 6－2。这种连接方式适于连接两个不太厚的零件。

表 6－2 螺栓的特点与装配

特点			装配
用途		适用于连接两个不太厚的并能钻成通孔的零件	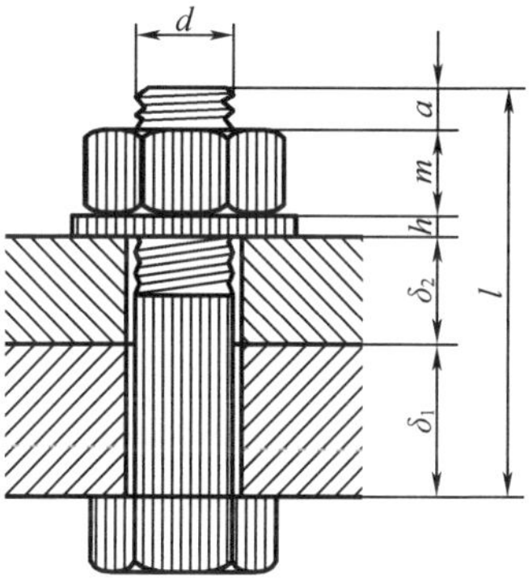
规格	公称直径	测绘时用游标卡尺测量后,查有关机械设计手册取标准值 d	
	公称长度	取计算长度 $l' = \delta_1 + \delta_2 + h + m + a$,或测量后,查表在“$l$ 系列”中取 $l > l'$	
	公式说明	l'——计算长度,l——公称长度; δ_1、δ_2——分别为被连接的两个工件; h、m——分别为垫圈和螺母厚度,可查表获得,也可按比例画法取值:$h = 0.15d$、$m = 0.8d$; a——螺栓顶部露出螺母的高度,一般可按 $a = 0.2d \sim 0.3d$	

螺栓连接的作图步骤和作图要点如图 6－23 所示。

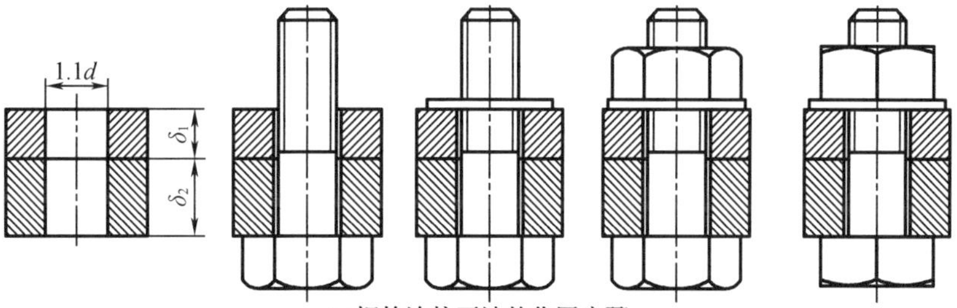

(a)螺栓连接画法的作图步骤

图 6－23 螺栓连接的作图步骤和作图要点

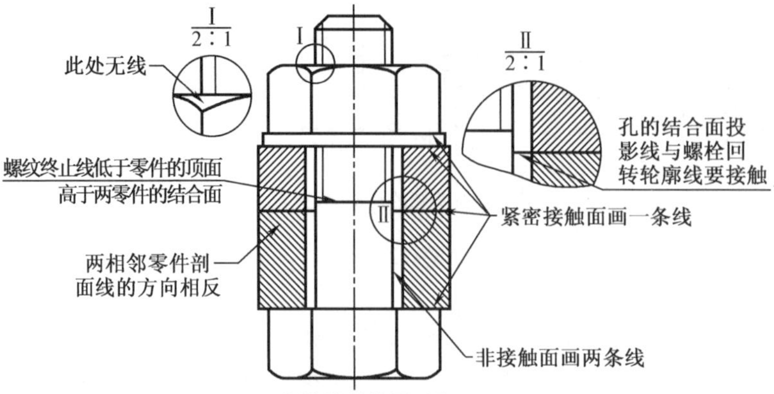

(b)螺栓连接作图要点

图 6－23(续)

3. 螺柱连接的画法

螺柱又称双头螺柱,螺柱的一端全部旋入被连接件中,称为旋入端;螺柱另一端穿过较薄的被连接件通孔,放上垫圈后再拧紧螺母称为紧固端。螺柱连接多用在被连接件之一较厚,不便使用螺栓连接的地方;或因拆卸频繁不宜使用螺钉的地方。螺柱的特点与装配见表 6－3。螺柱连接需在较厚的连接件上加工出螺孔,其连接图简化画法如图 6－24 所示。图中的 b_m 为旋入端长度,与材料有关,见表 6－4。

表 6－3　螺柱的特点与装配

特点			装配
用途		用于被连接件之一太厚而不能加工成通孔的情况	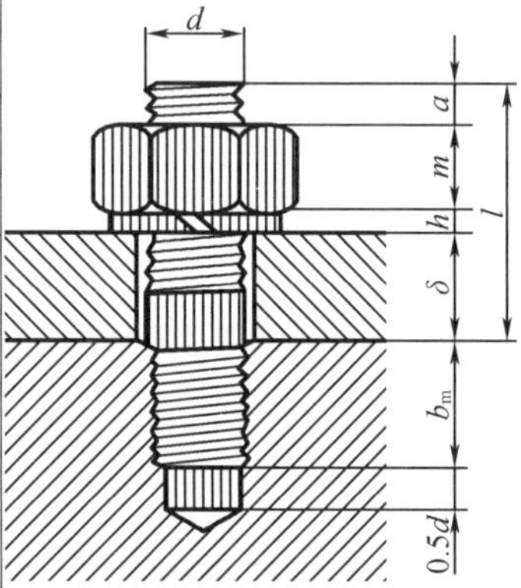
规格	公称直径	测绘时用游标卡尺测量后,查有关机械设计手册取标准值 d	
	公称长度	取计算长度 $l' = \delta + h + m + a$,或测量后,查表在"l 系列"中取 $l > l'$	
	公式说明	l'——计算长度; l——公称长度; δ——为被连接带光孔的工件; h、m——分别为垫圈和螺母厚度,可查表获得,也可按比例画法取值,$h = 0.15d$、$m = 0.8d$; a——一般可按 $a = 0.2d \sim 0.3d$	
国标代号		国标代号取决于旋入端的材料性质,见表 6－6	

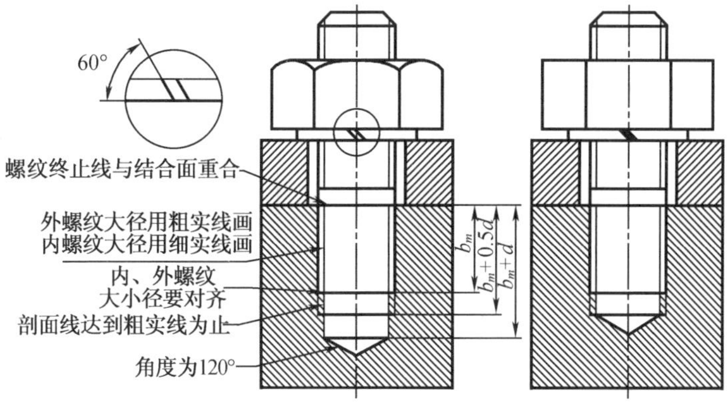

图 6－24　螺柱连接图画法

表 6－4　螺柱旋入端长度 b_m 的取值

带螺孔的机体的材料	b_m 值	标准编号
钢或青铜	$b_m = 1d$	GB/T 897—1988
铸铁	$b_m = 1.25d$	GB/T 898—1988
材料强度在铸铁、铝之间	$b_m = 1.5d$	GB/T 899—1988
铝合金	$b_n = 2d$	GB/T 900—1988

4. 螺钉连接的画法

(1)内六角圆柱头螺钉的连接画法,如图 6－25 所示。

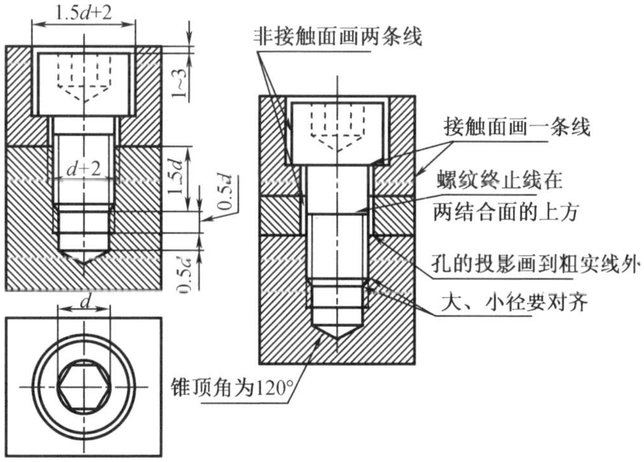

图 6－25　内六角圆柱头螺钉连接画法及作图要点

(2)沉头螺钉的连接画法,如图 6－26 所示。

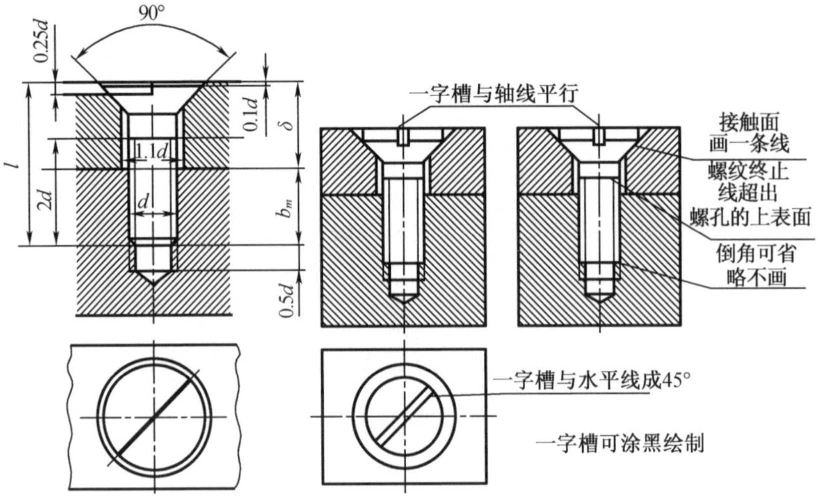

图 6－26　沉头螺钉连接画法及作图要点

(3)紧定螺钉的连接画法,如图 6－27 所示。

①锥端紧定螺钉的作用与画法:靠端部锥面顶入零件上的小锥坑起定位、固定作用,如图 6－27(a)所示。

②平端紧定螺钉的作用与画法:用来固定两零件的相对位置,如图 6－27 (b)所示。

③柱端紧定螺钉的作用与画法:利用端部小圆柱插入机件上的小孔或环槽起定位、固定作用。如图 6－27(c)所示。

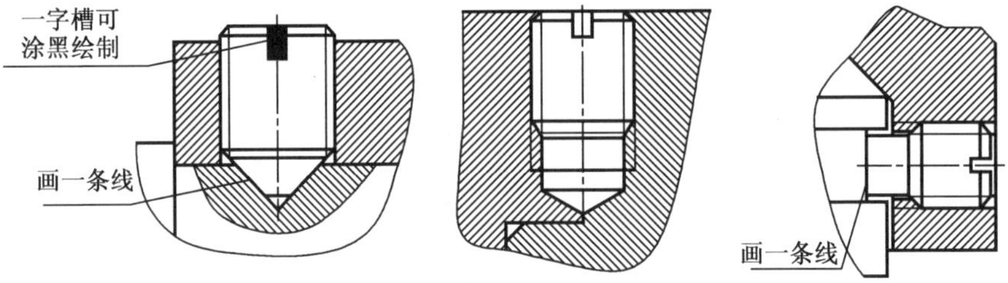

(a)锥端紧定螺钉连接画法　(b)平端紧定螺钉连接画法　(c)柱端紧定螺钉连接画法

图 6－27　紧定螺钉的连接画法和作图要点

小贴士　①当剖切平面沿着螺纹紧固件的轴线剖切时,按不剖绘制。

②作图时,可先画螺纹紧固件的投影,再补画螺孔的投影。补画时,螺纹的大、小径要对齐。

6.2.3.2　键连接、销连接

1. 键连接

(1)常用键的种类与标记

①键的作用:键主要用于轴与轴上零件(如齿轮、带轮)间的周向定位,并传递运动和扭矩。如图 6－28 所示,在齿轮减速器的输出轴和齿轮的轮毂上加工出键槽,用键连接齿轮和

轴,从而实现运动的传递。

②键的种类:常用的键有普通平键、半圆键、钩头楔键、花键等,如图 6-29 所示。普通平键对中性好,应用较广泛。普通平键又分为三种,见表 6-5。

表 6-5 普通平键的种类和标记

名称	图例		标记及含义
A 型		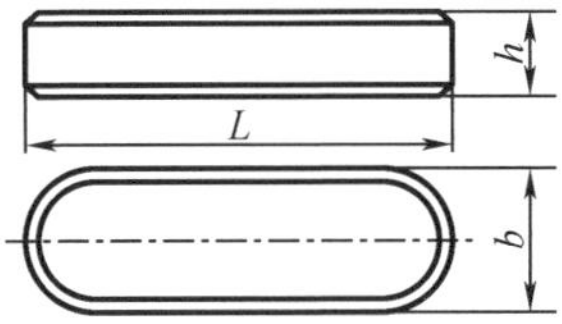	键 16×50 GB/T 1096—2003 表示:圆头普通平键、键宽 $b=16$ mm、公称长度 $L=50$ mm
B 型		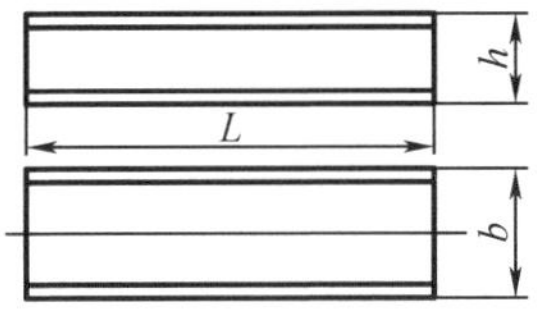	键 B16×50 GB/T 1096—2003 表示:方头普通平键、键宽 $b=16$ mm、公称长度 $L=50$ mm
C 型		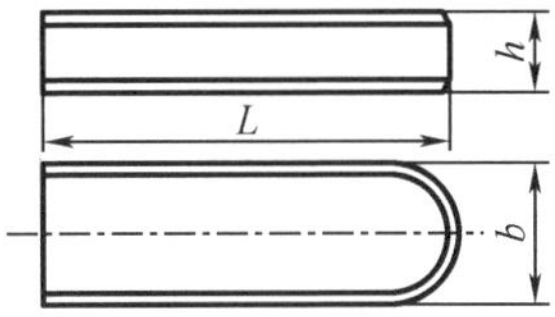	键 C16×50 GB/T 1096—2003 表示:单圆头普通平键、键宽 $b=16$ mm、公称长度 $L=50$ mm

③键的标记:普通平键是标准件。选择平键时,先根据轴径 d 从国家标准中查取键的截面尺寸 $b\times h$,然后按轮毂宽度 B 选定键长 L,一般 $L=B-(5\sim10)$ mm,并取 L 为标准值。键和键槽的型式、尺寸等,参见附表。

【例 6-2】 键的标记示例为:键 16×120 GB/T 1096

其含义为:A 型普通平键(A 型普通平键省略"A"),键宽 $b=16$ mm,键高 $h=10$ mm,键长 $L=120$ mm。

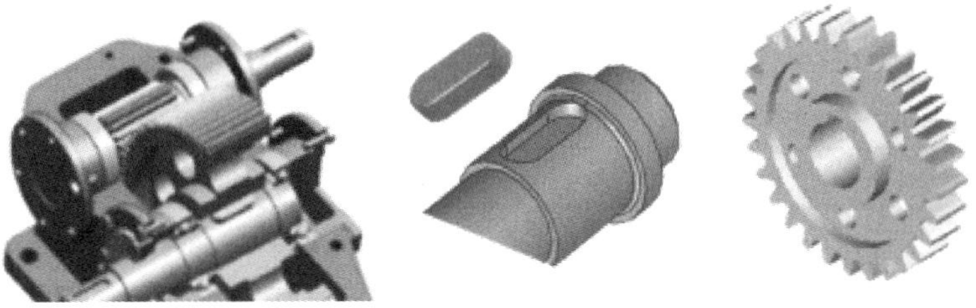

图 6-28 键的周向定位作用

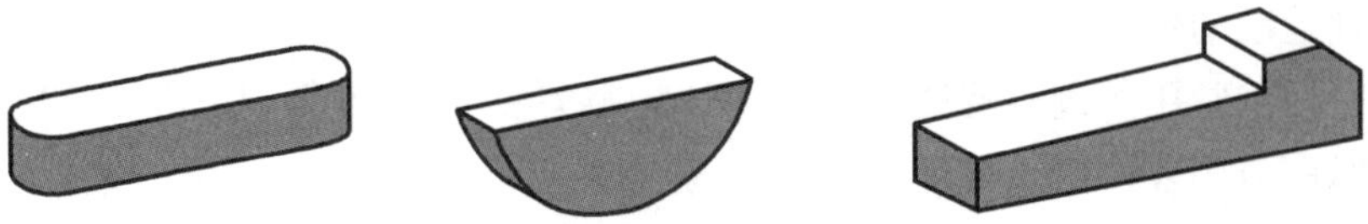

图 6－29　键的种类

(2)键连接的画法

①轴及轮孔上的键槽画法及尺寸标注方法,如图 6－30 所示。

②键连接图的画法,如图 6－31 所示。

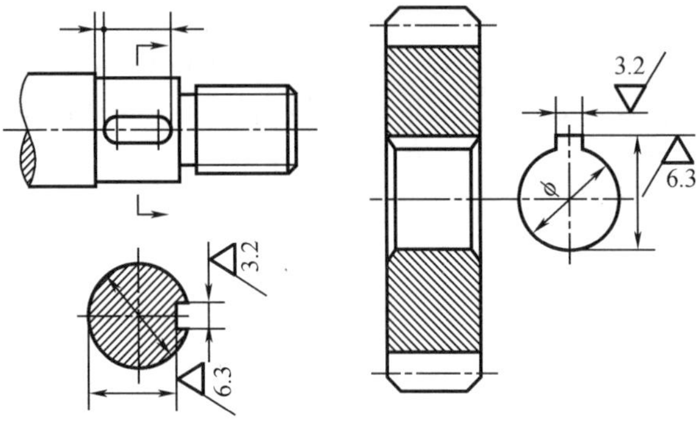

图 6－30　键槽的画法及尺寸标注

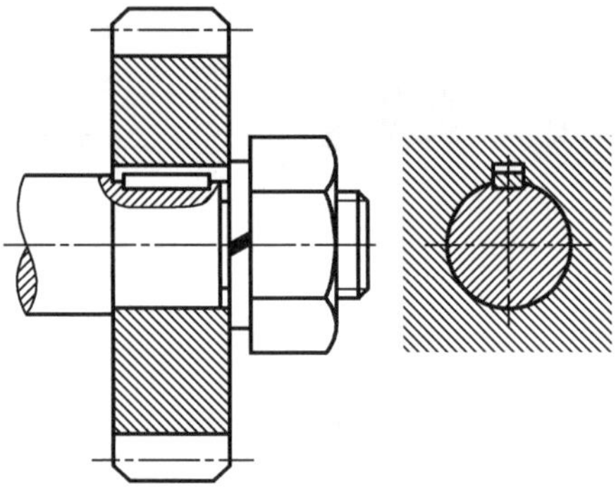

图 6－31　键连接的画法

小贴士　键连接图中,平键与键槽在顶面不接触,应画出间隙;在平行于轴线的视图上,轴采用局部剖视,键纵向不剖,将键的长度方向表示出来,将键上表面与轮毂孔表面不接触的状态表示出来;在垂直于轴线的视图上,采用全剖视,将键的横截面、键同轮毂及轴的接触面表示清楚。键的倒角省略不画。

2. 销连接

在机械产品中,除了螺纹紧固件用于零件间的连接外,销也常被用于各零件之间的定位或连接。

(1)销的种类与标记　常用的销有圆柱销、圆锥销和开口销等,见表 6－6。

表 6－6　常用销的种类和标记

名称	图例	标记及含义
圆柱销	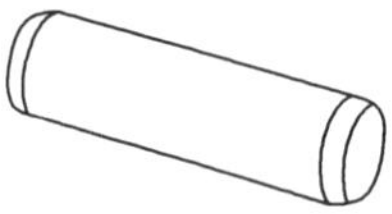	销　GB/T 119.1　6m6 × 30 表示:公称直径 d = 6 mm、公差为 m6、公称长度 l = 30 mm、材料为 35 钢、不经淬火、不经表面热处理的圆柱销

表 6－6(续)

名称	图例	标记及含义
圆锥销	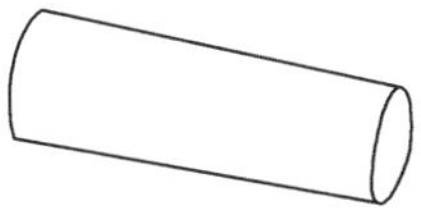	销　GB/T 117　6×30 表示:公称直径(小径尺寸)$d=6$ mm、公称长度$l=30$ mm、材料为 35 钢、热处理硬度 28～38HRC、表面氧化处理的 A 型的圆锥销
开口销		销　GB/T 91　5×50 表示:公称规格 $d=5$ mm、公称长度 $l=50$ mm、材料为低碳钢或不锈钢、不经表面热处理的开口销

(2)销孔的加工与标注

圆柱销和圆锥销常用于零件间的定位或连接,还可作为安全保护装置中的过载剪断元件;开口销用来防止连接螺母松动或固定其他零件。为了保证零件间销孔的尺寸与相对位置,常将零件连接后同时加工,如图 6－32 所示。

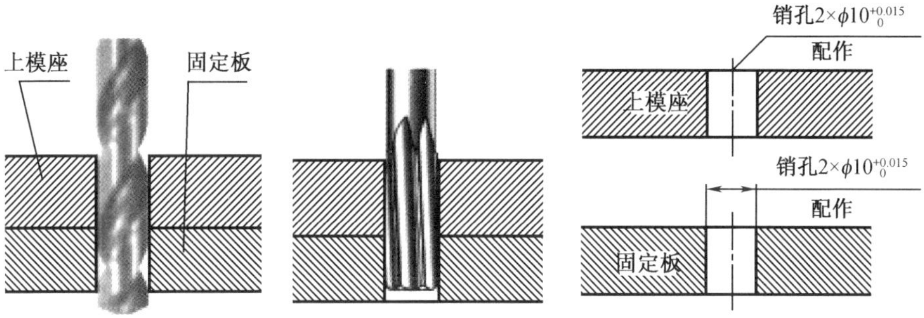

图 6－32　销孔的加工与标注

(3)销连接的规定画法,如图 6－33 所示。

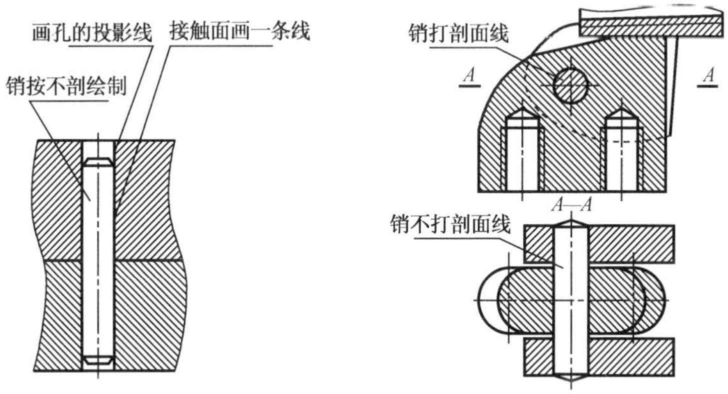

(a)圆柱销连接的规定画法　　(b)圆锥销连接的规定画法

图 6－33　销连接的画法及作图要点

小贴士 ①销与零件上的孔有配合关系，故销与零件的接触面画一条线，如图 6－33(a)所示。

②当剖切平面沿着销的轴线剖切时，销按不剖绘制；当剖切平面垂直于轴线剖切时，销要打剖面线，如图 6－33(b)所示。

6.2.3.3 滚动轴承

1. 滚动轴承的组成

滚动轴承是支撑轴的标准组件。一般由外圈、内圈、一组滚动体及保持架组成，如图 6－34(a)所示。外圈的外表面与机座的孔相配合，内圈的内孔与轴径相配合，如图 6－34(b)所示。

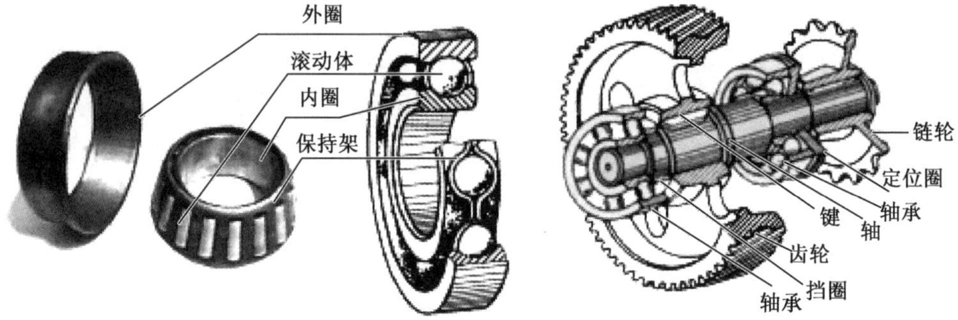

(a)滚动轴承的组成　　(b)滚动轴承的应用示例

图 6－34　滚动轴承的组成

2. 滚动轴承的分类

滚动轴承的分类方法有多种，其中按承受载荷的方向可分为向心轴承和推力轴承两类，向心轴承主要承受径向载荷；推力轴承主要承受轴向载荷；按滚动体的形状可分为球轴承和滚子轴承，滚子轴承按滚子又分为圆柱滚子轴承、滚针轴承、圆锥滚子轴承和调心滚子轴承。常用滚动轴承的结构特点与应用见表 6－7。

表 6－7　常用滚动轴承的结构特点与应用

轴承名称	轴承结构	轴承特点	应用
深沟球轴承	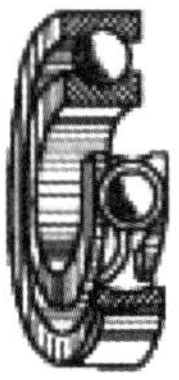	它的结构简单，应用广泛。主要用来承受径向载荷，但当增大轴承径向游隙时，具有一定的角接触球轴承的性能，可以承受径、轴向联合载荷。在转速较高又不宜采用推力球轴承时，也可用来承受纯轴向载荷。与尺寸相同的其他类型轴承比较，此类轴承摩擦系数小，极限转速高，但不耐冲击，不适宜承受重载荷	深沟球轴承广泛应用于汽车、拖拉机、机床、电机、水泵、农业机械、纺织机械等

表 6 - 6(续)

轴承名称	轴承结构	轴承特点	应用
推力圆柱滚子轴承	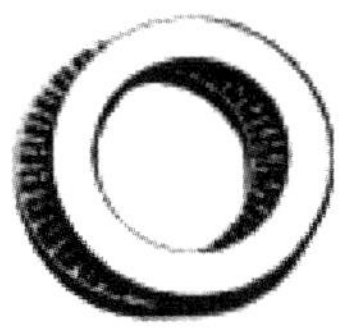	该轴承属分离型轴承,只能承受单向轴向载荷和轻微冲击,能够限制轴(或外壳)一个方向的轴向位移,因此可用作单向轴向定位。但其承载能力远远大于推力球轴承。滚子滚动时,由于滚子两端线速度不同,使滚子在套圈滚道上不可避免地产生滑动,因此,此类轴承的极限转速较推力球轴承低,通常仅适用于低速运转场合	推力圆柱滚子轴承主要用于重型机床、大功率船用齿轮箱、石油钻机、立式电机等机械中
圆柱滚子轴承		圆柱滚子轴承属分离型轴承,安装与拆卸非常方便。圆柱滚子轴承分为单列、双列和四列。其中应用较多的是有保持架的单列圆柱滚子轴承	圆柱滚子轴承主要用于电机、机床、石油、轧机装卸搬运机械和各类产业机械
圆锥滚子轴承	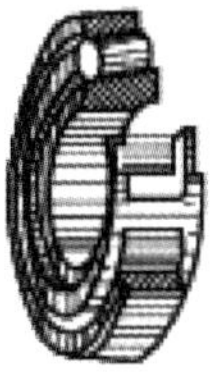	主要承受以径向为主的径、轴向联合载荷。该类轴承属分离型轴承,即由带滚子与保持架组件的内圈组成的圆锥内圈组件可以与圆锥外圈(外圈)分开安装,根据轴承中滚动体的列数分为单列、双列和四列圆锥滚子轴承	圆锥滚子轴承广泛应用于汽车、轧机、矿山、冶金、塑料机械等行业

3. 滚动轴承的标记

滚动轴承的标记由名称、轴承代号及国际代号三部分组成,如图 6 - 35(a)所示,并打在轴承的内圈或外圈端面上,如图 6 - 35(b)所示。

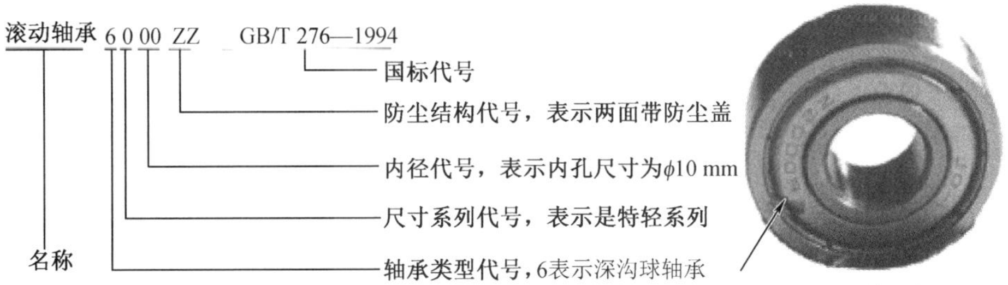

(a)滚动轴承标记含义 (b)滚动轴承标记

图 6 - 35 滚动轴承的标记

滚动轴承代号是由一组字母和数字组成的产品符号,包含前置代号、基本代号和后置代号,用于表示滚动轴承的结构、尺寸、公差等级和技术性能等特征。代号的排列方式见表

6-8。

表6-8　滚动轴承的代号排列

前置代号	基本代号			后置代号							
				1	2	3	4	5	6	7	8
成套轴承分部件	类型尺寸	尺寸系列代号	内径代号	内部结构代号	密封与防尘结构代号	保持架及其材料代号	特殊轴承材料代号	公差等级代号	游隙代号	多轴承配置代号	其他代号

滚动轴承基本代号表示轴承的基本类型、结构和尺寸，由轴承类型代号、尺寸系列代号、内径代号组成。轴承类型代号用数字或字母来表示，见表6-9。

表6-9　滚动轴承类型代号

代号	0	1	2	3	4	5	6	7	8	N	U	QJ
轴承类型	双列角接触球轴承	调心球轴承	推力调心滚子轴承、调心滚子轴承	圆锥滚子轴承	双列深沟球轴承	推力球轴承	深沟球轴承	角接触轴承	推力圆柱滚子轴承	圆柱滚子轴承	外球面球轴承	四点接触球轴承

滚动轴承的尺寸系列代号由轴承的宽(高)度系列代号和直径系列代号组合而成，用两位阿拉伯数字表示。它的主要作用是区别内径相同而宽度、外径不同的轴承。具体代号需查阅相关的国家标准。

滚动轴承内径代号表示轴承的公称直径，一般用两位阿拉伯数字表示，表示方法见表6-10。

表6-10　滚动轴承内径代号

轴承公称内径/mm	内径代号	示例
0.6~10(非整数)	用公称直径毫米数直接表示，与尺寸系列代号之间用“/”分开	深沟球轴承　618/2.5　　$d=2.5$
1~9(整数)	用公称内径毫米数直接表示，对深沟及角接触球轴承7、8、9直径系列，内径与尺寸系列代号之间用“/”分开	深沟球轴承　625　　$d=5$ 深沟球轴承　618/5　　$d=5$

表 6－10（续）

轴承公称内径/mm		内径代号	示例
10～17	10	00	深沟球轴承 6200 $d=10$
	12	01	深沟球轴承 6201 $d=12$
	15	02	深沟球轴承 6202 $d=15$
	17	03	深沟球轴承 6203 $d=17$
20～480 （22、28、32 除外）		用公称内径除以 5 的商数表示，商数为个位数时，需在商数左边加“0”，如 08	圆锥滚子轴承 30308 $d=40$ 深沟球轴承 6215 $d=75$
≥500 以及 22、28、32		用公称内径毫米数直接表示，在尺寸系列代号之间用“/”分开	调心滚子轴承 230/500 $d=500$ 深沟球轴承 62/22 $d=22$

同一内径的轴承有几种不同的外径，分特轻、轻、中和重系列，分别用 1、2、3 和 4 表示。

滚动轴承的基本代号举例：

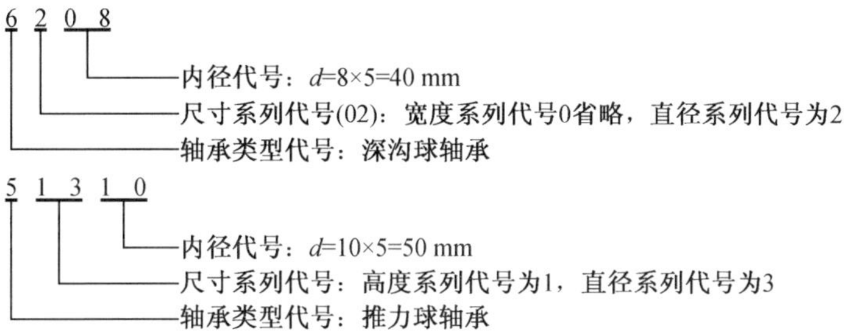

4. 滚动轴承的画法

滚动轴承是标准件，单个轴承不需要画图，滚动轴承的表示法分简化画法和规定画法两种，简化画法又分通用画法和特征画法两类。各种画法及尺寸比例见表 6－11。

（1）通用画法　在剖视图中，当不需要确切地表示滚动轴承的外形轮廓、载荷特征和结构特征时，可用矩形线框及位于线框中央正立的十字形符号表示滚动轴承。

（2）特征画法　在剖视图中，如需较形象地表示滚动轴承的结构特征时，可采用在矩形线框内画出其结构要素符号的方法表示滚动轴承。

（3）规定画法　必要时，在滚动轴承产品图样、产品样本和产品标准中，采用规定画法表示。

在装配图中，需要表示滚动轴承与其他零件的装配关系时，应按照机械制图国家标准要求，根据不同轴承类型绘制，如图 6－36 所示。

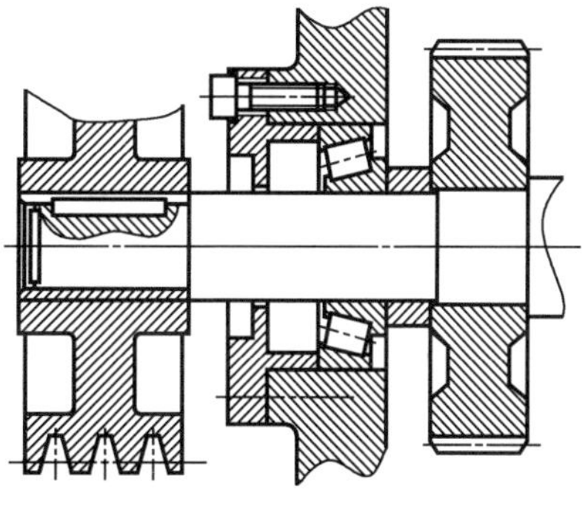

图 6－36　滚动轴承在装配图中的画法

表 6－11　滚动轴承的通用画法、特征画法和规定画法

名称和标准号	查表主要数据	画法：简化画法：通用画法	画法：简化画法：特征画法	画法：规定画法	装配示意图
深沟球轴承（GB/T 276）	D d B	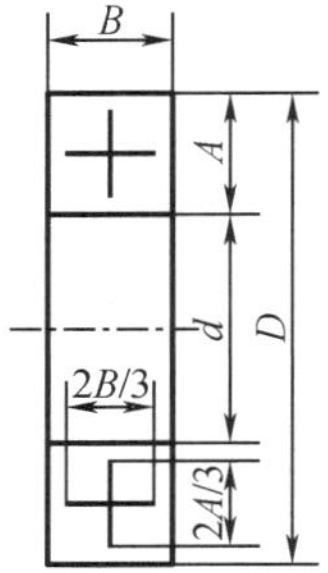	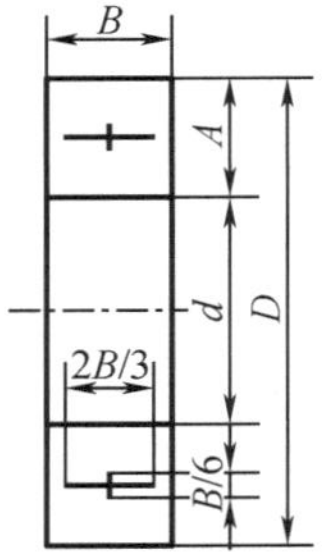	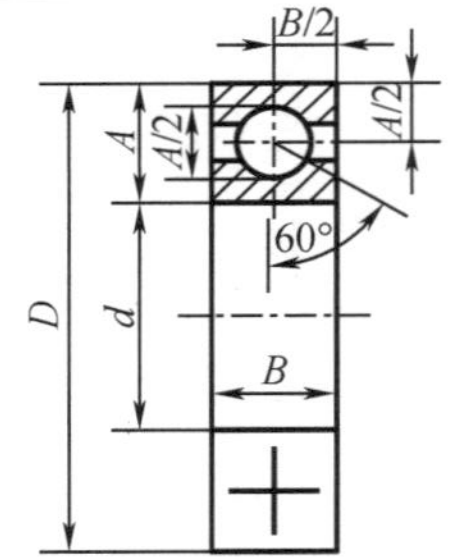	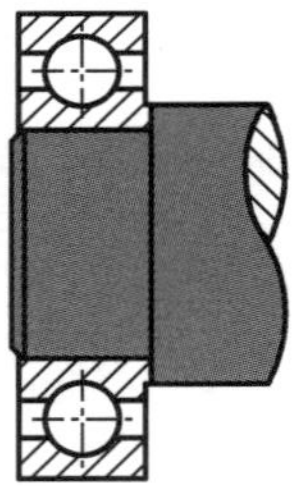
圆锥滚子轴承（GB/T 297）	D d B T C		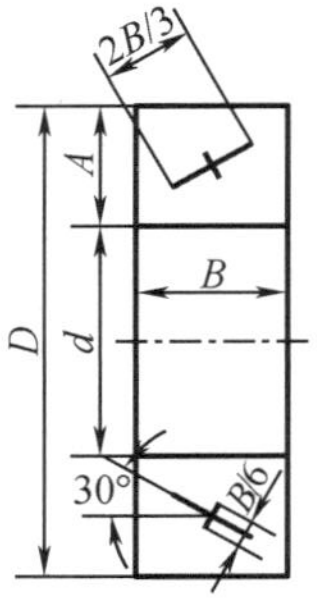	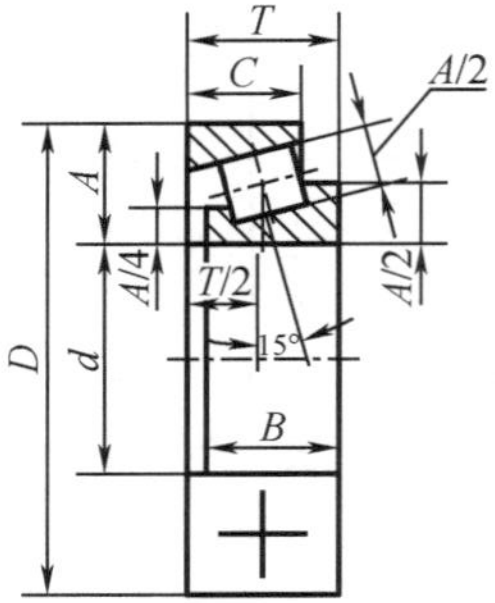	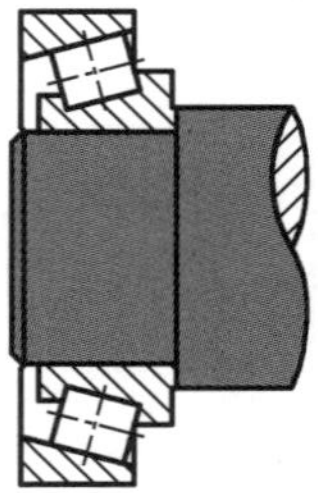
推力球轴承（GB/T 361）	D d T		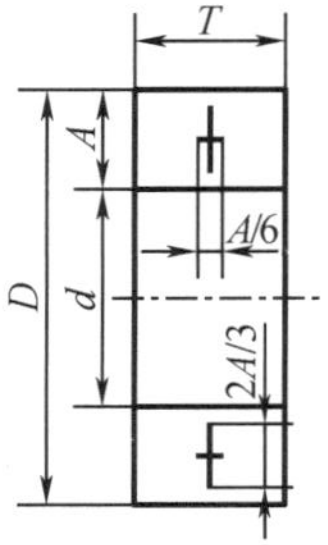	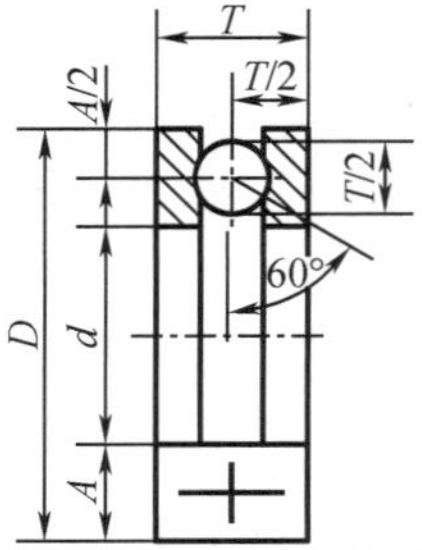	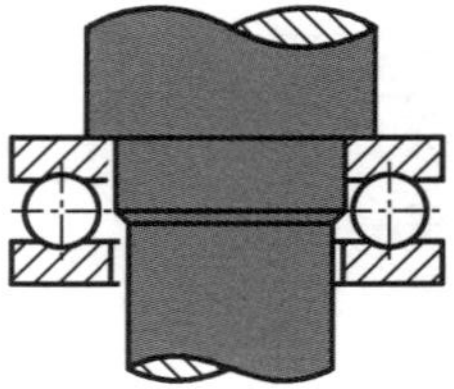

6.2.3.4 弹簧

作为弹性元件,弹簧广泛应用于缓冲、吸振、夹紧、测力、储能等机构中。它的特点是在弹性限度内,受外力作用而变形,去掉外力后,弹簧能立即恢复原状。弹簧的种类很多,螺旋弹簧(拉簧、压簧)、涡卷弹簧(钟表用)、碟形弹簧、板形弹簧(汽车用)等,其中圆柱螺旋弹簧用途较广。

1. 圆柱螺旋弹簧的各部分名称及尺寸关系

如图 6-37 所示,弹簧各部分名称及尺寸关系如下:

①弹簧钢丝直径 d。

②弹簧外径 D。

③弹簧内径 D_1,$D_1=D-2d$。

④弹簧中径 D_2,$D_2=\frac{D+D_1}{2}$。

⑤节距 t,除两端支承圈外,相邻两圈的轴向距离。

⑥支承圈数 n_2——为了使弹簧压缩时,各圈受力均匀,保持弹簧轴线始终垂直于支承面,将弹簧两端压紧 1.5 圈、2 圈或 2.5 圈,然后磨平两头端面。这部分圈数不起弹力作用,只起支承作用。

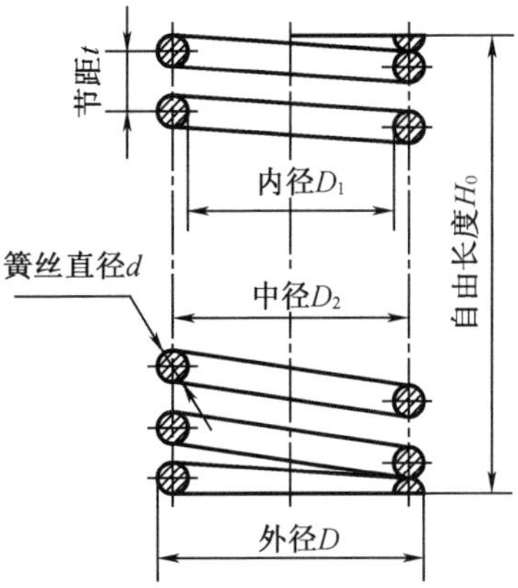

图 6-37 圆柱螺旋弹簧各部分名称

⑦有效圈数 n——除支承圈外,保持节距相等的圈数。

⑧总圈数 n_1,有效圈数和支承圈数之和,即 $n_1 = n + n_2$。

⑨自由长度 H_0——无外力作用下的长度。

⑩弹簧钢丝展开长度 $L\approx n_1\sqrt{(\pi D_2)^2+t^2}$。

2. 圆柱螺旋弹簧的规定画法

圆柱螺旋弹簧可画成视图、剖视或示意图,如图 6-38 所示。

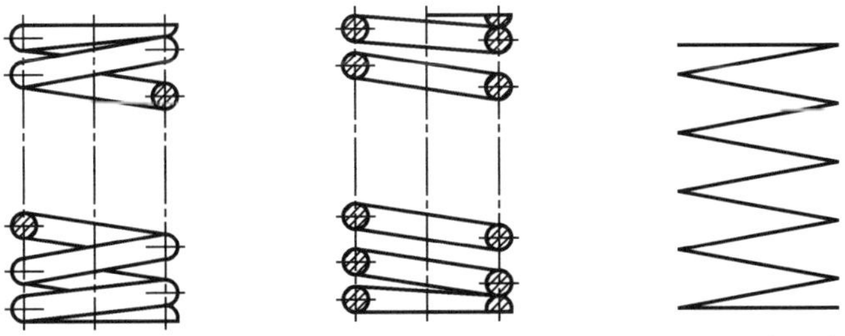

(a)外形视图画法　(b)剖视画法　(c)示意画法

图 6-38 圆柱螺旋弹簧的画法

画图时,应注意以下几点:

①圆柱螺旋弹簧在平行于轴线的投影面上的投影,其各圈的外形轮廓应画成直线。

②有效圈数在四圈以上的螺旋弹簧,允许每端只画两圈(不包括支承圈),中间各圈可

省略不画,用通过弹簧钢丝断面中心的点画线连起来。当中间部分省略后,也可适当地缩短图形的长(高)度,如图6-38所示。

③在装配图中,弹簧后面被挡住的零件轮廓不必画出,如图6-39(a)所示。若簧丝直径在图形上小于或等于2 mm,剖面可用涂黑表示,如图6-39(b)所示。

④右旋弹簧或旋向不做规定的弹簧,在图上画成右旋。左旋弹簧也可画成右旋,但不论画成左旋或右旋,一律要加注出旋向"LH"。

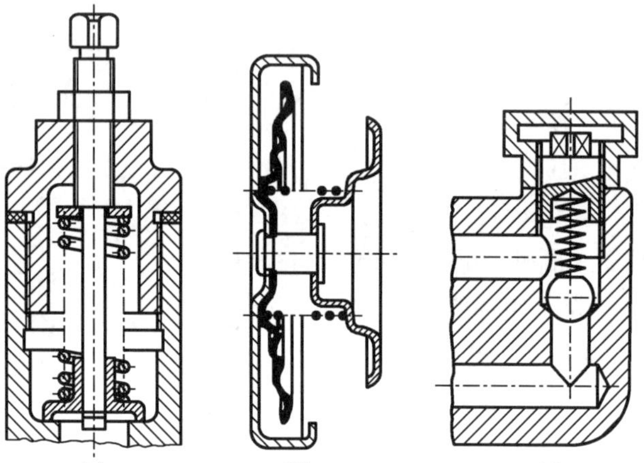

图6-39 弹簧的装配图画法

任务6.3 拆绘球心阀零件图

想一想 部件或机器的设计过程中,一般先画装配图,然后再由装配图拆画零件图。那么从装配图中拆画零件图的方法和步骤是怎样的?拆画零件图有什么要求呢?

本任务从如图6-40所示的球心阀装配图中拆画阀体8零件图,回答上述问题。

6.3.1 任务分析

从装配图拆画零件图时,首先要全面读懂装配图,将所要拆画的零件结构、形状和作用分析清楚,然后按零件图的内容和要求选择表达方案,画出视图,标注尺寸及技术要求。

6.3.1.1 分析零件作用

由图6-40可知,阀体8属于箱体类零件。其作用主要是容纳球心、密封圈、阀杆、垫片、螺纹压环等零件,并与阀体接头1和右侧法兰4连接。

6.3.1.2 分离零件形状

识读球心阀装配图时,三个视图要同时看,用剖面线和粗实线将泵体轮廓从其他零件中分离出来,如图6-41所示,图中粗实线部分是阀体8的结构。

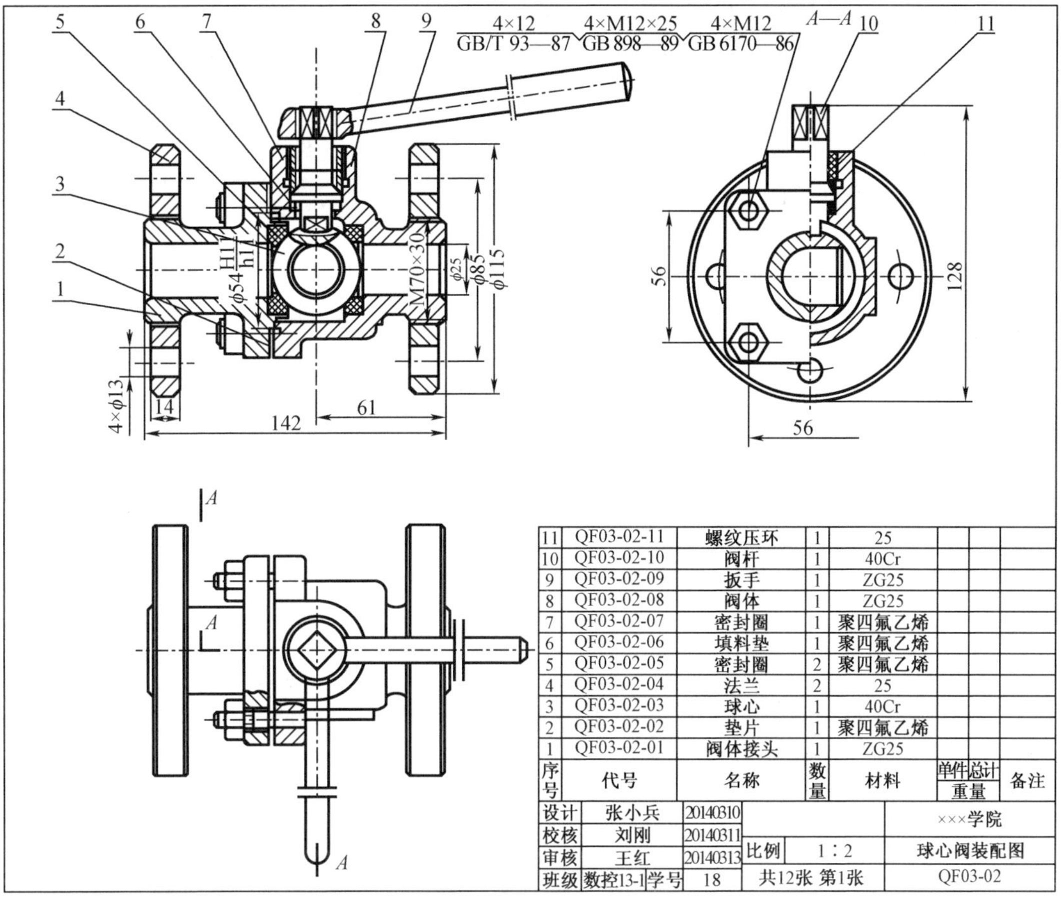

序号	代号	名称	数量	材料	单件重量	总计重量	备注
11	QF03-02-11	螺纹压环	1	25			
10	QF03-02-10	阀杆	1	40Cr			
9	QF03-02-09	扳手	1	ZG25			
8	QF03-02-08	阀体	1	ZG25			
7	QF03-02-07	密封圈	1	聚四氟乙烯			
6	QF03-02-06	填料垫	1	聚四氟乙烯			
5	QF03-02-05	密封圈	2	聚四氟乙烯			
4	QF03-02-04	法兰	2	25			
3	QF03-02-03	球心	1	40Cr			
2	QF03-02-02	垫片	1	聚四氟乙烯			
1	QF03-02-01	阀体接头	1	ZG25			

设计	张小兵		20140310			×××学院
校核	刘刚		20140311	比例	1：2	球心阀装配图
审核	王红		20140313			
班级	数控13-1	学号	18	共12张 第1张		QF03-02

图6-40　球心阀装配图

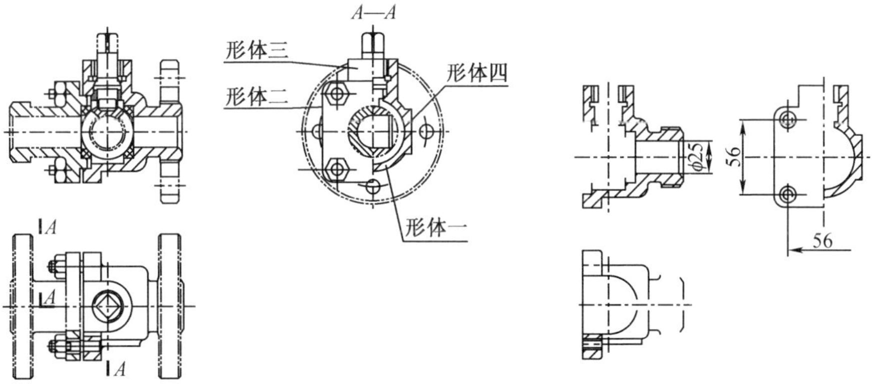

图6-41　分离阀体零件

6.3.1.3　构思零件形状

1. 分析零件的组成

阀体主要由四个部分形体组成，如图6-42所示。形体一为右端的水平方向阶梯形圆柱体，其内部有阶梯形的圆柱孔，最右端与右法兰用外螺纹连接，为了便于加工螺纹，有一段退刀槽,最大圆柱体外部的前面有一凸台(形体四),该圆柱体外部的上面还有一个凸台(形体三),圆柱体的左端面与形体二连接。形体二为方形结构,在 56×56 位置上有 4 个与阀体接头 1 用螺柱连接的螺孔。形体三是由半圆柱和长方体组成的凸台,内部有阶梯形的螺纹孔和圆柱孔,可容纳阀杆、填料、螺纹压环等零件。由俯视图和左视图可知,形体四是与圆柱体外部前面连接的方形凸台。

2. 构思零件形状

由图 6-41 可知,形体一与其他形体相交,形体二与形体三左端面平齐,形体四与形体三相交,构思零件形体,如图 6-42 所示。

6.3.2 任务实施

6.3.2.1 完善零件工艺结构

如在装配图中省略的倒角、圆角等需要画出。

6.3.2.2 确定零件表达方案

1. 主视图的选择

球心阀是一个通用部件,安装在不同部位,就有不同的工作位置,为了便于作图,一般将装有球心的空腔轴线水平放置,投射方向选择反映该零件特征的方向,如图 6-42 箭头指示方向。为了表达内部结构,采用全剖,如图 6-43 所示。

图 6-42 想象阀体结构

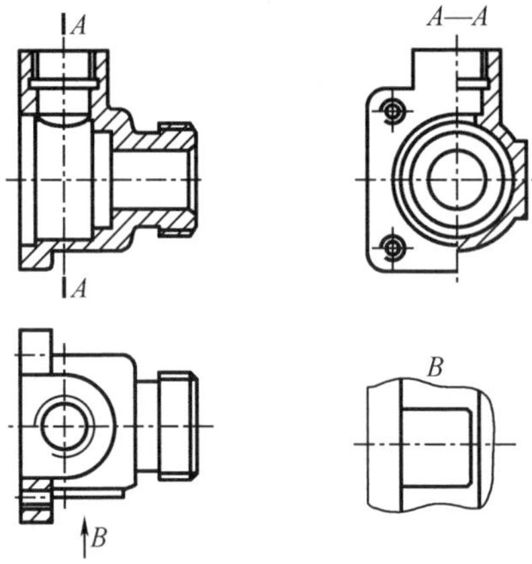

图 6-43 阀体的视图表达

2. 其他视图的选择

优先选用左视图和俯视图。因阀体前后结构基本对称,为了表达形体一的圆柱体形状,同时,又反映形体二的长方体形状及其端面上四个螺柱连接孔的分布,左视图采用过 ϕ24 mm 轴线的 *A—A* 半剖视图,如图 6-43 所示。俯视图采用局部剖,重点表达阀体顶部凸台的形状,剖视部分表达螺纹的结构和位置。用 *B* 向的局部视图表达阀体前面方形凸台的位置和大小。

小贴士 装配图的表达是从整个装配体来考虑的,很难符合每个零件的表达要求。因此，拆画零件图时，应根据零件自身的形状特征、加工或工作位置原则选择主视图，然后按其复杂程度确定其他视图的数量与表达方法。

6.3.2.3 选择比例、图幅、绘制标题栏

根据零件的复杂程度、表达方案、尺寸标注等，选择合适的比例，确定图幅大小。

6.3.2.4 绘制阀体零件图

1. 绘制视图

画基准线，从装配图中量取各要素尺寸，根据装配图中的比例换算成零件图选择的比例，绘制到零件图上。

2. 标注尺寸

正确、清晰、完整、合理地标注尺寸。当标注的要素不完整时，可采用简化标注，如图6－44所示左视图中的螺纹孔的水平中心距56。

小贴士 标注尺寸时，应注意各相关零件间尺寸的关联性、一致性，避免相互矛盾。由装配图确定零件尺寸的方法有：

①抄注 装配图上已注出的尺寸，在有关的零件图上直接抄注。配合尺寸，应根据配合代号注出零件的公差带代号或极限偏差。

②标准尺寸 对于标准件、标准结构以及与它们有关的尺寸应从相关标准中查取。如螺纹、键槽、退刀槽、沉孔、与滚动轴承配合的轴和孔的尺寸等。

③计算 某些尺寸须计算确定，如齿轮轮齿部分的尺寸及中心距等。

④量取 零件上除了装配图中已给尺寸、标准尺寸以外的其余大量尺寸，可按比例直接从装配图上量取。

3. 选择并标注技术要求

(1)尺寸公差 根据装配图中的配合尺寸，标注尺寸公差，如$\phi54^{+0.19}_{0}$、$\phi24^{+0.13}_{0}$。在装配时，为了保证阀杆能顺利地带动球心转动，准确地控制液体流量，孔$\phi24^{+0.13}_{0}$的轴线应与阀杆轴线重合，穿过球心，并与孔$\phi42^{+0.16}_{0}$的轴线垂直。而孔$\phi42^{+0.16}_{0}$的轴线应与环形密封圈的轴线、阀体接头的$\phi54$孔轴线（与阀体轴向定位）重合，并穿过球心。由此可见，$\phi42^{+0.16}_{0}$的轴线是高度方向的设计基准，$\phi24^{+0.13}_{0}$的轴线是长度方向的设计基准，为了保证装配质量，标注轴向的尺寸公差，如$4^{0}_{-0.18}$、20 ± 0.09、40 ± 0.10。

(2)几何公差 为了保证使用要求，以$\phi42^{+0.16}_{0}$的轴线为基准要素C，规定了孔$\phi24^{+0.13}_{0}$的轴线与其垂直，由$\phi24$公差等级(IT11)和公称尺寸(长度为10)，查附表得垂直度公差为0.08 mm。

(3)表面粗糙度 采用类比法，根据配合要求选择Ra值。

(4)其他技术要求 规定了铸造后的时效处理、未注公差的等级、未注的铸造圆角。

将技术要求标注在图形的相应位置上，整理图线，完成零件图的绘制，如图6－44所示。

6.3.3 任务拓展

从装配图中拆画零件图，要在全面看懂装配图的基础上进行。拆画时要注意以下事项。

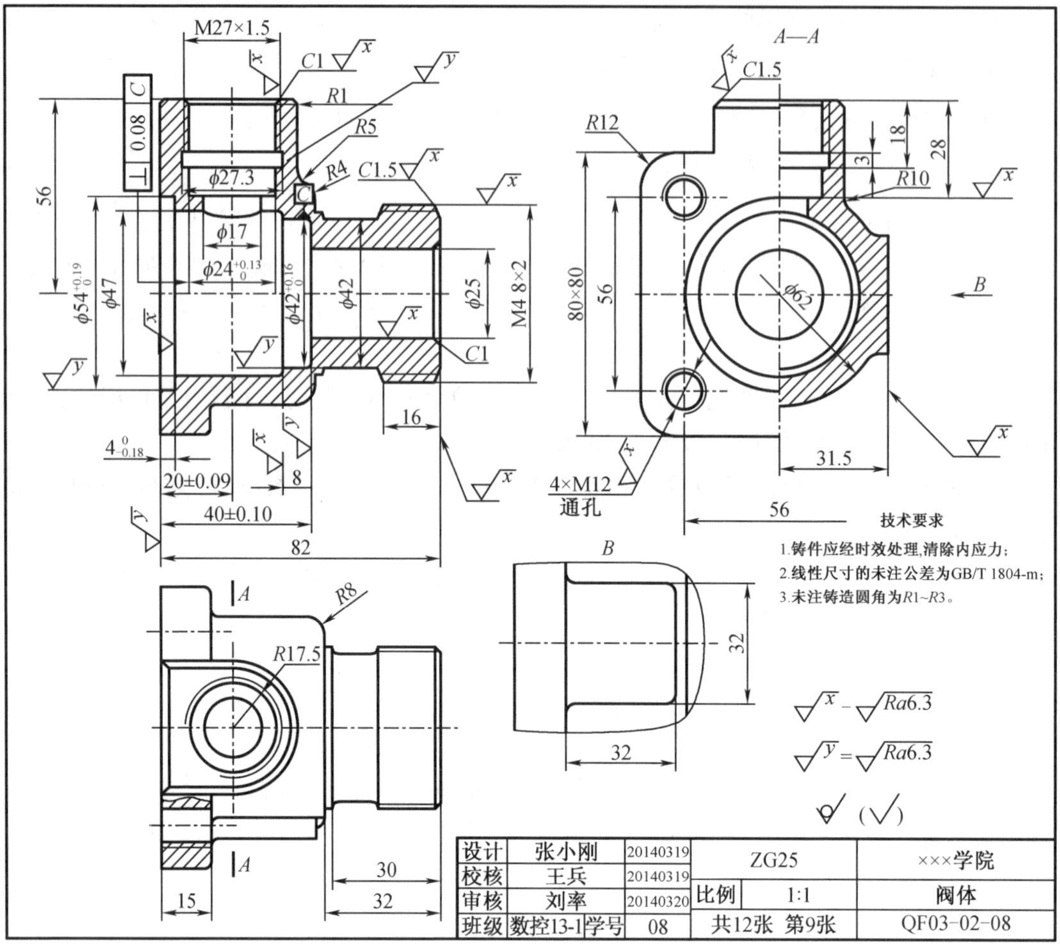

图 6-44 阀体零件图

6.3.3.1 补全零件结构形状

装配图主要表示零件间的装配关系,至于每个零件的某些个别部分的形状和详细结构并不一定都已表达完全,这些结构可以在拆画零件图时,根据零件的作用要求进行设计。因此,拆画零件图不是简单的描绘,而是重新设计零件。

在拆画零件图时,还要注意补充装配图上省略的工艺结构,如铸造斜度、圆角等结构。

6.3.3.2 重新表达零件视图

在拆画零件图时,应根据零件结构形状重新选择表达方案,不能抄袭装配图中零件的表达方法。因为装配图的视图选择主要从整个部件出发,不一定符合每个零件视图的表达要求。如从装配图 6-40 中拆画阀杆零件,阀杆零件属于轴类零件,通常按加工位置来选择主视图,即:轴线水平放置,而装配图中其轴线是垂直的。如图 6-45 所示。

6.3.3.3 标注零件尺寸

装配图中有些尺寸本身就是为了画零件图时用的,这些尺寸可以从装配图上移到零件图上。如:注有配合代号的尺寸,应该根据配合类别、公差等级注出上、下极限偏差;有些标准结构,如沉孔、螺栓通孔的直径、键槽宽度和深度、螺纹直径、与滚动轴承配合结构的尺寸等,应查表获得;还有些需要通过计算的尺寸,如齿轮分度圆直径、齿轮的中心距等,应根据模数和齿数等计算而定。

6.3.3.4 标注零件的技术要求

根据零件间的配合关系、零件在装配图中的作用,采用类比法,选择技术要求。

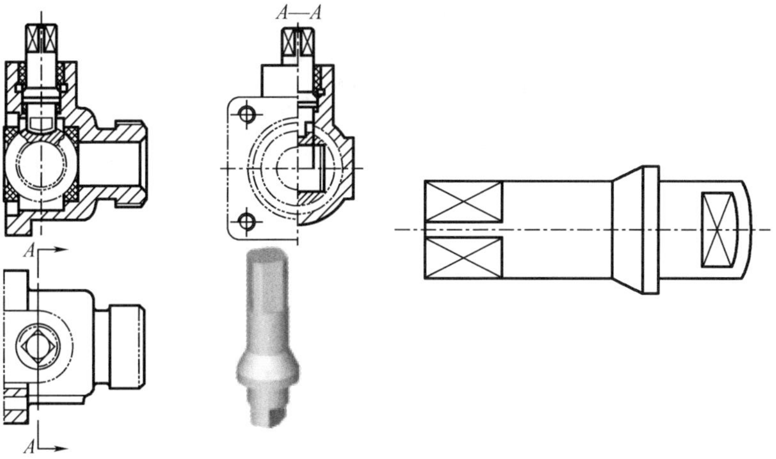

图 6-45 阀杆零件的主视图选择

任务6.4 测绘铣刀头装配图

想一想 如图 6-46 所示的铣刀头,如何绘制其装配图?铣刀头拆装的基本步骤和方法是什么?装配示意图有什么作用?如何绘制装配示意图?

本任务通过测绘铣刀头装配图,回答上述问题。

6.4.1 任务分析

装配体测绘,就是对组成、部件或机器以及构成它们的零件进行了解、分析、测量、绘制草图,最后整理绘出装配图和零件图的过程。

通常装配体测绘分为四个阶段:第一步是拆卸机器或部件,绘制装配示意图;第二步是绘制零件草图;第三步是绘制装配图;第四步是根据装配图绘制零件图。

6.4.1.1 分析铣刀头用途

铣刀头是铣床中的一个附件,用于安装铣刀进行铣削加工。

6.4.1.2 分析铣刀头结构

如图 6-46 所示,座体是基础件,转轴是动力输入与输出的关键件,其两端由圆锥滚子轴承支撑。为了保证工作时转轴、轴承同座体之间的位置不变,除转轴做成大小不同直径的阶梯轴外,还要用端盖压紧轴承,右端的调整片是用来调整安装间隙保证压紧的。端盖用螺钉固定在座体上,起密封、压紧轴承的作用;端盖里嵌有毡圈,以防止切削、灰尘等进入座体内部。

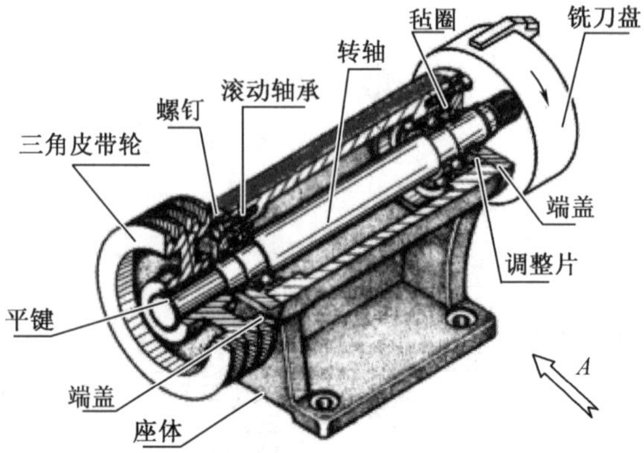

图 6-46　铣刀头

6.4.1.3　分析铣刀头工作原理

三角皮带轮通过平键,把动力传给转轴,带动铣刀盘旋转进行铣削加工。

6.4.1.4　分析零件装配关系

铣刀头部件的主要装配连接关系都集中在转轴上。转轴与轴承内圈的配合为基孔制的过盈配合,轴承外圈与座体孔的配合为基轴制的过盈配合;转轴与带轮孔的配合为基孔制的过渡配合,端盖凸缘与座体孔的配合为非基准制的间隙配合。

6.4.1.5　选用拆装工具

常用的拆装工具有扳手、螺丝刀、手钳、锤子、内六角扳手、虎钳、锉刀、砂纸、细铁丝、铁盒、清洗剂、棉纱等普通工具。如图 6-47 所示,扳手主要是用来拆卸螺柱、螺钉、螺母等。虎钳用来夹持工件,以便拆卸部件上的其他零件或对零件进行修理。除了普通工具外,还可用专用工具,如预紧螺纹的扭力扳手、压床拆卸轴承等,如图 6-48 所示。

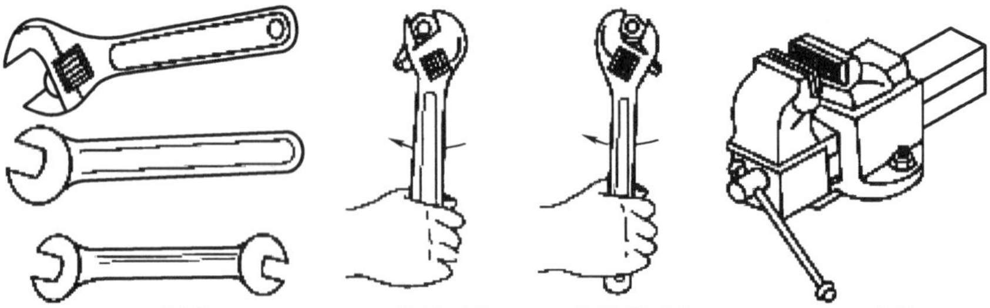

(a)扳手　(b)使用正确　(c)使用不正确　(d)虎钳

图 6-47　常用的拆卸工具

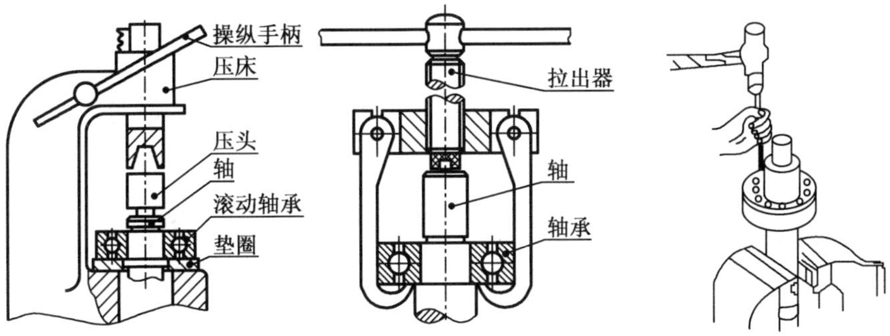

(a)压力机拆卸轴承　(b)拉出器拆卸轴承　(c)用锤击拆卸轴承

图6-48　拆卸滚动轴承的方法

6.4.1.6　分析零件拆装顺序和绘制标准件参数记录表

为了测绘完成后能顺利装配零件，拆装时要对零件拆装顺序进行分析。为了防止拆卸下来的标准件丢失，可在拆卸前绘制好标准件参数记录表，以便登记标准件的名称、数量和标记。

6.4.1.7　选择计量器具

根据产品、零件的结构形状、精度要求、生产批量，选择相应精度、测量范围的计量器具。常用的量具有游标卡尺、千分尺、钢直尺、内卡钳、外卡钳、百分表及水平仪等。

6.4.2　任务实施.

6.4.2.1　绘制装配示意图

1. 绘制装配示意图的要求

用具有代表性的符号或图线简明地表示出机器的工作原理、传动关系、零件间的装配连接关系，以及零件的名称、数量的图样称为装配示意图。

(1)装配示意图的符号　对于机构构件要按照《机械制图　机构运动简图用图形符号》(GB/T 4460—2013)绘制，国家标准规定了基本符号和可用符号，一般应采用基本符号绘制。必要时允许使用可用符号表示。

(2)示意图的图线　没有规定符号的零件，用图6-49的简单线条画出它的大致轮廓。

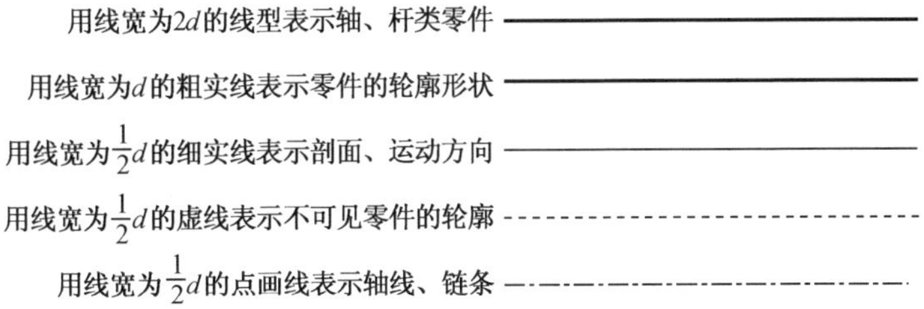

图6-49　装配示意图的线型

2. 绘制装配示意图的方法

(1)部件按工作位置摆放，选择反映部件工作原理、特征、零件连接关系的投影方向，绘制装配示意图。如图 6－50 所示。

根据部件结构的复杂程度,可选择多个装配示意图来表达,各装配示意图符合视图的投影关系。如图 6－51 所示为单级圆柱斜齿轮减速器的主视图和俯视图装配示意图。

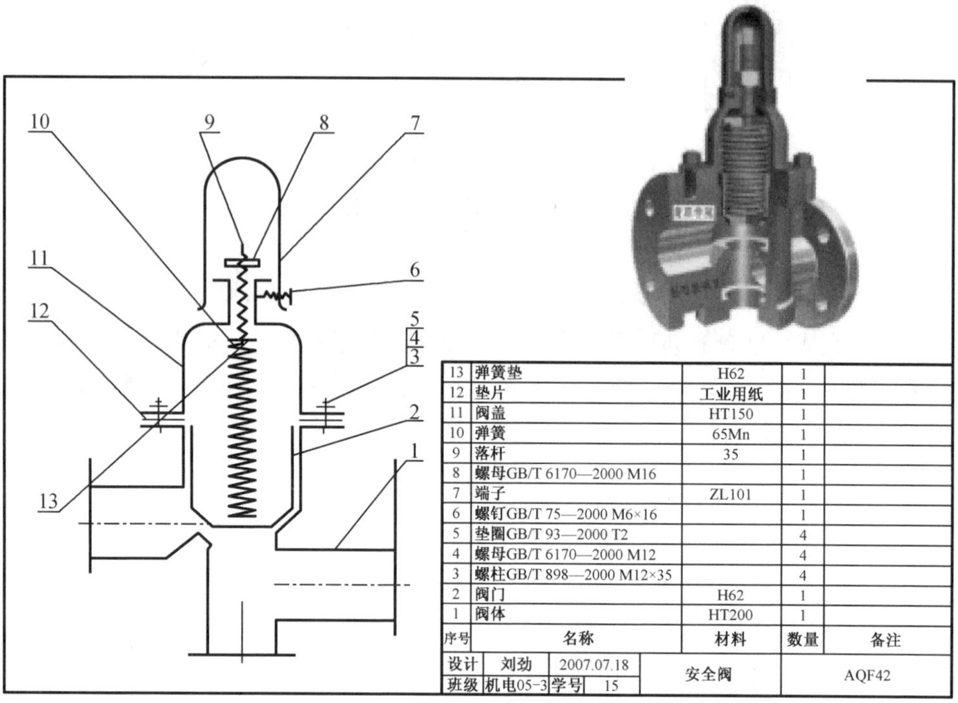

序号	名称	材料	数量	备注
13	弹簧垫	H62	1	
12	垫片	工业用纸	1	
11	阀盖	HT150	1	
10	弹簧	65Mn	1	
9	落杆	35	1	
8	螺母GB/T 6170—2000 M16		1	
7	端子	ZL101	1	
6	螺钉GB/T 75—2000 M6×16		1	
5	垫圈GB/T 93—2000 T2		4	
4	螺母GB/T 6170—2000 M12		4	
3	螺柱GB/T 898—2000 M12×35		4	
2	阀门	H62	1	
1	阀体	HT200	1	

设计	刘劲	2007.07.18		安全阀	AQF42
班级	机电05-3	学号	15		

图 6－50　安全阀装配示意图

(2)从主要零件着手,然后按装配顺序把其他零件逐个画上。如图 6－51 所示装配示意图中的机构运动符号有圆锥滚子轴承、固定齿轮、螺钉与螺栓的螺纹连接等

(3)对零件进行编号,并将零件编号、名称、数量填写在明细栏中,如图 6－50 所示。也可直接写在图样上,如图 6－51 所示。

3. 绘制铣刀头装配示意图

铣刀头结构较简单,可使用一个视图表达。装配示意图中的机构运动符号有皮带轮、转轴与键的固定连接,螺纹连接,滚动轴承等,对零件进行编号,如图 6－52 所示。

小贴士　装配示意图和零件草图都是在工作现场徒手绘制,对于初学者可采用方格纸练习绘制;同一种零件,一般只编一个号。示意图上的编号与零件草图上的编号要一致。

6.4.2.2　拆装铣刀头部件

1. 打标记

为了能顺利地复原装配体,拆卸前可在装配体上轻轻地做记号。在铣刀头的端盖与座体上用划针做标记,便于保证端盖与座体四个螺纹孔安装时对中。

2. 拆卸零件并分类

(1)铣刀头的拆装顺序。拆下皮带轮和平键→拆开左右端盖,取出调整片→从左端把转轴打出。滚动轴承可采用拉出器从轴上取下,端盖上的螺钉采用内六角扳手卸下。

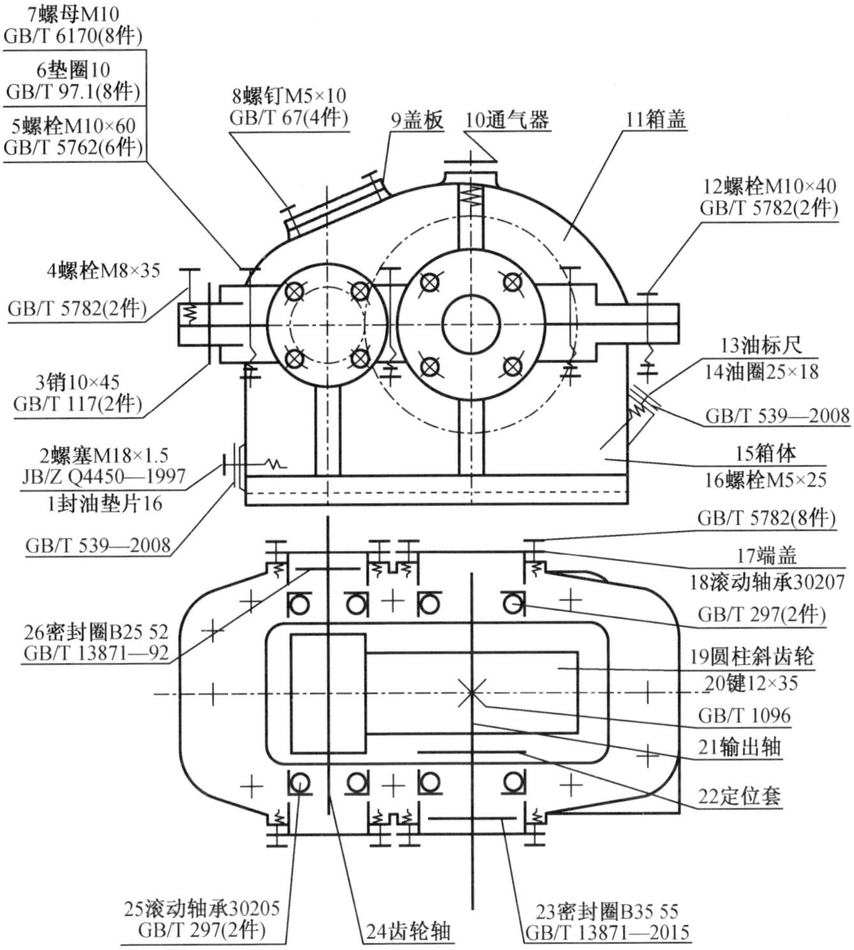

图6-51 一级圆柱斜齿轮减速器装配示意图

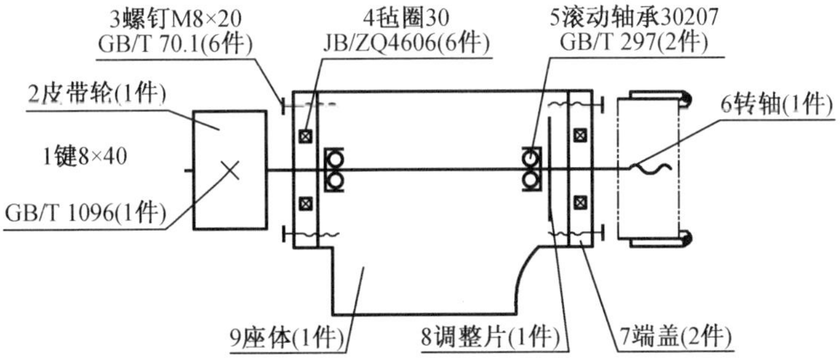

图6-52 铣刀头装配示意图

(2)将标准件和非标准件零件分类,以便测量尺寸、计算和查表。螺钉、键、滚动轴承、毡圈等零件属于标准件,经测量、查表取标准值,将标记填写在表6-12中,其他件为非标准件,需绘制零件草图。

表 6-12　标准件参数记录表

名称	标记	数量
螺钉	螺钉 GB/T 70.1—2000　M8×20	6
滚动轴承	滚动轴承 30207GB/T 297—2015	2
平圈	圈 8×38GB/T 1096	1
毡圈	毡圈 30JB/ZQ 4606—1997	2

小贴士　①拆卸时应采用相应的工具,按顺序进行。对于不可拆的连接和过盈配合的零件尽量不拆。拆卸时要轻拿轻放,不要损坏零件表面。

②拆卸下的零件加上标签,要妥善保管、避免碰坏或丢失,尤其是一些易掉的小零件应放在专用的箱子里,如螺纹紧固件、键、毡圈等。

6.4.2.3　绘制零件草图

铣刀头两端的端盖是透盖,其内部的凹槽是用来放置毡圈的,以防止灰尘的进入。毡圈尺寸及其槽的尺寸规格已标准化,可通过轴径查表 6-13 获得。表中尺寸如图 6-53 所示。

表 6-13　毡圈油封形式及尺寸(摘自 JB/ZQ 4606—1997)　单位:mm

<table>
<tr><th rowspan="3">轴径
d</th><th colspan="4">毡　圈</th><th colspan="5">槽</th></tr>
<tr><th rowspan="2">D</th><th rowspan="2">d_1</th><th rowspan="2">B</th><th rowspan="2">质量/kg</th><th rowspan="2">D_0</th><th rowspan="2">d_0</th><th rowspan="2">b</th><th colspan="2">δ_{min}</th></tr>
<tr><th>用于铜</th><th>用于铸铁</th></tr>
<tr><td>15</td><td>29</td><td>14</td><td rowspan="2">6</td><td>0.001 0</td><td>28</td><td>16</td><td rowspan="2">5</td><td rowspan="2">10</td><td rowspan="2">12</td></tr>
<tr><td>20</td><td>33</td><td>19</td><td>0.001 2</td><td>32</td><td>21</td></tr>
<tr><td>25</td><td>39</td><td>24</td><td rowspan="4">7</td><td>0.001 8</td><td>38</td><td>26</td><td rowspan="4">6</td><td rowspan="11">12</td><td rowspan="11">15</td></tr>
<tr><td>30</td><td>45</td><td>29</td><td>0.002 3</td><td>44</td><td>31</td></tr>
<tr><td>35</td><td>49</td><td>34</td><td>0.002 3</td><td>48</td><td>36</td></tr>
<tr><td>40</td><td>53</td><td>89</td><td>0.002 6</td><td>52</td><td>41</td></tr>
<tr><td>45</td><td>61</td><td>44</td><td rowspan="7">8</td><td>0.004 0</td><td>60</td><td>46</td><td rowspan="7">7</td></tr>
<tr><td>50</td><td>69</td><td>49</td><td>0.005 4</td><td>68</td><td>51</td></tr>
<tr><td>55</td><td>74</td><td>53</td><td>0.006 0</td><td>72</td><td>56</td></tr>
<tr><td>60</td><td>80</td><td>58</td><td>0.006 9</td><td>78</td><td>61</td></tr>
<tr><td>65</td><td>84</td><td>63</td><td>0.007 0</td><td>82</td><td>66</td></tr>
<tr><td>70</td><td>90</td><td>68</td><td>0.007 9</td><td>88</td><td>71</td></tr>
<tr><td>75</td><td>94</td><td>73</td><td>0.008 0</td><td>92</td><td>77</td></tr>
</table>

注:d=50 mm 的毡圈,标记为:毡圈 50JB/ZQ 4606—1997。

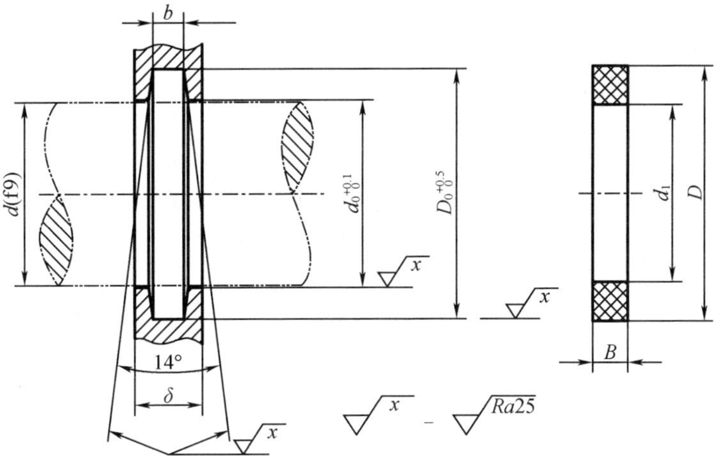

图 6-53　毡圈槽与毡圈的规格

零件草图是绘制装配图和零件图的依据，其内容和要求与零件图是一致的。铣刀头零件草图如图 6-54 所示。

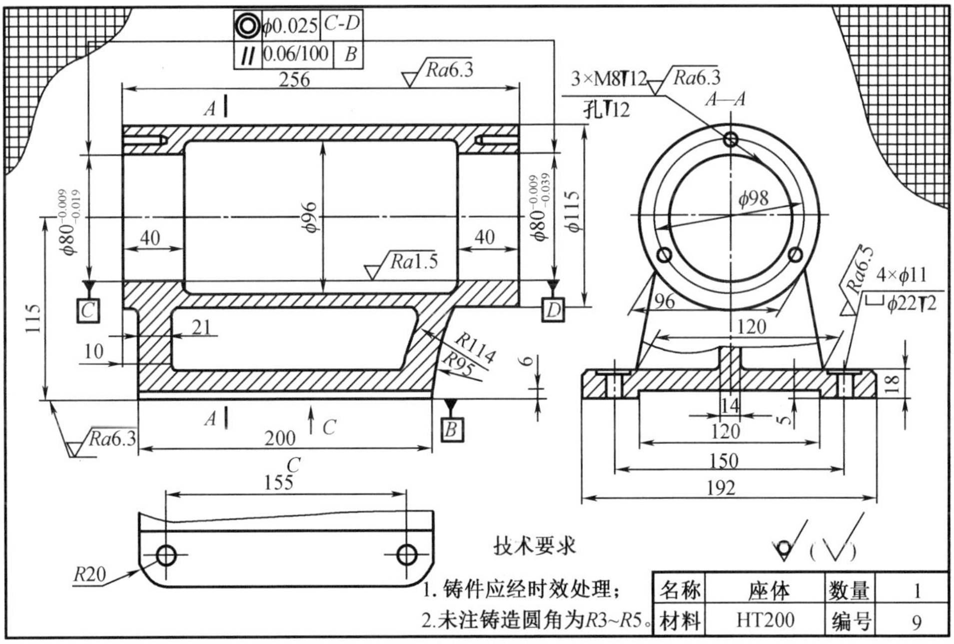

(a)座体零件草图

图 6-54　铣刀头的零件草图

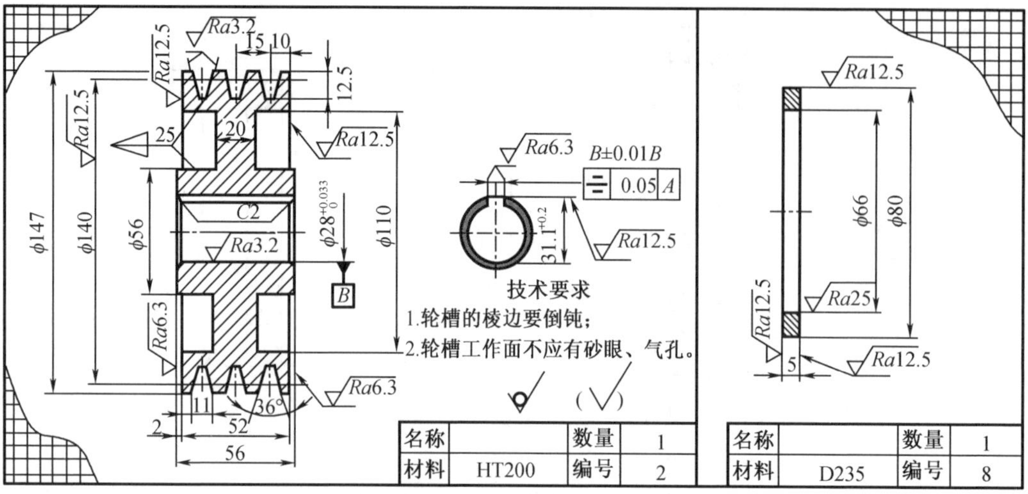

(b)皮带轮和调整片的零件草图

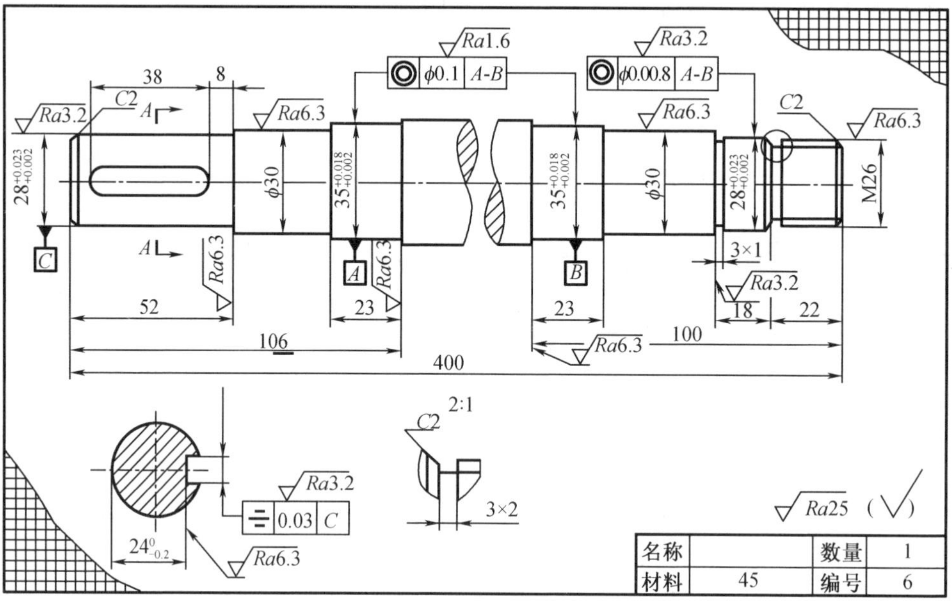

(c)转轴零件草图

图 6-54(续)

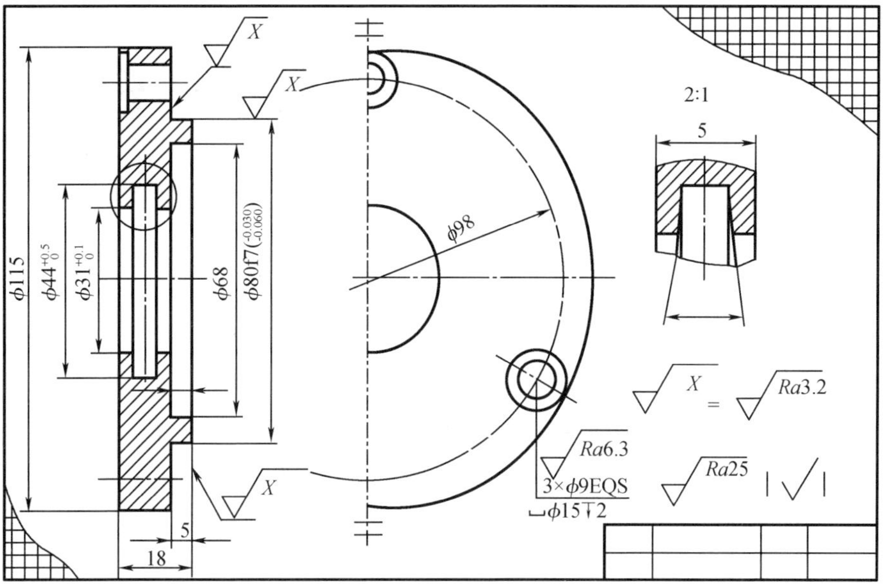

(d)端盖零件草图

图 6 –54(续)

6.4.2.4 绘制装配图

1. 拟定视图表达方案

读装配示意图和零件草图,检查零件草图的完整性,拟定装配图视图表达方案。

(1)主视图　主视图按照部件的工作位置摆放,选择最能反映机器或部件的工作原理、传动系统、零件间的主要装配关系和主要结构特征的方向为主视图的投影方向。如图 6 –46 所示,取 *A* 向作为投射方向,能清晰地表达出铣刀头的工作原理。为了看清楚内部各零件轴向的相互位置及连接关系,通过转轴轴线采取全剖,并在左端轴上采用局部剖,以表达皮带轮与轴的平键连接。

(2)其他视图　优先选用俯视图和左视图,也可用局部视图表达。铣刀头的主体是座体,座体的端面结构通过左视图来表达,并拆去了皮带轮和平键,这是装配图的一种特殊表达方法。再采用一个局部视图来补充表达座体底板的形状及安装孔的位置。

另外,铣刀盘不属于这个部件,但为了表示铣刀头与它的装配连接关系,用双点画线画出来,这也是装配图中常用的特殊表达方法——假想的表达方法。

2. 选比例和图幅,合理布图

布图时要留出标注序号和尺寸、明细栏和标题栏的空间。画出各基本视图的主要中心线和基准线。

3. 画出装配基准件

如图 6 –55 所示。为了便于表达皮带轮与轴之间的平键连接关系,将轴上的键槽向上画出。零件倒角可省略不画。

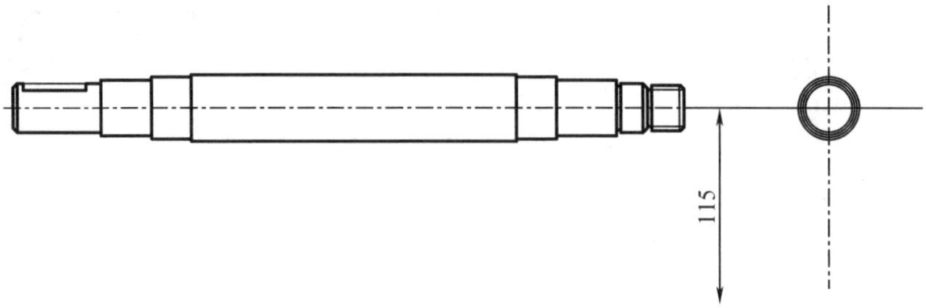

图 6-55 画装配基准件

4. 画轴向配合件

沿着主要装配干线,画出与装配基准件轴向配合的其他件。如图 6-56 所示,先画出与转轴紧密接触的滚动轴承,再画座体。根据装配时左端盖要压紧轴承的这个要求,就可以确定座体的位置,座体在轴向的位置由左端盖压入的长度 5 mm 来确定。

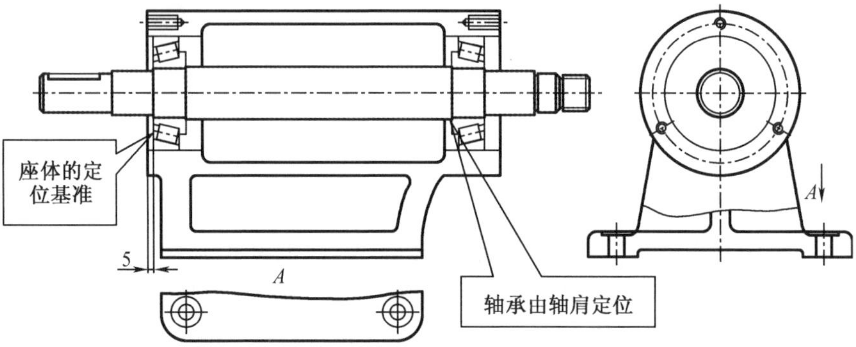

图 6-56 画滚动轴承和座体

5. 画出次要的其他各零件

如图 6-57 所示,左端盖靠轴承定位;右端盖靠与座体接触的面来定位;皮带轮靠转轴的轴肩定位;M8 ×20 的螺钉由沉孔深度 2 mm 的端面来定位。

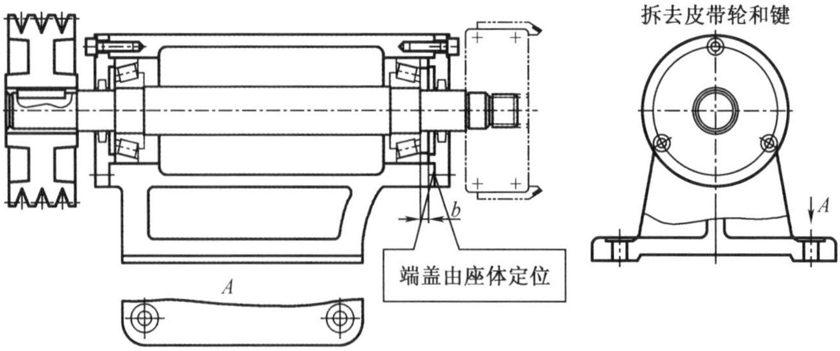

图 6-57 画端盖、皮带轮等其他零件

小贴士 ①轴按不剖绘制，且不被任何零件挡住，应完整地表达出来。滚动轴承按照国家标准规定作图。座体上的螺钉孔可以暂时不画，只画出中心线的位置，画完螺钉后，再补画未旋合部分的螺孔，这样可以减少擦图线的过程。

②端盖内密封装置的画法，如图6－58所示。轴与端盖孔之间为非紧密接触面，故需要画出两条线，端盖内没有毡圈时，画法如图6－58(a)所示；有毡圈时，毡圈与轴紧密接触，其画法如图6－58(b)所示。画键的连接时，键的两侧、底面与轴是紧密接触，应画一条线，与轮毂的两侧是紧密接触，应画一条线，而与轮毂的顶面为非接触面，故画两条线，如图6－58(c)所示。

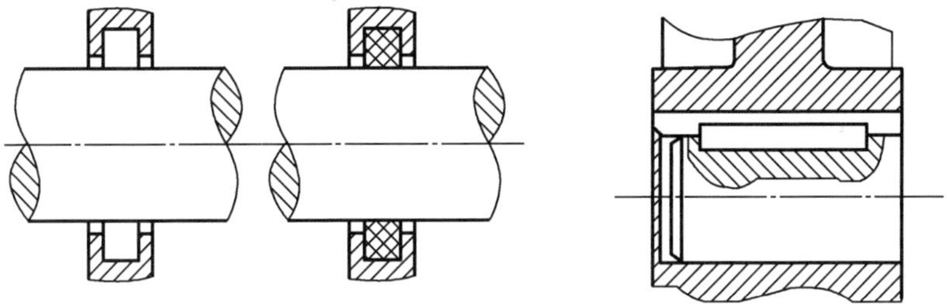
(a)没毡圈　(b)有毡圈　(c)键连接的画法

图6－58　端盖内密封装置的画法

6. 检查，打剖面线，标注尺寸，加深

检查图形的正确性，确实无误后，再打剖面线，加深，标注必要的尺寸，如图6－59所示，标注性能、配合、安装、外形等尺寸。

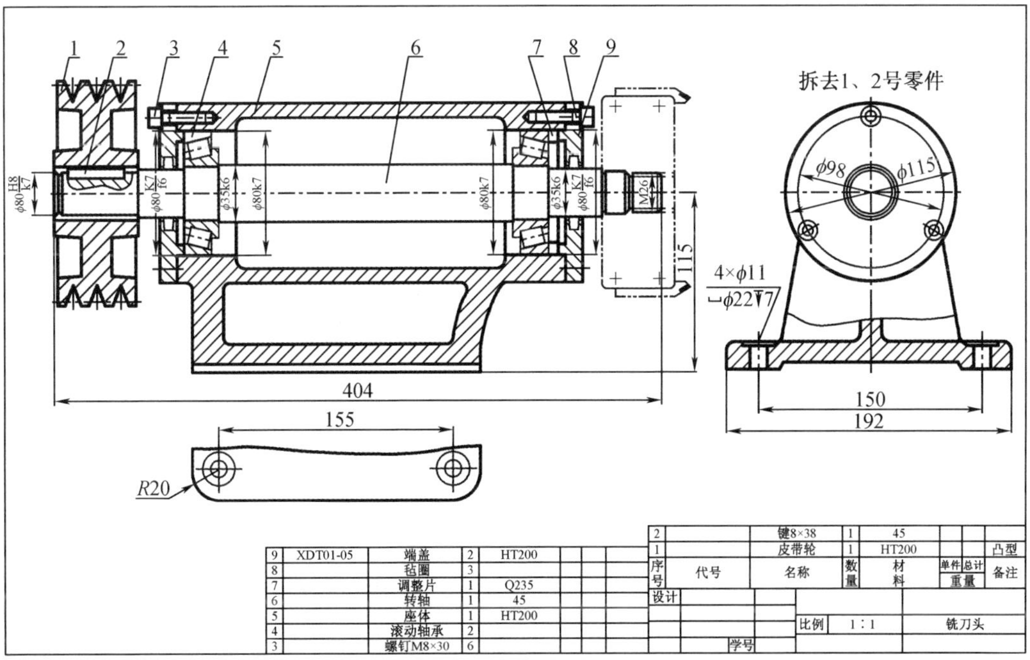

序号	代号	名称	数量	材料	单件重量	总计重量	备注
9	XDT01-05	端盖	2	HT200			
8		毡圈	3				
7		调整片	1	Q235			
6		转轴	1	45			
5		座体	1	HT200			
4		滚动轴承	2				
3		螺钉M8×30	6				
2		键8×38	1	45			
1		皮带轮	1	HT200			凸型

图6－59　铣刀头装配图

7. 标注技术要求、编写零件序号,填写明细栏和标题栏

小贴士 在画装配图时,要对零件结构和尺寸进行核对,对于不合理的地方进行修改。尤其是对各零件尺寸链的累计误差,要进行认真核对。如图 6-59 所示,由于结构上的需要,转轴长度增加了,原来的调整片厚度就薄了,轴承的轴向有窜动,不能定位,这时,就需要对 7 号调整片的厚度尺寸进行修订,这个修订的值应体现在调整片的零件图中。

6.4.3 任务拓展

6.4.3.1 明细栏的绘制与填写

明细栏是装配图中全部零件(或部件)的详细目录,其内容有序号、零(部)件代号、名称、数量、备注等。明细栏的格式和尺寸已经标准化,如图 6-60(a)所示。明细栏在标题栏上方,若上方不够时,可排列至左边,如图 6-60(b)所示。

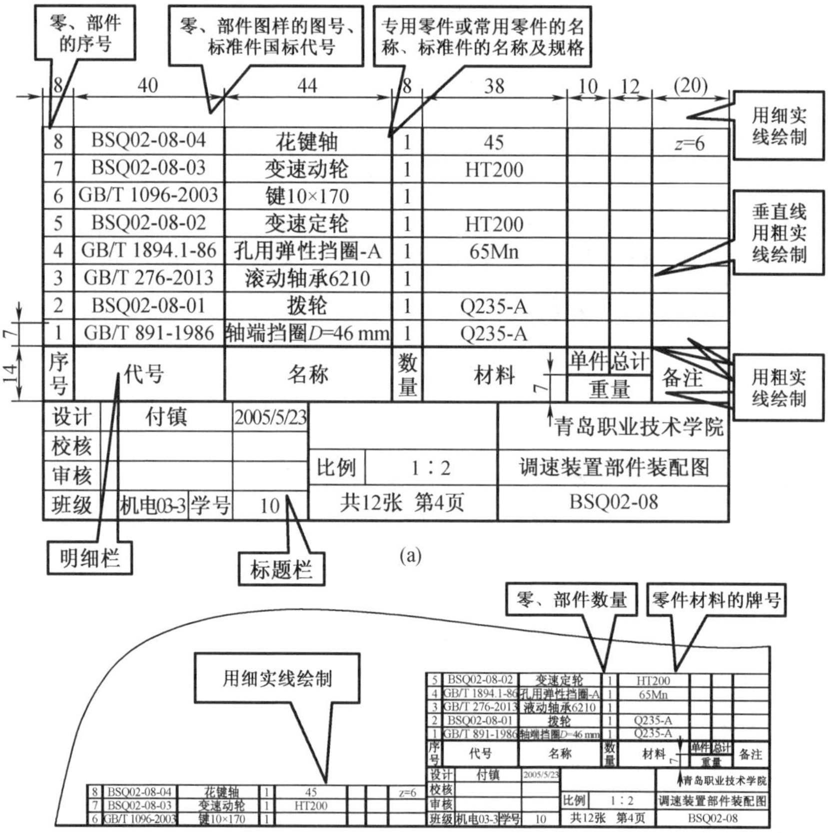

图 6-60 明细栏的绘制与填写

明细栏内的序号自下而上按顺序填写,备注栏目中填写零件的有关参数,如齿轮的齿数、模数,花键轴的齿数,弹簧丝直径、中径、节距、自由高度旋向等,以及零件的热处理和表面处理等要求或其他说明。

复杂装配图中零件序号较多时,明细栏可作为装配图的续页单独给出。续页一般用 A4 幅面竖放,下方为标题栏,明细栏的表头移至上方,从上往下填写。续页的张数计入装配图的总张数中。

6.4.3.2 序号的编排

为了便于零件和部件的管理,装配图中的所有零件、部件都必须编写序号,并按顺时针或逆时针方向的顺序排列。每种零件、部件只编写一个序号,只标注一次。如油杯、滚动轴承等可看作一个整体,在装配图中只编一个序号。

序号应标注在视图外面,并填写在指引线的一端的横线上或圆圈内。指引线应自所指部分的可见轮廓内引出,并在末端画出一圆点;当所指部分涂黑时,指引线的末端画出箭头,并指向该部分的轮廓。

指引线不能交叉,不能与剖面线平行, 必要时,指引线可画成折线。一组紧固件或装配关系清楚的零件组,允许采用公共指引线。

同步练习

6-1 识读图 6-61 所示的螺旋千斤顶装配图,回答问题,拆画零件图。

(1)该装配图由________个图形组成。图中采用________、________特殊表达方法。

(2)图中双点画线表达的是________________。

(3)该装配图中,配合尺寸有________。

(4)解释图中尺寸 Tr50×8-7H 的含义____。

(5)写出装配图中的外形尺寸________。

(6)图中零件 5 是________,它的完整代号是________________。

(7)拆画零件 2 的零件图。

6-2 识读图 6-62 所示的铣刀头装配图,回答问题,拆画零件图。

(1)铣刀头由________ 种零件组成,其中标准件________个。

(2)装配图由________个图形组成,主视图采用________剖视,左视图采用了________画法、________剖和________画法。

(3)主视图中 155 为________尺寸,115 为________尺寸。

(4)欲拆下件 5,必须按顺序拆出件________ ,便可取下件 5。

(5)配合尺寸 $\phi 28H8/k7$ 中,$\phi 28$ 是________尺寸,H 表示________,k 表示________,8、7 表示________,该配合尺寸属于________制过渡配合。

(6)画出件 8 的主视图(外形图,不画虚线)和 *B*—*B* 剖视图。按图形实际大小 1:1 画图,不注尺寸。

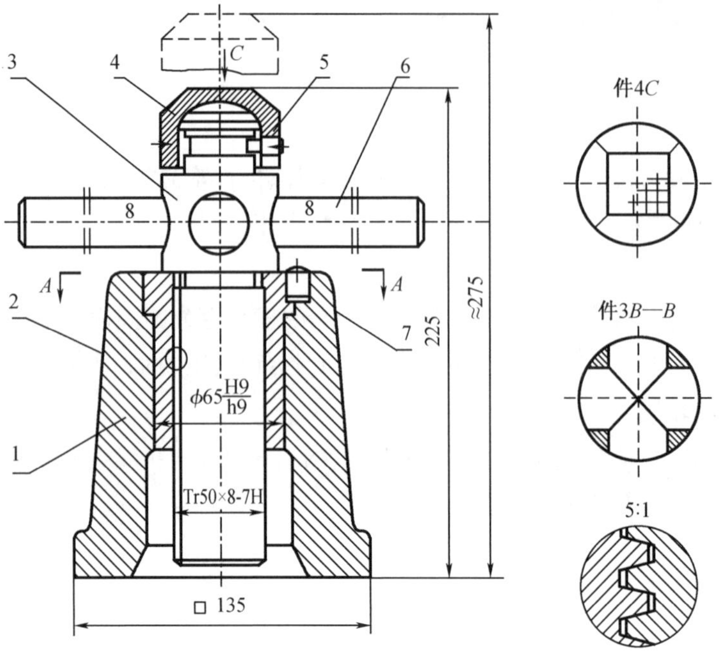

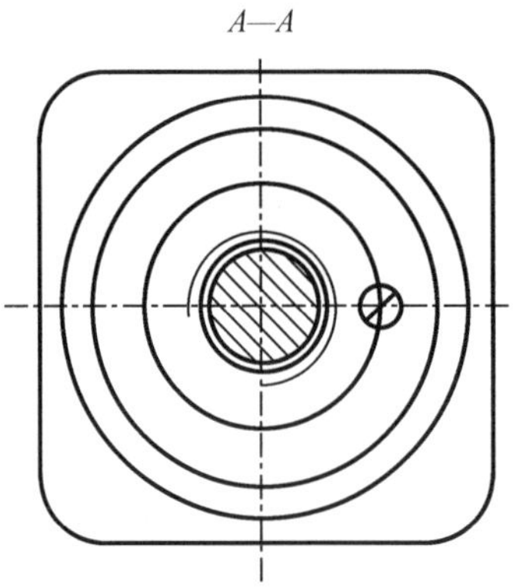

技术要求

1.本产品的顶举高度为500 mm，顶举质量为1 000 kg；
2.螺杆与底座的垂直度公差为0.1 mm；
3.螺钉（件7）的螺钉孔在装配时加工。

序号	代号	名称	数量	材料	备注
7	GB/T 73	螺钉M12×16	1		
6		铰杠	1	45	
5	GB/T 75	螺钉M12×14	1		
4		顶垫	1	Q235	
3		螺杆	1	45	
2		螺套	1	H1200	
1		底座	1	H1150	

	1:1	
制图设计	螺旋4斤顶	

图 6 - 61　千斤顶装配图

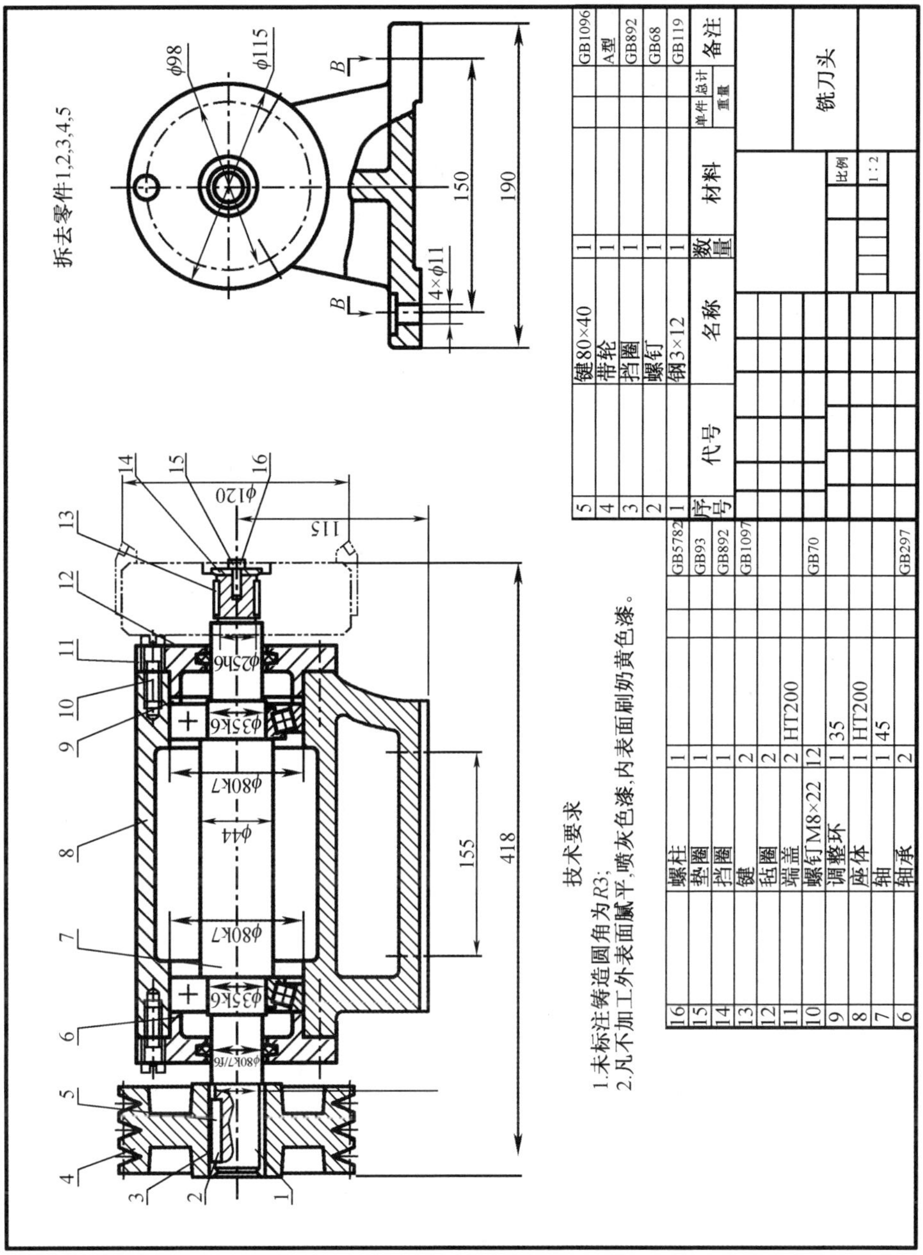
拆去零件1,2,3,4,5
φ98
φ115
B
150
190
4×φ11
φ120
115
φ25h6
φ35k6
φ80k7
φ44
φ80k7/f6
155
418
技术要求
1.未标注铸造圆角为R3;
2.凡不加工外表面腻平,喷灰色漆,内表面刷奶黄色漆。
16 螺柱 1 GB5782
15 垫圈 1 GB93
14 挡圈 1 GB892
13 键 2 GB1097
12 毡圈 2
11 端盖 2 HT200
10 螺钉M8×22 12 GB70
9 调整环 1 35
8 座体 1 HT200
7 轴 1 45
6 轴承 2 GB297
5 键8×40 1 GB1096
4 带轮 1 A型
3 挡圈 1 GB892
2 螺钉 1 GB68
1 销3×12 1 GB119
序号 代号 名称 数量 材料 单件 总计 重量 备注
铣刀头
比例 1:2

图6-62 铣刀头

6－3　读如图 6－63 所示的齿轮油泵装配图，拆画零件 7 压盖的零件图。

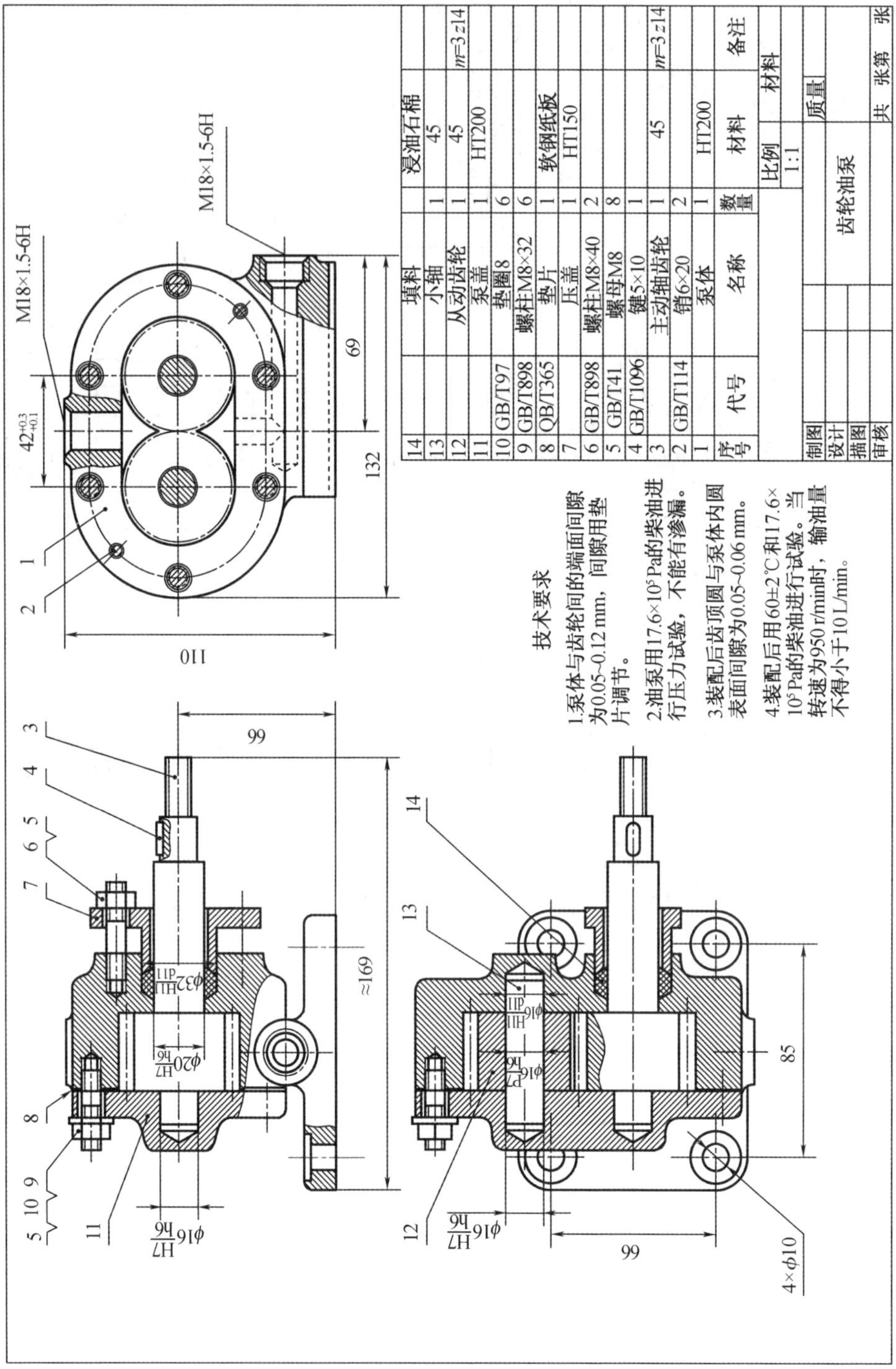

图 6－63

6－4 识读如图6－64所示的机用虎钳装配图，回答下列问题。

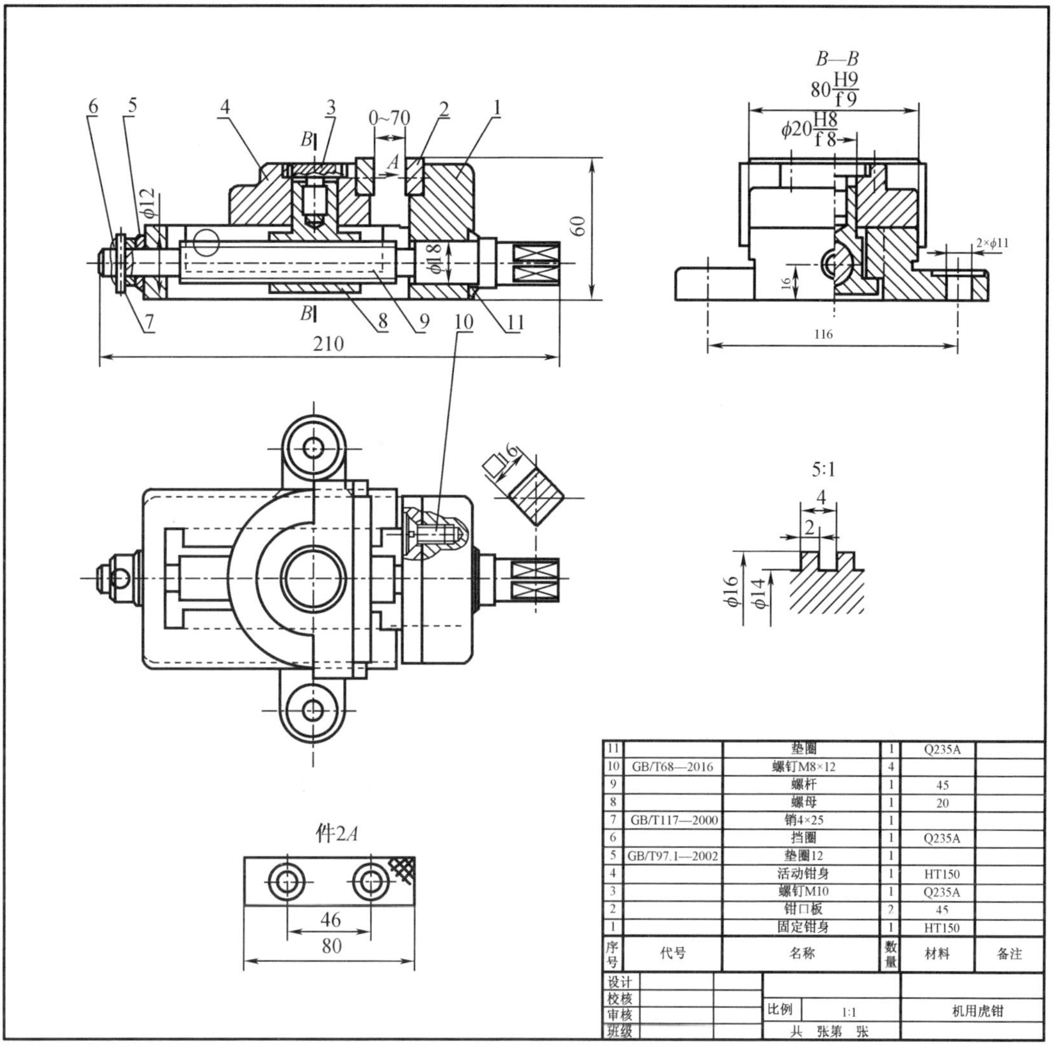

11		垫圈	1	Q235A	
10	GB/T68—2016	螺钉M8×12	4		
9		螺杆	1	45	
8		螺母	1	20	
7	GB/T117—2000	销4×25	1		
6		挡圈	1	Q235A	
5	GB/T97.1—2002	垫圈12	1		
4		活动钳身	1	HT150	
3		螺钉M10	1	Q235A	
2		钳口板	2	45	
1		固定钳身	1	HT150	
序号	代号	名称	数量	材料	备注

设计				
校核			比例 1:1	机用虎钳
审核				
班级			共 张第 张	

图6－64 机用虎钳装配图

(1)机用虎钳由________种零件组成，其中标准件________种。

(2)装配图由________个图形组成。三个基本视图分别采用了________剖视、________剖视和________剖视。另三个图形分别为________图、________图和________画法。

(3)件9的中部为________结构，其牙型为________形，大径为________ mm，小径为________ mm，螺距为________ mm。

(4)件9右端的断面形状为________形，两组相交的细实线代表其所在线框为________面。

(5)图中的细虚线均为________号零件的轮廓线。

(6)图中件 9 与件 6 是________连接。

(7)活动钳身是依靠件________带动而运动的,件 8 是通过件________来固定的。

(8)图中 ϕ20H8/f8 是表示件________与件________为基孔制配合,配合性质为________配合。在零件图上标注这一配合要求时,孔的标注方法是________,轴的标注方法是________。

(9)图中件 3 上两个小孔用于________时。

(10)写出装配图中下列尺寸:

装配尺寸____;

安装尺寸____;

外形尺寸____。

(11)简述机用虎钳的拆卸顺序。

6 - 5 根据手动气阀的工作原理、装配示意图、明细栏及各零件的零件图,拼画手动气阀的装配图。

(1)手动气阀的工作原理:手动气阀用来控制工作气缸的气体压力。手柄球、连接杆和气阀杆通过螺纹连接。握住手柄球将气阀杆拉到最高位置时(图示位置),来自气源的高压气体与工作气缸接通,工作气缸内处于高压状态;当气阀杆被推至最低位置时,气源与工作气缸的通道被关闭,工作气缸内的气体经过气阀杆的径向孔、中心的孔道和大气接通,处于常压状态。气阀杆与阀体为间隙配合,用 4 个 O 形密封圈加强密封。螺母用来将该部件固定。

(2)手动气阀的装配示意图、标题栏和明细栏如图 6 - 65 所示。

装配示意图

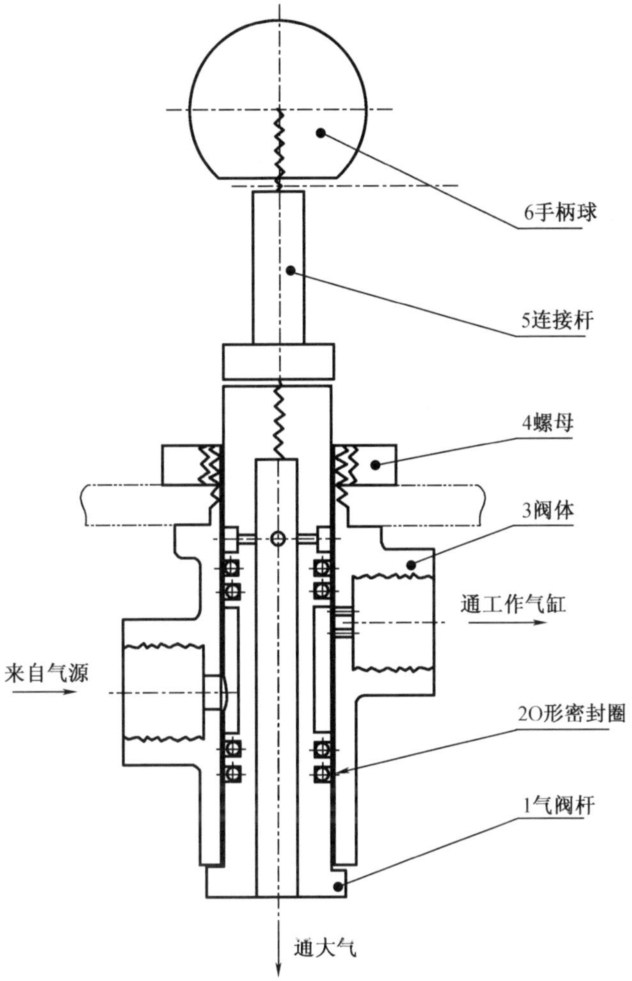

标题栏和明细栏

6		手柄球	1	酚醛塑料	
5		连接杆	1	25	
4		螺母M24×1.5	1	H62	
3		阀体	1	ZCuZn38	
2		O形密封圈	4	橡胶	
1		气阀杆	1	45	
序号	代号	名称	数量	材料	备注

设计					
校审			比例	1:1	手动气阀
审核					
班级			共　张第　张		

图6－65　手动气阀装配示意图、标题栏和明细栏

(3)手动气阀的零件图如图 6－66 所示。

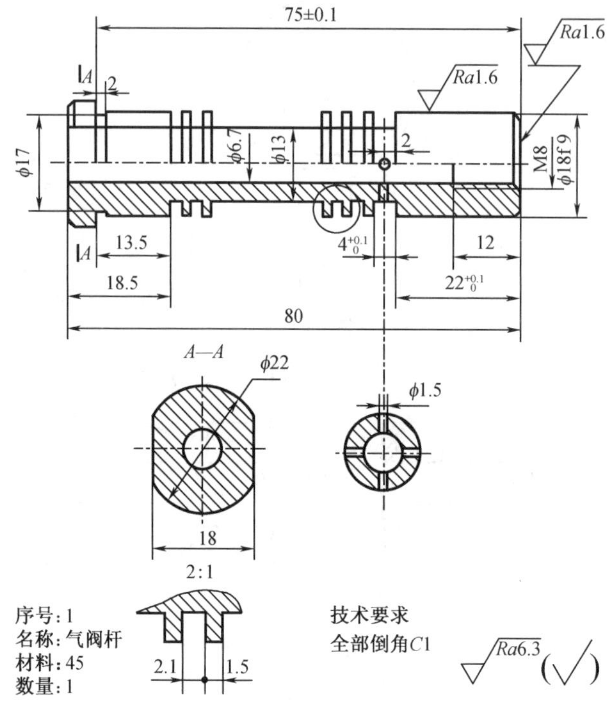

(a)气阀杆(件1)零件图

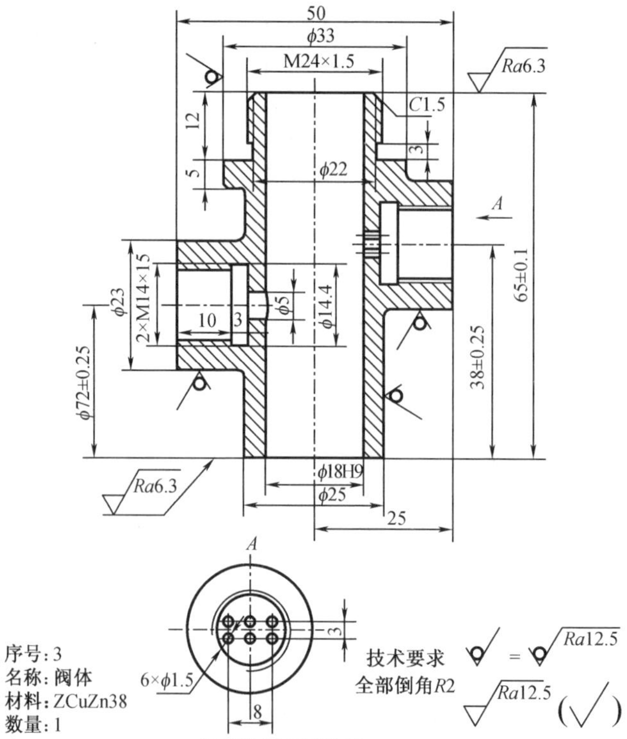

(b)阀体(件3)零件图

图 6－66　手动气阀的零件图

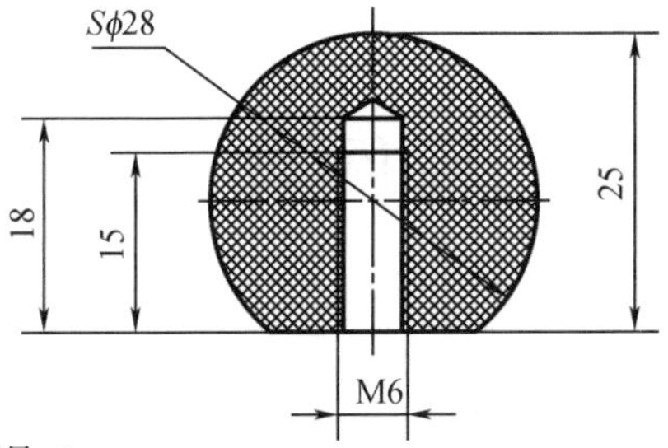

序号:6
名称:手柄球
材料:酚醛塑料
数量:1

(c)手柄球(件6)零件图

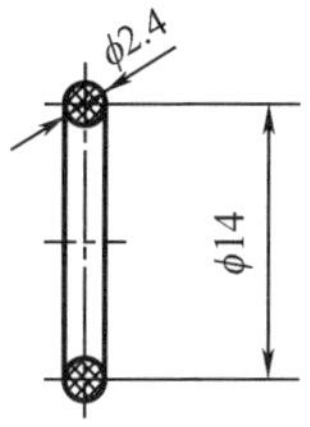

序号:2
名称:O形密封圈
材料:橡胶
数量:4

(d)O形密封圈(件2)零件图

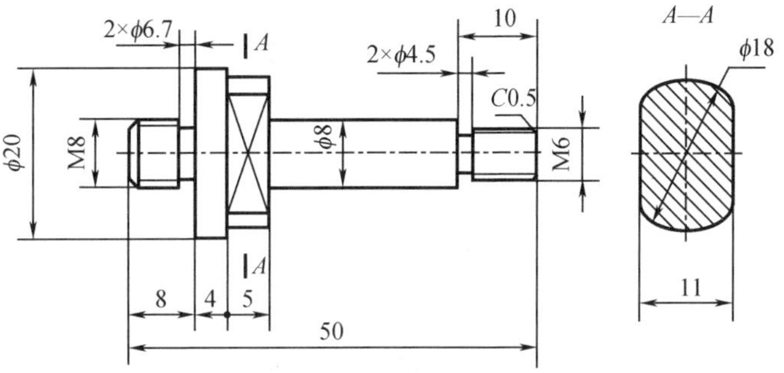

序号:5
名称:连接杆
材料:25
数量:1

技术要求
未注倒角C1。

Ra6.3 (√)

(e)连接杆(件5)零件图

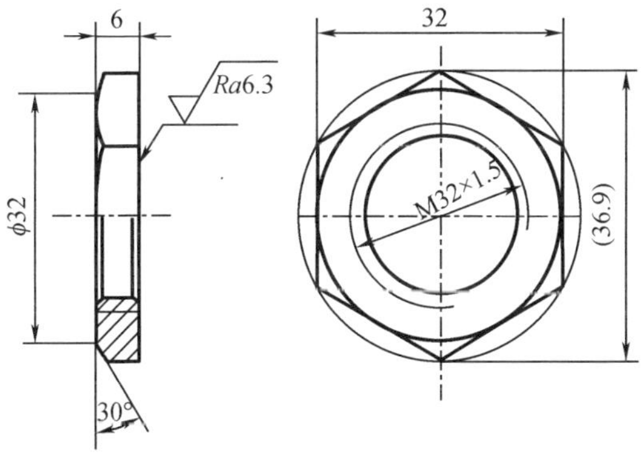

序号:4
名称:螺母
材料:H62
数量:1

技术要求
未注倒角C1。

Ra12.5 (√)

(f)螺母(件4)零件图

图 6-66(续)

项目7　生成工程图样

【项目功能】

以 Solidworks 2017 为例，通过绘制减速箱的端盖、输出轴等零件的三维图和零件图，掌握绘制三维零件模型和零件图的基本操作和步骤，了解典型机械零件结构的三维绘图方法和技巧，熟悉三维建模中参数化驱动和特征设计的理念。通过绘制减速箱装配体及其零件图，掌握装配图生成和检查的基本操作，熟悉装配体爆炸视图的绘制步骤，了解装配图创建的基本操作。

能够利用三维绘图软件生成工程图样，具体包括：

1. 掌握三维建模中草图和特征的概念；
2. 掌握绘制三维零件模型的方法和步骤；
3. 了解盘盖类零件和轴套类零件的三维绘图技巧；
4. 掌握绘制零件图模板和二维投影图的方法和步骤；
5. 掌握绘制及检查装配图的方法和步骤；
6. 掌握绘制装配图模板的方法和步骤；
7. 熟悉剖面视图的画法；
8. 熟悉装配体爆炸视图的绘制步骤；
9. 提升工程素养和职业规范。

任务7.1　绘制端盖三维图

想一想　如图7－1所示的端盖三维图，包含了哪些特征信息？怎么绘制？

7.1.1　任务分析

7.1.1.1　特征的概念

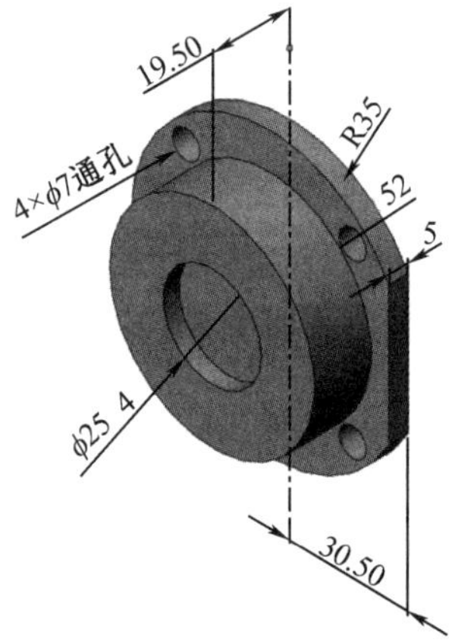

图7－1　端盖三维模型

特征是一种综合概念，它是实体信息的载体，特征是与设计、制作过程有关，并具有工程意义的一组信息。在实际应用中，从不同的应用角度可以形成具体的特征。从设计角度看，特征分为设计特征、分析特征、管理特征等；从形体造型角度看，特征是一组具有特点关系的几何和拓扑元素；从加工角度看，特征被定义为与加工、操作和工具有关的零部件形式及技术特征。总之，特征是该零件区别于其他一切零件的信息，反映了设计者和制造者的意图。

本书主要研究的是形状模型特征。它主要包括几何信息、拓扑信息，如描述零件的几何形状与及尺寸相关的信息的集合，包括功能形状、加工工艺形状等，如图 7－2 所示。

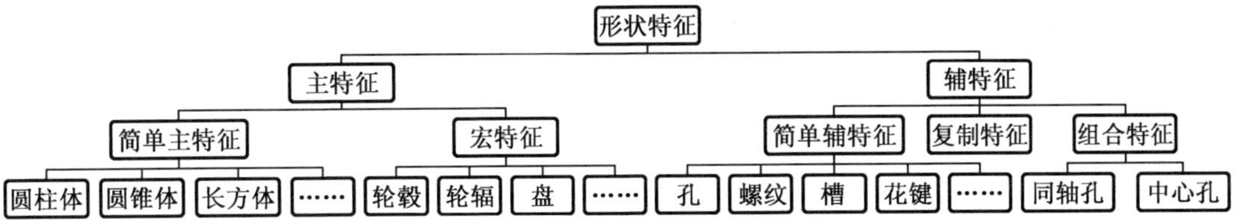

图 7－2　零件形状特征分类

7.1.1.2　端盖特征分析

从图 7－1 所示的端盖三维模型可以看出，该零件包含的特征有：

(1)简单主特征 $\phi70\times5$ 的圆柱体、$\phi52\times12.5$ 的圆柱体；

(2)简单辅特征 $\phi25\times4$ 的圆柱孔、$\phi7$ 的通孔、$\phi70$ 圆柱体的切除体；

(3)复制特征 4 个均匀分布的 $\phi7$ 通孔。

要想完成端盖的三维模型，只需要在 Solidworks 2017 中绘制出上述特征即可。

7.1.1.3　Solidworks 2017 零件设计界面简介

1. 概述

通过 Solidworks 2017 可以建立 3 种不同的文件——零件图、工程图和装配图，拓展名分别为“. sldprt”“. slddrw”和“. sldasm”，相应的界面不尽相同。零件图编辑界面如图 7－3 所示。

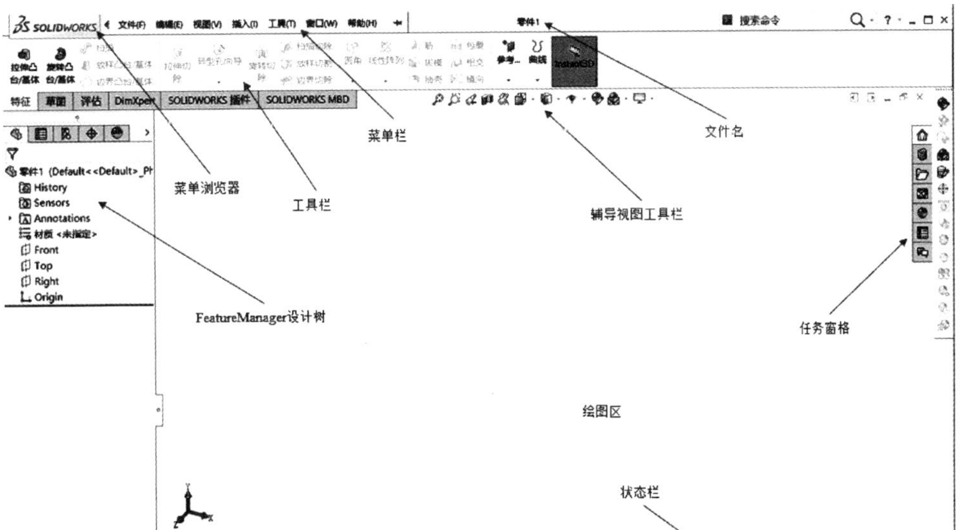

图 7－3　Solidworks 2017 零件设计界面

菜单栏：包含 Solidworks 零件编辑中所有的操作命令。

工具栏:是绘图时经常访问的部分,由工具栏按钮组成。工具栏按钮是常用菜单命令的快捷方式。用户可以根据自己的绘图习惯定制工具栏,即选择常用的工具栏按钮,并将其放在合适的位置上。

FeatureManager 设计树:包含了零件及其显示的所有信息。通过对设计树的管理,可以快速选择、修改各种特征参数,更改特征顺序等。

绘图区:进行零件设计的主要操作窗口。

状态栏:表明了目前操作的状态。

2. 基于草图的特征

基于草图的特征是以二维草图为截面,经拉伸、旋转、扫掠等方式形成的实体特征。

(1)拉伸

拉伸是常见的建立特征的方法,它是将一个或多个轮廓沿着特定方向生长出特征实体。单击工具栏上"特征"面板上的"拉伸凸台/基体"按钮,弹出"凸台－拉伸"属性管理器,如图 7－4 所示。

通常情况下拉伸开始条件不变,其余的拉伸终止条件、拉伸方向、拔模角度、拉伸深度等参数均根据实际需要进行修改。

(2)拉伸切除

单击工具栏上"特征"面板上的"拉伸切除"按钮,弹出"切除－拉伸"属性管理器,如图 7－5 所示。各参数修改同"拉伸"。

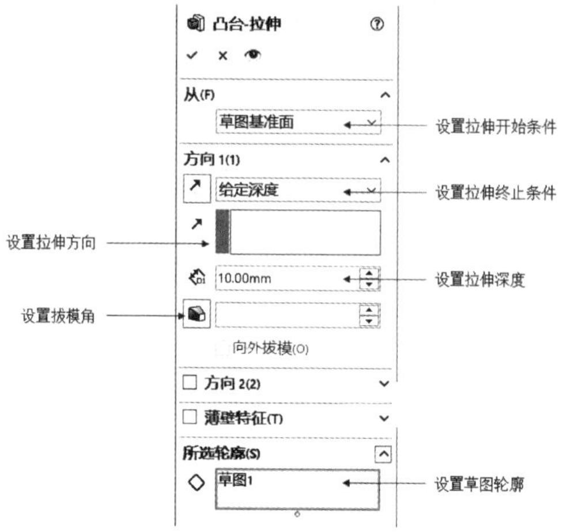

图 7－4 "凸台－拉伸"属性管理器

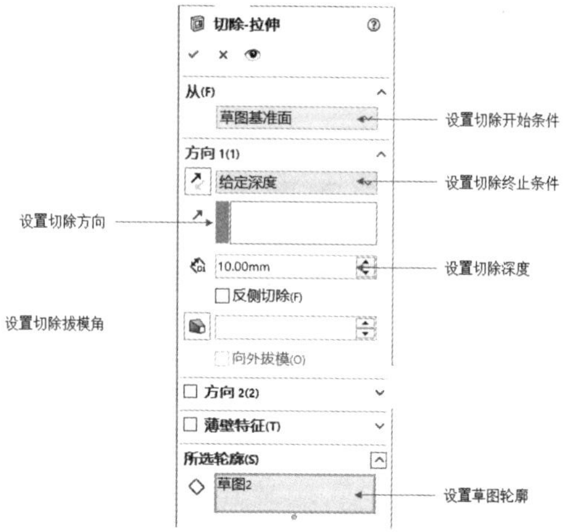

图 7－5 "切除－拉伸"属性管理器

3. 草图的约束和尺寸

草图是一种二维的平面图,用于定义特征的形状、尺寸和位置,是三维建模的基础。这里的草图与 AutoCAD 等二维绘图软件中"草图"是完全不同的概念。事实上,它更像是由边线围成的"面域"。因此在绘制草图时,必须考虑是否形成了一个封闭的图形。同时创建任何草图前,必须先确定它所依附的草图平面。

常用图形绘制及编辑工具命令见表 7－1 和表 7－2。

表 7－1 图形绘制命令按钮

按钮	名称	功能说明
	直线	以起点、终点方式绘制一条直线
	中心线	绘制一条中心线，可以在草图和工程图中绘制
	边角矩形	以对角线的起点和终点方式绘制一个矩形，其一边为水平或竖直
	中心矩形	在中心点绘制矩形
	圆	以指定圆心，再确定半径的方式绘制一个圆
	周边圆	指定不在直线上的三个点绘制一个圆
	圆心/起/终点画弧	以顺序指定圆心、起点以及终点的方式绘制一个圆弧
	切线弧	绘制一条与草图实体相切的圆弧，可以根据草图实体自动确认是法向相切还是径向相切
	3 点圆弧	以顺序指定起点、终点及中点的方式绘制一个圆弧
	方程式驱动曲线	通过定义曲线的方程式来生成曲线
	点	绘制一个点

表 7－2 草图编辑工具命令按钮

按钮	名称	功能说明
	构造几何线	将草图中或者工程图中的草图实体转换为构造几何线，构造几何线的线型与中心线相同
	绘制圆角	在两个草图实体的交叉处裁剪掉角部，从而生成一个切线弧
	绘制倒角	在两个草图实体的交叉处按照一定的角度和距离裁剪掉角部，并用直线相连，形成倒角。此工具在 2D 和 3D 草图中均可使用
	等距实体	按给定的距离等距绘制一个或多个草图实体
	转换实体引用	将其他特征轮廓投影到草图平面上
	交叉曲线	在基准面和曲面或模型面、两个曲面、曲面和模型面、基准面和整个零件以及曲面和整个零件的交叉处生成草图曲线
	裁剪实体	根据裁剪类型，裁剪或者延伸草图实体
	延伸实体	将草图实体延伸至另一个草图实体上
	镜像实体	相对一条中心线生成对称的两个草图实体
	线性草图阵列	沿一个轴或同时沿两个轴生成线性草图实体排列
	圆周草图阵列	生成草图实体的圆周排列

传统绘图中，输入的每一条线都要有确定的位置和尺寸。要想修改图形内容，只能删

除原有线条重画。但是草图的约束功能可以使用户随时更改对象的位置和大小。

几何约束是指控制草图中几何图形元素的定位以及各元素之间的相互关系,如垂直、平行、相切、点在线上、同圆心、共线、水平方向、垂直方向、长度相等、中点、点重合等。标注几何关系命令按钮见表7-3。

表7-3 标注几何关系命令按钮

按钮	名称	功能说明
	添加几何关系	给选定的草图实体添加几何关系,即限制条件
	显示/删除几何关系	显示或者删除草图实体的几何限制条件
	自动几何关系	打开/关闭自动添加几何关系

尺寸约束是指控制草图大小的参数化驱动尺寸,当它改变时,草图对象可以随时更改。在草图中使用智能尺寸标注的都是具有“驱动”作用的尺寸,更改数值后,则该对象会自动被尺寸所驱动变为更改后的数值。

小贴士 ①正如我们在机械制图中学到的,点的轨迹生成了线,线的轨迹生成了面,面的轨迹生成了体。三维建模中“基于草图的特征”完美地诠释了这一点。

②绘图时养成习惯,为了和拉伸特征的选项保持一致,草图平面的选择必须恰当。

③绘制草图时,要灵活运用几何约束和尺寸驱动,保证所有对象均为完全定义。

7.1.2 任务实施

7.1.2.1 绘制 $\phi70\times5$ 的圆柱体

1. 创建草图

在左侧的“FeatureManager设计树”中选择“前视基准面”作为草图平面。单击“草图”面板中的“草图绘制”按钮,进入草图绘制状态。

单击“草图”面板中的“圆”按钮。选择草图原点为圆心,鼠标在任意处单击以确定其半径,如图7-6所示。此时该圆的半径未确定,属于欠定义状态。鼠标拖动圆周时,可以改变其大小。

单击“草图”面板中的“直线”按钮。在任意位置绘制一条垂直状态的直线,如图7-7所示。同样的,该直线为欠定义状态。

单击“草图”面板中的“裁剪实体”按钮,将多余部分裁剪掉,如图7-8所示。

单击“草图”面板中的“智能尺寸”按钮,添加尺寸,如图7-9所示。此时图形已经完全定义,鼠标无法拖动任意对象。单击绘图区域右上角的“退出草图”按钮。

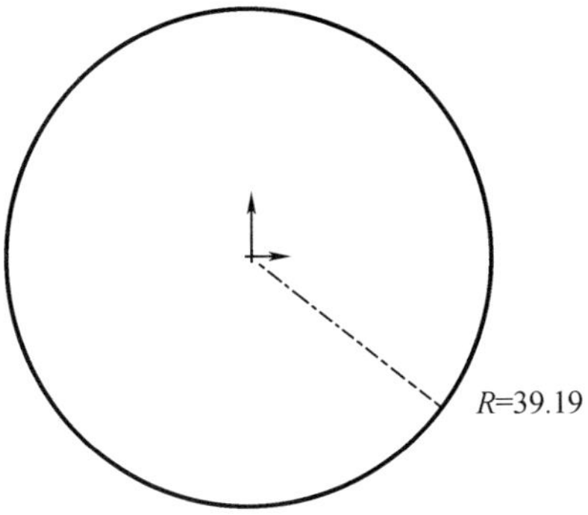

图 7－6　绘制欠定义圆

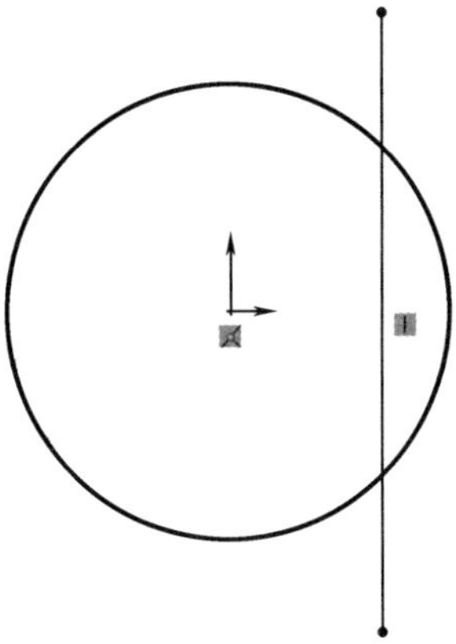

图 7－7　绘制欠定义直线

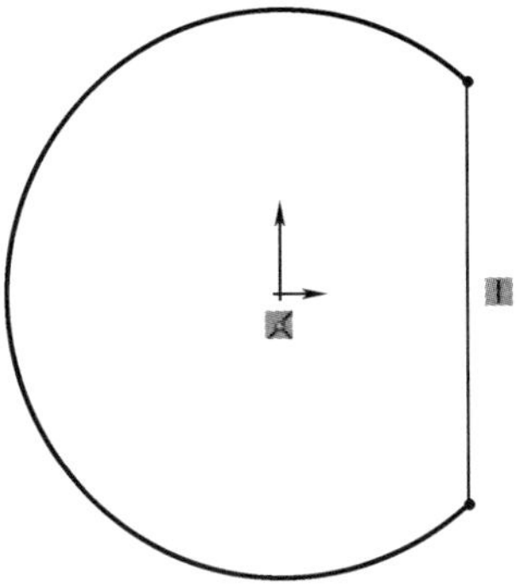

图 7－8　裁剪实体

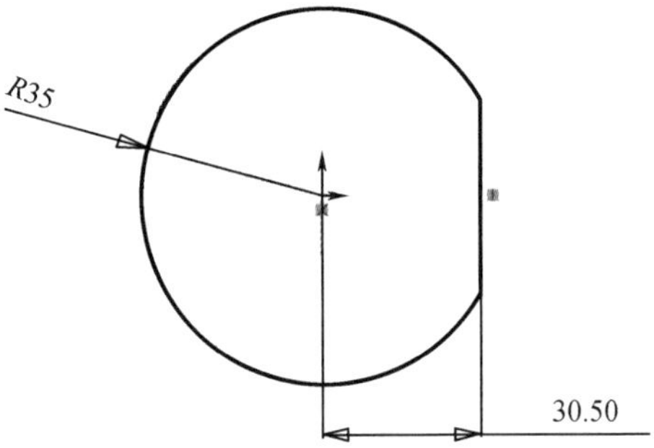

图 7－9　标注尺寸

2. 拉伸特征

在左侧的“FeatureManager 设计树”中选择已绘制好的“草图 1”。单击“特征”面板中的“拉伸凸台/基体”按钮，弹出“凸台－拉伸”对话框，同时显示拉伸状态，如图 7－10 所示。将“深度”改为 5，单击确定，生成模型如图 7－11 所示。

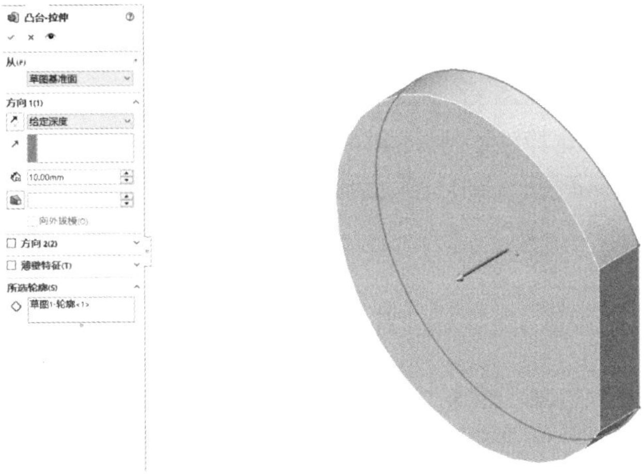

图 7－10　“拉伸”对话框及图形界面

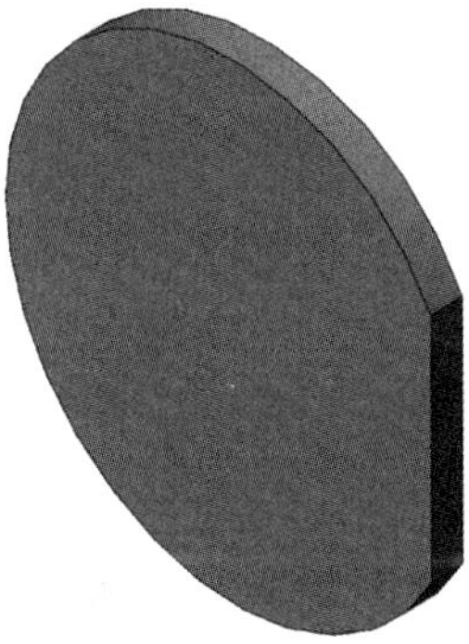

图 7－11　圆柱体模型

7.1.2.2　绘制 $\phi52\times12.5$ 的圆柱体

1. 创建草图

选择 $\phi70\times5$ 圆柱体的前面作为草图平面。单击“草图”面板中的“草图绘制”按钮，进入草图绘制状态。

单击“草图”面板中的“圆”按钮。选择草图原点为圆心，鼠标在任意处单击以确定其半径。单击“草图”面板中的“智能尺寸”按钮，添加尺寸，如图 7－12 所示。单击绘图区域右上角的“退出草图”按钮。

2. 拉伸特征

在左侧的“FeatureManager 设计树”中选择已绘制好的“草图 2”。单击“特征”面板中的“拉伸凸台/基体”按钮，弹出“凸台－拉伸”对话框。将“深度”改为 12.5，单击确定，生成模型如图 7－13 所示。

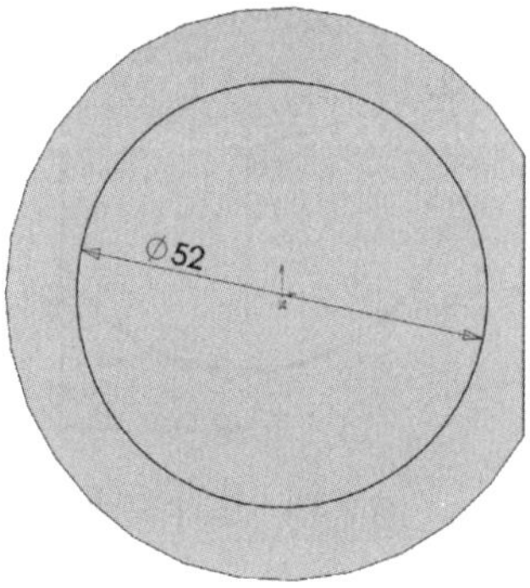

图 7－12　绘制草图

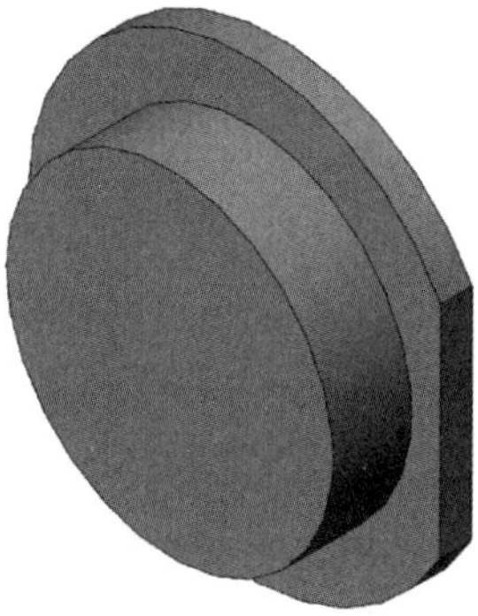

图 7－13　拉伸基体模型

7.1.2.3　绘制 $\phi25\times4$ 的圆柱孔

1. 创建草图

选择 $\phi52\times12.5$ 圆柱体的前面作为草图平面。单击“草图”面板中的“草图绘制”按钮，进入草图绘制状态。按照上述步骤，绘制圆心为草图原点，直径为 25 的圆。

2. 拉伸特征

在左侧的“FeatureManager 设计树”中选择已绘制好的“草图 3”。单击“特征”面板中的“拉伸切除”按钮，弹出“切除－拉伸”对话框，同时显示切除状态，如图 7－14 所示。将“深度”改为 4，单击确定，生成模型如图 7－15 所示。

7.1.2.4　绘制 $4\times\phi7$ 的通孔

1. 创建草图

选择 $\phi70\times5$ 圆柱体的前面作为草图平面。单击“草图”面板中的“草图绘制”按钮，进入草图绘制状态。

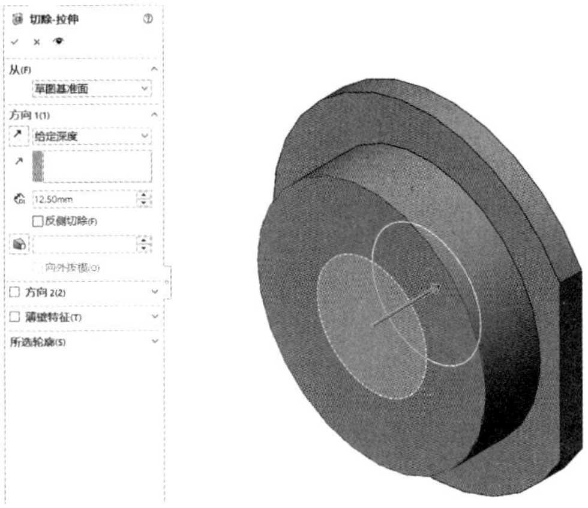

图 7－14 “切除”对话框及图形界面

图 7－15 切除后模型

单击“草图”面板中“中心线”按钮。绘制一条过原点,长度为 30 的水平线。再绘制一条过原点,长度为 30,且与水平线成 45°的线段。以 45°中心线端点为圆心,绘制直径为 7 的圆。三者均为完全定义状态,如图 7－16 所示。

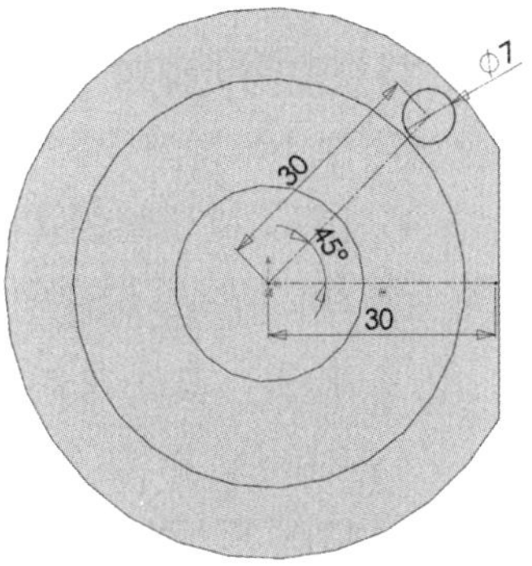

图 7－16 绘制 $\phi7$ 的圆

单击“圆周草图阵列”按钮,弹出“圆周阵列”对话框,同时显示阵列状态。“参数”选择草图原点,“实例数”输入 4,“要阵列的实体”选择 $\phi7$ 的圆,阵列结果如图 7－17 所示。单击“确定”,完成圆周阵列。单击绘图区域右上角的“退出草图”按钮。

2. 拉伸特征

在左侧的“FeatureManager 设计树”中选择已绘制好的“草图 4”。单击“特征”面板中的“拉伸切除”按钮,弹出“切除－拉伸”对话框。将“终止条件”改为“完全贯穿”,单击确定,生成模型如图 7－18 所示。

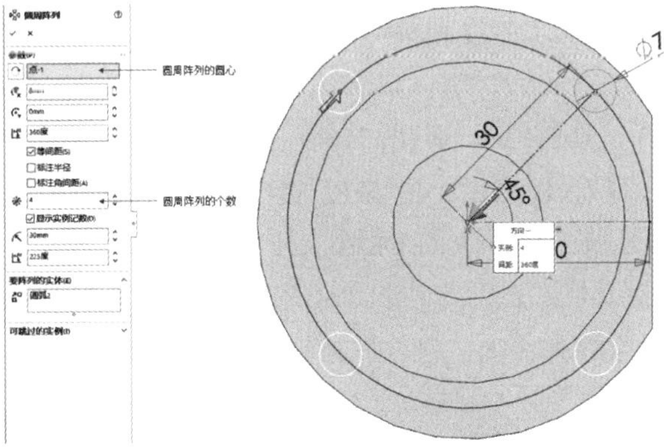

图 7－17 阵列 $\phi7$ 的圆

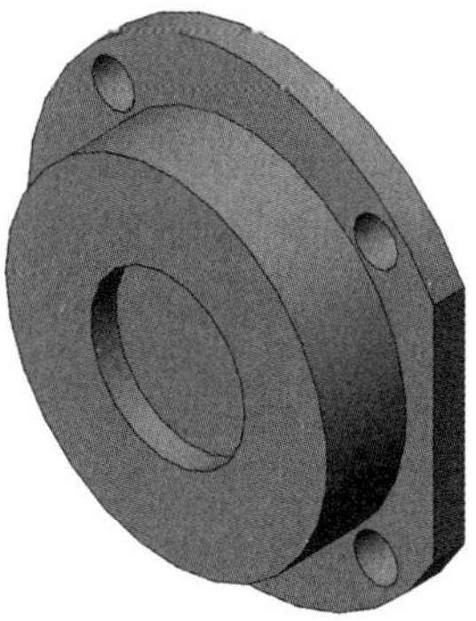

图 7－18 端盖实体模型

任务7.2　绘制端盖零件图

想一想　如图7-1所示的端盖三维,如何快速生成零件图?

本任务将介绍零件由三维图快速生成零件图的操作方法。

7.2.1　任务分析

7.2.1.1　零件图分析

(1)图幅　为了保证图纸的整齐美观,选择图纸大小为A4,根据国标绘制图框、标题栏等;

(2)左视图　盘盖类零件结构相对简单,结合图7-1,选择从前往后看的方向所得视图为左视图;

(3)全剖的主视图　为了说明$\phi 7$孔的位置,在左视图中旋转剖切得到全剖视图,并将该剖视图作为主视图;

(4)注释　除了绘制基本尺寸外,还需要标注尺寸公差、形位公差、表面粗糙度、基准特征符号等;此外,工程图样中还包括相应的技术说明。

7.2.1.2　零件图的生成方法

在Solidworks中,零件图中的视图主要是基于零件三维模型或装配体三维模型生成的。

默认情况下,零件图和零件三维模型或装配体三维模型之间是全相关状态。即无论任何时候修改零件或装配体的三维模型,所有相关的零件视图将自动更新,以反映零件或装配体的形状和尺寸变化,反之亦然。

在Solidworks中有两种生成零件图的方法。一是直接新建零件图文件,打开零件或装配体的三维模型,进行绘制;二是在保存了零件或装配体的三维模型后,选择"从零件制作工程图"命令,绘制零件图。

7.2.2　任务实施

7.2.2.1　选择图幅

启动Solidworks 2017,单击"标准"工具栏中的"新建"按钮。点击"新建SOLIDOWRKS文件"对话框中的"高级"按钮,对话框如图7-19所示。在"模板"选项卡中选择"gb_a4",单击确定。这样就以系统设置的"gb_a4"为模板创建了一个新的工程图文件。

在进行零件图样绘制前,需要对图纸格式进行修改。单击"图纸"面板上的"编辑图纸格式"按钮,分别对图纸进行线条和文字的修改。修改后结果如图7-20所示。

7.2.2.2　绘制视图

1.视图的生成

单击"视图布局"面板中的"模型视图"按钮,系统会要求先选择一零件或装配体从而生成视图,如图7-21所示。单击"浏览"按钮,选择输出轴端盖三维模型图。

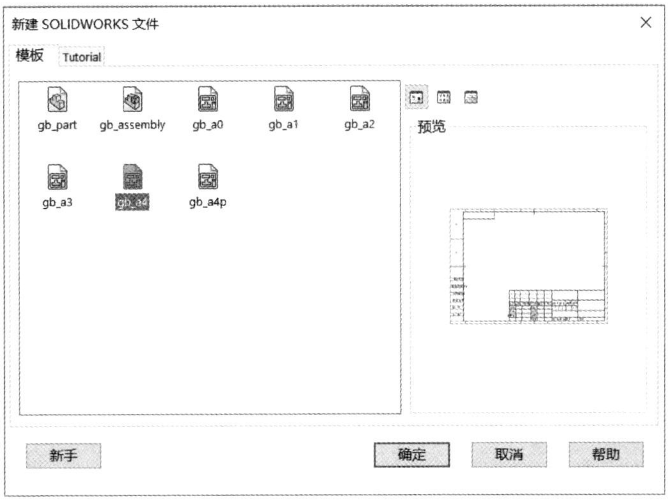

图 7－19　新建零件图

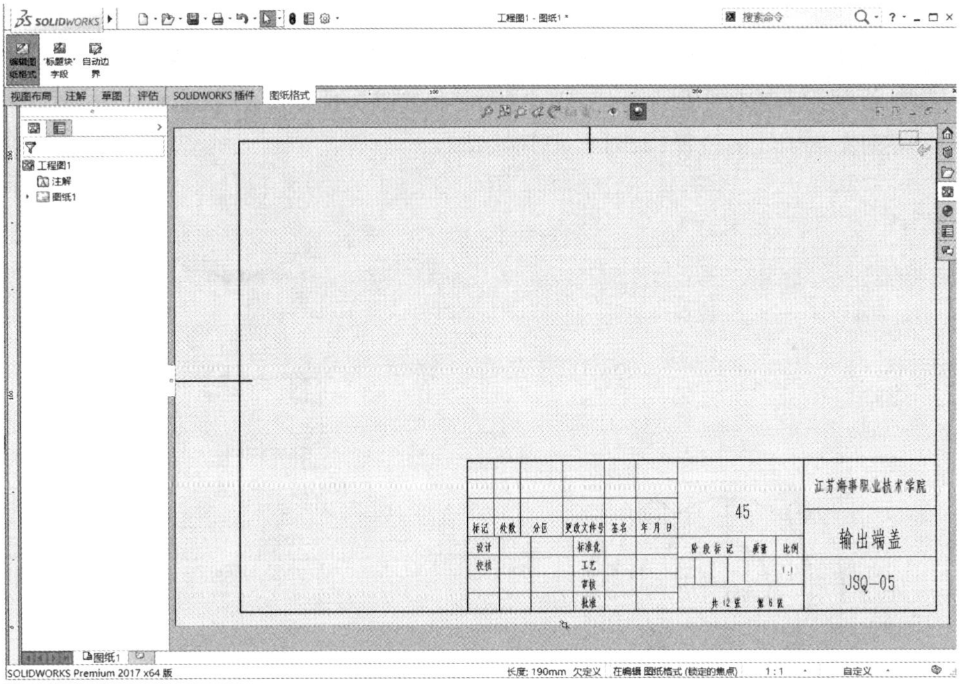

图 7－20　A4 图幅

此时“模型视图”对话框如图 7－22 所示。按照盘盖类零件的作图习惯，选择前视图为零件图中的左视图，并单击确定。结果如图 7－23 所示。

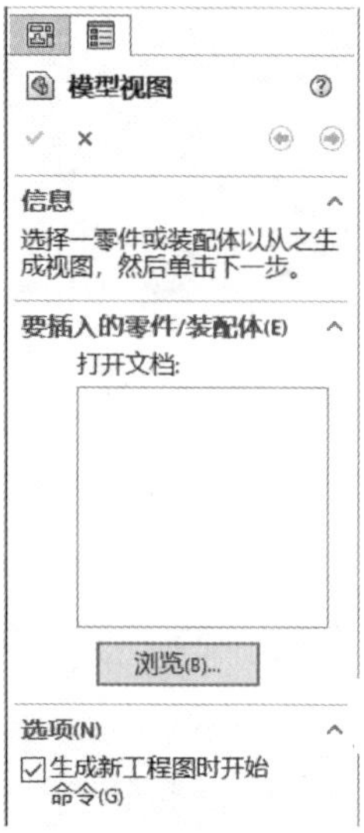

图 7－21 “模型视图”对话框

图 7－22 “模型视图”对话框

2. 剖视图的生成

单击“视图布局”面板中的“剖面视图”按钮。此时会出现图 7－24 所示的“剖面视图辅助”属性管理器。选择“切割线”标签中“对齐”按钮。选择圆的中心为旋转剖视图的中心，设置好两条剖切线的位置，如图 7－25 所示。

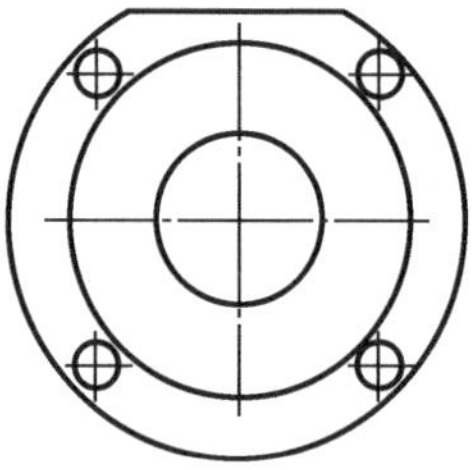

图 7－23 模型视图

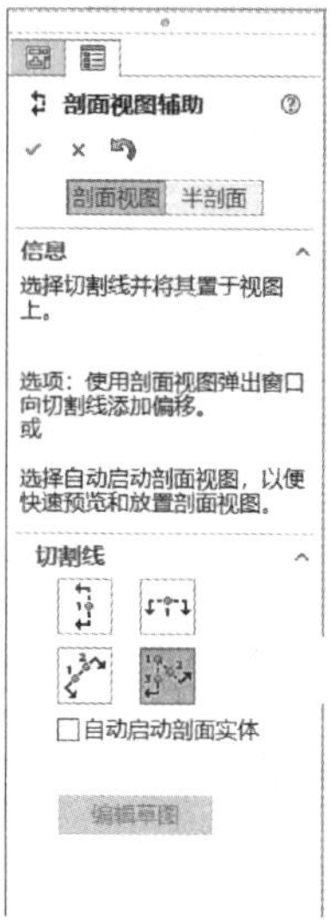

图 7－24 “剖面视图辅助”属性管理器

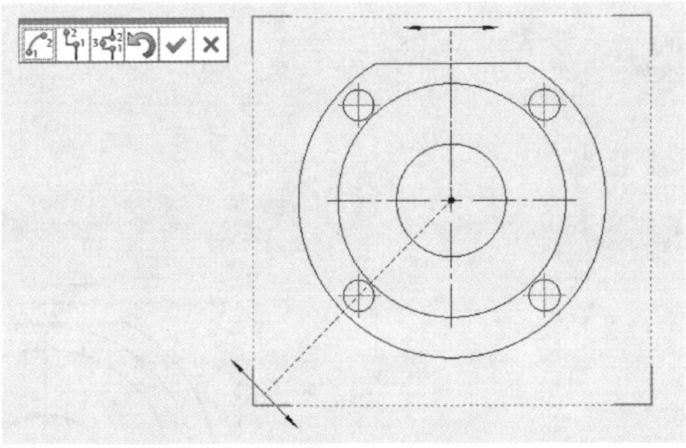

图 7-25　旋转剖切

单击“确定”按钮，此时出现图 7-26 所示的“剖面视图”属性管理器。选择“切除线”标签中“反转方向”按钮，得到全剖视图如 7-27 所示。

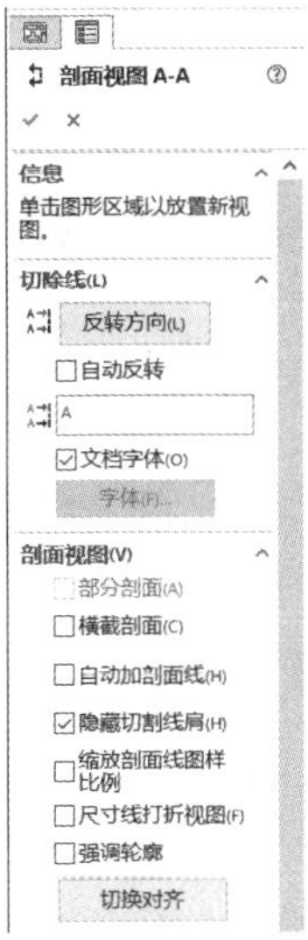

图 7-26　“剖面视图”属性管理器

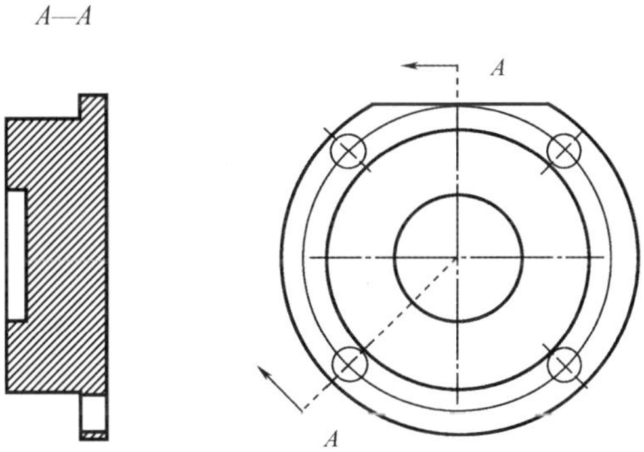

图 7-27　全剖视图

7.2.2.3　注释

1. 生成中心线

为了标注 4 个均布 $\phi7$ 通孔所在的中心线圆，将孔的定位中心线全部删除。单击“注解”面板中的“中心符号线”按钮，系统会出现“中心符号线”属性管理器，如图 7-28 所示。在“手动插入选型”标签中，单击“圆形中心负号线”按钮。鼠标单击选择 3 个 $\phi7$ 的圆后，系统会自动添加中心线圆，如图 7-29 所示。

2. 标注尺寸

单击“草图”面板中的“智能尺寸”按钮，添加基本尺寸，并将标注尺寸置于“标注层”，如图 7-30 所示。

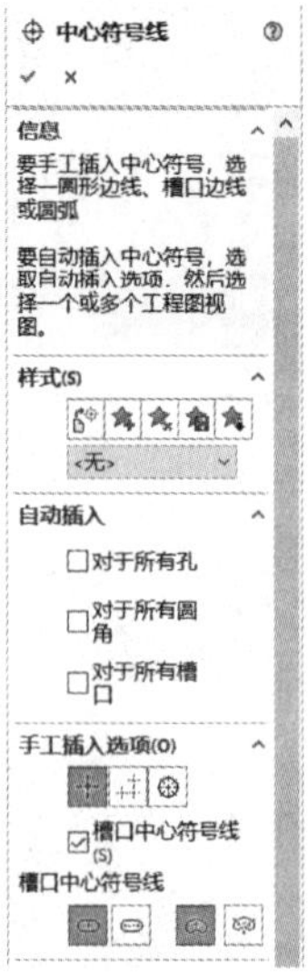

图 7－28　“中心符号线”属性管理器

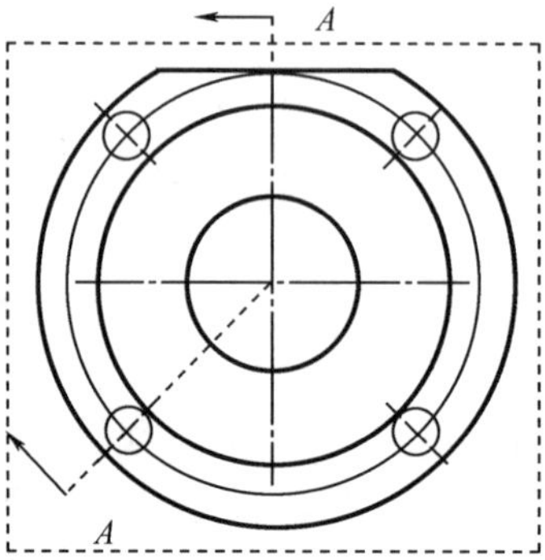

图 7－29　中心线圆

单击“草图”面板中的“智能尺寸”按钮，在剖视图中添加 $\phi52$ 的尺寸，弹出“尺寸”属性管理器。更改“公差/精度”标签内容，如图 7－31 所示，即可完成尺寸公差标注。

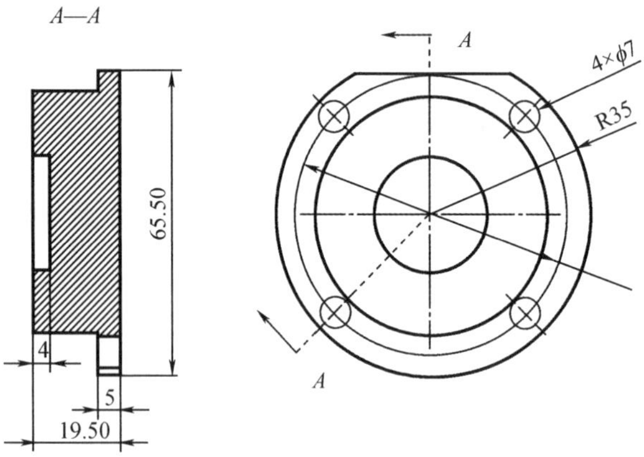

图 7－30　绘制基本尺寸

图 7－31　尺寸公差设置

3. 标注表面粗糙度

单击“注解”面板中的“表面粗糙度符号”按钮 表面粗糙度符号，弹出“表面粗糙度”属性管理器，修改设置，如图 7－32 所示。在图形区域中单击，以放置表面粗糙度符号。可以不关闭属性管理器，设置多个表面粗糙度符号到图形上。

4. 标注形位公差

单击“注解”面板中的“形位公差”按钮 形位公差，弹出“形位公差”对话框，如图 7－33 所示。单击确定后，将形位公差放置在合适的位置，并绘制好指引线，如图 7－34 所示。

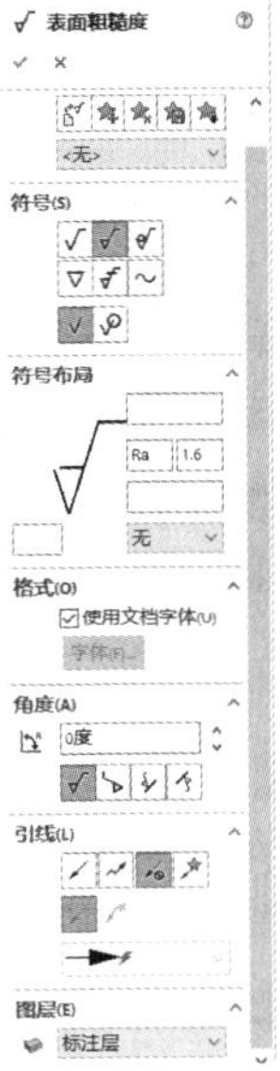

图 7－32 “表面粗糙度”属性管理器

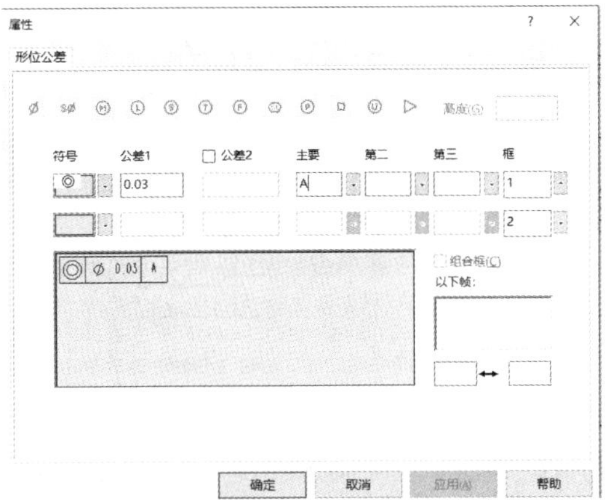

图 7－33 “形位公差”对话框

5. 绘制基准特征符号

单击“注解”面板中的“基准特征”按钮 基准特征，弹出“基准特征”属性管理器，不需要进行任何设置修改。基准特征符号放置在合适的位置，单击确定，结果如图 7－35 所示。

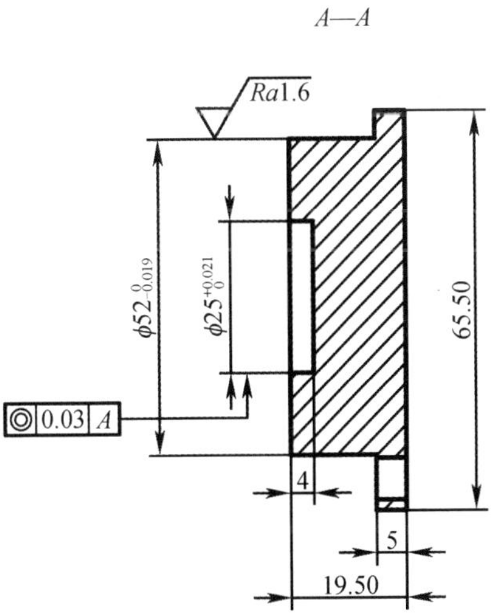

图 7－34 形位公差绘制

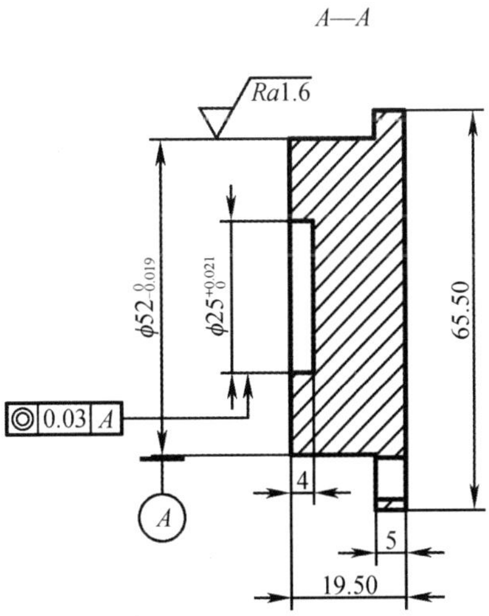

图 7－35 基准特征符号绘制

6. 技术说明

单击“注解”面板中的“注释”按钮，编写技术说明，并将文字放置在合适位置。图7-36为端盖的工程图。

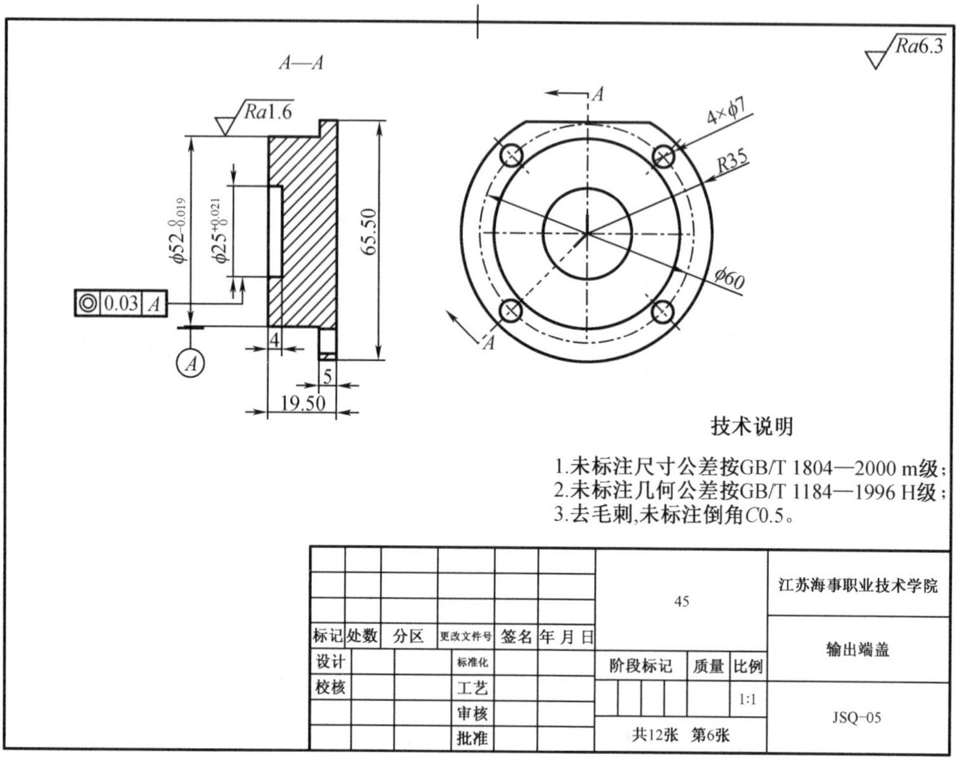

图7-36 端盖工程图

任务7.3 绘制输出轴工程图

想一想 如图7-37所示的输出轴，如何应用Solidworks软件快速绘制出三维模型及零件图？

7.3.1 任务分析

7.3.1.1 三维建模分析

从图中可以看出，输出轴属于阶梯轴。绘制时，可以依次运用拉伸特征生成基体。但是注意到它是旋转零件，可以直接使用旋转特征生成基体，然后再用切除特征生成键槽。

由于轴是回转体，键槽草图所在的平面并不能直接从基体上选择，需要用“基准面”命令创建一个新的平面。

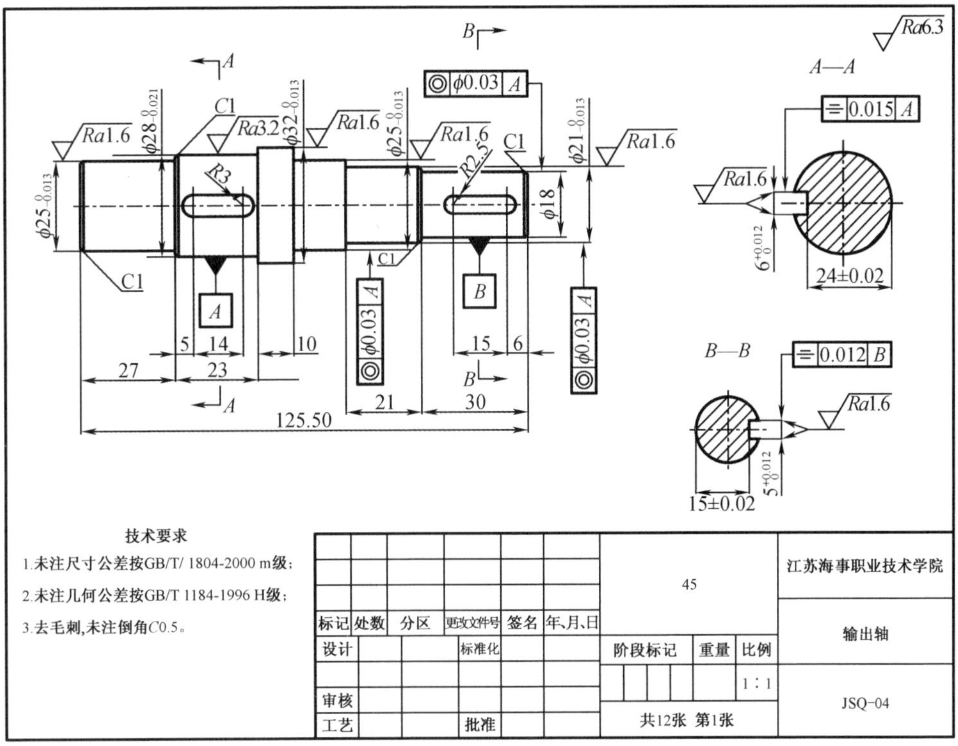

图 7-37 输出轴零件图

7.3.1.2 零件图分析

输出轴的工程图样应包含主视图和两个断面图,以及相应的注释内容。考虑到轴的长度,仍然选择 A4 图纸绘制。

小贴士 在三维绘图软件中,可以通过多种方式实现同一个模型的绘制。这就需要我们熟练掌握软件命令,根据模型特点,选择最快捷的方式完成产品的设计与绘制。

7.3.2 任务实施

7.3.2.1 输出轴三维建模

1. 创建草图

新建三维建模文件。在左侧的"FeatureManager 设计树"中选择"前视基准面"作为草图平面。单击"草图"面板中的"草图绘制"按钮,进入草图绘制状态。

单击"草图"面板中的"直线"按钮。选择草图原点为直线段起点,按逆时针方向绘制如图 7-38 所示的图形。最后一条线段变为"构造线"。此时所有线段只有垂直或水平状态,没有尺寸,属于欠定义状态。鼠标端点时,可以改变其大小。

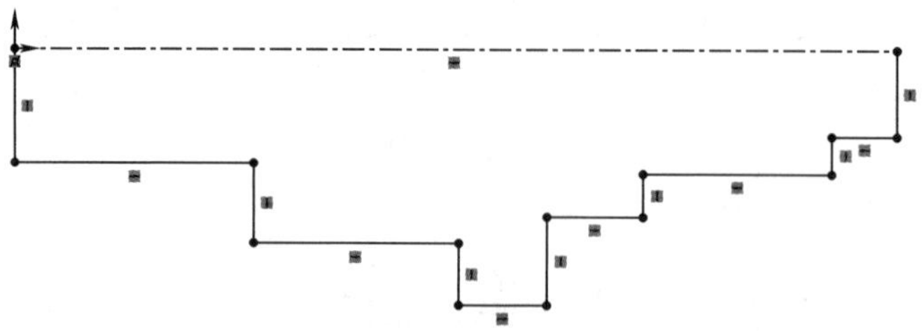

图 7-38　直线命令绘制

单击“草图”面板中的“智能尺寸”按钮，添加尺寸。此时图形已经完全定义，鼠标无法拖动任意对象。单击“草图”面板中的“绘制倒角”按钮，绘制 C1 倒角，结果如图 7-39 所示。单击确定，退出草图编辑界面。

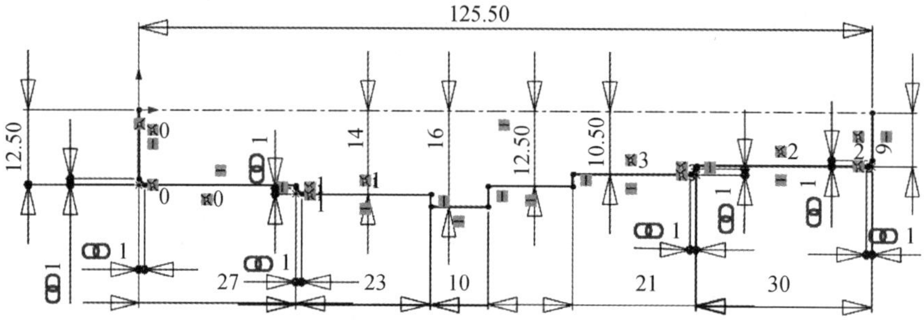

图 7-39　输出轴草图

2. 旋转特征

在左侧的“FeatureManager 设计树”中选择已绘制好的“草图 1”。单击“特征”面板中的“旋转凸台/基体”按钮，弹出“旋转”对话框，同时显示旋转状态，如图 7-40 所示默认对话框中选项，单击确定，模型如图 7-41 所示。

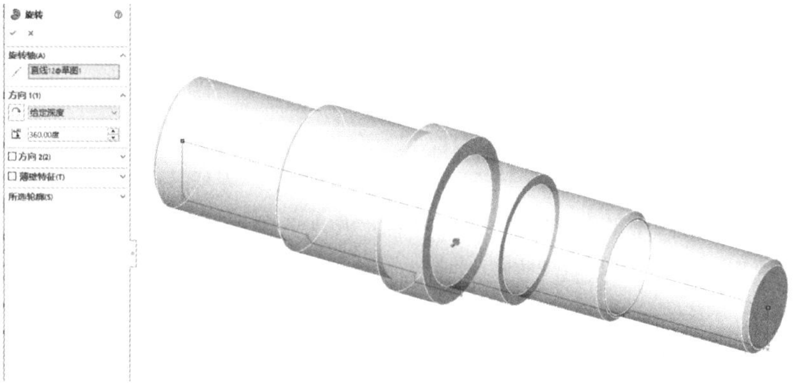

图 7-40　“旋转”对话框及图形界面

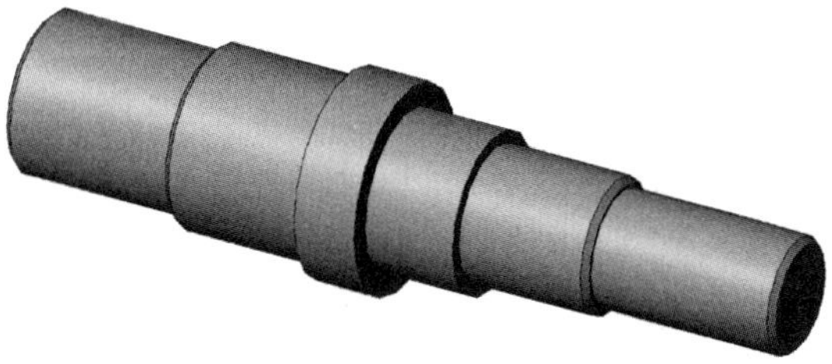

图 7－41　圆柱体模型

3. 创建键槽

单击“特征”面板中的“参考几何体”按钮中下拉工具栏的“基准面”按钮。弹出“基准面”属性管理器。选择“前视面”作为第一参考，其余选项如图 7－42 所示，单击确定，生成键槽草图平面。

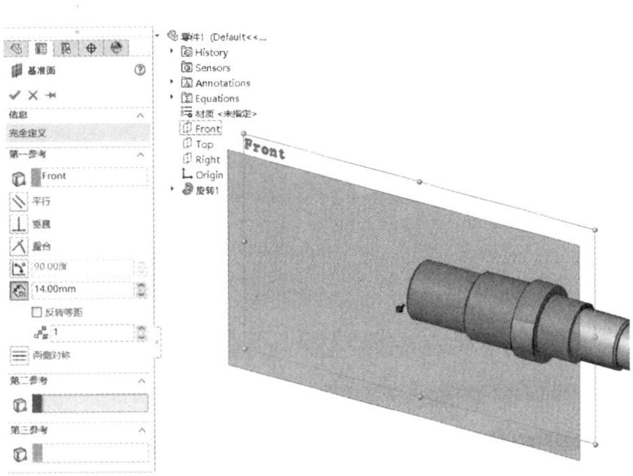

图 7－42　基准面创建

选择“基准面 1”，单击“草图”面板中的“草图绘制”按钮，进入草图绘制状态。绘制如图 7－43 的键槽草图。单击确定，退出草图编辑界面。为保持图形美观，将“基准面 1”隐藏。

选择“草图 2”，单击“特征”面板中的“拉伸切除”按钮，弹出“切除－拉伸”对话框。将深度改为 4，单击确定，键槽切除特征完成。同样的方法绘制另外一个键槽。结果如图 7－44 所示。

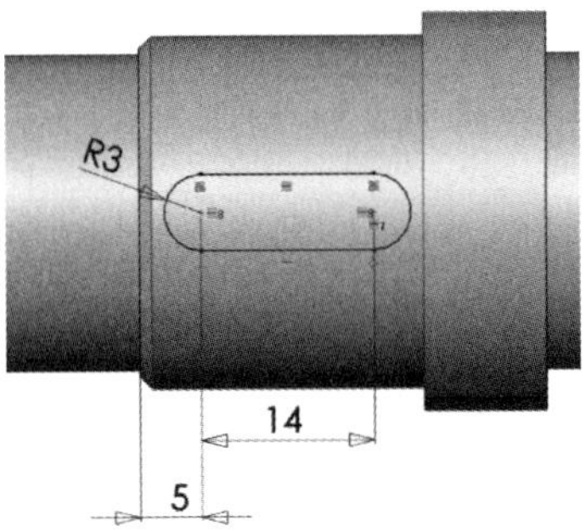

图 7－43　键槽草图

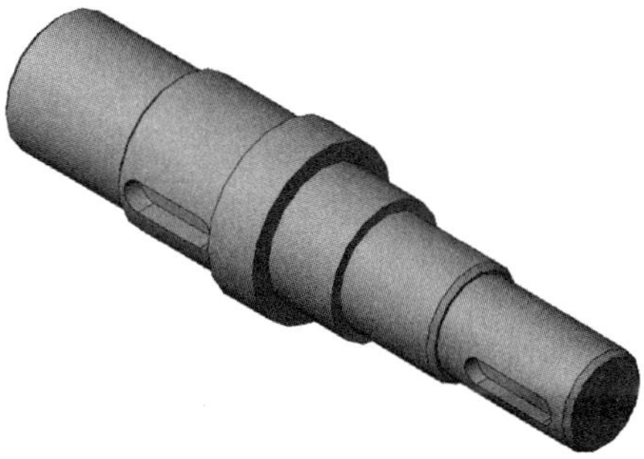

图 7－44　输出轴三维建模

7.3.2.2 生成输出轴零件图

1. 图幅的选择

保存该文件为“输出轴”。从“菜单栏”的“文件”下拉菜单中选择“从零件制作工程图”命令。

在弹出的“新建 solidowrks 文件”对话框中点击“模板”选项卡，并在其中选择“gb_a4”模板文件，如图 7－45 所示，单击确定。

在进行工程图样绘制前，需要对图纸格式进行修改。单击“图纸”面板上的“编辑图纸格式”按钮，分别对图纸进行线条和文字的修改。

2. 视图的生成

单击“视图布局”面板中的“模型视图”按钮，弹出“模型视图”属性浏览器，如图 7－46 所示。双击“输出轴”，选择主视图，放置在图纸内，如图 7－47 所示。

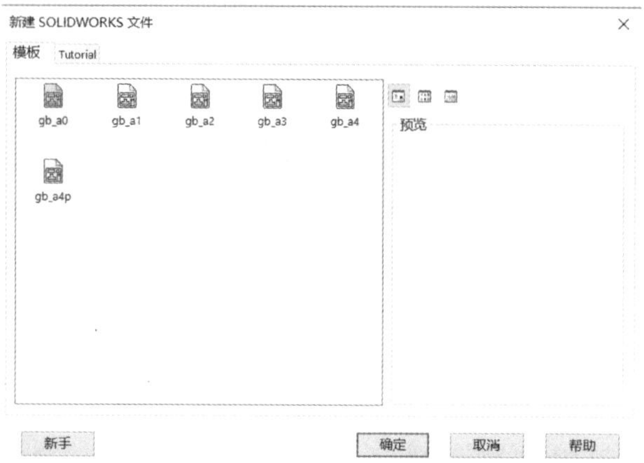

图 7－45　新建工程图

图 7－46　“模型视图”属性浏览器

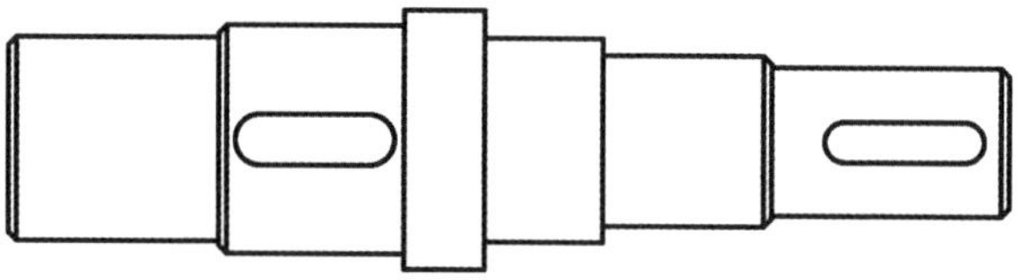

图 7－47　主视图

3. 断面图的生成

单击“视图布局”面板中的“剖面视图”按钮。选择“切割线”标签中“竖直”按钮。选择合适的位置，放置好剖切线，如图 7－48 所示。

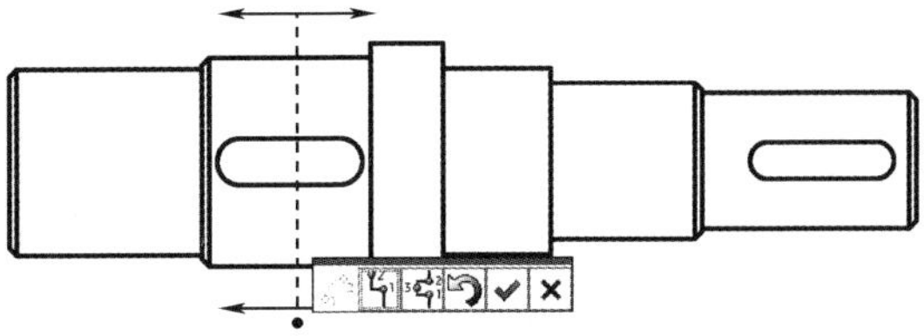

图 7－48　剖切线设置

单击“确定”按钮，并选择好箭头方向。此时出现图 7－48 所示的“剖面视图”属性管理器。选择“剖面视图”标签中“横截剖面”复选框，按下 ctrl 键，将断面图放置在合适的位置，如图 7－49 所示。同样的方式绘制另一个断面图。

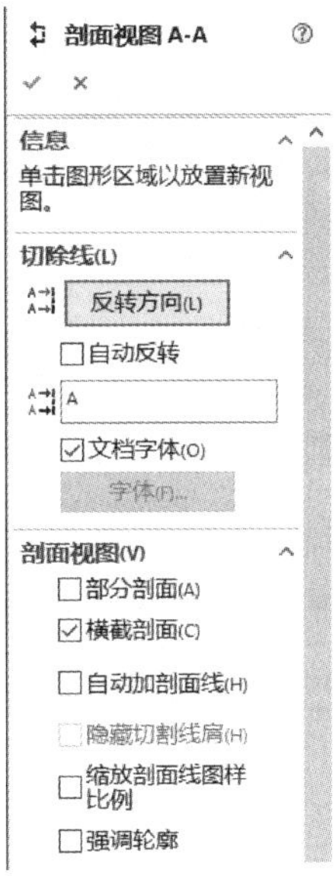

图 7－48　“剖面视图”属性管理器

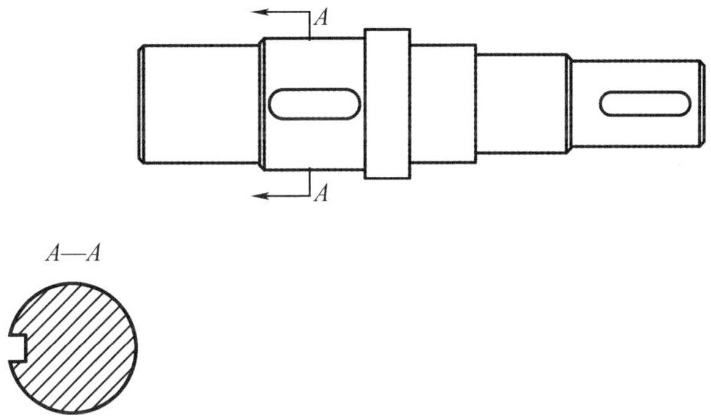

图 7－49　断面图

4. 绘制倒角

单击“注解”面板中的“智能尺寸”下拉按钮中倒角标注按钮，如图 7－50 所示。选择倒角的斜边，再选择任一条直角边，单击确定倒角尺寸的位置。结果如图 7－51 所示。

将中心线、尺寸、表面粗糙度、基准特征符号、形位公差，以及技术说明等补充完整，得到输出轴零件图如图 7－52 所示。

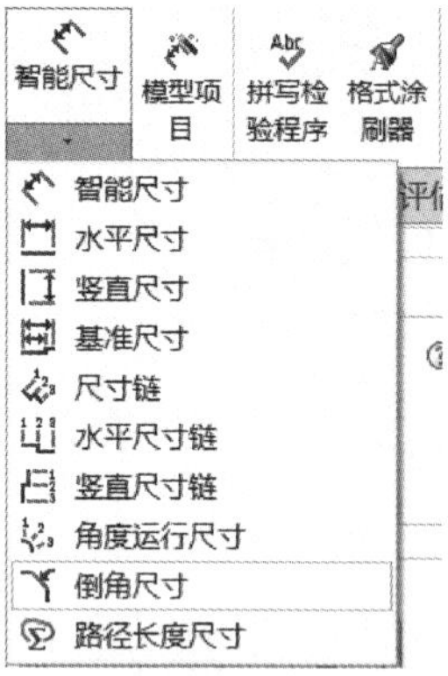

图 7－50 “倒角尺寸”工具栏按钮

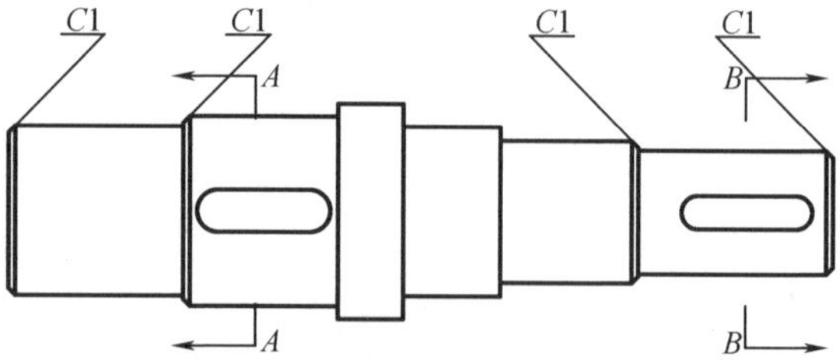

图 7－51 倒角尺寸标注

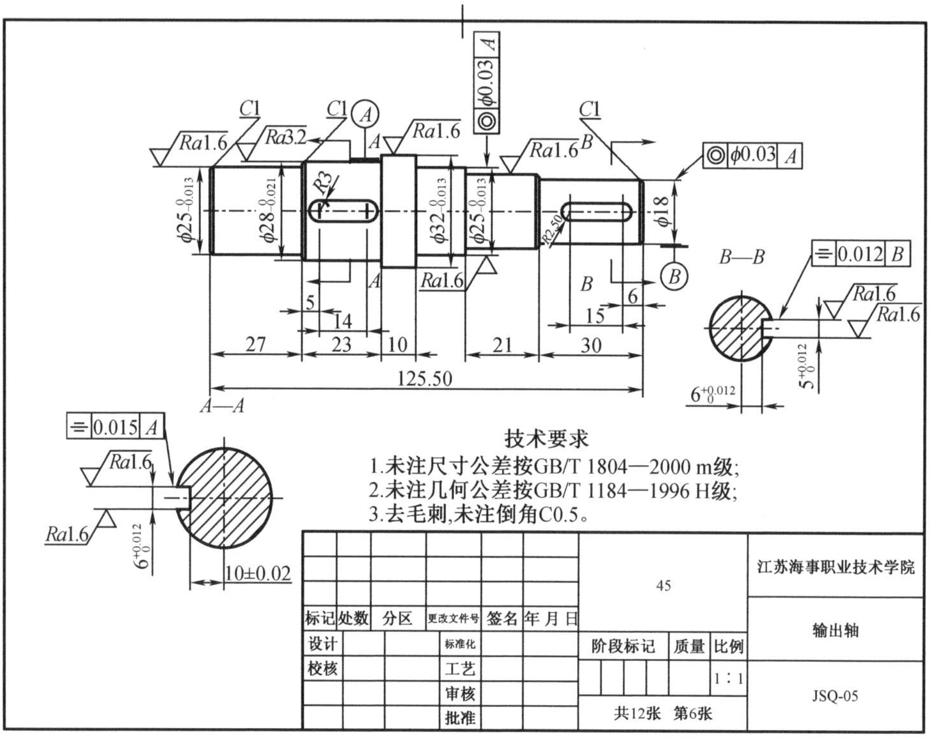

图 7－52 输出轴工程图

任务 7.4 绘制减速箱装配体三维图

想一想 如何利用三维零件拼画成三维装配体,如何用装配体爆炸图形式反映零件的装配关系?

本任务通过一级圆柱齿轮减速箱装配体(如图 7－53 所示)的绘制来解读。

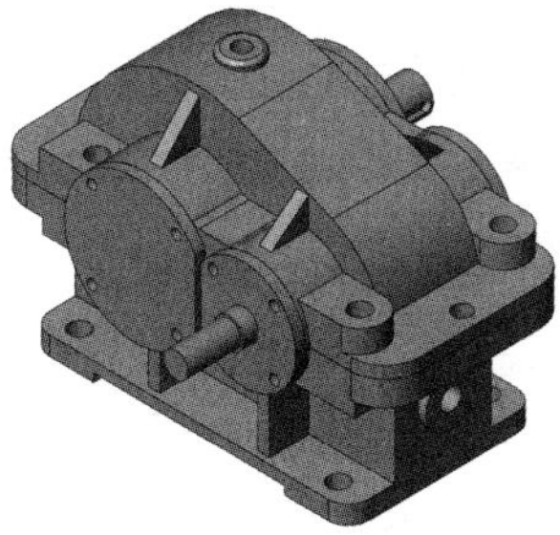

图7－53 一级圆柱齿轮减速箱

7.4.1 任务分析

7.4.1.1 装配的概念

对于机械设计而言，更多的设计是为了组装机器设备，实现一定的作业任务。将已经完成的各个独立的零件，根据预先的设计要求装配成为一个完整的装配体，并在此基础上对其进行检测，这就是 Solidworks 装配的主要工作。

Solidworks 有两种设计装配体方法，即自下而上和自上而下。自下而上的装配体设计，是根据约束关系，将一个个创建好的零件模型组装成部件或设备。自上而下的设计则是在装配环境下建立零件或特征，零件中的这个特征可以参考装配体中其他零件的位置、轮廓。通常情况下，首先基于自下而上的设计思想完成装配体设计，然后再利用自上而下的思路修改零件中可能存在的错误特征。

Solidworks 装配体文件中保存了两个方面的内容：组成装配体的各零件文件的路径和各零件之间的配合关系。

7.4.1.2 零部件的插入

一个零件插入装配体中时，这个零件模型就会与装配体文件之间产生链接关系。即打开一个装配体文件，系统是根据文件中存储的链接关系找到零件模型，并将其调入装配体环境。所以装配体文件不能单独存在，必须和零件的三维模型文件存放在一起。

在装配设计中存在一个相对于基准坐标系静态不动的零件。通常情况下，将起支撑作用的零部件作为该固定零件。在 Solidworks 系统中，默认第一个插入的零部件为固定零件，它的坐标系可以与装配体坐标系重合。其余插入的零部件则是“浮动”的，必须添加约束关系，以实现它们的组装。

7.4.1.3 零部件的约束关系

在装配体中，每一个零件都包含6个自由度：沿 X、Y、Z 轴的移动和沿这3个轴的旋转。通过对每一个方向的移动或旋转的限制，可以控制“浮动”零件相对装配体（或相应零件）的位置。根据不同的设计需求，选择合适的配合约束关系，就可以实现对零件的约束限位。Solidworks 系统提供了十余种约束类型，如图7－54所示。每项配合约束的功能见表7－4。

图 7－54 “配合”关系

表 7－4 配合关系表

按钮		名称	功能说明
标准配合		重合	两个平面重合、直线和平面重合等
		平行	两个平面平行
		垂直	两个平面垂直
		相切	两个圆柱面相切、平面和圆柱面相切
		同轴心	圆柱面和圆柱面、圆锥面和圆锥面等同轴心
		锁定	保持两个零部件之间的相对位置和方向
		距离	设定两个平面之间的距离
		角度	设定两个平面之间的夹角
高级配合		轮廓中心	将矩形和圆形轮廓互相中心对齐，并完全定义组件
		对称	迫使两个相同实体绕基准面或平面对称
		宽度	让所选择的两个面(宽度参考)和另外两个面(标签参考)之间的相对距离能够保持一致
		路径配合	将零部件上所选的点约束到路径
		线性/线性耦合	在一个零部件的平移和另一个零部件的平移之间建立几何关系

表 7 - 4(续)

按钮		名称	功能说明
机械配合		凸轮	圆柱面和凸轮的配合
		槽口	将螺栓或槽口运动限制在槽口孔内
		铰链	将两个零部件之间的移动限制在一定旋转范围内
		齿轮	建立两个面绕所选择的轴按一定比例旋转。齿轮配合会强迫两个零部件绕所选的轴相对旋转。齿轮配合的有效旋转轴包括圆柱面、圆锥面、轴合线性边线
		齿条和齿轮	一个零件(齿条)的线性移动引起另一个零件(齿轮)的周转,反之亦然
		螺旋	将两个零部件约束为同心,还在一个零部件的旋转和另一零部件的平移之间添加纵倾关系
		万向节	一个零部件(输出轴)绕自身轴的旋转是由另一个零部件(输入轴)绕其旋转驱动的

7.4.1.4 干涉检查

零部件装配好以后,要对其进行干涉检查,消除干涉情况,从而确定零部件设计和结构设计的正确性。但是在一个复杂的装配体中,仅凭肉眼来检查零部件之间是否有干涉是非常困难的。Solidworks 的“干涉检查”命令能快速有效地在零部件之间进行干涉检查。

小贴士 ①创建大型机械设备的装配模型时,可以先创建多个子装配体模型,然后再将各个子装配体按照配合关系组装成完整的机械设备。即在装配文件中可以使用多级子装配体文件。

②完成装配体后,利用“干涉检查”命令检查是否有不合理结构。如果存在零部件干涉现象,则直接在装配文件中更改零部件特征结构。

7.4.2 任务实施

7.4.2.1 新建装配体

单击工具栏中的“新建”按钮,在弹出的“新建 SOLIDWORKS 文件”对话框中,选择装配体模板,单击确定。进入装配体界面,弹出“开始装配体”属性管理器,如图 7 - 55 所示。

点击属性浏览器中的“浏览”按钮,打开“箱座”零件。单击绘图区右上角的“确定”按钮,“箱座”零件的原点与装配体的原点自动重合,如图 7 - 56 所示。

图 7－55　“开始装配体”属性管理器

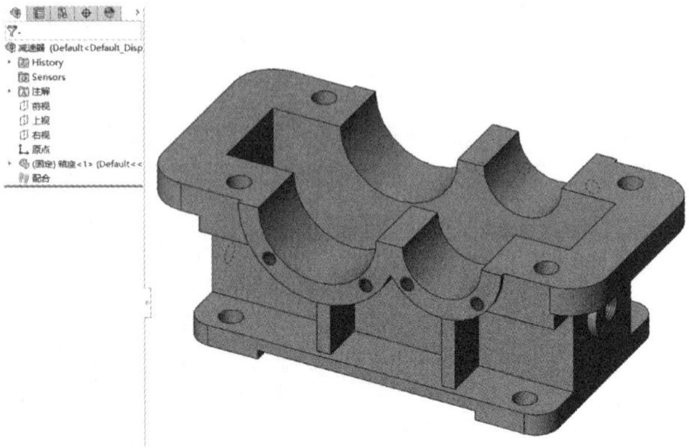

图 7－56　固定零件

7.4.2.2　确定约束关系

1. 插入零部件

单击“装配体”面板中的“插入零部件”按钮。打开已做好的子装配体“输入齿轮轴组件”，在绘图区任意空白处单击，完成“输入齿轮轴组件”的插入，如图 7－57 所示。注意左侧的“FeatureManager 设计树”中“输入齿轮轴组件”名称前面有符号“－”，表明目前该部件没有约束关系，属于“浮动”状态。

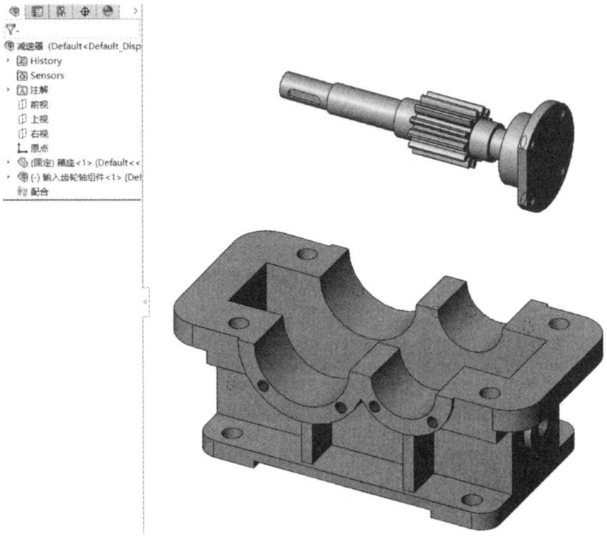

图 7－57　插入“输入齿轮轴组件”

2. 生成配合关系

单击“装配体”面板中的“配合”按钮，选择“输入齿轮轴组件”中的圆柱面，再选择箱座的圆孔面，如图 7－58 所示，系统会自动生成“同轴心”配合。单击确定，系统仍处于“配合”状态下。

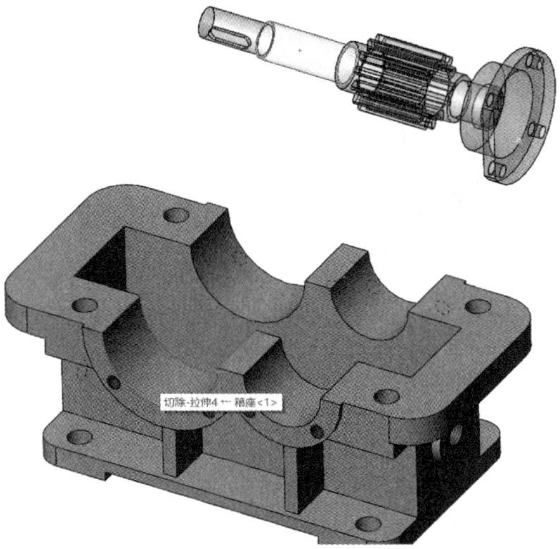

图 7－58 “同轴心”配合

选择“输入齿轮轴组件”中的输入轴端盖后平面，再选择箱座的前平面，如图 7－59 所示，系统会自动生成“重合”配合。单击确定，再次单击退出按钮，退出“配合”状态。

为了使“输入齿轮轴组件”中的输入轴端盖切平面旋转 180°，首先单击“装配体”面板中的“旋转零部件”按钮，然后选中该组件，使用鼠标左键将组件旋转，如图 7－60 所示。单击确定，退出“旋转零部件”命令。

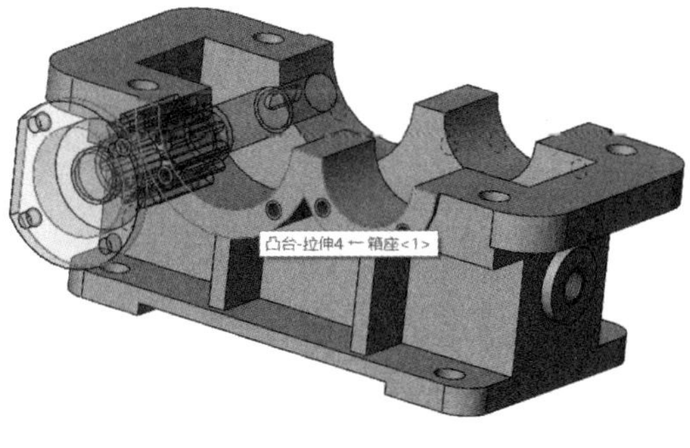

图 7－59 “重合”配合

图 7－60 旋转“输入齿轮轴组件”

再次单击“装配体”面板中的“配合”按钮，选择“输入齿轮轴组件”中的切平面，再选择箱座的肋板面，如图 7－61 所示，系统会自动生成“平行”配合。单击确定，再次单击退出按钮，退出“配合”状态。

同样的方式,依次插入并约束零部件,完成减速箱装配体如图 7-53 所示。在装配体文件中,还可以对零件进行透明度操作,以显示其内部结构,如图 7-62 所示。

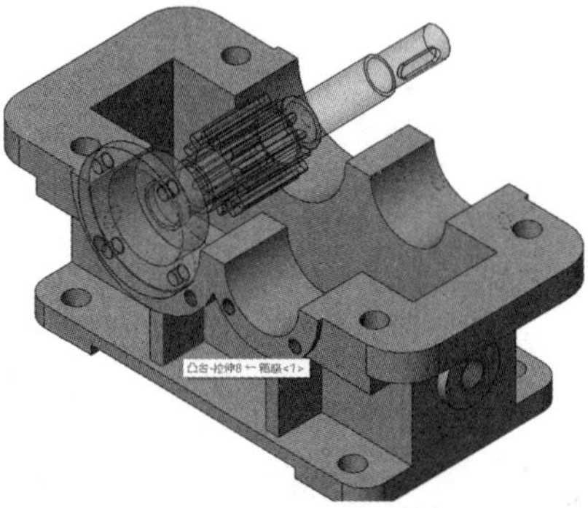

图 7-61 “平行”配合

图 7-62 箱盖透明的减速箱

7.4.2.3 干涉检查

单击“评估”面板中的“干涉检查”按钮,弹出“干涉检查”属性管理器,如图 7-63 所示。单击计算,结果如图 7-64 所示。

图 7-63 “干涉检查”属性管理器

图 7-64 “干涉检查”结果

7.4.2.4 爆炸视图

出于制造目的,经常需要分离装配体中的零部件,以形象地分析它们之间的相互关系。装配体的爆炸视图可以分离其中的零部件,以便查看这个装配体。

单击“装配体”面板中的“爆炸视图”按钮,弹出“爆炸”属性管理器,如图 7-65 所示。选择“输入齿轮轴组件”，如图 7－66 所示。选择 Y 轴为组件移动的方向，拖动鼠标左键，如图 7－67 所示。将组件放置在合适的位置。

图 7－65 “爆炸”属性管理器

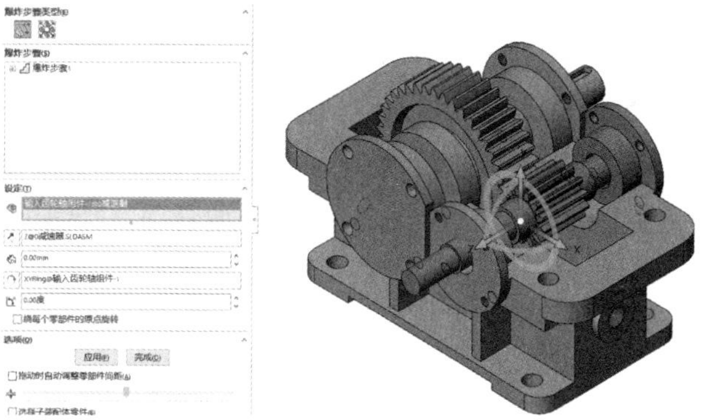

图 7－66 选择要移动的零部件

以同样的方式将装配体中其余零部件拖放至合适位置，生成爆炸视图，如图 7－68 所示。

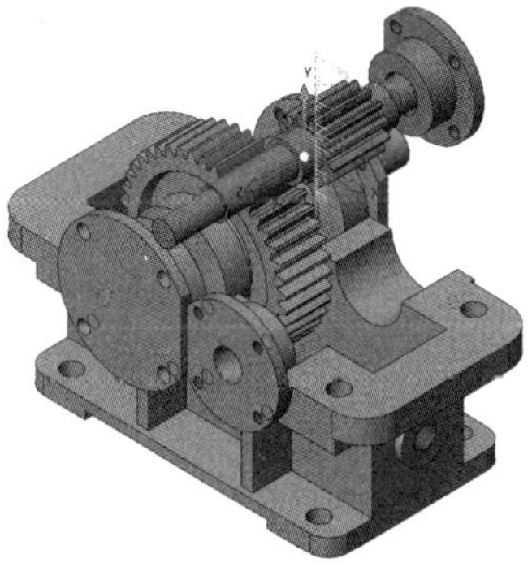

图 7－67 拖动零部件

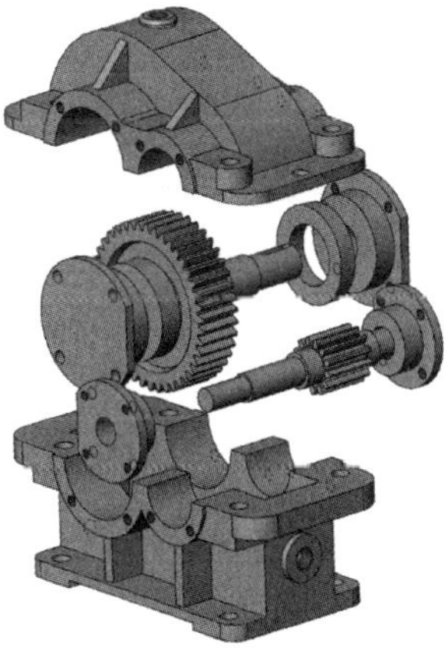

图 7－68 爆炸视图

任务 7.5 绘制减速箱装配图

想一想 如图 7－53 所示的减速箱，如何利用三维装配体绘制减速箱的装配图？在本任务中介绍如何利用三维软件快速绘制装配图的方法。

7.5.1 任务分析

7.5.1.1 装配图分析

(1)一组图形　表达机器或部件的工作原理、零件之间的装配关系和主要结构形状;

(2)必要的尺寸　与部件或机器有关的规格、装配、安装、外形等方面的尺寸;

(3)图幅　为了保证图纸的整齐美观,选择图纸大小为 A2,根据国标绘制图框、标题栏等;

(4)零件的编号和明细栏　说明部件或机器的组成情况,如零件的代号、名称、数量和材料等;

(5)技术要求　提出与部件或机器相关的性能、装配、检验、试验、使用等方面的要求。

7.5.1.2 明细栏的创建

装配图中所有零部件都必须编号,以便读图时根据编号对照明细栏找出各零部件的名称、材料以及在图中的位置,同时也方便管理整套图纸。在 Solidworks 中可以很方便地为零部件添加序号、创建明细表。

7.5.2 任务实施

7.5.2.1 图幅选择

启动 Solidworks 2017,单击"标准"工具栏中的"新建"按钮。在"新建 SOLIDOWRKS 文件"对话框中点击"高级"按钮,在"模板"选项卡中选择"gb_a2",单击确定。这样就以系统设置的"gb_a2"为模板创建了一个新的工程图文件。对图纸格式进行修改,结果如图 7-69 所示。

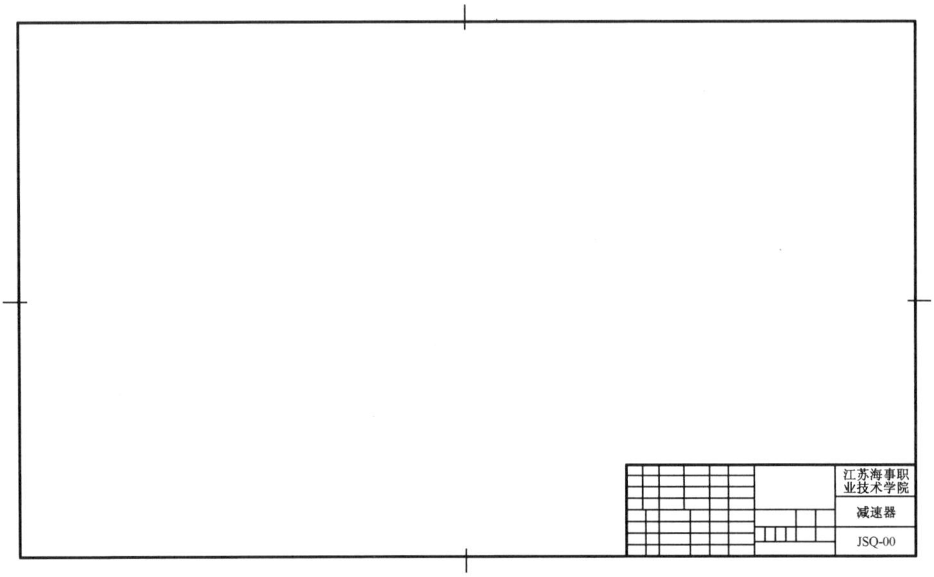

图 7-69　A2 图幅

7.5.2.2 绘制视图

1. 视图的生成

利用“视图布局”面板中的“模型视图”命令绘制减速箱的主视图及左视图。为了美观，将绘图比例设为“1:1”，结果如图 7－70 所示。

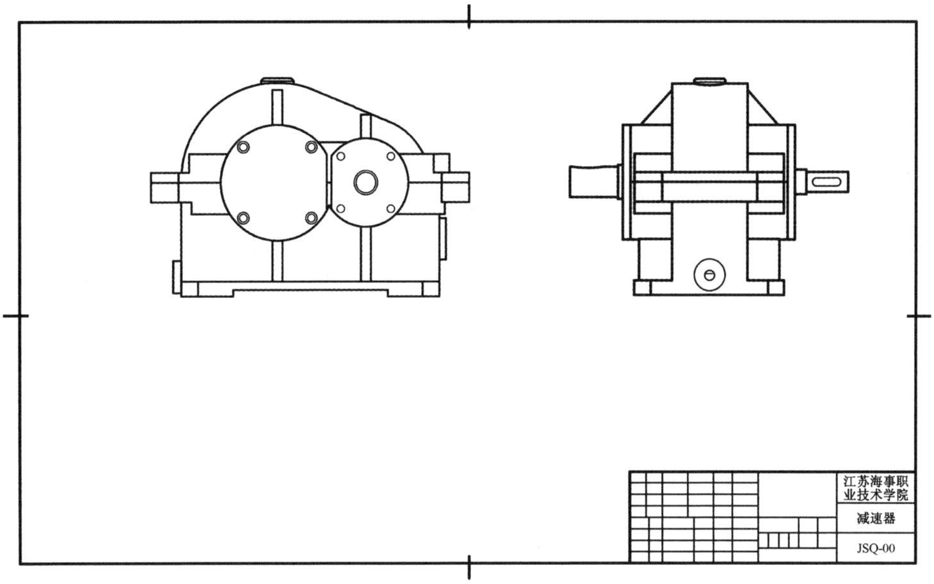

图 7－70 “减速箱”三视图

2. 绘制局部剖视图

单击“视图布局”面板中的“断裂的剖视图”按钮。绘制局部剖视图的范围，要求是一个封闭的曲线，如图 7－71 所示。绘制完成后，系统弹出“剖面范围”对话框，选择需要避免的零部件特征，如图 7－72 所示。这个局部剖视仅表达箱盖上的孔，因此不做任何选择，单击确定。系统弹出“断开的剖视图”属性管理器，选择如图 7－73 所示。单击确定，完成局部剖视图。

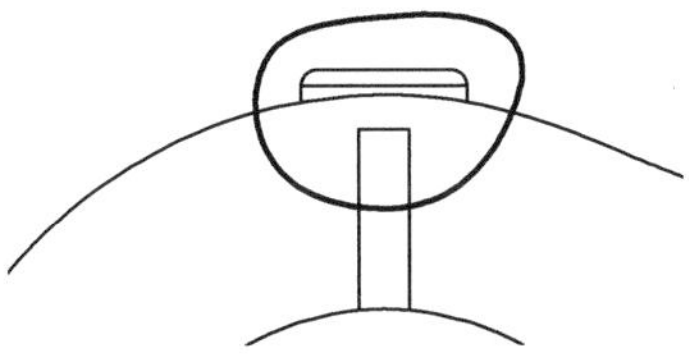

图 7－71 局部剖视图范围

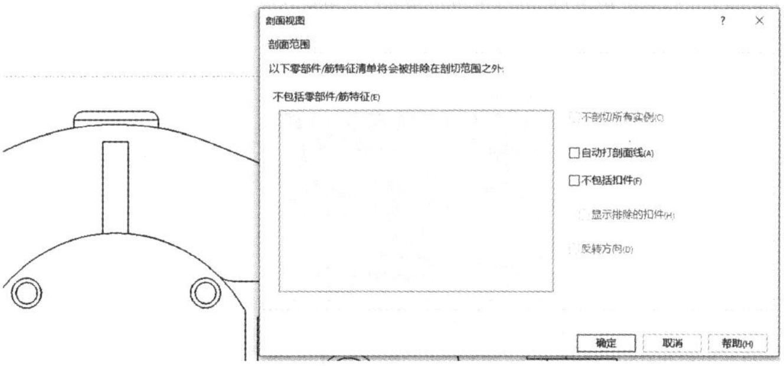

图 7－72 模型视图

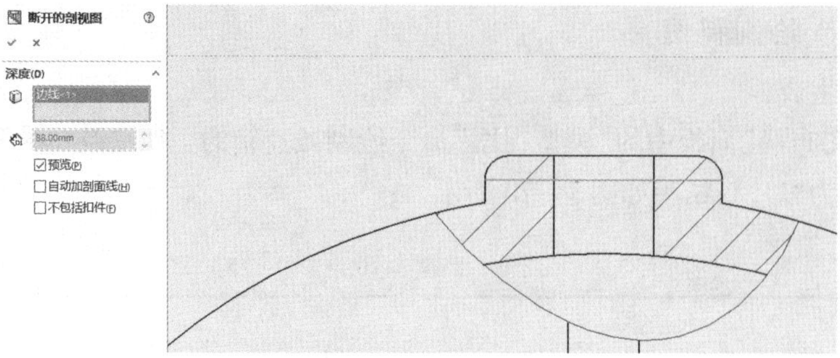

图 7-73　生成局部剖视图

同样的方式完成主视图中的基本局部剖视图。

3. 绘制全剖视图

利用“视图布局”中的“剖面视图”命令，绘制 *A*—*A* 全剖视图，如图 7-74 所示。

7.5.2.3　注释

1. 标注尺寸

利用“草图”面板中的“智能尺寸”命令标注所有尺寸。

2. 创建明细表

在图形区域分别选择主视图和俯视图，然后单击“注解”面板中的“自动零件序号”按钮，零件序号将自动插入到适当的视图中，如图 7-75 所示。

单击“注解”面板中的“表格”下拉工具栏按钮“材料明细表”按钮，选择主视图(或俯视图)，将弹出“材料明细表”属性管理器，单击确定按钮，在图形区域将出现跟随光标的材料明细表表格，将表格放置在合适位置，并对其进行修改，结果如图 7-76 所示。

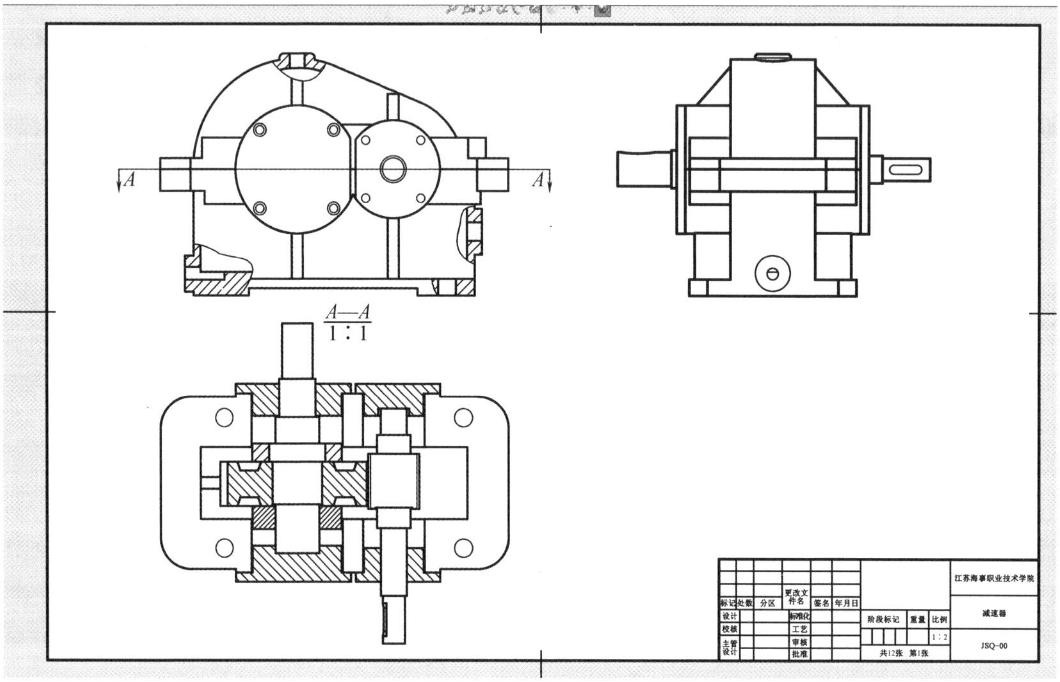

图 7-74　装配图三视图

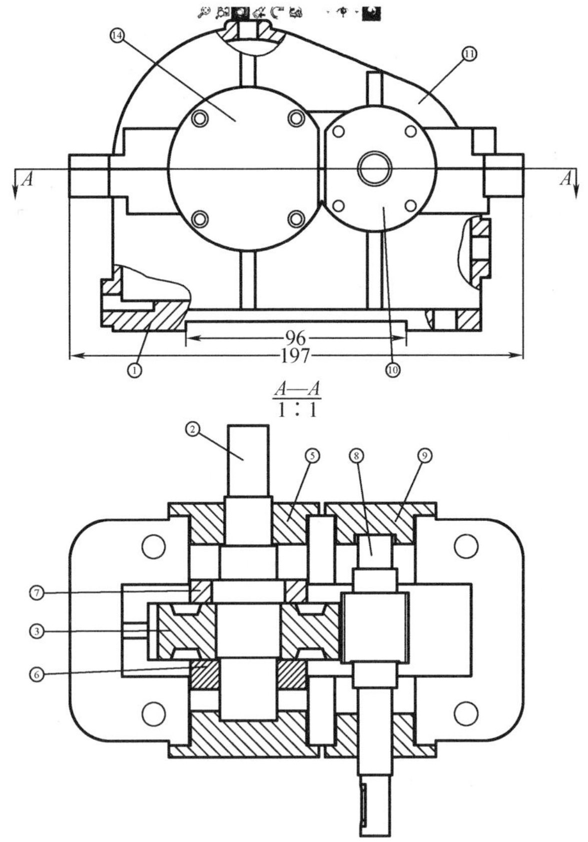

图 7－75 自动生成零件序号

序号	代号	名称	材料	数量	单重	总重	备注
1	JSQ-11	箱座	HQ200	1			
2	JSQ-04	输出轴	45	1			
3	JSQ-01	齿轮	45	1			
4	JSQ-06	输出轴透盖	45	1			
5	JSQ-05	输出轴端盖	45	1			
6	JSQ-10	小套筒	45	1			
7	JSQ-03	大套筒	45	1			
8	JSQ-02	齿轮轴	45	1			
9	JSQ-07	输入轴端盖	45	1			
10	JSQ-08	输入轴透盖	45	1			
11	JSQ-09	箱盖	HT200	1			

标记	处数	分区	更改文件号	签名	年月日				江苏海事职业技术学院
设计			标准化			阶段标记	重量	比例	减速器
校核			工艺						

图 7－76 修改后的明细栏

3. 标注技术要求

利用“注解”面板中的“注释”命令,添加技术要求。装配图如图 7 – 77 所示。

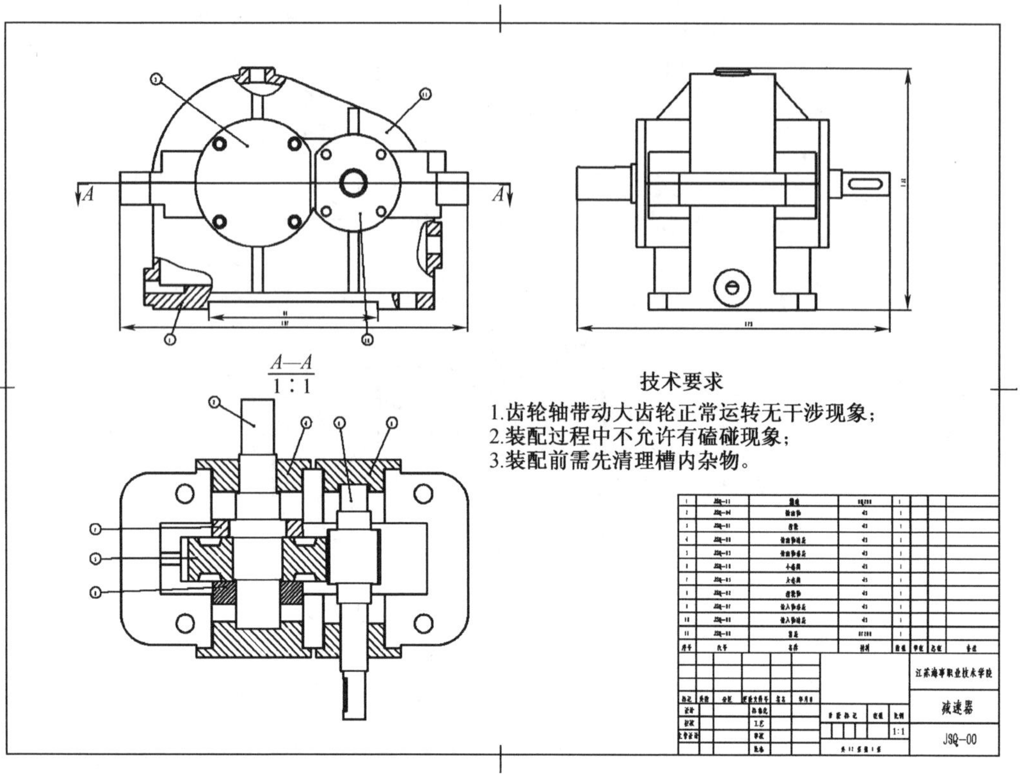

图 7 – 77　减速箱装配图

同步练习

7 – 1　绘制图 7 – 78 所示输出轴透盖的三维模型。

7 – 2　绘制图 7 – 79 所示输入轴端盖的三维模型。

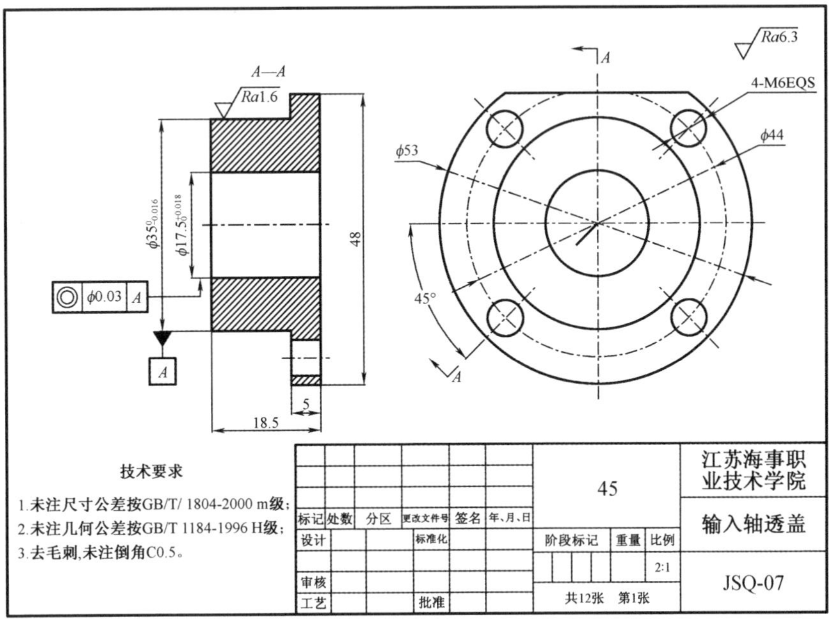

图 7－78 输出轴透盖零件图

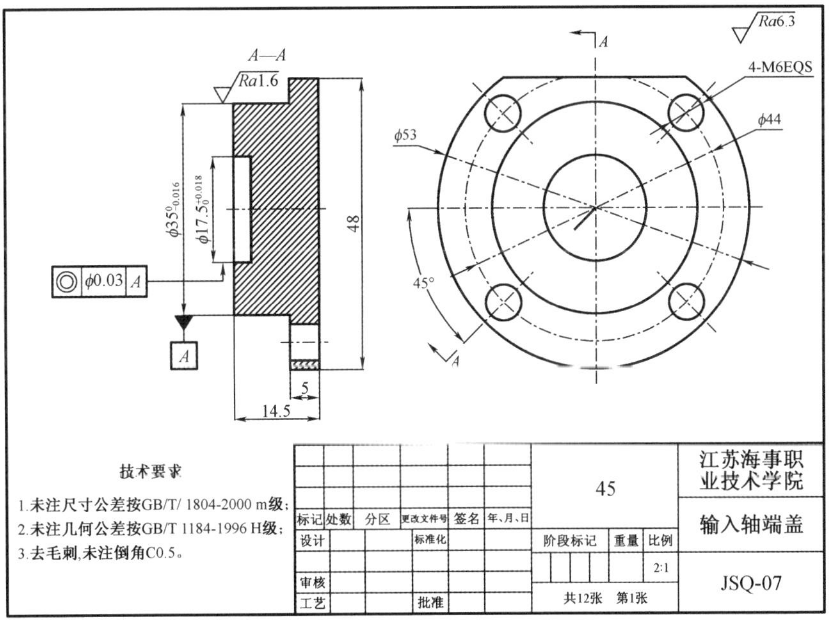

图 7－79 输入轴端盖的零件图

7－3 绘制图 7－80 所示输入轴透盖的三维模型。

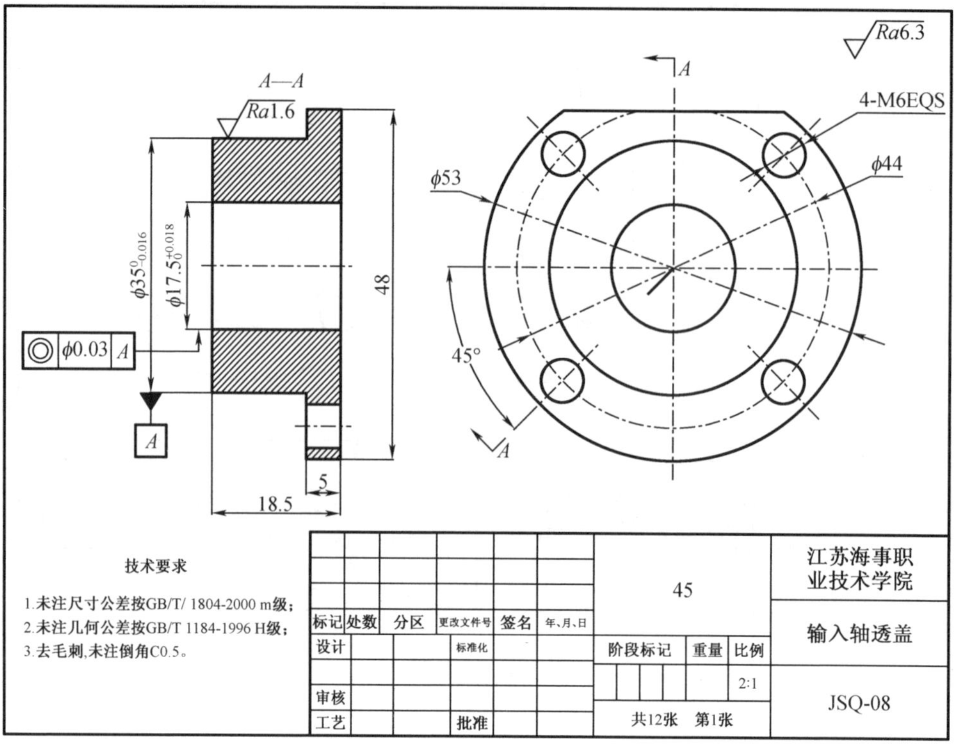

图 7－80　输入轴透盖零件图

7－4　基于 7－1 绘制的输出轴透盖三维图,绘制其零件图。

7－5　基于 7－2 绘制的输入轴端盖三维图,绘制其零件图。

7－6　基于 7－3 绘制的输入轴透盖三维图,绘制其零件图。

7－7　根据图 7－81 绘制主动齿轮轴的三维结构并生成零件图。

7－8　根据图 7－82 绘制阶梯轴的三维结构并生成零件图。

7－9　根据教材中零件图绘制三维模型,完成图 7－53 所示的一级圆柱齿轮减速器装配体,并完成 7－68 所示的装配体爆炸视图。

7－10　基于 7－9 绘制的减速器三维模型,绘制其装配图。

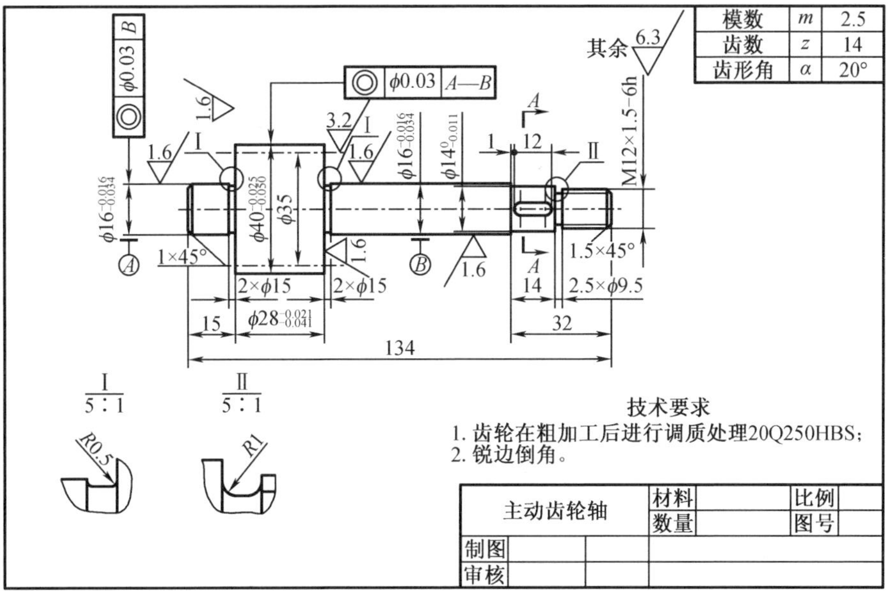

图 7－81 主动齿轮轴

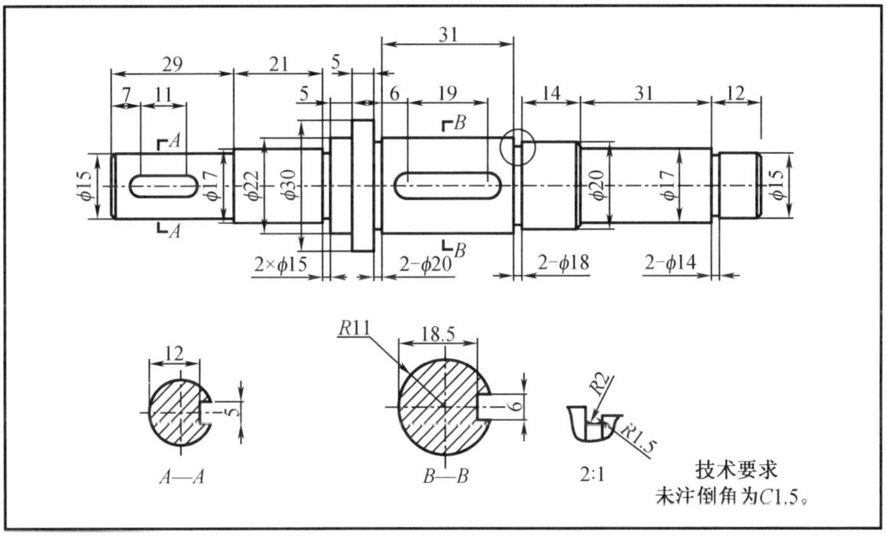

图 7－82 阶梯轴工程图

附　　录

附录 A　螺　　纹

表 A－1　普通螺纹直径与螺距系列　　　　单位:mm

普通螺纹直径与螺距系列(GB/T 193—2003)

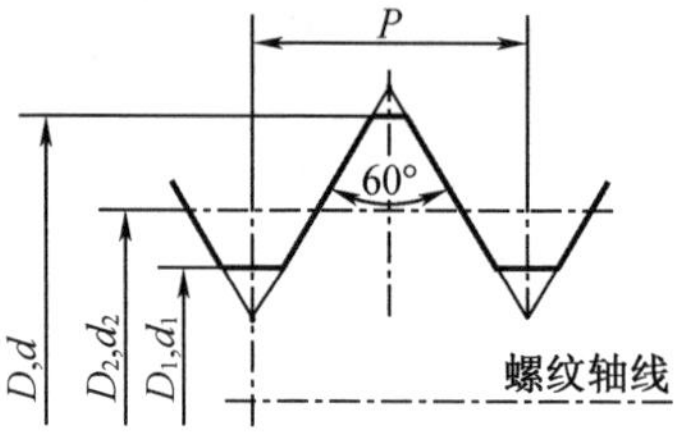

D—内螺纹大径
d—外螺纹大径
D_2—内螺纹中径
d_2—外螺纹中径
D_1—内螺纹小径
d_1—外螺纹小径
P—螺距

标记示例:M16－6e

标记含义:粗牙普通外螺纹,公称直径 d = M16,螺距 P = 2 mm,中径及大径公差带均为 6e,中等旋合长度,右旋

标记示例:M20×2－6G－LH

标记含义:细牙普通内螺纹,公称直径 D = M20,螺距 P = 2 mm,中径及小径公差带均为 6G,中等旋合长度,左旋

公称直径 D、d		螺距 P		粗牙中径 D_2、d_2	粗牙小径 D_1、d_1
第一系列	第二系列	粗牙	细　牙		
3		0.5	0.35	2.675	2.459
	3.5	(0.6)		3.110	2.850
4		0.7	0.5	3.545	3.242
	4.5	(0.75)		4.13	3.688
5		0.8		4.480	4.134
6		1	0.75,(0.5)	5.350	4.917
8		1.25	1,0.75,(0.5)	7.188	6.647
10		1.5	1.25,1,0.75,(0.5)	9.026	8.376
12		1.75	1.5,1.25,1,(0.75),(0.5)	10.863	10.106
	14	2	1.5,(1.25),1,(0.75),(0.5)	12.701	11.835
16		2	1.5,1,(0.75),(0.5)	14.701	13.835

表 A－1(续)

公称直径 D、d		螺距 P		粗牙中径 D_2、d_2	粗牙小径 D_1、d_1
第一系列	第二系列	粗牙	细　　牙		
	18	2.5	2,1.5,1,(0.75),(0.5)	16.376	15.294
20		2.5		18.376	17.204
	22	2.5	2,1.5,1,(0.75),(0.5)	20.376	19.294
24		3	2,1.5,1,(0.75)	22.051	20.752
	27	3	2,1.5,1,(0.75)	25.051	23.752
30		3.5	(3),2,1.5,1,(0.75)	27.727	25.211
	33	3.5	(3),2,1.5,(1),(0.75)	30.727	29.211
36		4	3,2,1.5,(1)	33.402	31.670
	39	4		36.402	34.670
42		4.5	(4),3,2,1.5,(1)	39.077	37.129
	45	4.5		42.077	40.129
48		5		44.752	42.587
	52	5		45.752	45.587
56		5.5	4,3,2,1.5,(1)	52.428	50.046
	60	5.5		58.428	54.046
64		6		60.103	57.506
	68	6		64.103	61.505

注:1. 优先选用第一系列,括号内尺寸尽可能不用。

2. M14×1.25 仅用于火花塞。

表 A－2　管螺纹

55°密封管螺纹(摘自 GB/T 7306.1—2000、7306.2—2000)

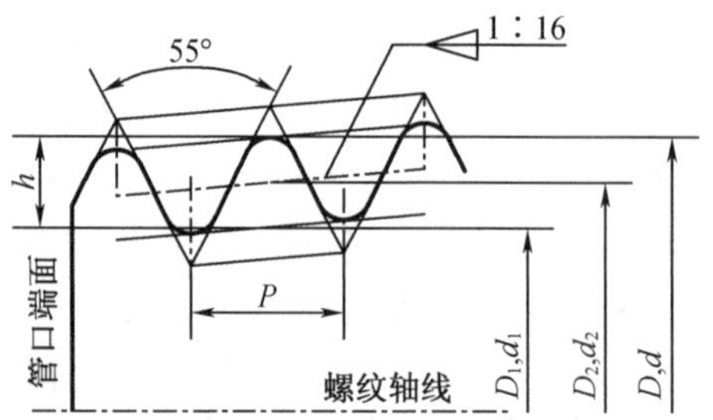

标记示例:R1/2

标记含义:尺寸代号 1/2,右旋圆锥外螺纹

标记示例:R1/2LH,Rc1/2LH

标记含义:尺寸代号 1/2,左旋圆锥内螺纹

标记示例:R1/2A

标记含义:尺寸代号 1/2,A 级右旋外螺纹

55°非密封管螺纹(摘自 GB/T 7307—2001)

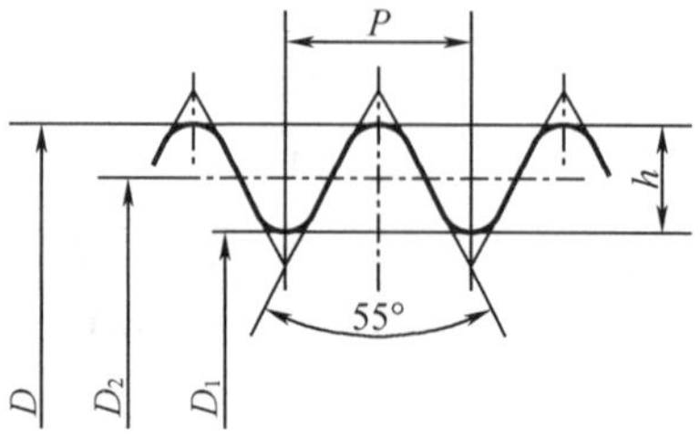

标记示例:G1/2LH

标记含义:尺寸代号 1/2,左旋内螺纹

尺寸代号	大径 $d=D$/mm	中径 $d_2=D_2$/mm	小径 $d_1=D_1$/mm	螺距 P/mm	牙高 h/mm	每 25.4mm 内的牙数 n
1/4	13.157	12.301	11.445	1.337	0.856	19
3/8	16.662	15.806	14.950			
1/2	20.955	19.793	18.631	1.814	1.162	14
3/4	26.441	25.279	24.117			
1	33.249	31.770	30.291	2.309	1.479	11
$1\frac{1}{4}$	41.910	40.431	28.952			
$1\frac{1}{2}$	47.803	46.324	44.845			
2	59.614	58.135	56.656			
$2\frac{1}{2}$	75.184	73.705	72.226			
3	87.884	86.405	84.926			

附录 B　常用标准件

表 B－1　六角头螺栓　　单位:mm

六角头螺栓 C 级(摘自 GB/T 5780—2016)

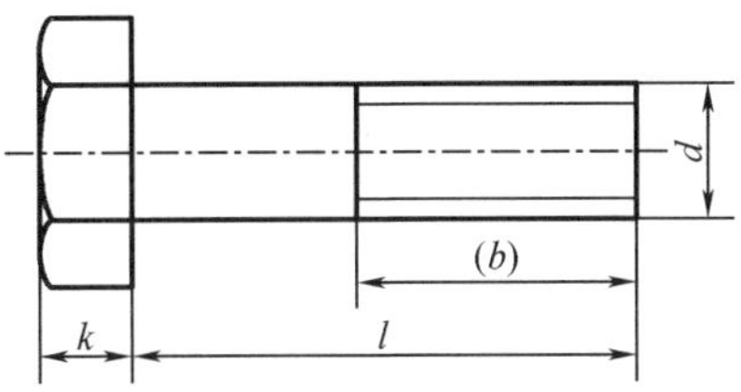

六角头螺栓 全螺纹 C 级(摘自 GB/T 5781—2016)

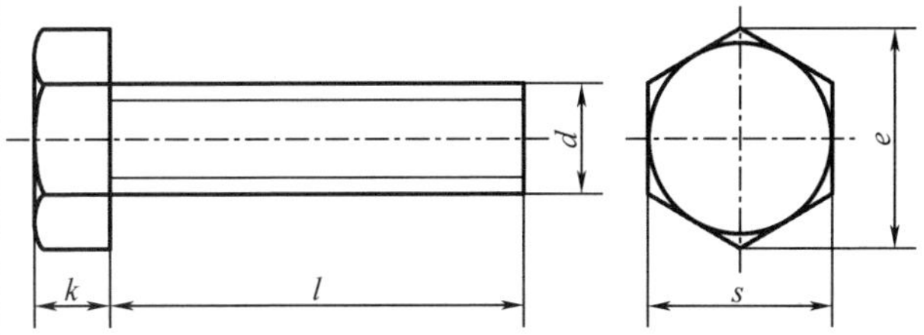

标记示例:螺栓 GB/T 5780 M20×100

标记含义:螺纹规格 d = M20、公称长度 l = 100 mm、性能等级为 8.8 级、表面氧化、产品等级为 C 级的六角头螺栓

螺纹规格/d		M5	M6	M8	M10	M12	M16	M20	M24	M30	M36	M42
$b_{参考}$	$l_{公称} \leqslant 125$	16	18	22	26	30	38	40	54	66	78	—
	$125 < l_{公称} \leqslant 200$	—	—	28	32	36	44	52	60	72	84	96
	$l_{公称} > 200$	—	—	—	—	—	57	65	73	85	97	109
$k_{公称}$		3.5	4.0	5.3	6.4	7.5	10	12.5	15	18.7	22.5	26
s_{min}		8	10	13	16	18	24	30	36	46	55	65
e_{max}		8.63	10.9	14.2	17.6	19.9	26.2	33.0	39.6	50.9	60.8	72.0
$l_{范围}$	GB/T 5780	25 ~ 50	30 ~ 60	35 ~ 80	40 ~ 100	45 ~ 120	55 ~ 160	65 ~ 200	80 ~ 240	90 ~ 300	110 ~ 300	160 ~ 420
	GB/T 5781	10 ~ 40	12 ~ 50	16 ~ 65	20 ~ 80	25 ~ 100	35 ~ 100	40 ~ 100	50 ~ 100	60 ~ 100	70 ~ 100	80 ~ 420
$l_{公称}$		10、12、16、20 ~ 50(5 进位)、(55)、60、(65)、70 ~ 160(10 进位)、180、220 ~ 500(20 进位)										

表 B－2　双头螺柱　　单位:mm

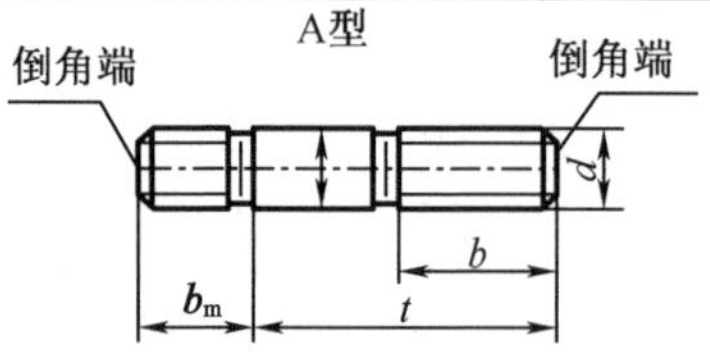

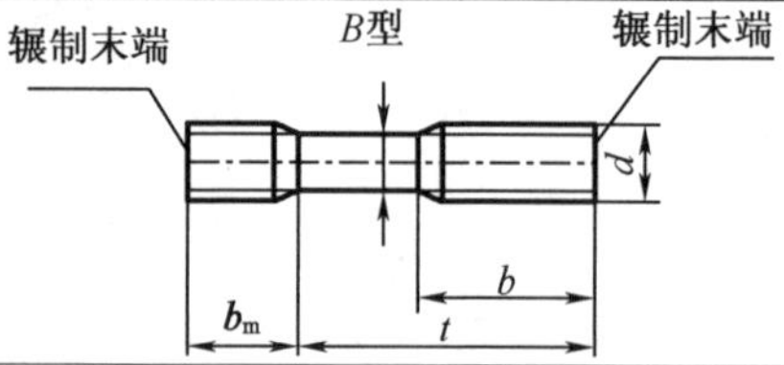

末端 GB/T 2—2016 的规定:d_s≈螺纹中径(仅适用于 B 型)。

标记示例:螺柱 GB/T 897 M10×50

标记含义:两端均为粗牙普通螺纹,螺纹规格 $d=10$ mm、公称长度 $l=50$ mm、性能等级为 4.8 级、不经表面处理、B 型、$b_m=1d$ 的双头螺柱

标记示例:螺柱 GB/T 897 AM10—M10×1×50

标记含义:旋入机件一端为粗牙普通螺纹,旋螺母一端为螺距 $P=1$ mm 的细牙普通螺纹,$d=$ 10mm、$l=50$ mm、性能等级为 4.8 级、不经表面处理、A 型、$b_m=1d$ 的双头螺柱

螺丝规格 d	b_m(公称)				l/b
	GB/T 897—1988	GB/T 898—1988	GB/T 899—1988	GB/T 900—1988	
M2	—	—	3	4	12～16/6,20～25/10
M2.5	—	—	3.5	5	16/8,20～30/11
M3	—	—	4.5	6	16～20/6,25～40/12
M4	—	—	6	8	16～22/8,25～40/14
M5	5	6	8	10	16～22/10,25～50/16
M6	6	8	10	12	20～22/10,25～30/14,35～75/18
M8	8	10	12	16	20～22/12,25～30/16,35～90/22
M10	10	12	15	20	25～28/14,30～35/16,40～120/25,130/32
M12	12	15	18	24	25～30/16,35～40/20,45～120/30,130～180/36
M16	16	20	24	32	30～35/20,40～55/30,60～120/38,130～200/44
M20	20	25	30	40	35～40/25,45～50/35,70～120/46,130～200/52
M24	24	30	36	48	35～50/30,55～75/45,80～120/54,130～200/60
M30	30	38	45	60	60～65/40,70～90/50,95～120/66,130～200/72,210～250/85
M36	36	45	54	72	80～110/60,120/78,130～200/84,210～300/97
M42	42	52	63	84	70～80/50,90～110/70,120/90,130～200/95,210～300/109
M48	48	60	72	96	80～90/60,100～110/80,120/102,130～200/108,210～300/121
l(系列)	12,16,20,25,30,35,40,45,50,60,70,80,90,100,110,130,140,150,160,170,180,190,200,210,220,230,240,250,260,280,300				

注:1. 尽可能不采用括号内的规格。

2. $b_m=1d$ (GB/T 897—1988),一般用于钢对钢;$b_m=1.25d$ (GB/T 898—1988),$b_m=1.5d$ (GB/T 899—1988),一般用于钢对铸铁;$b_m=2d$(GB/T 900—1 988),一般用于钢对铝合金。

表 B-3 螺钉

单位：mm

开槽圆柱头螺钉(GB/T 65—2016)	开槽盘头螺钉(GB/T 67—2016)	开槽沉头螺钉(GB/T 68—2016)
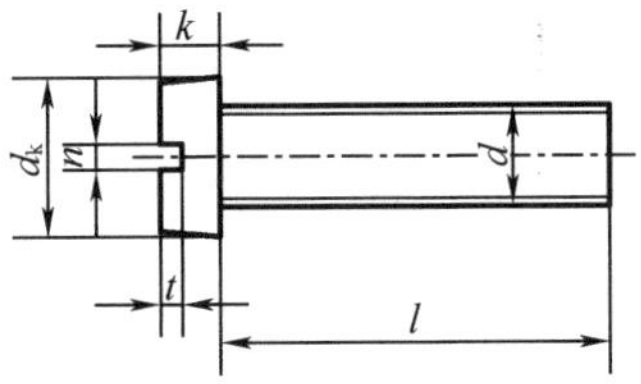	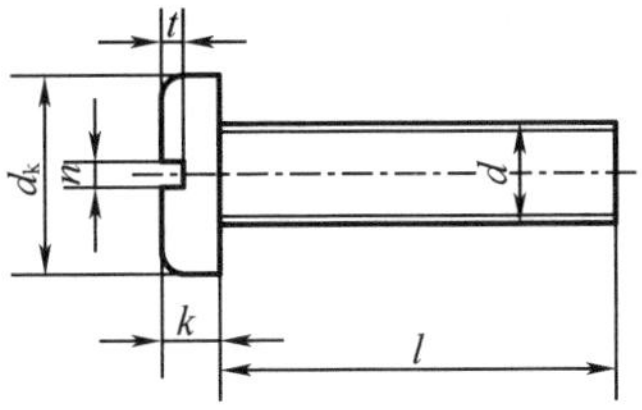	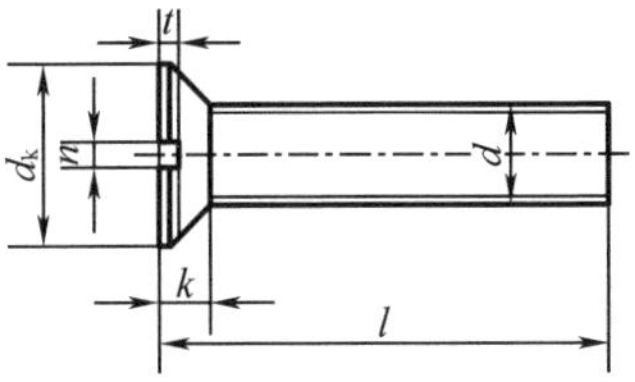

标记示例：螺钉 GB/T 65 M5×20

标记含义：螺纹规格 d=M5、公称长度 l=20 mm、性能等级为 4.8 级、不经表面处理的 A 级开槽圆柱头螺钉

标记示例：螺钉 GB/T 67 M5×20

标记含义：螺纹规格 d=M5、公称长度 l=20 mm、性能等级为 4.8 级、不经表面处理的 A 级开槽盘头螺钉

螺纹规格 d		M1.6	M2	M2.5	M3	(M3.5)	M4	M5	M6	M8	M10
$n_{公称}$		0.4	0.5	0.6	0.8	1	1.2	1.2	1.6	2	2.5
GB/T 65	d_k max	3	3.8	4.5	5.5	6	7	8.5	10	13	16
	k max	1.1	1.4	1.8	2	2.4	2.6	3.3	3.9	5	6
	t min	0.45	0.6	0.7	0.85	1	1.1	1.3	1.6	2	2.4
	$l_{范围}$	2~16	3~20	3~25	4~30	5~35	5~40	6~50	8~60	10~80	12~80
GB/T 67	d_k max	3.2	4	5	5.6	7	8	9.5	12	16	20
	k max	1	1.3	1.5	1.8	2.1	2.4	3	3.6	4.8	6
	t min	0.35	0.5	0.6	0.7	0.8	1	1.2	1.4	1.9	2.4
	$l_{范围}$	2~16	2.5~20	3~25	4~30	5~35	5~40	6~50	8~60	10~80	12~80
CB/T 68	d_k max	3	3.8	4.7	5.5	7.3	8.4	9.3	11.3	15.8	18.3
	k max	1	1.2	1.5	1.65	2.35	2.7	2.7	3.3	4.65	5
	t min	0.32	0.4	0.5	0.6	0.9	1	1.1	1.2	1.8	2
	$l_{范围}$	2.5~1.6	3~20	4~25	5~30	6~35	6~40	8~50	8~60	10~80	12~80
$l_{系列}$		2、2.5、3、4、5、6、8、10、12、(14)、16、20、25、30、35、40、45、50、(55)、60、(65)、70、(75)、80									

注：1. 螺纹规格 d=M1.6~M3、公称长度 $l \leqslant 30$ mm 的螺钉，应制出全螺纹；螺纹规格 d=M4~M10、公称长度 $l \leqslant 40$ mm 的螺钉，应制出全螺纹($b=l-a$)。

2. 尽可能不采用括号内的规格。

表 B－4　六角螺母　　单位:mm

六角螺母 C 级/mm(摘自 GB/T 41—2016)

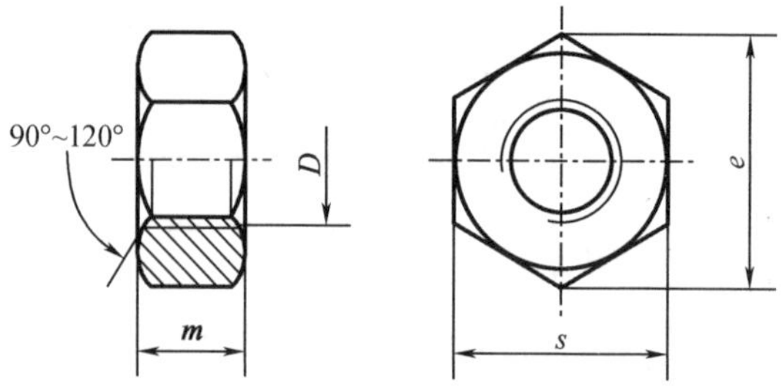

标记示例:螺母 GB/T 41 M12

标记含义:螺纹规格 D = M12,性能等级为 5 级、不经表面处理、产品等级为 C 级的六角螺母

螺纹规格(D)	M5	M6	M8	M10	M12	M16	M20	M24	M30	M36	M42	M48	M56
s_{max}	8	10	13	16	18	24	30	36	46	55	65	75	95
e_{min}	8.63	10.9	14.2	17.6	19.9	26.2	33.0	39.6	50.9	60.8	72.0	82.6	104.86
m_{max}	5.6	6.1	7.9	9.5	12.2	15.9	18.7	22.3	26.4	31.5	34.9	38.9	45.9

表 B－5　垫圈　　单位:mm

平垫圈 C 级(GB/T 95—2002)

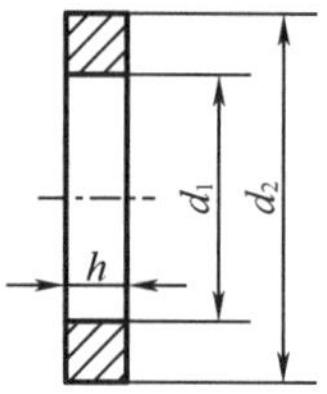

平垫圈 倒角型 A 级(GB/T 97.2—2002)

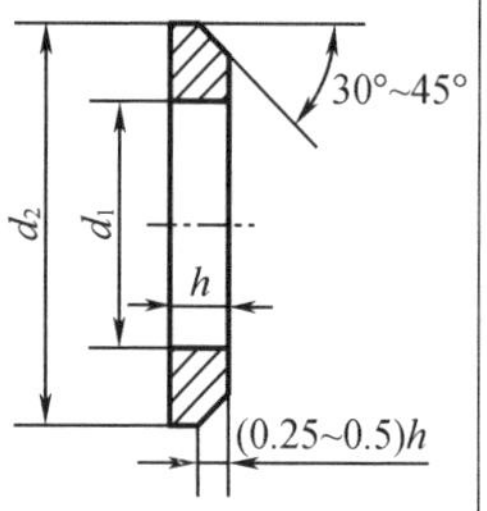

标准型弹簧垫圈(GB/T 93—1987)

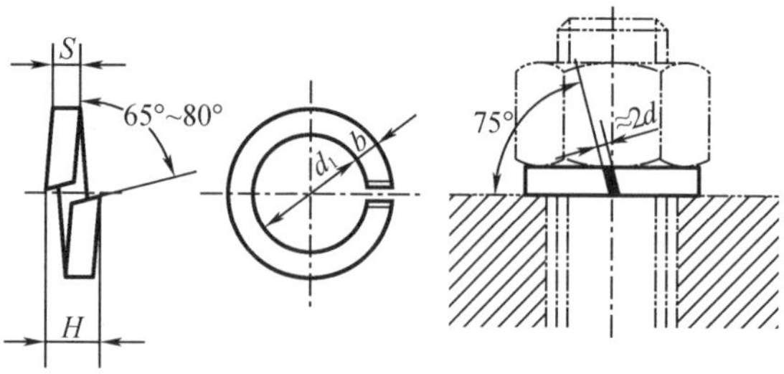

标记示例:

垫圈　GB/T 95　8－100HV　(标准系列、规格 8、性能等级为 100HV 级、不经表面处理、产品等级为 C 级的平垫圈)

垫圈　GB/T 93　10　(规格 10、材料为 65Mn、表面氧化的标准型弹簧垫圈)

公称尺寸 d(螺纹规格)		4	5	6	8	10	12	14	16	20	24	30	36	42	48
GB/T 97.1 (A 级)	d_1	4.3	5.3	6.4	8.4	10.5	13.0	15	17	21	25	31	37	—	—
	d_2	9	10	12	16	20	24	28	30	37	44	56	66	—	—
	h	0.8	1	1.6	1.6	2	2.5	2.5	3	3	4	4	5	—	—

表 B－5(续)

公称尺寸 d(螺纹规格)		4	5	6	8	10	12	14	16	20	24	30	36	42	48
GB/T 97.2 (A 级)	d_1	—	5.3	6.4	8.4	10.5	13	15	17	21	25	31	37	—	—
	d_2	—	10	12	16	20	24	28	30	37	44	56	66	—	—
	h	—	1	1.6	1.6	2	2.5	2.5	3	3	4	4	5	—	—
GB/T 95 (C 级)	d_1	—	5.5	6.6	9	11	13.5	15.5	17.5	22	26	33	39	45	52
	d_2	—	10	12	16	20	24	28	30	37	44	56	66	78	92
	h	—	1	1.6	1.6	2	2.5	2.5	3	3	4	4	5	8	8
GB/T 93	d_1	4.1	5.1	6.1	8.1	10.2	12.2	—	16.2	20.2	24.5	30.5	36.5	42.5	48.5
	$S=b$	1.1	1.3	1.6	2.1	2.6	3.1	—	4.1	5	6	7.5	9	10.5	12
	H	2.8	3.3	4	5.3	6.5	7.8	—	10.3	12.5	15	18.6	22.5	26.3	30

注:1. A 级适用于精装配系列,C 级适用于中等装配系列。

2. C 级垫圈没有 $Ra3.2$ 和去毛刺的要求。

表 B－6　平键及键槽各部分尺寸

普通平键和键槽的剖面尺寸(GB/T 1095—2003)

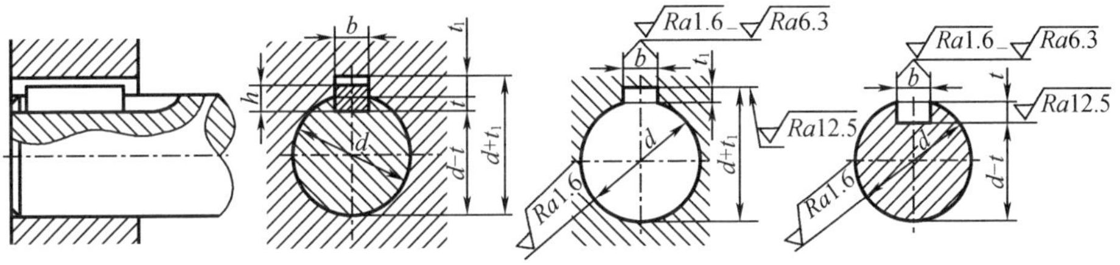

普通平键型式和尺寸(GB/T 1096—2003)

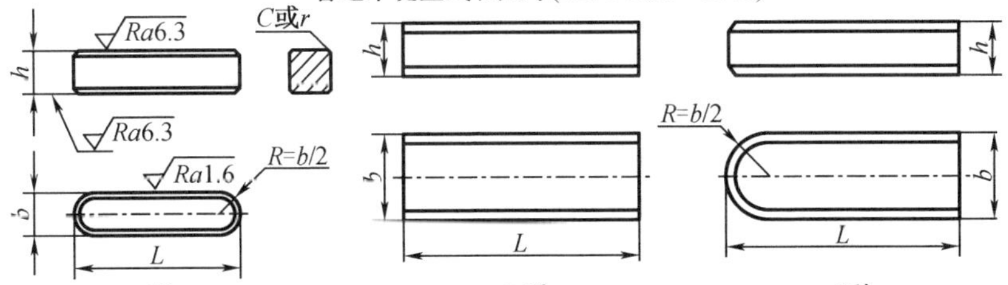

A型　　B型　　C型

标记示例:

圆头普通平键(A 型),$b=16$ mm、$h=10$ mm、$L=100$ mm:键 16×100 GB/T 1096—2003

平头普通平键(B 型),$b=16$ mm、$h=10$ mm、$L=100$ mm:键 B16×100 GB/T 1096—2003

单圆头普通平键(C 型),$b=16$ mm、$h=10$ mm、$L=100$ mm:键 C16×100 GB/T 1096—2003

表 B－6(续)

轴	键		键槽											
			宽度 b						深度				半径 r	
公称直径 d	基本尺寸 $b\times h$	长度 L	基本尺寸 b	极限偏差					轴 t		t_1			
				较松键连接		一般键连接		较紧键连接						
				轴 H9	毂 D10	轴 N9	毂 JS9	轴和毂 P9	基本尺寸	极限偏差	基本尺寸	极限偏差	最小	最大
自 6～8	2×2	6～20	2	+0.025 0	+0.060 +0.020	－0.004 －0.029	±0.0125	－0.006 －0.031	1.2	+0.1 0	1.0	+0.1 0	0.08	0.16
>8～10	3×3	6～36	3						1.8		1.4			
>10～12	4×4	8～45	4	+0.030 0	+0.078 +0.030	0 －0.030	±0.015	－0.012 －0.042	2.5		1.8			
>12～17	5×5	10～56	5						3.0		2.3		0.16	0.25
>17～22	6×6	14～70	6						3.5		2.8			
>22～30	8×7	18～90	8	+0.036 0	+0.098 +0.040	0 －0.036	±0.018	－0.015 －0.051	4.0	+0.2 0	3.3	+0.2 0		
>30～38	10×8	22～110	10						5.0		3.3		0.25	0.40
>38～44	12×8	28～140	12	+0.043 0	+0.120 +0.050	0 －0.043	±0.021 5	－0.018 －0.061	5.0		3.3			
>44～50	14×9	26～160	14						5.5		3.8			
>50～58	16×10	45～180	16						6.0		4.3			
>58～65	18～11	50～200	18						7.0		4.4			
>65～75	20×12	56～220	20	+0.052 0	+0.149 +0.065	0 －0.052	±0.026	－0.022 －0.074	7.5		4.9		0.40	0.60
>75～85	22×14	63～250	22						9.0		5.4			
>85×95	25×14	70～280	25						9.0		5.4			
>95～110	28×16	80～320	28						10.0		6.4			
>110～130	32×18	90～360	32	+0.062 0	+0.180 +0.080	0 －0.062	±0.031	－0.026 －0.088	11.0		7.4			
>130～150	36×20	100～400	36						12.0	+0.3 0	8.4	+0.3 0	0.70	1.0
>150～170	40×22	100～400	40						13.0		9.4			
>170～200	45×25	110～450	45						15.0		10.4			

注:1. $(d-t)$ 和 $(d+t_1)$ 两组组合尺寸的极限偏差按相应的 t 和 t_1 的极限偏差选取,但 $(d-t)$ 极限偏差应取负号(－)。

2. L 系列:6,8,10,12,14,16,18,20,22,25,28,32,36,40,45,50,56,63,70,80,90,100,110,125,140,160,180,200,220,250,280,320,360,400,450,500。

3. 平键轴槽的长度公差用 H14。

表 B－7　圆柱销　　　　单位：mm

圆柱销 不淬硬钢和奥氏体不锈钢（摘自 GB/T 119.1—2000）

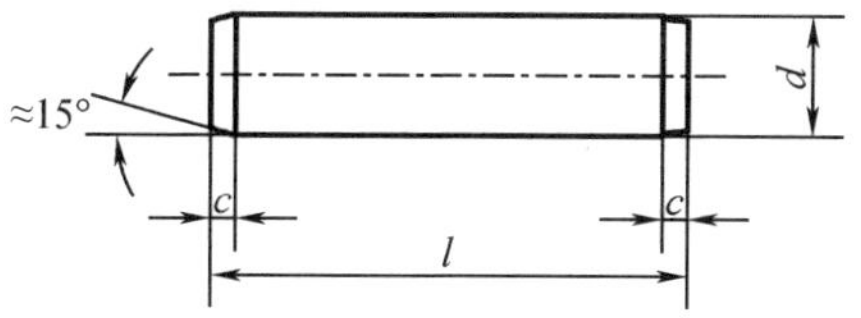

标记示例：

销　GB/T 119.1　10 m6 × 90　（公称直径 $d=10$ mm、公差为 m6、公称长度 $l=90$ mm、材料为钢、不经表面处理的圆柱销）

销　GB/T 119.1　10 m6 × 90 - A1　（公称直径 $d=10$ mm、公差为 m6、公称长度 $l=90$ mm、材料为 A1 组奥氏体不锈钢、表面简单处理的圆柱销）

$d_{公称}$	2	2.5	3	4	5	6	8	10	12	16	20	25
$c\approx$	0.35	0.4	0.5	0.63	0.8	1.2	1.6	2.0	2.5	3.0	3.5	4.0
$l_{范围}$	6 ~ 20	6 ~ 24	8 ~ 30	8 ~ 40	10 ~ 50	12 ~ 60	14 ~ 80	18 ~ 95	22 ~ 140	26 ~ 180	35 ~ 200	50 ~ 200
$l_{公称}$	2、3、4、5、6 ~ 32（2 进位）、35 ~ 100（5 进位）、120 ~ 200（20 进位）（公称长度大于 200，按 20 递增）											

表 B－8　圆锥销　　　　单位：mm

圆锥销（摘自 GB/T 117—2000）

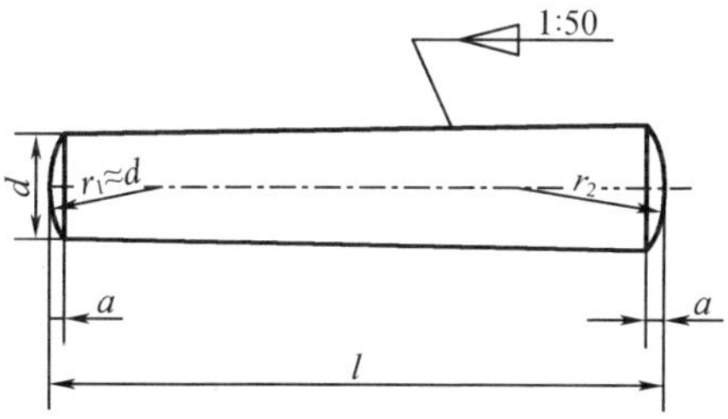

A 型（磨削）：锥面表面粗糙度 $Ra=0.8$ μm

B 型（切削或冷镦）：锥面表面粗糙度 $Ra=3.2$ μm

$$r_2 \approx \frac{a}{2} + d + \frac{(0.021)^2}{8a}$$

标记示例：销　GB/T117　6 × 30　（公称直径 $d=6$ mm，公称长度 $l=30$ mm，材料为 35 钢、热处理硬度 28 ~ 38HRC、表面氧化处理的 A 型圆锥销）

$d_{公称}$	2	2.5	3	4	5	6	8	10	12	16	20	25
$a\approx$	0.25	0.3	0.4	0.5	0.63	0.8	1.0	1.2	1.6	2.0	2.5	3.0
$l_{范围}$	10 ~ 35	10 ~ 35	12 ~ 45	14 ~ 55	18 ~ 60	22 ~ 90	22 ~ 120	26 ~ 160	32 ~ 180	40 ~ 200	45 ~ 200	50 ~ 200
$l_{公称}$	2、3、4、5、6 ~ 32（2 进位）、35 ~ 100（5 进位）、120 ~ 200（20 进位）（公称长度大于 200，按 20 递增）											

表 B－9　滚动轴承　　单位:mm

深沟球轴承

（摘自 GB/T 276—2013）

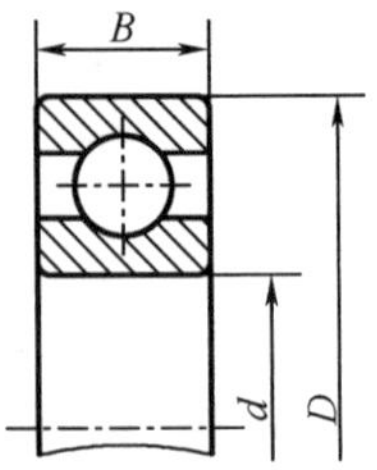

标记示例:

滚动轴承　6310　GB/T 276

圆锥滚子轴承

（摘自 GB/T 297—2015）

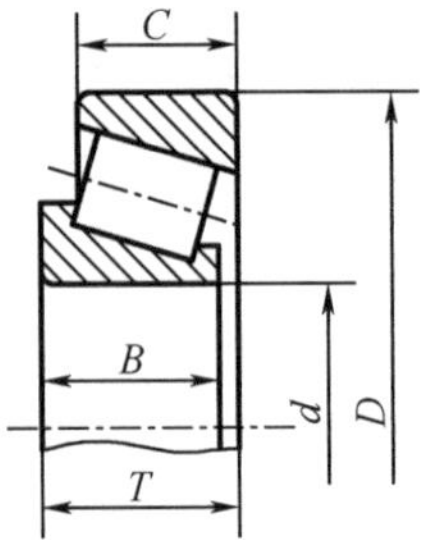

标记示例:

滚动轴承　30212　GB/T 297

单向推力球轴承

（摘自 GB/T 301—2015）

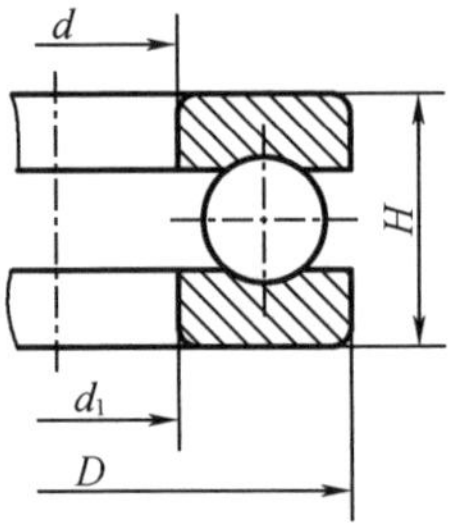

标记示例:

滚动轴承　51305　GB/T 301

轴承型号	尺寸			轴承型号	尺寸					轴承型号	尺寸			
	d	D	B		d	D	B	C	T		d	D	T	d_1
尺寸系列〔(0)2〕				尺寸系列〔02〕						尺寸系列〔12〕				
6202	15	35	11	30203	17	40	12	11	13.25	51202	15	32	12	17
6203	17	40	12	30204	20	47	14	12	15.25	51203	17	35	12	19
6204	20	47	14	30205	25	52	15	13	16.25	51024	20	40	14	22
6205	25	52	15	30206	30	62	16	14	17.25	51205	25	47	15	27
6206	30	62	16	30207	35	72	17	15	18.25	51206	30	52	16	32
6207	35	72	17	30208	40	80	18	16	19.75	51207	35	62	18	37
6028	40	80	18	30209	45	85	19	16	20.75	51208	40	63	19	42
6209	45	85	19	30210	50	90	20	17	21.75	51209	45	73	20	47
6210	50	90	20	30211	55	100	21	18	22.75	51210	50	78	22	52
6211	55	100	21	30212	60	110	22	19	23.75	51211	55	90	25	57
6212	60	110	22	30213	65	120	23	20	24.75	51212	60	95	26	62
尺寸系列〔(0)3〕				尺寸系列〔03〕						尺寸系列〔13〕				
6302	15	42	13	30302	15	42	13	11	14.25	51304	20	47	18	22
6303	17	47	14	30303	17	47	14	12	15.25	51305	25	52	18	27
6304	20	52	15	30304	20	52	15	13	16.25	51306	30	60	21	32
6305	25	62	17	30305	25	62	17	15	18.25	51307	35	68	24	37
6306	30	72	19	30306	30	72	19	16	20.75	51308	40	78	26	42
6307	35	80	21	30307	35	80	21	18	22.75	51309	45	85	28	47
6308	40	90	23	30308	40	90	23	20	25.25	51310	50	95	31	52
6309	45	100	25	30309	45	100	25	22	27.25	51311	55	105	35	57
6310	50	110	27	30310	50	110	27	23	29.25	51312	60	110	35	62
6311	55	120	29	30311	55	120	29	25	31.50	51313	65	115	36	67
6312	60	130	31	30312	60	130	31	26	33.50	51314	70	125	40	72

表 B－9(续)

轴承型号	尺寸			轴承型号	尺寸					轴承型号	尺寸			
	d	*D*	*B*		*d*	*D*	*B*	*C*	*T*		*d*	*D*	*T*	d_1
尺寸系列〔(0)4〕				尺寸系列〔13〕						尺寸系列〔14〕				
6403	17	62	17	31305	25	62	17	13	18.25	51405	25	60	24	27
6404	20	72	19	31306	30	72	19	14	20.75	51406	30	70	28	32
6405	25	80	21	31307	35	80	21	15	22.75	51407	35	80	32	37
6406	30	90	23	31308	40	90	23	17	25.25	51408	40	90	36	42
6407	35	100	25	31309	45	100	25	18	27.25	51409	45	100	39	47
6408	40	110	27	31310	50	110	27	19	29.25	51410	50	110	43	52
6409	45	120	29	31311	55	120	29	21	31.50	51411	55	120	48	57
6410	50	130	31	31312	60	120	31	22	33.50	51412	60	130	51	62
6411	55	140	33	31313	65	130	31	22	33.50	51412	60	130	51	62
6412	60	150	35	31314	70	150	35	25	38.00	51414	70	150	60	73
6413	65	160	37	31315	75	160	37	26	40.00	51415	75	160	65	78

注:圆括号中的尺寸系列代号在轴承型号中省略。

附录C　极限与配合

表 C－1　标准公差数值(摘自 GB/T 1800.2—2009)

基本尺寸/mm		标准公差等级																	
		IT1	IT2	IT3	IT4	IT5	IT6	IT7	IT8	IT9	IT10	IT11	IT12	IT13	IT14	IT15	IT16	IT17	IT18
大于	至	/μm											/mm						
—	3	0.8	1.2	2	3	4	6	10	14	25	40	60	0.1	0.14	0.25	0.4	0.6	1	1.4
3	6	1	1.5	2.5	4	5	8	12	18	30	48	75	0.12	0.18	0.3	0.45	0.75	1.2	1.8
6	10	1	1.5	2.5	4	6	9	15	22	36	58	90	0.15	0.22	0.36	0.58	0.9	1.5	2.2
10	18	1.2	2	3	5	8	11	18	27	43	70	110	0.18	0.27	0.43	0.7	1.1	1.8	2.7
18	30	1.5	2.5	4	6	9	13	21	33	52	84	130	0.21	0.33	0.52	0.84	1.3	2.1	3.3
30	50	1.5	2.5	4	7	11	16	25	39	62	100	160	0.25	0.39	0.62	1	1.6	2.5	3.9
50	80	2	3	5	8	13	19	30	46	74	120	190	0.3	0.46	0.74	1.2	1.9	3	4.6
80	120	2.5	4	6	10	15	22	35	54	87	140	220	0.35	0.54	0.87	1.4	2.2	3.5	5.4
120	180	3.5	5	8	12	18	25	40	63	100	160	250	0.4	0.63	1	1.6	2.5	4	6.3
180	250	4.5	7	10	14	20	29	46	72	115	185	290	0.46	0.72	1.15	1.85	2.6	4.6	7.2
250	315	6	8	12	16	23	32	52	81	130	210	320	0.52	0.81	1.3	2.1	3.2	5.2	8.1
315	400	7	9	13	18	25	36	57	89	140	230	360	0.57	0.89	1.4	2.3	3.6	5.7	8.9
400	500	8	10	15	20	27	40	63	97	155	250	400	0.63	0.97	1.55	2.5	4	6.3	9.7

注:基本尺寸小于或等于 1 时,无 IT14 至 IT18。